Manfred R. A. Rüdenauer · Ökologisch führen

Manfred R. A. Rüdenauer

ÖKOLOGISCH FÜHREN

Evolutionäres Wachstum
durch ganzheitliche Führung

GABLER

CIP-Titelaufnahme der Deutschen Bibliothek

Rüdenauer, Manfred:
Ökologisch führen: funktionelle Kooperation statt
hierarchischer Kontrolle / Manfred R. A. Rüdenauer. –
Wiesbaden: Gabler, 1991
    ISBN 978-3-322-96521-9   ISBN 978-3-322-96520-2 (eBook)
    DOI 10.1007/978-3-322-96520-2

Der Gabler Verlag ist ein Unternehmen der Verlagsgruppe Bertelsmann International.

© Betriebswirtschaftlicher Verlag Dr. Th. Gabler GmbH, Wiesbaden 1991
Softcover reprint of the hardcover 1st edition 1991
Lektorat: Ulrike M. Vetter

Das Werk einschließlich aller seiner Teile ist urheberrechtlich geschützt. Jede Verwertung außerhalb der engen Grenzen des Urheberrechtsgesetzes ist ohne Zustimmung des Verlages unzulässig und strafbar. Das gilt insbesondere für Vervielfältigungen, Übersetzungen, Mikroverfilmungen und die Einspeicherung und Verarbeitung in elektronischen Systemen.

Satz: SATZPUNKT Ursula Ewert, Braunschweig

ISBN 978-3-322-96521-9

Inhaltsverzeichnis

1 Vorbemerkungen 9

    1.1 Führung aus ökologischer Sicht 12
    1.2 Der Aufbau des Buches 18
    1.3 Hilfe zur Selbsthilfe 19

2 Führen ist Zukunftsgestaltung 21

    2.1 Warum Führen schwieriger geworden ist 23
        2.1.1 Streß durch zunehmende Komplexität und beschleunigten Wandel 24
        2.1.2 Unzweckmäßiges und schädliches Parzellendenken 25
    2.2 Was die Weiterentwicklung der Führung erschwert 26
        2.2.1 Große Anstrengungen zur Verbesserung der Führung 26
        2.2.2 Hindernisse der Weiterentwicklung 27
        2.2.3 Die Einsicht in die Notwendigkeit eines Wandels wächst 29
    2.3 Vom mechanischen zum organischen Führungsmodell 30
        2.3.1 Hinderliche Denkgewohnheiten 31
        2.3.2 Führung – ein organischer Prozeß 34

3 Führen im 21. Jahrhundert 37

    3.1 Gesellschaft im Umbruch 39
    3.2 Sozial-kultureller Wandel fordert Führungskräfte 41
    3.3 Ursachen veränderter Anforderungen an die Führung 43
    3.4 Neue Bedürfnisse treten in den Vordergrund 44
    3.5 Ungenutzte menschliche Potentiale 45
    3.6 Herausforderungen schaffen! 46
    3.7 Menschliches Glück und menschliche Leistung verschenken? 48
    3.8 Zusammenfassung: Die Führungsanforderungen der Zukunft 49
    3.9 (Gewissens-)Fragen zu Ihrer Führungssituation 52

4 Das Ganze ist mehr als die Summe seiner Teile 57

    4.1 Systemschau der Organisation – Erkenntnis- und Handlungshilfe 60
        4.1.1 Merkmale organischer Systeme 61

	4.1.2	Kooperation und Koevolution	73
	4.1.3	Die Organisation – ein koevolutionäres System	81
	4.1.4	Konsequenzen für die Führung in Organisationen	87
	4.1.5	Erstes Fazit	101
4.2	Der Mensch als Führer und Geführter in der Organisation		103
	4.2.1	Die Doppelexistenz des Menschen in der Organisation	107
	4.2.2	Das Wesen der Führung in Organisationen	113
	4.2.3	Der alte Adam im neuen Menschen	124
	4.2.4	Individuelle Wirklichkeit: Eine Welt im Kopf	139
	4.2.5	Zweites Fazit	147
4.3	Elemente eines ökologischen Führungskonzepts		149
	4.3.1	Die Führungsaufgabe in der Organisation der Zukunft	151
	4.3.2	Führungssysteme	168
	4.3.3	Dimensionen des Führungshandelns	184
	4.3.4	Die Führungskräfte der Zukunft	194

5 Die Führungsfunktionen effektiv wahrnehmen ... 201

5.1	Ökologische Führung in der Praxis		204
	5.1.1	Anforderungen und Leitlinien	204
	5.1.2	Der Zusammenhang	209
5.2	Informieren – Information geben und einholen, Analysieren		212
	5.2.1	Was Informationen in Organisationen bewirken	213
	5.2.2	Information als Führungsmittel	216
	5.2.3	Information und Kommunikation	224
	5.2.4	Wege, Mittel und Methoden der Information	227
	5.2.5	Praxis-Tips	231
5.3	Initiieren – Ziele setzen, Planen, Entscheiden, Anweisen, Delegieren		232
	5.3.1	Ziele und was sie bewirken (können)	233
	5.3.2	Generelle und fallweise Initiativen	243
	5.3.3	Praxis-Tips	250
5.4	Qualifizieren – Einweisen, Unterweisen, Trainieren		250
	5.4.1	Qualifizierung der Organisation	252
	5.4.2	Qualifizierung der Führungskräfte und Mitarbeiter	255
	5.4.3	Praxis-Tips	263
5.5	Koordinieren und Kooperieren – Beraten, Strukturieren, Vermitteln, Begleiten, Problemlösen, Unterstützen		264
	5.5.1	Prozesse und Strukturen	265
	5.5.2	Prozeßgestaltung	267

  5.5.3 Kooperations-Prozesse steuern 274
  5.5.4 Gemeinsam Herausforderungen meistern 283
  5.5.5 Praxis-Tips 292
 5.6 Kontrollieren – Überwachen, Beurteilen, Rückmelden 293
  5.6.1 Mittel und Methoden der Kontrolle 295
  5.6.2 Kontrolle als Führungsmittel 299
  5.6.3 Praxis-Tips 301

6 Schlußbemerkung 303

Literaturverzeichnis 309

Stichwortverzeichnis 315

Erstes Kapitel

Vorbemerkungen

Die große Herausforderung, die Führung heutzutage darstellt, verführt dazu, sich ohne Überlegung und genauere Analyse gleich mitten ins Thema zu stürzen und nach neuen schnellen Lösungen für die stets gleichen alten Probleme zu suchen. Doch gerade dafür will dieses Buch keine Hilfen anbieten. Es wendet sich nicht an diejenigen Führungskräfte, die nur nach einem Pulver suchen, mit dem sie im alten Trott möglichst schmerzfrei über die Zeit kommen können. Ein solches Pulver gibt es nämlich nicht (außer vielleicht in Form der Selbsttäuschung, die aber regelmäßig bittere Enttäuschung nach sich zieht), und deshalb soll hier auch nicht so getan werden, als ob eines erfunden worden wäre.

Was ist die Botschaft dieses Buches?

Führung ist ein kommunikatives Geschehen. Es vollzieht sich im sozialen Zusammenhang. Führen heißt, persönlichen Einfluß auf Menschen zu nehmen, um sie zu dem Verhalten zu bewegen, das zur Erreichung der Führungsziele erforderlich ist. Thema dieses Buches sind die Art und Weise, in der Führungskräfte persönlichen Einfluß auf ihre Mitarbeiter ausüben (sollten), die Umstände, unter denen sie es tun (sollten), und die Mittel, die sie dazu benutzen (sollten).

Es geht dabei aber nicht um einzelne Führungsziele und einzelne Führungshandlungen, sondern um Führung als einen grundlegenden Kommunikationsprozeß in Organisationen (Arbeitsgruppen, Unternehmen, Behörden, Verbände usw.) Der Blick ist also nicht auf Einzelerscheinungen gerichtet, sondern auf die Zusammenhänge. Es wird gezeigt werden, daß Führung, will sie die sozialen, technischen und ökonomischen Herausforderungen der Zukunft meistern, mehr bewirken muß als nur zielgerichtete Kooperation zwischen Organisationsmitgliedern. Die Führung der Zukunft muß darauf gerichtet sein, koevolutionäre Partnerschaften unter den Mitgliedern der Organisation, zwischen ihnen und der Organisation als Ganzes, sowie zwischen Organisationen und ihrer Umwelt zu schaffen und zu erhalten.

Dies Buch spricht den zuversichtlichen Realisten an, der bereit und in der Lage ist, sich von überkommenen Vorstellungen zu lösen und neue Probleme auch mit neuen Mitteln anzugehen. Es wendet sich an Führungs- und Führungsnachwuchskräfte, die Mittel und Wege zur Gestaltung der Führungsprozesse entsprechend den sich verändernden materiellen, sozialen und geistigen Umweltbedingungen suchen, an Menschen, die Führung als Suchen und Nutzen von Chancen verstehen und bereit sind, auf die scheinbare Sicherheit ausgetretener Pfade zu verzichten. Diesen zukunftszugewandten Führungskräften möchte es Denkanstöße und Handlungsanregungen geben. Addressaten der folgenden Ausführungen sind aber auch allgemein Interessierte, die nach Antworten auf die Frage suchen, welche Bedeutung der Führung in der nachindustriellen demokratisch-pluralistischen Gesellschaft zukommt.

1.1 Führung aus ökologischer Sicht

In den vergangenen zwei, drei Jahrzehnten sind uns mit zunehmender Deutlichkeit die Ganzheit unseres Weltsystems, die Verflochtenheit und wechselseitige Abhängigkeit aller seiner Teile bewußt geworden. Wir sehen zum Beispiel, daß lokale Eingriffe in die Umwelt globale Auswirkungen zeitigen, so daß alle technischen (dazu gehören auch land- und forstwirtschaftliche) Maßnahmen größeren Umfangs automatisch zu einer Angelegenheit der Weltbevölkerung werden. Wir erleben, daß moderne Kommunikationsmittel alle Grenzen überwinden und Nachrichten von jedem Ort an jeden Ort der Erde vermitteln. Dadurch erzeugen sie eine Weltgesellschaft, in der es weder kulturelle noch politische oder ethisch-moralische Unabhängigkeit mehr geben kann. Und wir bemerken, daß die Volkswirtschaften aller Länder der Erde sich weltweit so eng miteinander verflochten haben, daß keine Regierung mehr ohne nachteilige Folgen für den Wohlstand der eigenen Bevölkerung isolierte Wirtschaftspolitik betreiben kann. Gleichzeitig hat das Denken der Menschen begonnen, sich – unter teilweise heftigen Eruptionen – von überkommenen Wertvorstellungen und aus bis dahin kontinuierlich gewachsenen gedanklichen Strukturen zu lösen. Der geistige Wandel ist auf allen Ebenen gesellschaftlichen Lebens deutlich zu spüren, von der Weltpolitik bis hinunter in die Familien. Wir stehen heute am Beginn einer so weitgehenden und tiefgreifenden Umgestaltung unserer Lebensverhältnisse und einer damit wechselwirkenden Wandlung unserer Wertvorstellungen und unseres Weltbildes, wie es seit der Renaissance nicht mehr stattgefunden hat.

Im Rahmen dieses gewaltigen Prozesses materieller Umstellung und geistiger Neuorientierung erhält zwangsläufig auch die Führung als eines der grundlegenden sozialen Phänomene in menschlichen Gesellschaften, insbesondere das Führungsgeschehen in Organisationen, eine neue Qualität. Davon und von den neuen Aufgaben, die sich daraus für die Führungskräfte ergeben, handelt dieses Buch.

Wer Führungspraxis in Organisationen aus eigener Anschauung kennt, der wird immer häufiger erleben, daß die überkommenen Führungskonzepte der Wirklichkeit nicht mehr gerecht werden und daß der konservative Denkrahmen der bürokratischen Kontrollhierarchie ihre Weiterentwicklung hemmt. Folglich beginnt die Suche nach neuen, brauchbaren Denkmodellen und Konzepten. Der gedankliche Weg, der in diesem Buch beschritten wird, baut auf noch weitgehend ungenutzten menschlichen (individuellen und sozialen) Potentialen auf und führt zu einem ökologischen Konzept evolutionärer Kooperationssysteme.

In allen Gesellschaften höherer Lebewesen ist Führung als spezielles Kommunikationsmuster beobachtbar. Sie zeigt sich darin, daß einzelne Individuen das Verhalten der Sozietät mittels persönlicher Beeinflussung anderer Gesellschaftsmitglieder zielgerichtet steuern. Deren individueller Verhaltensspielraum wird dadurch auf eine Teilmenge zulässiger oder erwünschter (gemeinsamer) Handlungen eingeschränkt. Dafür erweitert sich aber der Handlungsspielraum der (gemeinsamen) Gesellschaft in ihrer Umwelt. Führung vergrößert durch die „Kanalisierung" individueller Bestrebungen und die Erzeugung zielgerichteter Kooperation tendenziell die gesellschaftlichen Wachstums- und Entwicklungschancen und sichert dadurch auch dem einzelnen Individuum einen Wachstums- und Entwicklungsvorteil. Sie erweist sich also als funktional für das langfristige Überleben von Gesellschaften. Diese Feststellung verwundert nicht, wenn man bedenkt, daß sich dieses Kommunikationsmuster durch Jahrhunderttausende hindurch evolutionär herausgebildet und behauptet hat. Dennoch beobachten wir, daß Führung unter den technisch-ökonomischen und sozio-kulturellen Bedingungen der Gegenwart zunehmend schwieriger wird.

Wer über Möglichkeiten einer zukunftsweisenden Veränderung organisatorischer Führung nachdenkt oder sich gar aufmacht, Führen in Organisationen zu lehren und Führungsverhalten zu verändern, darf die Evolutionsgeschichte der Führung und damit auch ihre Verwurzelung in der menschlichen Phylogenese nicht außer acht lassen. Jede Gegenwart trägt die Spuren der Vergangenheit. Kulturen, Völker, Gesellschaften und Einzelmenschen sind Resultate evolutionärer Prozesse. Was aus ihnen in Zukunft werden kann, hängt nicht nur von den Gegebenheiten und Einflüssen der Gegenwart ab, sondern immer davon, was sie im Verlaufe ihrer Existenzgeschichte schon geworden sind. So banal diese Erkenntnis ist, so häufig wird sie in der Lebenspraxis ignoriert. Die Folge sind dann Handlungen, die auf falschen Voraussetzungen beruhen und deshalb erfolglos sind. Negatives Paradebeispiel dafür ist der gescheiterte doktrinäre Zentralismus der kommunistischen Diktaturen, verbunden mit dem Versuch einer Umerziehung von Menschen zu sozialistischen Wesen, die den so „Beglückten" nichts weiter gebracht hat als eine jahrzehntelange Beschränkung ihrer Lebensmöglichkeiten, Unterdrückung und Terror.

Auch Führung und Führungsausbildung in der Wirtschaft sind reich an Beispielen für „geschichtsloses" Denken und Handeln, so als seien Evolution und Phylogenese nur eine Liebhaberei der Biologen. Die Folge davon sind Führungstheorien und Führungsseminare, die buchstäblich in der Luft hängen, weil sie die menschliche Natur, die ihre Adressaten mitbringen, ebenso ignorieren wie die ganzheitliche Natur ihres Erkenntnis- beziehungsweise Lehr-Gegenstandes, des Führungsprozesses in Organisationen. Die fehlenden evolutionär-biologischen Grundlagen werden in diesen Gedankengebäuden durch bloße Phantasien über die Natur des Menschen und der Führung ersetzt. Anstelle unmittelbarer Ableitung von Verhaltens- oder Handlungsempfehlungen aus diesen Grundlagen treten pragmatisch „gefundene" Methoden, die dem Anwender eine Art erkenntnisunabhängige Handlungskompetenz vorspiegeln. Ein Ansatz aber, der einerseits auf falschen Voraussetzungen beruht und andererseits Erwartungen weckt, die nicht erfüllbar sind, muß zwangsläufig scheitern. Da nimmt es nicht wunder, daß die Führungsausbildung in den meisten Organisationen bisher nicht über den Status einer mehr oder weniger ungeliebten Pflichtübung hinausgekommen ist.

Führung wird weithin als linear kausale Beziehung zwischen Führern und Geführten mißverstanden: Die Führungskraft handelt autonom, und die Mitarbeiter reagieren (wenn auch mitunter nicht so, wie die Führungskräfte sich das wünschen). Daß die Vorgesetzten-Mitarbeiter-Beziehung ein komplexer Wechselprozeß ist, der seinerseits in umfassendere komplexe Prozesse innerhalb und außerhalb der Organisation eingebettet ist und von ihnen stark beeinflußt wird, ist viel zu wenig bewußt. Um Führungsprozesse besser „in den Griff" zu bekommen, wie es sich immer mehr Führungskräfte sehnlichst wünschen, ist es erforderlich, die koevolutionäre Natur der Beziehungen zwischen Führungskräften und Mitarbeitern zu erkennen und zu berücksichtigen.

Damit wird überhaupt nichts Neues gefordert, weil Koevolution oder koevolutionäre Partnerschaft das Grundprinzip des Lebens überhaupt ist. Es wird lediglich auf eine Korrektur des menschlichen Bewußtseins von sich und seinen Beziehungen zu anderen Menschen und zu seiner Umwelt hingearbeitet. Was der Mensch immer schon in sich gespürt und auch manchmal, vielleicht schmerzhaft, erfahren hat, muß verbreitetes handlungsleitendes Bewußtsein werden: Niemand ist alleine auf der Welt. Zum (Über-)Leben, um zu wachsen und sich zu entwickeln, benötigt jeder eine intakte soziale und physikalische Umwelt, die nur durch sein und seiner Mitmenschen Zutun geschaffen beziehungsweise erhalten werden kann. Wir alle müssen uns unserer Verantwortung für unsere physikalischen, sozialen und ökonomischen Lebensgrundlagen stärker bewußt werden und ihr in unserem Handeln konsequenter Rechnung tragen. Den Führungskräften in Wirtschaft und Politik kommt dabei wegen ihres großen Einflusses auf soziale Prozesse und der Vorbildwirkung ihres Verhaltens besondere Bedeutung zu.

Mit der in Gang gekommenen geistigen Neuorientierung und der mit ihr in Wechselbeziehung stehenden Wandlung der materiellen und sozialen Lebensbedingungen hat auch das Umfeld der Führung begonnen, sich langsam aber grundlegend zu verändern. Daraus ergeben sich ganz neue und andere Anforderungen an die Führungskräfte in Organisationen als bisher. Die Fragen, was Führung sei, welche Funktion sie habe und wie von den Führungskräften der Organisationen geführt werden müsse, stellt sich also unter zwei Aspekten neu: einmal als Folge unserer sich wandelnden gedanklichen Auffassung von der Welt und damit auch von der Führung, und zum andern wegen der damit verbundenen praktischen Konsequenzen für die Führungstätigkeit in Organisationen.

Dementsprechend verfolgt dieses Buch zwei Ziele: Erstens soll der Versuch gemacht werden, das Führungsgeschehen in Organisationen unter Einbeziehung evolutionsbiologischer Erkenntnisse als evolutionären Prozeß darzustellen und zu erklären. Damit soll eine neue ganzheitliche Sichtweise von „Führung" angeregt werden, die besser geeignet erscheint, die gegenwärtigen Führungsprobleme zu verstehen und zu lösen als die herkömmlichen Ansichten. Die neue Sichtweise wird „ökologisch" genannt, weil sie die Führung (genauer: das Führungssystem) als einen sozialen Prozeß in der Umwelt „Organisation" und diese wiederum als sozialen Prozeß in übergeordneten Umwelten der Wirtschaft, des Staates, der Gesellschaft usw. betrachtet. Führung (genauer: der Führungsprozeß) ist in dieser Anschauung die Gesamtheit aller Handlungen zur Gestaltung und Steuerung der Beziehungen einerseits zwischen dem Führungssystem und seiner Organisationsumwelt und andererseits zwischen der Organisation und ihren Umwelten mit dem Ziel, ein dynamisches Gleichgewicht zu erhalten, das Überleben und Wachstum ermöglicht.

Die Ökologie als Wissenschaft vom Zusammenleben der Organismen mit ihrer Umwelt stellt das begriffliche Instrumentarium und das gedankliche Modell zur Verfügung, mit dem ganzheitliche dynamische Gebilde aller Art, von den Organellen über Bakterien, den Menschen, seine Organisationen und die Welt bis hin zum Universum, erfaßt und beschrieben werden können. Bei hinreichend genauer Betrachtung springen formale Übereinstimmungen zwischen den Strukturen und Prozessen in Organisationen beziehungsweise ihren Beziehungen zur Umwelt und den Vorgängen in der Natur geradezu ins Auge. Das überrascht uns insofern nicht mehr, als uns ohnehin schon seit längerem (wieder) zu dämmern beginnt, daß unsere Welt eine organische Ganzheit ist und von universalen Gesetzen beherrscht wird. Das wußten die Menschen früher auch schon, bevor sie mit dem Entstehen der modernen Wissenschaften begannen, die Wirklichkeit in zahlreiche streng voneinander getrennte Fachgebiete aufzuteilen, zu zerstückeln, und dadurch ihren Zusammenhang aus den Augen zu verlieren. Erst in jüngster Zeit – wahrscheinlich ausgelöst durch die Erkenntnis, daß die sich beängstigend auftürmenden Probleme der Menschheit nicht auf der Basis des Parzellendenkens zu lösen sind – mehren sich die Versuche, Fachgrenzen zu überschreiten und das Wissen verschiedener Disziplinen problemorientiert zu integrieren. Die hier vorgetragene ökologische Anschauung von Führung und Organisation basiert auf interdisziplinären Erkenntnissen. Als verbindende „Sprache" wird auf die Systemtheorie und die Kybernetik zurückgegriffen, deren Vokabular sich bestens eignet, die Gemeinsamkeiten unterschiedlicher Organismen beziehungsweise Organisationen auf Begriffe zu bringen.

Zweites Anliegen dieses Buches ist es, aus den bei der ökologischen Betrachtung von Führung gewonnenen Erkenntnissen und dem daraus gebildeten Denkrahmen ökologischer Führung Handlungsempfehlungen für die Führungsausbildung und die Führungspraxis abzuleiten. Damit ist einerseits die Absicht verbunden, eine effektivere Wahrnehmung der Führungsaufgaben zu ermöglichen, andererseits soll dadurch auch das praxisintegrierte Lehren und Lernen des Führens gefördert werden.

Führung läßt sich – wie gerade die ökologische Sichtweise sehr deutlich macht – allerdings nicht in wenige kochrezeptartige allgemein und zeitlos gültige Regeln zwängen. Dazu sind die Bedingungen, unter denen geführt werden muß, viel zu mannigfaltig und veränderlich. Jede neue Generation muß, wie Alfred P. Sloan in seinem Buch „Meine Jahre mit General Motors" schreibt, ihre Chancen wahrnehmen in einer sich ändernden Welt. Die Anforderungen an die Führung verändern sich mit der Größe und der Struktur der Organisation, mit der Art der eingesetzten Technik, mit den persönlichen Eigenschaften der Führungskräfte, den Charakteren, Temperamenten und der Qualifikation der Mitarbeiter, mit der sozialen und wirtschaftlichen Stellung der Organisation in ihrer Umwelt, mit der Art der von ihr bezogenen und erbrachten Leistungen, und – nicht zuletzt – mit den jeweiligen sozialen und kulturellen Strömungen in der Umwelt der Organisation. Die Darstellung beschränkt sich deshalb auf die für das Überleben und die Entwicklung von Organisationen grundlegenden Aspekte und Funktionen der Führung sowie ihrer Wechselbeziehungen untereinander und mit den Umweltbezügen des Führungssystems. Die Handlungsempfehlungen lassen bewußt Raum für die Anpassung an die jeweiligen besonderen situativen Bedingungen des Anwenders.

Patentrezepte für erfolgreiche Führung im 21. Jahrhundert – nach dem Motto: „Was tue ich wenn" oder gar: „Die allerneuesten (aber ersten echten!) Erfolgsgeheimnisse der Führung" – gibt es also nicht. Wohl aber Hilfen für die bessere gedankliche Durchdringung des komplexen Führungsgeschehens in Organisationen und tragfähige Grundlagen für die praktische Bewältigung der schwieriger werdenden Führungsaufgaben. Sie erfahren in diesem Buch, welche grundlegenden Funktionen und Aufgaben Führungskräfte in Organisationen heute und morgen wahrzunehmen haben und wie sie dabei am besten vorgehen können. Sie lernen die wechselseitigen Beziehungen dieser Funktionen und Aufgaben sowie ihre gegenseitigen Abhängigkeiten und Beeinflussungen kennen, sehen das Führungsgeschehen in den ganzheitlichen organisatorischen Zusammenhang eingebettet und werden sich der ihm zugrundeliegenden psychologischen und biologischen Vorgänge bewußt. Sie sehen, welche Arbeits- und Führungsbedingungen für die Erreichung einer zugleich menschen- und sachgerechten Führung günstig sind, erfahren, wie Sie diese oder ähnliche Bedingungen herstellen und wie Sie sie mit geeignetem Führungsverhalten praktisch wirksam machen können. Schließlich erhalten Sie auch noch Anregungen und Hilfen für die Optimierung Ihres individuellen Führungsverhaltens.

Das hier vorgestellte ökologische Führungskonzept gibt einen Orientierungsrahmen für die zukunftsweisende Gestaltung und Entwicklung von Führungssystemen in Organisationen, und es bietet den Führungskräften konkrete Hilfen für die Bewältigung ihrer anspruchsvollen Aufgabe. Obwohl formal geschlossen, ist das Konzept doch in dem Sinne offen und damit allgemein anwendbar, als es die in der Wirklichkeit anzutreffende Vielfalt der organisatorischen Gegebenheiten und die Individualität der Führungspersönlichkeiten anerkennt. So ist die Anpassung an die besonderen Verhältnisse einer konkreten Organisation kein Problem. Das ist ein entscheidender Vorteil gegenüber so manchen Führungskonzeptionen, die häufig wie schlecht sitzende Anzüge wirken. Auf der anderen Seite verlangt das hier vorgestellte anpassungsfähige ökologische Führungskonzept von den Führungskräften mehr Eigeninitiative bei der Realisierung. Denn es postuliert weder einzige Idealzustände noch einzige ideale Verhaltensweisen, die man nur erreichen oder verfehlen kann, und es schreibt auch keine „einzig richtigen Maßnahmen" vor. Statt dessen zeigt es das Zusammenwirken der einzelnen Elemente des Führungsprozesses und seine Wechselwirkungen mit anderen Vorgängen innerhalb und außerhalb der Organisation auf, macht auf Möglichkeiten und Konsequenzen bestimmter struktureller Gegebenheiten oder persönlicher Verhaltensweisen aufmerksam und gibt Anregungen und Hilfen zur Verbesserung der Funktionsfähigkeit des Führungssystems.

Auf den folgenden Seiten dieses Buches tut sich eine Landkarte auf, die Ihnen ein aus Erfahrung mehr oder weniger bekanntes Gelände aus einer neuen Perspektive heraus erschließt. Die Symbole beziehungsweise Begriffe der Darstellung stammen aus dem Vokabular der Systemlehre und der Kybernetik, weil dieses sich besonders gut zur Beschreibung der organischen Natur des Führungsgeschehens in Organisationen eignet. Verallgemeinernd ist dabei von „Organisation" und „Führung in Organisationen" die Rede, weil sämtliche Aussagen in diesem Buch grundsätzlich für alle organisatorischen Erscheinungsformen, wie z. B. Unternehmen, Verbände, Behörden, ja sogar für Öffentliche Körperschaften und den Staat Gültigkeit beanspruchen können.

Meine eigenen Erfahrungen, die den praktischen Hintergrund dieser Arbeit bilden, stammen jedoch überwiegend aus Industrieunternehmen, für die ich seit mehr als 17 Jahren als freiberuflicher Berater und Trainer tätig bin. Aus der Reflexion dieser Erfahrungen im Lichte naturwissenschaftlicher Erkenntnisse sowie wissenschaftlicher Organisations- und Führungstheorien sind schließlich die Ideen entstanden, die in diesem Buch vorgestellt werden. Meinen Kunden und vielen tausend Teilnehmern meiner SEMINARE FÜR KOMMUNIKATION UND FÜHRUNG, die mir dabei bewußt oder unbewußt mit Anregungen und Hilfen zur Seite gestanden haben, möchte ich an dieser Stelle danken.

Ebenso bin ich denen zu Dank verpflichtet, die mir durch ihre Veröffentlichungen Anregungen und Grundlagen für das hier vorgestellte Gedankengebäude gegeben haben. Das Literaturverzeichnis am Schluß enthält ihre Namen und die von mir verwendeten

Titel. Einige von ihnen, die mich besonders beeinflußt haben, werden auch im Text erwähnt. Da dies Buch aber nicht für Wissenschaftler gedacht ist, habe ich jedoch auf Fußnoten der Übersichtlichkeit halber verzichtet.

1.2 Der Aufbau des Buches

Bitte machen Sie sich jetzt anhand des folgenden Schemas mit dem Aufbau des Buches vertraut.

Kapitel 1 dient der Erschließung des Themas. Es macht Sie mit den Beweggründen für diese Veröffentlichung bekannt und erläutert die Ziele der folgenden Ausführungen. Außerdem offenbart es den Aufbau des Buches (Seiten 11 bis 19).

Kapitel 2 stellt die heutige Führungssituation dar und zeigt, daß die Krise der Führung mehrere Ursache hat, die sich teilweise gegenseitig verstärken. Es werden die Haupthindernisse einer Lösung der gegenwärtigen Führungsprobleme in Organisationen genannt, wobei das mangelnde Denken und Handeln in Zusammenhängen als Kernproblem erkannt wird (Seiten 23 bis 36).

Kapitel 3 beleuchtet die Führungssituation aus der Perspektive des technisch-ökonomischen und sozio-kulturellen Wandels. Die daraus erwachsenden veränderten Anforderungen an die Führung von Organisationen werden dargestellt, und es wird gezeigt, mit welchen Mitteln und Maßnahmen ihnen Rechnung getragen werden kann. Dabei wird deutlich, daß Organisationen, die die neuen Bedürfnissen ihrer Mitarbeiter durch veränderte Arbeits- und Führungsbedingungen berücksichtigen, auch besser für die kommenden technisch-ökonomischen Herausforderungen gerüstet sind (Seiten 39 bis 55).

Kapitel 4 entwickelt den Denk- und Orientierungsrahmen für eine zukunftsweisende Führung. Hier werden, aufbauend auf den in den beiden vorangegangenen Kapiteln zusammengetragenen Erkenntnisse, die begrifflichen und anschaulichen Grundlagen für ein ganzheitliches organisch-ökologisches Führungskonzept gelegt. Im Lichte systemtheoretischer, kybernetischer und evolutionsbiologischer Erkenntnisse werden zunächst die wichtigsten Aspekte des Führungsgeschehens betrachtet, dann werden Antworten auf die Frage gegeben, welche Anforderungen die Führung in Organisationen erfüllen muß, die zugleich den menschlich-sozialen und technisch-ökonomischen Anforderungen der Zukunft genügen soll (Seiten 59 bis 199).

Kapitel 5 schließlich geht auf die einzelnen Führungsfunktionen ein und gibt Handlungsempfehlungen für die Führungspraxis. Auf der Grundlage des ökologischen Führungskonzepts werden einzelne wichtige Führungsfunktionen aus dem Führungsprozeß isoliert und anwendungsbezogen dargestellt. Führungskräften sollen dadurch Hilfen für die praktische Umsetzung des ökologischen Führungskonzepts gegeben werden (Seiten 203 bis 302).

Kapitel 6 enthält eine Schlußbemerkung (Seiten 305 bis 307).

1.3 Hilfe zur Selbsthilfe

Eine Landkarte ist hilfreich für den, der sich auf den Weg macht. Sie nimmt einem aber den Weg nicht ab. Das in diesem Buch vorgestellte ökologische Führungskonzept liefert Ihnen neue Maßstäbe für die Analyse und Beurteilung Ihrer Führungssituation, und es vermittelt Ihnen Entscheidungsgrundlagen, wenn Sie zu der Überzeugung gelangen sollten, Veränderungen der Strukturen und Prozesse wie auch der Normen und Methoden der Führung in Ihrer Organisation(seinheit) seien erforderlich. An Ihnen ganz allein liegt es aber, zu handeln, für wichtig Erkanntes auch durchzuführen, überkommene Strukturen und alte Gewohnheiten zu beseitigen und die erforderlichen neuen Rahmenbedingungen zu schaffen. Wie Sie wahrscheinlich wissen, kann das mitunter recht mühsam sein.

Kleine, wohlüberlegte Schritte, konsequent und mit Nachdruck gegangen, führen in der Summe meist weiter als spontane große Sprünge, bei denen man schnell außer Atem kommt. Setzen Sie Prioritäten und leiten Sie Verbesserungen zuerst an den größten Schwachstellen ein, am besten dort, wo die negativen Auswirkungen schon offensichtlich geworden sind. Auf diese Weise konzentrieren Sie Ihre Kräfte und haben es auch leichter, Mitarbeiter, Kollegen oder Vorgesetzte für Ihre Vorhaben zu gewinnen. Beginnen Sie mit Neuerungen dort, wo Sie den größten unmittelbaren Einfluß haben. Unabdingar ist aber, daß Sie bei allem, was Sie zur Verbesserung Ihrer Führungssituation tun, von einer ganzheitlichen Perspektive ausgehen, die Ihnen erlaubt, die Bedeutung und die Zusammenhänge der Einzelerscheinungen richtig zu erfassen. Das ist auch die wichtigste Botschaft, die Ihnen dieses Buch vermitteln möchte. Vergessen Sie schließlich bei allen Ihren Veränderungsbestrebungen niemals, daß Sie als Vorgesetzter Vorbild für Ihre Mitarbeiter sind. Nicht das, was Sie sagen, sondern das, was Sie tun, überzeugt.

Diejenigen, die lediglich Mitarbeiter in Führungspositionen sind, erkennen das jeweils Machbare und sehen ihre Aufgabe darin, es so gut wie möglich zu tun. Wirkliche Führungskräfte fühlen sich dagegen für die Vermehrung des Machbaren verantwortlich. Sie sind nicht in erster Linie Verwalter (die früher ja auch Verweser! genannt wurden), sondern Wegweiser, Neuerer und – Befreier. Denn „alle großen Erfindungen, alle großen Werke sind das Resultat einer Befreiung: der Befreiung von den Routinen des Denkens und Tuns." (Arthur Koestler)

Zweites Kapitel

Führen ist Zukunftsgestaltung

Sehnsucht nach der „guten alten Zeit" sagt man älteren Menschen nach, denen die Vergangenheit wichtiger geworden ist als die Zukunft. Führungskräfte werden dagegen gedanklich eher mit Wagemut, Fortschritt, und Innovation verbunden. Dennoch blicken nicht wenige von ihnen wehmütig auf die Zeiten zurück, als Befehle noch ausreichten, um die Mitarbeiter zur Leistung zu bringen. Die Zeiten haben sich jedoch gründlich geändert. Die klassische Rolle des Vorgesetzten ist in den neuen „Stücken", die Führungskräfte heute und morgen „spielen" müssen, nicht mehr vorgesehen. Die gegenwärtigen umfassenden technischen, ökonomischen und sozialen Veränderungen sowie der geistige Wandel unserer Epoche erfordern eine neue Auffassung von Führung, die den veränderten Bedingungen besser gerecht wird

Auch Herr S., Werkleiter eines größeren Produktionsunternehmens, empfindet so. Wenn er am Ende seiner arbeitsreichen Tage Rückschau hält, kommt er regelmäßig zu dem Ergebnis, daß er zwar sehr viel für den erfolgreichen laufenden Betrieb, aber so gut wie nichts für den langfristigen Bestand und die gedeihliche künftige Entwicklung seines Unternehmens getan hat. Die unzählbaren Probleme des Tagesgeschäfts haben ihn so in Anspruch genommen, daß er zu seinen Führungsaufgaben gar nicht gekommen ist. Und zu allem Überfluß scheinen die täglichen Probleme ständig zuzunehmen: Immer öfter muß er Feuerwehr spielen, die Mitarbeiter werden immer unzufriedener, Absentismus und Bummelei nehmen zu, das menschliche Klima im Betrieb kühlt merklich ab, und trotz seines vermehrten Arbeitseinsatzes steigt die Leistung seines Bereiches nicht an. Herrn S. wachsen die Tagesprobleme über den Kopf und er hat das Gefühl, daß etwas Grundsätzliches geändert werden müßte. Aber was sollte er tun, wo sollte er beginnen?

2.1 Warum Führen schwieriger geworden ist

Die Anforderungen an Führungskräfte sind infolge der stürmischen technisch-ökonomischen und sozialen Veränderungen, verbunden mit einem grundlegenden Wandel des Denkens der Menschen, in den letzten zehn, zwanzig Jahren erheblich gestiegen und werden in Zukunft weiter steigen. Auf die wichtigsten Erscheinungen dieses Wandels und ihre Konsequenzen für die Führung von Organisationen wird im nächsten Kapitel noch eingegangen werden. Zunächst genügt es, die grundlegende Problematik der Führung darzustellen, die sich daraus ergibt.

2.1.1 Streß durch zunehmende Komplexität und beschleunigten Wandel

Die Arbeitsbelastung der meisten Führungskräfte hat steigende Tendenz. Das liegt jedoch weniger daran, daß die Anzahl der Führungsaufgaben wächst, sondern vielmehr daran, daß die Aufgaben sich qualitativ wandeln, nämlich schwieriger werden. Ursache dafür ist die Zunahme ihrer Komplexität, die wiederum eine Folge der Komplexitätszunahme in der Führungsumwelt ist. Diese ist von einem sich beschleunigenden Wandel gekennzeichnet:

Wissenschaft und Technik, die Märkte, die politischen Rahmenbedingungen, alles ist ständig in Bewegung, schwer zu berechnen und hinsichtlich der zukünftigen Entwicklung kaum abzuschätzen. Die Ungewißheit scheint ständig zuzunehmen. Bei jeder einzelnen Entscheidung sind heute viel mehr Informationen zu verarbeiten, müssen mehr Einflußgrößen in Betracht gezogen und komplexere Sachverhalte analysiert werden, als dies früher der Fall war. Aber welche von den unzähligen Informationen, die täglich auf uns einprasseln, sind wichtig? Welche sind zuverlässig? Auch verlangt die heutige Führungstätigkeit in deutlich größerem Ausmaß die Zusammenarbeit mit anderen Führungskräften und Fachleuten unterschiedlicher Disziplinen, was die Anzahl der notwendigen Kontakte zwecks Information, Klärung und Koordination beträchtlich erhöht. Und schließlich erfordern die Mitarbeiter zunehmend mehr Zeit- und Energieaufwand, weil sie als qualifizierte und selbstbewußte Partner der Führungskräfte höhere Anforderungen an die menschlichen Beziehungen und das Führungsverhalten stellen als noch ihre Eltern.

Der Führungsstreß wächst. Nicht wenige Führungskräfte fühlen sich an die Grenzen ihrer Leistungsfähigkeit getrieben, manche geben offen zu, daß sie sich überfordert fühlen. Entgegen dem eigentlichen Anspruch von Führung, zielbestimmend, wegweisend und anstoßgebend zu wirken, reagieren immer mehr Führungskräfte nur noch auf das, was ihnen der Alltag aufgibt – und nicht wenige reichlich hilflos. Als Super-Sachbearbeiter erbringen sie teilweise exzellente fachliche Leistungen, als Verwalter tun sie mehrheitlich korrekt und zuverlässig ihren Dienst, nur von Führung – ihrer eigentlichen Aufgabe – kann nicht die Rede sein.

So wie Herrn S. in unserem Beispiel geht es vielen Führungskräften: sie haben keine Zeit zu führen, weil sie nicht führen, und sie führen nicht, weil sie keine Zeit mehr dazu haben. Aus diesem Dilemma gibt es erfahrungsgemäß kein Entrinnen, solange der Blick auf Einzelprobleme geheftet bleibt, ohne ihren Zusammenhang und ohne das sie bedingende Umfeld mit zu berücksichtigen. Symptomkuren in Form von Schnell-, Not- oder Insellösungen, die teils aus dem naiven Glauben an immer wieder angebotene Patentrezepte und teils resignierend als eben nicht anders machbar immer wieder versucht werden, sind Zeit- und Geldverschwendung. Erfolgversprechend ist einzig und allein ein ganzheitlicher Lösungsansatz, der berücksichtigt, daß Führungsprobleme nicht im luftleeren Raum entstehen und in der Regel eine Vielzahl von Ursachen haben. So weiß Herr S. zum Beispiel, daß er sich zu häufig um Dinge kümmert, die Sache seiner Mitarbeiter wären. Forscht man den Gründen nach, kommt zutage, daß Mitarbeiter in der Vergangenheit Fehler gemacht haben und daß Herr S. die Wiederholung dieser Fehler fürchtet. Die weitere Untersuchung zeigt, daß Mitarbeitern in einigen Fällen die Kenntnisse und Fähigkeiten, in vielen Fällen die Informationen fehlen, um ihre Aufgaben selbständig und richtig erfüllen zu können. Deshalb mußte und muß Herr S. mit seinem Können und Wissen immer wieder einspringen, um Fehler zu vermeiden. Indem er das tut, verhindert er aber gleichzeitig, daß seine Mitarbeiter dazulernen und daß die für eine selbständige Aufgabenerfüllung der Mitarbeiter fehlenden Voraussetzungen geschaffen werden. Die Fortsetzung der Führungs-Analyse bringt dann noch einen generellen Mangel an Information und Zielklarheit ans Tageslicht, der die Motivation der Mitarbeiter erheblich beeinträchtigt und damit zusammenhängt, daß S. angesichts der Unberechenbarkeit seines Vorgesetzten selbst unsicher ist.

2.1.2 Unzweckmäßiges und schädliches Parzellendenken

Solche und andere Probleme sind charakteristisch für die heutige Führungssituation in den meisten Organisationen. Sie sind darauf zurückzuführen, daß Führungskräfte das Führungsgeschehen parzelliert in Form von Einzelereignissen und voneinander isolierten Vorgängen statt zusammenhängend, ganzheitlich als System wahrnehmen. Die Folge ist, daß sie fortwährend Symptome von Mängeln und Fehlentwicklungen der Führung bekämpfen, anstatt die Ursachen der Mängel und Fehlentwicklungen zu beseitigen.

Versäumnisse der Mitarbeiter beantworten sie beispielsweise mit mehr Aufsicht und Kontrolle, statt die Bedingungen zu ändern, unter denen die Versäumnisse vorkommen (müssen); zu gering motivierte Mitarbeiter werden „am kurzen Zügel" geführt und stärker angetrieben, statt nach den Gründen der mangelnden Motivation zu fragen und die erkannten Ursachen abzustellen, und Schwächen in der Planung wird mit mehr Planung statt mit verbesserter Planung begegnet. Viele Führungskräfte handeln wie Mechaniker, die eine riesige Maschine am Laufen halten müssen, deren Funktionieren sie nicht verstehen. Treten Störungen auf, eilen sie mit Hammer, Schraubendreher und Kombizange herbei und reparieren dort, wo sie den Fehler sehen, aber nicht dort, wo der Fehler entstanden ist und möglicherweise immer aufs neue wieder entsteht. Kein Wunder also, daß sie immer wieder die gleichen Fehler – und eine mit der Zeit steigende Zahl zusätzlicher und Folge-Fehler beseitigen müssen, die aus einer gemeinsamen nicht erkannten Ursache stammen.

Das mangelnde systemische Bewußtsein der meisten Führungskräfte bewirkt, daß sie bei ihrem Handeln wichtige Zusammenhänge außer acht lassen und ihr Verhalten häufig auf falschen Voraussetzungen aufbauen. Führung verstehen und praktizieren sie nicht als komplexen, ganzheitlichen und zirkulären Prozeß, sondern als Menge einzelner, isolierter Maßnahmen. Das Führungsgeschehen wird dadurch unangemessen parzelliert, wodurch die Wechselbeziehungen zwischen Teilvorgängen aus dem Blickfeld geraten und – in bezug auf das Ganze – optimale Entscheidungen verhindert. In den Wachstumsjahren des Nachkriegsaufschwungs konnten wir mit den daraus erwachsenden Schwierigkeiten trotz der sich immer stärker bemerkbar machenden Auswirkungen des gesellschaftlichen Wandels und der starken Zunahme der Komplexität des Führungsgeschehens noch ganz gut fertigwerden, jedenfalls in materieller Hinsicht. Inzwischen haben technischer Fortschritt, ökonomische Entwicklung und sozialer Wandel die Arbeitswelt aber mit vereinten Kräften voll erfaßt und stellen die überkommenen Vorstellungen von Führung gründlich in Frage. Jetzt duldet die Suche nach zukunftsweisenden neuen Führungskonzepten keinen Aufschub mehr.

2.2 Was die Weiterentwicklung der Führung erschwert

Die Führungsverantwortlichen leiden ebenso wie ihre Mitarbeiter unter dem Streß, den die in wachsendem Maße nicht mehr anforderungsgerechte Führung verursacht, der eine mehr, der andere weniger zwar, aber sie tun sich offensichtlich alle ziemlich schwer damit, aus ihren Erfahrungen die erforderlichen Konsequenzen zu ziehen. Anders wäre nicht zu erklären, warum in den meisten Unternehmen, Verwaltungen und Verbänden heute immer noch nicht sehr viel anders geführt wird als zu Großvaters Zeiten und warum die gleichen Führungsfehler ständig mit schöner Regelmäßigkeit wiederholt werden, lediglich mit dem Unterschied, daß sie sich heute schädlicher auswirken als damals.

2.2.1 Große Anstrengungen zur Verbesserung der Führung

Dabei unternehmen Wissenschaftler und weitsichtige Praktiker erhebliche Anstrengungen, um die Führung der Organisationen den heutigen (und zukünftigen) menschlichen und sachlichen Erfordernissen anzupassen. Die Zahl der Veröffentlichungen zum Thema Führung ist Legion, und Wirtschaft und Verwaltung geben dreistellige Millionenbeträge für die Weiterbildung ihrer Führungskräfte aus. Angesichts der reichlich angebotenen Führungsberatung in schriftlicher und mündlicher Form und einer umfassenden Führungs-Ausbildung in den Großunternehmen verwundert die – man kann es ruhig so sagen – Misere der Führung. Der stets naheliegende Trost, daß eben zwischen

Theorie und Praxis der Führung immer eine Lücke klaffe und man sich eben mit dem Machbaren begnügen müsse, ist keine überzeugende Erklärung für die im Verhältnis zur technischen Entwicklung rückständige Führung in Organisationen. Plausibler klingen da schon andere Begründungen.

2.2.2 Hindernisse der Weiterentwicklung

Außer sozio-psychologischen Hindernissen, die phylogenetische Wurzeln haben (sie kommen später noch zur Sprache), sind es vor allem drei Barrieren, die einer zukunftsweisenden Weiterentwicklung der Führung in Organisationen entgegenstehen:

Erstens dominieren kurzfristige Erfolgsmaßstäbe der Führung. Der beschleunigte Wandel unserer Zeit, der die Zukunft immer unberechenbarer macht, verkürzt zwangsläufig die Planungshorizonte. Statt in mühevolle Vorhaben zu investieren, die sich erst in einer mit tausend Fragezeichen versehenen Zukunft als nützlich erweisen können, suchen immer mehr Menschen schnelle Lösungen, kurzfristige Befriedigung ihrer Bedürfnisse und sofortige Belohnungen ihrer Anstrengungen. Es macht sich eine Knopfdruck-Mentalität breit: Was zählt, ist der – möglichst – augenblickliche Erfolg. Was man hat, das hat man, und nach einem im Zweifel die Sintflut. Unternehmer und Führungskräfte (wie auch Politiker) messen deshalb ihren und ihrer Mitarbeiter Erfolg an immer kurzfristigeren Maßstäben. Nur sehr selten tauchen überhaupt noch Maßnahmen zur langfristigen Zukunftssicherung unter den Kriterien zur Beurteilung der Qualifikation von Führungskräften auf. Deren Neigung, unter großem Einsatz von Zeit, Geld und persönliche Energien langfristige Ziele anzustreben, nimmt unter diesen Umständen begreiflicherweise ab.

Zweitens besteht bei den Führungskräften (noch) eine ausgesprochene Vorliebe für quantifizierbare, vorzugsweise in Rentabilitätsrechnungen erfaßbare Vorhaben. Ohne sehr stark zu übertreiben, könnte man sogar sagen: Es existiert für sie nur das, was sich messen, in Zahlen (Geldeinheiten) ausdrücken und mit Hilfe der EDV bearbeiten läßt. An Zahlen messen sie ihren und ihrer Mitarbeiter Erfolg oder Mißerfolg. In dieser Haltung scheint sich die aus der Elementarphysik stammende Hypothese zu bestätigen, nach der jede Methode (hier die Finanzmathematik) sich ihre eigene Wirklichkeit schafft. Nichts ist in Wirtschaft und Politik überzeugender als ein zweifellos errechenbarer Profit. Die Folge ist, daß Vorhaben, deren Nutzen (Rentabilität) sich nur unter Schwierigkeiten oder gar nicht exakt ausrechnen läßt, erheblich geringere Verwirklichungschancen haben als solche, bei denen das möglich ist. Nun leben wir zwar alle vom Geldverdienen. Aber jeder von uns weiß doch auch, daß sich gerade die wichtigsten Dinge im Leben nicht in Zahlen zwängen oder in Geld bewerten lassen, und daß Leben keineswegs mit Geldverdienen identisch ist.

Eine Denk- und Planungsweise, die an kurzfristigen und zahlenmäßig zu erfassenden Erfolgen orientiert ist, tut sich natürlich sehr schwer mit einem so langfristig angelegten und nur unvollkommen in Zahlen zu fassenden Vorhaben wie es die Verbesserung der Führung in Organisationen darstellt. Wer sich den dafür erforderlichen Aufwand als Negativ-Posten (Kosten!) anrechnen lassen muß, ohne gleichzeitig auch schon den Erfolg (stärkere Motivation, bessere Zusammenarbeit, mehr Leistung) genießen zu können, muß besonderes Format haben, um nicht der Neigung zu erliegen, die erforderlichen Investitionen zugunsten solcher Maßnahmen hintanzustellen oder ganz zu unterlassen, die schnelle und meßbare Ergebnisse versprechen. Aber welches Unternehmen, welche Verwaltung kann sich ein so kurzsichtiges Denken und Handeln auf Dauer leisten? Die anforderungsgerechte Weiterentwicklung der Führung zu vernachlässigen bedeutet, die Leistungsfähigkeit der Organisation aufs Spiel zu setzen und zukünftige Erfolgschancen zu verschenken. In der Führung der meisten Unternehmen liegen erhebliche Potentiale zur Leistungssteigerung und Erhöhung der Arbeitszufriedenheit brach, weil ihr Einsatz weder gefordert noch gefördert, nicht selten dagegen sogar behindert und bestraft wird. Es ist beruhigend und stimmt zuversichtlich zu sehen, daß die Zahl der Führungskräfte langsam aber stetig zunimmt, die erkennen, daß die Weiterentwicklung der Führung selbst eine der wichtigsten Führungsaufgaben ist. Konsequenterweise ermutigen sie ihre Mitarbeiter zu Investitionen in die Führungsentwicklung und belohnen sie auch dafür.

Drittens ist die homöostatische Trägheit eine Barriere für die Weiterentwicklung der Führung in Organisationen. Damit wird die Tendenz von Systemen bezeichnet, in einem einmal erreichten Zustand oder Prozeß zu verharren; für Menschen und Organisationen gilt das allerdings nur, solange dieser einigermaßen befriedigend ist. Dementsprechend kann bei Führungskräften, die – an den vorgenannten Maßstäben gemessen – erfolgreich genug arbeiten, nicht ohne weiteres die Neigung vorausgesetzt werden, etwas an der Führung zu ändern. Der Zufriedene strebt nicht nach Veränderungen.

Voraussetzung für das Streben nach Veränderung und Wandel ist immer eine Störung. Diese Erkenntnis läßt sich bis auf die evolutionären Prozesse zurückführen, die der Entwicklung alles Lebendigen zugrunde liegen. Ein Sprung in der Entwicklung zu einer neuen Struktur erfolgt in der Natur nur dann, wenn eine Störung nicht mehr unter den gegebenen Bedingungen bewältigt werden kann. Wir werden diesen Gedanken später weiter verfolgen. Hier genügt zunächst die Feststellung, daß der Mensch und die von ihm geschaffenen Organisationen sich genauso verhalten. D.h. tiefgreifende Veränderungen benötigen Antriebe in Form empfindlicher Störungen des „Wohlbefindens"; die Störungen müssen um so stärker sein, je größer die homöostatische Trägheit (auch Anpassungsfähigkeit, Duldsamkeit, Phlegma u.ä. genannt) ist.

Störungen können eine oder zugleich mehrere Quellen haben: Es kann sich in Organisationen beispielsweise um menschliche Konflikte oder wirtschaftliche Schwierigkeiten handeln, um unerwartete Ertragseinbußen, um eine Intervention des Vorgesetzten (z. B. auf Anregung einer rührigen Weiterbildungsabteilung), dem an einer Weiterentwicklung der Führung gelegen ist, oder um die (Selbst-)Erkenntnis und Einsicht einer Führungskraft in die Notwendigkeit von Veränderungen der Führung. Eine Weiterentwicklung der organisatorischen Führung kann ohne eine Störung der homöostatischen Trägheit kaum mit Aussicht auf Erfolg begonnen werden. Davon zeugen Tausende von „gestrandeten" Bildungs- und Entwicklungsmaßnahmen.

2.2.3 Die Einsicht in die Notwendigkeit eines Wandels wächst

Immer mehr Führungsverantwortliche werden allerdings sensibel für die gegenwärtige Krise der Führung (die ein Teil der Krise unserer Gesellschaft ist) und erkennen die Wichtigkeit ihrer anforderungsgerechten Weiterentwicklung für den Zukunftserfolg ihrer Organisationen. Dadurch werden die Fluktuationen der Unzufriedenheit, die dem Führungsprozeß innewohnen, zu Störungen verstärkt, die nach substanziellen Veränderungen rufen. Das nährt die Hoffnung, den notwendigen Wandel der Führung noch rechtzeitig und schnell genug bewerkstelligen zu können, bevor die Arbeitswelt im Bewußtsein der Menschen noch weiter zum Felde der Fron wird, im gegensatz zur Freizeitwelt als dem Felde des Lebens und der Lust. Und es eröffnet die Chance, die Produktivität unseres privaten und staatlichen Wirtschafts- und Verwaltungssystems so zu erhöhen, daß die gewaltigen sozialen Ansprüche der Zukunft erfüllt werden können. Um den Erfolg zu ermöglichen, müssen allerdings die genannten Barrieren abgebaut werden. Die Weiterentwicklung der Führung in Organisationen muß explizit zu einer Führungsaufgabe gemacht werden, und die Führungskräfte müssen von ihren Vorgesetzten daran gemessen werden, wie sie diese Aufgabe lösen.

Ist der Wille zum Führungswandel bekundet, muß die Frage nach den realistischen Zielen dieses Wandels und nach dem besten Weg dorthin beantwortet werden. Wie muß eine Führung aussehen, die den sich verändernden menschlichen Bedürfnissen und den absehbaren zukünftigen sachlichen Anforderungen zugleich gerecht wird, und wie kann sie entwickelt werden?

Wer diese Frage zu beantworten versucht, stößt wieder auf das Erfordernis einer ganzheitlichen Betrachtungsweise. Er stellt nämlich fest, daß sie zwei Aspekte hat, die untrennbar miteinander verbunden sind: einen technisch-organisatorischen und einen menschlich-sozialen. Bemühungen um die Verbesserung der Führung in Organisationen können nur dann erfolgreich sein, wenn beide Aspekte sowie die zwischen ihnen bestehenden Wechselbeziehungen dabei angemessen berücksichtigt werden. Das bedeutet beispielsweise, daß psychologische Seminare für Vorgesetzte, die den Zweck haben, ihre Fähigkeiten zur Motivierung der Mitarbeiter zu verbessern, ziemlich sinnlos sind, wenn nicht gleichzeitig auch die Führungs- und Informationsstrukturen der Organisation entsprechend verändert werden. Und das heißt z. B. auch, daß es kaum nützlich sein kann, mehr Delegation von Entscheidungsbefugnissen zu predigen, wenn nicht gleichzeitig auch die Verfügung über Sachmittel und Informationen entsprechend angepaßt wird und die Vorgesetzten ihr Verhalten im Sinne der neuen Absichten ändern.

Führung ist ein evolutionärer Prozeß. Strukturen sind lediglich geronnene Erscheinungsformen dieses Prozesses. Wer die Führung in seiner Organisation verbessern möchte, muß deshalb einen prozeßorientierten, ganzheitlichen Ansatz wählen, der in erster Linie die Wechselbeziehungen zwischen den in der Organisation tätigen Menschen untereinander und zur Organisations-Umwelt berücksichtigt. Die technisch-organisatorischen Strukturen der Führung sind als „Abdruck" des lebendigen Führungsgeschehens nur insofern von Bedeutung als sie institutionell verfestigt wurden und das Führungshandeln (unangemessen) begrenzen können.

Die massenweise veröffentlichten Erfahrungen, die andere Führungskräfte bei der Bewältigung ihrer Aufgaben gemacht haben, besonders die der Erfolgreichen unter ihnen, können zwar sehr interessant und auch anregend sein, sollten aber nicht überbewertet werden. Aus willkürlich herausgegriffenen Einzelfällen läßt sich nur sehr begrenzt etwas lernen, weil deren besondere Bedingungskonstellationen so gut wie niemals auf andere Situationen übertragbar sind. Deshalb überrascht es nicht, wenn Peters und Watermans „exzellente Unternehmen" bei näherem Hinsehen und längerfristiger Beobachtung ihren Glanz verlieren. Auf kurze Zeitperioden beschränkte historisch-dokumentarische Betrachtungen sind eher unterhaltend als lehrreich. Wer lernen will, muß die hinter den Oberflächenerscheinungen liegenden grundlegenden Prozesse erkennen und verstehen. Nur dann hat er eine Chance, sein Wissen unabhängig von den ständig wechselnden aktuellen Erscheinungen und Ereignissen nützlich anzuwenden.

2.3 Vom mechanischen zum organischen Führungsmodell

Wenn die Überzeugung richtig ist, daß erfolgreiche Führung in Zukunft entscheidend von der Fähigkeit der Führungskräfte abhängen wird, das Führungsgeschehen in seiner ganzen Komplexität und in seiner Prozeßhaftigkeit zu erfassen und zu beherrschen, müssen wir uns fragen, wie das angesichts der festgestellten – und eher noch wachsenden – Schwierigkeit dieser Aufgabe überhaupt möglich sein soll.

2.3.1 Hinderliche Denkgewohnheiten

Eines der größten Hindernisse auf dem Wege einer Weiterentwicklung der Führung in Organisationen liegt sicherlich in der Begrenztheit des menschlichen Verstandes. Statisches, lineares Denken und gegenständliche, lineare Sprache eigenen sich offensichtlich nicht besonders gut dazu, Vorgänge und zirkuläre Zusammenhänge zu erfassen und darzustellen, wie sie in allen Organismen und sämtlichen Sozialgebilden vorherrschen. Diese Erfahrung kann jeder leicht selbst machen, indem er versucht, eine komplizierte Maschine zu beschreiben, deren Bestandteile nur im Gesamtzusammenhang zu verstehen sind, dieser aber erst einsichtig wird, nachdem sämtliche Einzelteile bereits beschrieben worden sind.

Führung ist als sozialer Prozeß noch viel komplizierter als eine solche Maschine. Das wird bisher jedoch weder von den meisten Führungskräften noch von der Mehrheit ihrer Berater in genügendem Maße beachtet. Vielmehr wird Führung in heroischer Vereinfachung als einfacher, linear aufgebauter Mechanismus betrachtet, der nach dem Prinzip von „Ursache und Wirkung" funktioniert. In der Abbildung 1a ist dieses konstruktivisch-mechanistische Bauprinzip am Beispiel der Führung schematisch dargestellt. Aus dieser Perspektive ist eine Organisation (wie z. B. ein Unternehmen, ein Verband, eine Behörde oder der Staat) einem Uhrwerk vergleichbar, das aus einer Anzahl von Teilen nach einem Bauplan zusammengesetzt ist. Die Führung hat die Aufgabe, für den richtigen Zusammenbau der Teile, die Zufuhr ausreichender Betriebsenergie und den störungsfreien Ablauf zu sorgen, befindet sich selbst aber außerhalb des

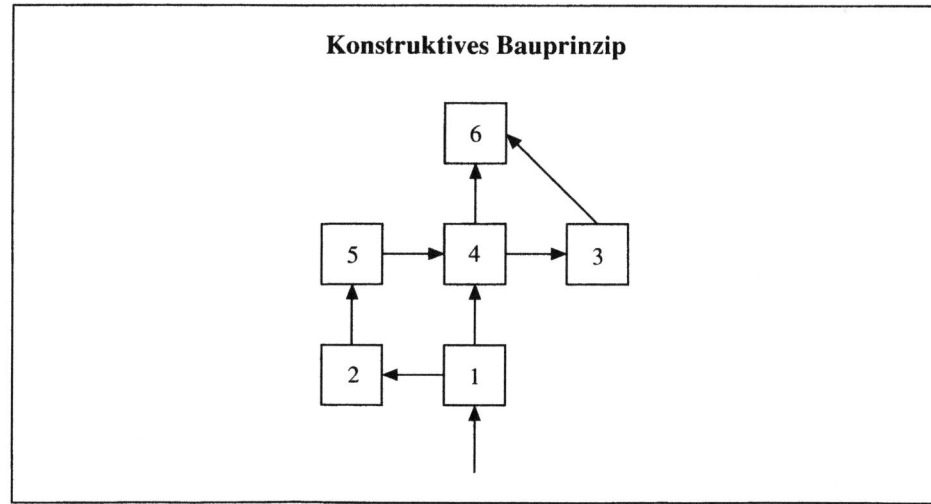

Abb. 1a

organisatorischen Geschehens und ist von diesem selbst nicht betroffen. Der Führungswille wird im Rahmen des starren, weitgehend von der Umwelt isolierten Mechanismus' von oben nach unten durch Befehle vermittelt, die von den Empfängern gehorsam ausgeführt und deren Ergebnisse wiederum von den Führungskräften kontrolliert werden. Störungen können im eindeutigen Ursache-Wirkungs-Zusammenhang leicht aufgefunden und beseitigt werden. Da die Umwelt als stabil und berechenbar angesehen wird, können sich aus der starren und wenig anpassungsfähigen Konstruktion der Organisation keine Nachteile ergeben.

Die Wirklichkeit sieht anders aus, und das scheint sich auch allmählich herumzusprechen. Deshalb wird das konstruktivisch-mechanistische Modell von Organisation und Führung heutzutage auch kaum noch explizit vertreten. Dennoch geistert es unbewußt immer noch in den Köpfen der meisten Führungspraktiker (und -theoretiker) herum. Anders wäre nicht zu erklären, weshalb im Führungsalltag immer noch auf der Grundlage mechanistischer und linearkausaler Vorstellungen gehandelt wird, obwohl sich diese bereits unzählige Male als unbrauchbar für das Verständnis und die Lösung der heutigen Führungsprobleme erwiesen haben. Fortschritte sind nur zu erwarten, wenn es gelingt, die organische Natur des Führungsgeschehens in Organisationen zu erkennen und zur Grundlage des Handelns zu machen. Das organische Bauprinzip ist durch das Vorherrschen dynamisch-zirkulärer Beziehungen zwischen den Elementen beziehungsweise Subsystemen der Organisation und zur Organisations-Umwelt gekennzeichnet. Anders als das mechanische Bauprinzip läßt es sehr viele unterschiedliche Zustände und Verhaltensweisen eines Systems zu, die weder einfach zu erklären oder vorauszusagen noch mit einfachen Mitteln gezielt herbeigeführt werden können. Ohne das Ganze verstanden zu haben, verbergen sich uns Sinn und Zweck seiner Teile, und wir sind nicht in der Lage, mit den Teilen im Hinblick auf unsere Ziele für das Ganze richtig umzugehen. Abbildung 1b zeigt schematisch das organische Bauprinzip.

Wir wollen uns aber davor hüten, im Glashaus unserer eigenen Begrenzungen sitzend den Stein des Vorwurfs auf andere werfen zu wollen. Wer das oben angeregte Experiment versucht hat, ist vielleicht ebenso erschrocken über seine geringe Fähigkeit, in zirkulären Zusammenhängen zu denken wie die Teilnehmer an Dörners Tana-Land-Experiment. Diesen war aufgegeben, per Computer-Simulation die Lebensbedingungen in einem fiktiven Entwicklungsland zu verbessern. Sämtliche Ausgangsbedingungen und Ressourcen waren bekannt, und die studentischen Teilnehmer des Experiments trafen die ihnen angebracht erscheinenden Entscheidungen. Bis auf wenige Ausnahmen zerstörten sie mit ihren gutgemeinten Maßnahmen alles das ursprünglich stabile Gefüge des „Landes" und führten zum Teil katastrophale Zustände herbei, weil sie mit linear-kausalem Denken dem komplexen zirkulären Beziehungsgeflecht der „Wirklichkeit" des Modells nicht gerecht werden konnten.

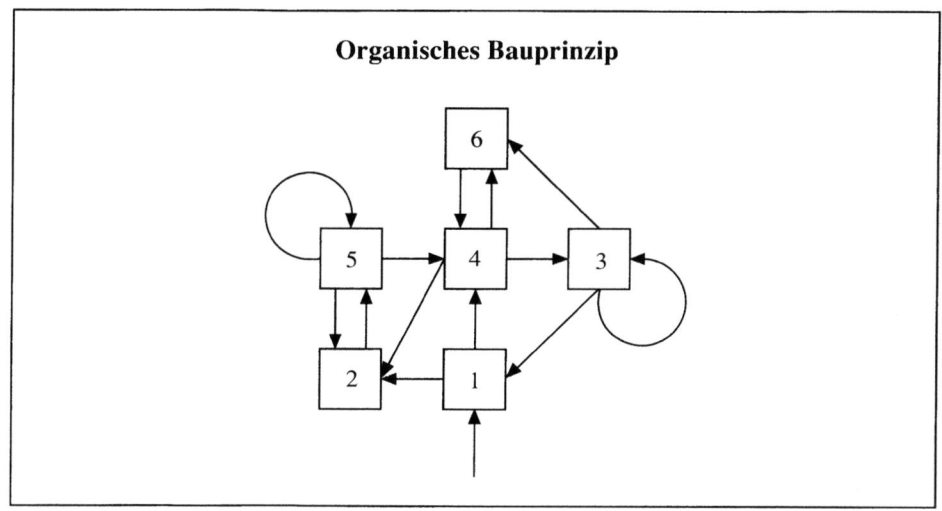

Abb. 1b

An unsere mangelhafte Fähigkeit, Neben-, Fern- und Rückwirkungen unseres Handelns abzuschätzen, werden wir tagtäglich auch durch die Medien erinnert, die uns von gescheiterter Entwicklungshilfe, von haarsträubenden Fehlplanungen und technischen Pannen, von Umweltkatastrophen, langfristiger Unfinanzierbarkeit des sozialen Versorgungssystems, Wachstum der Kriminalität und anhaltendem Mißerfolg bei der Drogenbekämpfung berichten. Angesichts dieser offenkundigen Symptome einer offensichtlich nicht beherrschten Disregulation des Weltsystems liegt es nahe, mit Friedrich von Hayek zu vermuten, daß es der individuellen Vernunft prinzipiell verwehrt ist, jene des ihm übergeordneten Sozialsystems zu verstehen.

Doch so schnell sollten wir nicht aufgeben. Da wir wissen, wo die Begrenzungen unseres Denkens (und damit auch unseres Handelns) liegen, kennen wir auch die Richtung notwendiger Weiterentwicklung: Wir müssen uns bemühen, die Wirklichkeit als einen in ständiger Entwicklung befindlichen organischen Zusammenhang aufzufassen, statt uns – wie es in den Schulen und Hochschulen leider immer noch gelehrt wird – an künstlich abgeteilten Ausschnitten der Wirklichkeit zu orientieren. Das vorherrschende linearkausale und analytische Denken hat sich zwar ebenso wie die fachliche Spezialisierung in der bisherigen Menschheitsgeschichte durchaus bewährt. Sie sind für die Behandlung zahlreicher Probleme auch nach wie vor brauchbar und zweckmäßig. Doch stoßen wir damit immer häufiger bei solchen Problemen an Grenzen, die nicht in einem einfachen linearen Ursache-Wirkungszusammenhang abgebildet werden können. Es steht zu befürchten, daß wir unsere natürliche und soziale Umwelt in nicht allzu ferner Zukunft in ein Chaos stürzen, wenn es uns nicht gelingt, diese Probleme auf der Basis einer geeigneteren Anschauung als bisher zu lösen. Deshalb müssen wir unsere gewohnte linear-kausale konstruktivische Denkweise durch zirkuläres und systemisches Denken ergänzen und die künstlich gezogenen Fachgrenzen mittels fachübergreifender Zusammenarbeit überwinden.

2.3.2 Führung – ein organischer Prozeß

Ein neuer Mensch, wie er von manchen Protagonisten des „Neuen Denkens" oder des „New-Age" propagiert wird, ist dazu nicht erforderlich. Wäre es so, dann müßten wir jede Hoffnung auf Verbesserungen unseres Daseins begraben. Denn der Mensch hat sich in den letzten 50 bis 100.000 Jahren nicht mehr wesentlich verändert und wird es aller Voraussicht nach in absehbarer Zeit auch nicht tun. Wir werden das bleiben, was wir sind, und können trotzdem Entscheidendes in unserem Umgang miteinander, also in unserer sozialen Umwelt, und im Verhältnis zu unserer natürlichen Umwelt verändern. Dazu müssen wir nur lernen, mit unseren Begrenzungen besser umzugehen und unsere vorhandenen Fähigkeiten besser zu nutzen. Aber das dürfte schon schwierig genug werden.

Um das Führungsgeschehen in Organisationen besser verstehen und mit Aussicht auf Erfolg den neuen sozialen und ökonomischen Anforderungen entsprechend handeln zu können, muß vor allem der Blickwinkel der Führungskräfte beträchtlich über die Einzelerscheinungen des Führungsalltags hinaus auf die Zusammenhänge erweitert werden. Das dynamische Geflecht wechselwirkenden menschlichen Verhaltens, das eine Organisation ausmacht, ist nämlich weit mehr als nur die Summe einzelner Verhaltensweisen oder Interaktionen, die man isoliert auf der Grundlage des Prinzips von Ursache und Wirkung verstehen könnte. Was in Organisationen vor sich geht, läßt sich nur zutreffend erfassen, wenn wir diese als Organismen betrachten, die in ständigem realen und geistigen Austausch mit ihrer Umwelt koexistieren. Führung ist aus dieser Perspektive gesehen die Gesamtheit der Steuerungs- und Regelungsvorgänge, die das ganzheitliche Zusammenwirken der organisatorischen Elemente (Menschen, Sachmittel, Ideen) im Austausch mit der Organisations-Umwelt gewährleisten sollen. Im organischen Modell ist Führung keine lineare Befehlskette, über die der Wille der obersten Führung bis in den letzten Winkel der Organisation transportiert wird, sondern eine zirkuläre Kommunikationsstruktur, deren Zweck es ist, die zur Herstellung und Erhaltung überlebensnotwendiger Austauschbeziehungen zwischen der Organisation und ihrer Umwelt notwendigen Aktivitäten anzuregen und aufrechtzuerhalten. Die Funktionen der Führung, die später noch im einzelnen vorgestellt werden, sind keine eigenständigen Teilaufgaben oder gar selbständige Techniken der Führung, die sich sinnvoll isoliert betrachten ließen. Vielmehr handelt es sich bei den Führungsfunktionen um organische Bestandteile des Führungsprozesses, die nur als solche und durch ihre Funktion für das Ganze Bedeutung haben.

Anders als im mechanischen Modell besteht Führung im organischen Modell nicht aus der einseitigen Einwirkung der Führer auf die Geführten mittels Führungsverhaltens, Führungsinstrumenten und Führungsmethoden in Gestalt jeweils für sich stehender Einzelhandlungen, sondern aus einem Geflecht dynamischer und zirkulärer Wechselwirkungen zwischen Führern und Geführten, Führungsinstrumenten, Führungsmethoden und der Führungsumwelt. Letztere besteht aus den innerorganisatorischen Bedingungen der Führung (z. B. Organisationsstruktur, Machtverhältnisse, Organisationskultur) und den die Führung beeinflussenden Gegebenheiten der Organisations-Umwelt (z. B. Wirtschaftslage, Geschwindigkeit des technischen Fortschritts). Die Führungskräfte haben die Aufgabe, dieses Wirkungsgeflecht durch persönliche Einflußnahme so zu gestalten, daß die Organisation in ihrer Umwelt überleben kann. Jede einzelne Führungskraft muß als integrierter Teil dieses Wirkungsgeflechts zur Herstellung und Unterhaltung optimaler Austauschbeziehungen zwischen Organisation und Umwelt in der ihrer Zuständigkeit entsprechenden Weise beitragen und dabei berücksichtigen, daß alle ihre Handlungen immer auch Rückwirkungen auf sie selbst haben.

Führungskräfte, die sich gern als unabhängige „Herrscher" sehen, wird es vielleicht zunächst befremden, sich mit der Rolle eines integrierten Teils eines größeren Ganzen zu identifizieren. Im Verlaufe der weiteren Ausführungen wird aber deutlich werden, daß die organische Betrachtungsweise der Führung, aus der sich diese Rolle der Führungskräfte ergibt, keineswegs eine „Entmachtung" mit sich bringt, sondern – im Gegenteil – den Führungskräften sogar mehr Chancen gibt, in ihren Organisationen zielorientiert Einfluß auszuüben.

Im folgenden Kapitel wird gezeigt, daß sich die menschlichen und sachlichen Bedingungen, unter denen geführt werden muß, derzeit außerordentlich stark wandeln. In Zukunft ist sogar mit geradezu revolutionären Veränderungen zu rechnen. Die Anforderungen an die Führung werden sich in einer Weise verändern, die auf der Grundlage der herkömmlichen mechanistischen Anschauung von Führung mit ihrer Reduzierung des Führungsgeschehens auf Anweisungs-, Korrektur- und Kontrollmaßnahmen nicht mehr erfüllbar sind. Führungskräfte, die im 21. Jahrhundert erfolgreich sein wollen, können keine Dirigenten mehr sein, sondern sie müssen in der Lage sein, komplexe Informations- und Kooperationsprozesse zu managen. Dazu benötigen sie eine Denkweise, die ihnen einerseits die ganzheitliche Erfassung ihrer Führungsaufgabe als evolutionären Prozeß ermöglicht, für den es keine zeitlos gültigen, immer richtigen und perfekt wirksamen Bewältigungsstrategien geben kann, und die ihnen andererseits hilft, Führung als komplexe, mit ihrer Umwelt wechselwirkende Ganzheit zu erfassen, die nicht aus der verengten Perspektive starrer und isolierter Führungsmethoden und -techniken beherrschbar ist.

Führung ist Zukunftsgestaltung und damit zwangsläufig innovativ. Führungskräfte benötigen anstelle von Methoden und Techniken zur Symptombekämpfung von Führungsproblemen eine Anschauung von Führung, die ihnen ermöglicht, diese entsprechend den sich wandelnden sozio-ökonomischen, technisch-wissenschaftlichen und kulturellen Umweltbedingungen ständig weiterzuentwickeln und sie so für die Organisationen der Zukunft nützlich zu machen. Gefragt ist also keine neue Führungsideologie, sondern ein neuer, dem Prozeßcharakter und der Komplexität des Führungsgeschehens besser gerecht werdender Orientierungsrahmen für situationsangepaßtes flexibles Führungshandeln. Das oben skizzierte organische Führungsmodell, das später noch detaillierter gezeigt werden wird, bietet dafür eine geeignete geistige Grundlage. Führung ist in diesem Modell der Katalysator evolutionärer Prozesse in Organisationen und in ihrer Umwelt. Doch zunächst soll aus der Situation des Führungsalltags heraus die Notwendigkeit eines Wandels der Führung dargestellt werden.

Drittes Kapitel

Führen im 21. Jahrhundert

Wir leben zweifellos in einem hochinteressanten Zeitalter voller Herausforderungen und Chancen. Was wir aber auch tun, um die Herausforderungen zu bestehen und die Chancen zu nutzen: unser Handeln wird für die nachfolgenden Generationen schicksalhaft sein. Das bedeutet ein Höchstmaß an Verantwortung für jeden einzelnen von uns, besonders aber für diejenigen, die Führungspositionen innehaben und Entscheidungsmacht besitzen. Dieser Personenkreis wird sich in Zukunft erheblich gewandelten und erhöhten Anforderungen gegenübersehen. Das mag von dem einen oder anderen als zusätzliche Belastung empfunden werden; es kann aber – wenn man den neuen Herausforderungen mit positiver Einstellung und dem notwendigen Wissen und Können entgegentritt – auch eine Bereicherung der Führungsaufgabe darstellen.

3.1 Gesellschaft im Umbruch

Die Gegenwart ist weltweit von sozialer und kultureller Unruhe und von individueller Verunsicherung gekennzeichnet. Vom Wertewandel, der Zeitenwende oder dem beginnenden New-Age ist die Rede. Die Fortschrittseuphorie und der unbeirrte Glaube an die Fähigkeiten der Experten und Führungskräfte der fünfziger und frühen sechziger Jahre ist einer weit verbreiteten Skepsis gegenüber wissenschaftlichem und technischem Fortschritt sowie den Fähigkeiten seiner Protagonisten gewichen, diesen zum Nutzen der Menschheit zu steuern. Zwar kann keineswegs von einem allgemeinen Pessimismus gesprochen werden, zumal sich infolge der Veränderung der politischen Großwetterlage für viele Menschen gerade jetzt hoffnungsvolle Zukunftsperspektiven eröffnen. Dennoch leben die Menschen nicht mehr so selbstverständlich in demselben Fluß der gesellschaftlichen Ereignisse wie noch eine Generation früher. Ihre Lebenseinstellungen haben sich unter dem Einfluß des Wandels ihrer Lebensverhältnisse gründlich geändert. Daraus ergeben sich neue, gegenüber den ersten Nachkriegsjahren stark veränderte Erwartungen und Anforderungen an die Lebensumwelt, die häufig (noch) keine Erfüllung finden (können).

Ob man den gegenwärtigen gesellschaftlichen Gärungsprozeß zu einer die ganze Bevölkerung erfaßten Identitätskrise hochstilisieren will oder nicht: Es bedarf keiner besonderen Sensibilität, um die fortschreitende Entfremdung und Entpersönlichung des einzelnen, das Brüchigwerden zwischenmenschlicher Bindungen, den zunehmenden sozialen Dissens hinsichtlich gesellschaftlicher Grundwerte, Ziele und Aufgaben, sowie die verbreitete individuelle Desorientierung und Sinnleere zu erfahren. Tradierte Lebensformen lösen sich allmählich auf und überkommene Wertvorstellungen schwinden, ohne daß sich den Menschen schon anderweitig Halt und Orientierung anböten.

Im Gegenteil. Das gesellschaftliche Leben wird nicht nur durch das Schwinden allgemeinverbindlicher Werte und Normen komplizierter und unsicherer, sondern infolge des immer rascheren technischen, ökonomischen und politischen Wandels auch unberechenbarer. Das erfordert vom einzelnen ständig erhebliche Anpassungsleistungen. Sozialer Streß ist deshalb an der Tagesordnung. Dazu kommt eine neue Furchtsamkeit gegenüber tatsächlichen und möglichen Folgen des wissenschaftlichen und technischen Fortschritts, die von einigen politischen Kräften und sensationsgierigen Medien in unverantwortlicher Weise zusätzlich verstärkt wird. Und schließlich ist der heutige Mensch einem unaufhörlichen Bombardement von Nachrichten ausgesetzt, die ihm kaum noch helfen, sich in der Welt zurechtzufinden und sein Leben sinnvoll zu gestalten, sondern ihn eher desorientieren und verwirren.

Die politischen Führungskräfte erweisen sich in dieser Situation leider weltweit nicht als weitsichtige Gestalter, die zukunftsweisende gesellschaftliche Konzeptionen erarbeiten und diese dann auch konsequent und beherzt in die politische Praxis umsetzen. Die politische Führung – und damit sind keineswegs nur die Regierungen gemeint – erscheint eher hilflos. Ängstlich darauf bedacht, gute Stimmung beim Wahlvolk zu machen, ziehen sie im Zweifel das Opportune dem Vernünftigen vor. Da Volkes Stimmung – beeinflußt durch das medienverstärkte Geschrei der Interessengruppen – aber sehr wandelbar und ihre Auswirkung auf das Wahlverhalten äußerst schwer kalkulierbar ist, bescheren uns die Bemühungen der Politiker um das Wohlwollen der Stimmbürger zunehmend erratische und unkalkulierbare Entscheidungen. Wir stehen deshalb vor dem Problem, daß mit immer geringerer Wahrscheinlichkeit vorauszusagen ist, wie sich unsere politischen Führungskräfte angesichts bestimmter Fragen entscheiden (oder später wieder umentscheiden) werden. Die Prämissen, nach denen wir heute noch im gutem Glauben handeln, werden oft morgen schon von den Politikern wieder über den Haufen geworfen. Allein die Finanz- und Sozialpolitik der jüngsten Vergangenheit bietet dafür zahlreiche Beispiele.

Möglicherweise ist diese abnehmende Voraussehbarkeit künftiger gesellschaftlicher Handlungs- und Lebensbedingungen die Ursache für die bei einer wachsenden Zahl von Menschen anzutreffende Orientierung ihres Denkens und Handelns an kurzfristigen Zielen und Erfolgschancen. Denn wie soll man unter solcher Ungewißheit vernünftige langfristige Entscheidungen über beispielsweise wirtschaftliche Investitionen oder seine Altersversorgung treffen? Was man heute hat, hat man gewiß; was man morgen haben könnte, ist mit tausend Fragezeichen versehen. Nimmt man hinzu, daß die Gegenwart ohnehin einen wesentlich größeren Erlebniswert für den Menschen hat als Vergangenheit oder Zukunft, und daß wir deshalb vom erlebten Gegenwärtigen viel stärker in unserem Denken und Handeln bestimmt werden als vom nur gedachten Zukünftigen, dann ist auch verständlich, warum sich in der Bevölkerung ein – teilweise schon hysterisches – Verlangen nach schnellen Lösungen entdeckter Probleme ausbreitet, das oft unausgegorene Entscheidungen bewirkt, die heute häufig wenig oder nichts verbessern, dafür aber morgen vieles verschlechtern. Beispiele hören und sehen wir täglich in den Massenmedien. Führung, die diese Bezeichnung verdient, muß den Erlebnishorizont der Geführten ausdehnen, ihren Blick weiter nach vorne in die Zukunft richten. Sicheres und zügiges Autofahren ist auch nur dem möglich, der weit vorausblickt, statt nur auf seine Instrumente und die Motorhaube, allenfalls noch auf das Heck des Vorausfahrenden zu starren.

Die Unruhe und Verunsicherung unserer Epoche äußert sich sowohl destruktiv wie auch konstruktiv. Destruktive Erscheinungsformen sind z. B. eine neue Radikalität im Denken und Handeln vieler Menschen, übersteigerter Einzel- und Gruppenegoismus, Rechthaberei, Bindungslosigkeit, Flucht in die Irrationalität, Verlust des Gemeinschaftsgefühls, zunehmende Aggressivität im Umgang miteinander, politisch motivierte Gewalt, Vandalismus. Konstruktiv erscheint uns der gegenwärtige gesellschaftliche Umbruch z. B. als Suche nach einem neuen Weltbild, nach neuen konsensfähigen Werten und Normen, nach personaler Identität und Authentizität, nach Lebenssinn, sowie als Versuch, die Verständigung unter den Menschen zu fördern, um gemeinsam eine lebensfreundliche Welt für alle Menschen zu schaffen.

3.2 Sozial-kultureller Wandel fordert Führungskräfte

Technik, Wirtschaft und Arbeitswelt sind von diesem sozial-kulturellen Umbruch zutiefst betroffen. Zum einen, weil sie einen wesentlichen Teil der Welt ausmachen, deren Wandel den sozial-kulturellen Umbruch antreibt. Zum anderen, weil sie sich mit den Menschen auseinandersetzen müssen, die durch den Umbruch in ihrem Dasein erschüttert sind und die deshalb einen Bewußtseinswandel durchmachen. Wissenschaft, Technik und Wirtschaft stehen heute – und noch mehr in Zukunft – vor der zusätzlichen Aufgabe, mit den gesellschaftlichen Folgen fertigzuwerden, die sie durch ihre beachtliche Entwicklung seit der industriellen Revolution verursacht haben. Gegenwärtig erleben wir den Beginn einer neuerlichen „Revolution", die unser Bewußtsein und unser gesellschaftliches Gefüge nachhaltig verändern wird.

Wenn nichts dagegen unternommen wird, ist eine sich ständig weiter vertiefende Kluft zwischen Arbeits- und Freizeitwelt voraussehbar. Während die Arbeitswelt zunehmend emotional negativ besetzt und mit Begriffen wie Streß, Entfremdung, Last, Abhängigkeit und Zwang assoziiert wird, entwickelt sich die Freizeitwelt zum Synonym für Leben, Freiheit, Lust und Selbstverwirklichung. Die Folge ist, daß die Arbeitswelt von einer wachsenden Zahl von Menschen nur noch als unvermeidliches Übel angesehen wird, das man mit dem geringstmöglichen Aufwand hinter sich zu bringen wünscht. Das Leben findet dagegen in der Freizeit statt. Ihre Spontaneität, ihre Kreativität, ihr Wissen und Können setzen sie dort ein – bevor sie vielleicht völlig resignieren und in Apathie verfallen, weil auch die Freizeit zunehmend kommerzialisiert. Auch die Freizeitwelt beginnt schon, die Menschen zu entfremden, unter Zwang und Streß zu setzen, sie abhängig zu machen.

Aufgabe der Führungskräfte in den Organisationen ist es, diesen sich abzeichnenden sozial-kulturellen Veränderungen mit entsprechenden Umgestaltungen der Arbeits- und Führungsstrukturen wie auch -prozesse Rechnung zu tragen, um die Arbeitswelt den neuen Bedürfnissen der Menschen anzupassen. Ziel muß es sein, die Arbeitswelt für die Menschen attraktiver zu machen, so daß sie auch in der Arbeit Selbstbestätigung und Zufriedenheit erlangen können. Wie später noch gezeigt werden wird, geht es dabei keineswegs um die Verteilung zusätzlicher Wohltaten, sondern um die Schaffung neuer Anforderungen. Die Leistungsbereitschaft der Menschen in einer Gesellschaft, in der sich Leistung materiell gesehen immer weniger lohnen wird, und damit die Leistungsfähigkeit unserer Wirtschaft werden davon abhängen, wie gut wir mit dem notwendigen Wandel der Führungs- und Arbeitsbedingungen vorankommen.

Führungssysteme in Organisationen müssen stets den veränderten Anforderungen ihrer Umwelt Rechnung tragen, wenn sie ihre Aufgabe durchgehend gut erfüllen sollen. Da wissenschaftlich-technischer und ökonomischer Fortschritt sowie der damit verbundene soziale Wandel unsere Lebensumwelt sowie unsere Lebenseinstellungen in den letzten zwei, drei Jahrzehnten ganz erheblich umgeformt haben, ergeben sich auch erheblich veränderte Bedingungen für die Führung von Organisationen. Sowohl die Führungsaufgaben wie auch die Mitarbeiter stellen heute beträchtlich höhere Anforderungen an die Führungskräfte, als das noch vor zwanzig oder dreißig Jahren der Fall war. Allerdings scheint sich das bei den Führungsverantwortlichen nur sehr langsam herumzusprechen. Anders wären die zahlreichen Führungsmängel und -probleme mit ihren negativen Folgen für die Leistungsfähigkeit der Organisationen und die Arbeitszufriedenheit ihrer Mitarbeiter kaum zu erklären.

Die Führung selbst als fundamentale gesellschaftliche Funktion ist allerdings nicht in Frage zu stellen. Weniger zu führen – nach dem Motto: wer nichts macht, kann auch nichts verkehrt machen – wäre deshalb kein Beitrag zur Lösung des Problems, sondern ein gefährlicher Leichtsinn. Unsere Zivilisation basiert auf den Leistungen hochkomplexer Organisationen, unsere Freiheit und unser Wohlstand hängen von ihnen ab. Ohne Führung können solche Organisationen aber nicht existieren, geschweige denn Leistungen für unsere Gesellschaft erbringen. Allein die Führung ist in der Lage, die Integration aller Beteiligten in eine zielgerichtete Handlungseinheit zu gewährleisten. Angesichts offenkundiger Tendenzen zur sozialen Desintegration muß der Führung in Zukunft sogar wieder viel mehr Bedeutung beigemessen werden als bisher. Nur muß sie auf eine andere geistige Grundlage gestellt und mit Methoden betrieben werden, die dem gesellschaftlichen Entwicklungsstand angemessen sind.

3.3 Ursachen veränderter Anforderungen an die Führung

Der Wandel der Führungsanforderungen hat zahlreiche Ursachen. Auf der technisch-ökonomischen Seite sind vor allem die rasante technologische Entwicklung mit ihrem Zwang zur permanenten Innovation, die starke Ausweitung des internationalen Warenaustauschs und – damit einhergehend – die weltweite Wirtschaftsverflechtung sowie die Internationalisierung des Wettbewerbs zu nennen. Ferner müssen die anhaltende Verknappung und Verteuerung der menschlichen Arbeit, die trotz gegenteiliger Beteuerungen der Politiker zunehmenden staatlichen Regulierungen, und die Umwelt- und Energieprobleme bedacht werden. Und nicht zuletzt ergeben sich aus der Notwendigkeit, gewaltig anschwellende Informationsmengen zu verarbeiten und die Zusammenarbeit von immer mehr Spezialisten unterschiedlichster Fachrichtungen (mit verschiedenen Sprachen und divergierenden Entscheidungsprämissen) zu ermöglichen, völlig neue Herausforderungen für die Führungskräfte. Alle diese Veränderungen haben bewirkt, daß die Komplexität der Führungsaufgaben gewaltig zugenommen hat und weiter steigt.

In menschlich-sozialer Hinsicht beobachten wir eine tiefgreifende Änderung der Wert- und Moralvorstellungen und des sozialen Bewußtseins sowie das Vordringen immaterieller personaler Bedürfnisse. Die heutige Mitarbeitergeneration ist idividualistischer als die Mitarbeitergenerationen vor ihr. Neue Erziehungsleitbilder und Lebensvorbilder haben zu einer deutlicher egozentrischen Haltung dem Mitmenschen und der Gesellschaft gegenüber geführt. Pflicht- und Verantwortungsbewußtsein werden durch persönliche Nützlichkeitsüberlegungen relativiert; von Rechten zur individuellen Entfaltung ist fast ständig die Rede, während Pflichten und Verantwortung gegenüber der Gemeinschaft im Bewußtsein des modernen Menschen ein Schattendasein führen. Bessere Ausbildung und ein Höchstmaß an sozialer Sicherung haben die heutigen Mitarbeiter überdies selbstbewußter und kritischer gemacht. Autorität gilt ihnen nur noch bedingt etwas. In den Beziehungen zu anderen Menschen, gleich ob im Privat-, Berufs- oder öffentlichen Leben, erwarten sie partnerschaftliche Behandlung und Achtung ihrer Individualität, verlangen Mitsprache- und Mitwirkungsrechte, wollen nicht Betroffene, sondern Beteiligte sein. Es gibt infolge der Emanzipation des Individuums heute in den Organisationen viel mehr menschliche Konfliktfelder als früher. Auch dadurch ist Führung anspruchsvoller und schwieriger geworden.

Der mit dem wachsenden Wohlstand einhergehende Einstellungswandel zur Erwerbsarbeit stellt die Führungskräfte schon heute vor einige Probleme. Für die meisten der heute 40jährigen ist es beinahe selbstverständlich, ein ausreichendes Einkommen zu haben und rundum sozial versorgt zu sein. Die heute 20jährigen Kinder der Überflußgesellschaft laufen angesichts der Tatsache, daß in der Bundesrepublik immer mehr Geld verdient, immer besser sozial geschützt und versorgt und immer weniger gearbeitet wird, sogar Gefahr, die Notwendigkeit der Arbeit zur Erhaltung des Wohlstands ganz aus den Augen zu verlieren. Zwar verdienen die meisten Menschen im Erwerbsalter ihren Lebensunterhalt immer noch durch Berufsarbeit, doch sinkt deutlich die Bereitschaft, für den Beruf persönliche Opfer zu bringen. Die Bereitschaft und wohl auch die Fähigkeit der Menschen, sich mit ihrer beruflichen Aufgabe und Stellung zu identifizieren, geht deutlich zurück. Der Beruf hat heute bei weitem nicht mehr den Stellenwert für die Identität und die Lebensplanung des einzelnen wie noch eine Generation früher.

Regelmäßig vom Allensbacher Institut für Demoskopie durchgeführte Umfragen zeigen einen klaren Trend: In den fünfziger- und sechziger Jahren sahen noch mehr als doppelt soviele Menschen den Sinn ihres Lebens in der Aufgabenerfüllung als im Genuß des Lebens. Ende der siebziger-, Anfang der achtziger Jahre war das Verhältnis schon fast ausgeglichen, und bei den unter 30jährigen Bundesbürgern überwog die Zahl derer, die lieber genießen als Pflichten erfüllen wollten, bei weitem.

Die Abwendung vom Beruf und die Hinwendung zur Freizeit darf aber nicht moralisierend und verallgemeinernd als Arbeitsscheu oder Leistungsverweigerung gedeutet werden. Sie ist bei denen am häufigsten zu beobachten, die sich nicht mit ihrem Beruf identifizieren können, die ihrer Erwerbstätigkeit gleichgültig oder ablehnend gegenüberstehen. Dagegen ist sie bei denen fast gar nicht festzustellen, die in ihrem Beruf aufgehen und darin ihre Erfüllung finden. Identifikation mit dem Beruf und Motivation zur beruflichen Leistung hängen entscheidend davon ab, inwieweit die arbeitenden Menschen in der Arbeitswelt Bedürfnisse befriedigen können, die ihnen wichtig sind.

3.4 Neue Bedürfnisse treten in den Vordergrund

Das Ausmaß der Frustration wird deutlich, wenn man Mitarbeiter quer durch die Hierarchie danach fragt, was sie an ihrer Arbeit am meisten stört. Die Antworten lauten so oder ähnlich:

– wenig Offenheit und schlechte Information seitens des Vorgesetzten,
– der Chef weiß alles besser und funkt ständig überall dazwischen,
– eigene Ideen sind nicht gefragt,
– Gespräche finden regelmäßig nur statt, wenn der Chef etwas an einem auszusetzen hat,
– man sieht nicht so recht den Nutzen und die Kosten der eigenen Tätigkeit für das Ganze,
– keine Chance, sich mit seinen Fähigkeiten richtig einzubringen,
– eintönige, abstumpfende Aufgaben,

- zu wenig Entfaltungs- und Entwicklungsmöglichkeiten,
- man weiß nie genau, woran man ist und was der Chef erwartet,
- läuft was schief, läßt einen der Chef im Regen stehen,
- der Chef will alles selber machen und läßt sich nur zuarbeiten,
- es fehlen echte Herausforderungen.

Die Ansprüche der Menschen an die Arbeitswelt haben sich gewandelt. Außer Lohn und Brot erwarten sie heute zunehmend die Befriedigung zusätzlicher personaler Bedürfnisse. Neben den materiellen Wünschen nach gutem Einkommen, sozialer Versorgung und Sicherheit des Arbeitsplatzes rücken in wachsendem Maße immaterielle Wünsche in den Vordergrund, wie zum Beispiel eine angenehme menschliche Atmosphäre, vielseitige, interessante Aufgaben, Herausforderung der eigenen Fähigkeiten, partnerschaftlich geachtet zu werden, die Möglichkeit, sich mit den eigenen Leistungen zu profilieren. Kurz gesagt: die Menschen legen zunehmend mehr Wert darauf, ihre Erwerbsarbeit als sinnvollen Ausdruck der eigenen Persönlichkeit erkennen zu können. Das dürfte eigentlich niemanden überraschen, wo doch schon Abraham Maslow zu Beginn der fünfziger Jahre eine Tendenz „höherer" Bedürfnisse (personaler oder Selbstverwirklichungsbedürfnisse) festgestellt hat, nach Befriedigung der „niederen" Bedürfnisse (körperliche und materielle Bedürfnisse) in den Vordergrund zu treten. Wir stehen heute erst am Beginn dieser angesichts des jahrelangen materiellen Wohlstandswachstums zu erwartenden Entwicklung.

3.5 Ungenutzte menschliche Potentiale

Nachdem die materielle Basis unseres Daseins im wesentlichen gesichert scheint und wir dank gestiegener Arbeitsproduktivität immer weniger Zeit und Kraft für ihre Erhaltung aufzuwenden haben, eröffnet sich uns aber nicht nur die Freiheit, „höhere" Bedürfnisse zu befriedigen. Wir sind auch hinsichtlich der Eigenschaften und Fähigkeiten, die wir im Laufe unserer stammesgeschichtlichen Entwicklung erworben haben, um im Daseinskampf zu überleben, immer weniger ausgelastet. Unser Überleben in der hochtechnisierten Wohlstandsgesellschaft erfordert immer weniger Anstrengungen und Ausdauer, schwere körperliche Arbeit wird uns überwiegend von Maschinen abgenommen, das tägliche Leben birgt kaum noch Gefahren oder Herausforderungen, Wunscherfüllungen müssen nur noch selten lange aufgeschoben werden. Die Folge sind unterforderte körperliche, geistige und seelische Potentiale, die bei denen, die sie nicht durch anregende, herausfordernde Beschäftigungen ausgleichen können, negativen Dauerstreß bewirken.

Mit der Unterforderung gehen die Menschen unterschiedlich um. Einige schaffen sich mit Einfallsreichtum und Unternehmungsgeist selbst anregende, interessante und als sinnvoll empfundene Lebensbedingungen und Lebensaufgaben, sei es im Beruf oder in der Freizeit. Das sind diejenigen, die etwas mit sich anzufangen, etwas aus ihrem Leben zu machen verstehen und so die evolutionäre Wandlung ihrer gesellschaftlichen Umwelt mit positiver individueller Wandlung beantworten. Sie setzen ihre für den materiellen Überlebenskampf nicht mehr benötigten Potentiale konstruktiv ein und nützen damit in der Regel sich und ihren Mitmenschen. Das Spektrum dieser Sorte von Zeitgenossen reicht vom Freizeit-Künstler oder -Forscher über die zahlreichen ehrenamtlich Tätigen bis zum Workaholiker. Vielen anderen Menschen scheint es aber nicht so gut zu gelingen, die evolutionäre Veränderung ihrer Umwelt durch eigene Weiterentwicklung zu meistern. Sie neigen eher dazu, das Gefühl der Unterforderung zu betäuben, indem sie sich entweder passiv den extra dazu angebotenen Reizen der Unterhaltungsindustrie aussetzen, oder mittels eigenen Freizeitaktivismus ständig steigende Reize suchen. Das sind die Freizeitkonsumenten, die Schwierigkeiten haben, ihrem Leben in einer bequemen Umwelt einen rechten Sinn zu geben, und die deshalb eher von der Freizeitindustrie „gelebt werden", als daß sie selber leben. Ihnen fehlen innerer Antrieb und innerer Kompaß, um ihren Kurs durchs Leben eigenständig steuern zu können. Ihr Spektrum reicht vom Dauerfernseher bis zum Drogenabhängigen. Sie nützen sich mit ihrem Verhalten nur scheinbar selbst, auf jeden Fall aber denen, die an ihrem Freizeit-Konsum verdienen. Schließlich gibt es auch noch Menschen, die ihre ungenutzten Potentiale destruktiv einsetzen. Das ist die wachsende Zahl der Randalierer und Gewalttäter, das sind Kriminelle aller Schattierungen, die scheinbar sich selbst nützen, ihre Mitmenschen aber zunehmend schädigen.

3.6 Herausforderungen schaffen!

Um den Streß aus der andauernden Unterforderung abzubauen, werden also „Ersatz"-Anforderungen benötigt. Die zunehmende Freizeitorientierung der Menschen deutet daraufhin, daß die Arbeitswelt wohl immer weniger in der Lage ist, den notwendigen Ausgleich im erforderlichen Umfang zu bieten. Damit verliert sie gleich doppelt an Attraktivität: erstens weil sie zu wenig Möglichkeiten zur Befriedigung personaler Bedürfnisse bereithält und zweitens weil sie vorhandene menschliche Potentiale zu wenig fordert.

Die logische Folgerung lautet: die Anforderungen an die arbeitenden Menschen zu erhöhen und Befriedigungsmöglichkeiten für „höhere" Bedürfnisse zu schaffen. Mit ersterem ist selbstverständlich nicht gemeint, daß der negative Streß der Arbeit erhöht werden müsse, damit die Menschen mehr Freude am Leben im allgemeinen und an ihrer Arbeit im besonderen haben. Termindruck, einseitige oder übermäßige Konzentrationsanforderungen, Monotonie, Belastungen durch Lärm und Schmutz, das sind weiterhin zu bekämpfende Übel. Die zusätzlichen Herausforderungen, die wir modernen Menschen benötigen, sind anderer Natur. Sie bestehen in einer Arbeitswelt, die den konstruktiven Einsatz menschlicher Triebe und Aktionspotentiale herausfordert, die es dem arbeitenden Menschen erlaubt, beispielsweise exploratives, kreatives, konkurrierendes und kooperierendes Verhalten sinnvoll und angemessen zu praktizieren.

Eine Arbeitswelt, die den veränderten menschlichen Anforderungen gerecht wird, fordert den Mitarbeiter zum Einsatz seiner Potentiale heraus und ermöglicht ihm, sich mit seinen Aufgaben und seinen Tätigkeiten zu identifizieren. Sie besteht aus überschaubaren Organisationseinheiten, in denen der Mitarbeiter die Organisationsziele kennt, seine Rolle als wichtig wahrnehmen und seinen Leistungsbeitrag erkennen und bewerten kann. Sie weist ihm vielseitige, abwechslungsreiche und seine individuellen Fähigkeiten herausfordernde Aufgaben zu, die er weitgehend eigenständig und selbstverantwortlich ausführt, läßt ihn über die Gestaltung der Arbeitsplätze und der Arbeitsstrukturen sowie über die Arbeitszeiten mitbestimmen, und ermöglicht ihm, durch seine Mitarbeit in der Organisation soziale Anerkennung und Selbstbestätigung zu finden. Zuständigkeiten und Aufgabenzuweisungen werden flexibler als heute üblich gehandhabt, hierarchische Organisationsstrukturen werden den Charakter funktionaler Netzwerke annehmen, Kooperation und Konkurrenz innerhalb der Organisationen werden einander wie im Sport ergänzen. Die zukünftige Arbeitswelt wird auch stärker von partnerschaftlichem und von gegenseitiger Achtung getragenem Umgang miteinander gekennzeichnet sein und dem einzelnen mehr Gelegenheit zum individuellen Wachstum bieten als wir es heute kennen.

Auch die Bedürfnisse nach Sicherheit, Nähe und mitmenschlicher Zuwendung müssen im Führungsprozeß stärkere Beachtung finden. Das erfordert zum einen organisatorische Veränderungen zur Beseitigung der Anonymität vieler Arbeitsprozesse, in denen sich die Mitarbeiter als unbedeutende austauschbare Rädchen im Getriebe fühlen und nicht selten auch so behandelt werden. Nicht gigantische Organisationsgrößen mit einer undurchschaubaren Bürokratie sind gefragt, sondern kleine, überschaubare Einheiten, in denen der einzelne Mitarbeiter sich noch als einen wesentlichen und nützlichen Teil erkennen kann. Zum andern verlangt die Befriedigung dieser Bedürfnisse die Intensivierung der Kommunikation zwischen Führungskräften und Mitarbeitern sowie zwischen den Mitarbeitern untereinander. Beide Maßnahmen tragen nicht nur dazu bei, daß sich die Mitarbeiter (wieder) stärker mit ihrer Organisation und ihrer Rolle darin identifizieren können, sondern sie bieten darüber hinaus die Chance, Pflicht- und Verantwortungsbewußtsein der Mitarbeiter gegenüber der Organisation und ihren Belangen (wieder) zu stärken.

Führung muß jedem Mitarbeiter seinen Wert geben und bewirken, daß er seine Arbeit als einen sinnvollen Teil seines Lebens ansehen kann. Eine herausforderndere, sinnvermittelnde Arbeitswelt würde den veränderten Bedürfnissen des heutigen Menschen entgegenkommen und die Erwerbsarbeit für ihn sicherlich erheblich attraktiver machen. Auch wenn die dazu notwendigen Voraussetzungen nicht kurzfristig und nicht in der vielleicht wünschenswerten Vollkommenheit geschaffen werden können, sollte es sich doch lohnen, unverzüglich damit zu beginnen. Denn die allzu wenigen Beispiele der Organisationen, deren Arbeits- und Führungsbedingungen den veränderten Bedürfnissen ihrer Mitarbeiter entgegenkommen, zeigen, daß nicht nur größere Arbeitszufriedenheit, sondern auch mehr Einsatzbereitschaft und höhere Leistungen der Mitarbeiter die Früchte sind.

Führungskräfte sind für die überdauernde Leistungsfähigkeit ihrer Organisationen verantwortlich. Insofern ist es auch an ihnen, solche Arbeits- und Führungsbedingungen zu schaffen, die qualifizierte Mitarbeiter anziehen und zum Einsatz ihrer Fähigkeiten für die Organisation motivieren. Die Führung muß sich in Zukunft (und die Zukunft hat bereits begonnen!) viel stärker als heute üblich an den Bedürfnissen der geführten Menschen orientieren, wenn sie ihre Aufgabe, das Gedeihen der Organisation durch die Leistung ihrer Mitarbeiter zu gewährleisten, noch erfüllen will. Das ist aber nicht nur eine (lästige) zusätzliche Forderung an die Führungsverantwortlichen, sondern gleichzeitig auch eine Chance, bisher brachliegende menschliche Potentiale zum Nutzen und Wohle der Organisation zu mobilisieren.

3.7 Menschliches Glück und menschliche Leistung verschenken?

Zu welchem Einsatz Menschen bereit und zu welchen Leistungen sie fähig sind, können wir überall beobachten, wo sie die Freiheit haben, entsprechend ihren Neigungen und Bedürfnissen zu leben. Da fordern sie keine Arbeitszeitverkürzung, Streiken nicht für mehr Lohn und Gehalt, machen weder Dienst nach Vorschrift noch an schönen Montagen blau, und demonstrieren auch nicht für Subventionen zur Erhaltung unrentabler Arbeitsplätze. Stattdessen packen sie selber an, nehmen für sportlichen Ruhm körperliche Strapazen auf sich, bauen in jahrelanger mühsamer und aufopferungsvoller Arbeit einen Betrieb auf, geben ihre ganze Freizeit für ein Hobby hin, engagieren sich mit Haut und Haar für soziale oder religiöse Ideen, und gehen für ihre politische Überzeugung sogar ins Gefängnis. Persönliches Engagement, Wetteifern mit anderen und Suche nach Selbstbestätigung und sozialer Anerkennung sind urmenschliche Züge. Zufriedenheit und Leistungsbereitschaft finden wir überall dort, wo Menschen die Möglichkeit haben, etwas zu tun, was sie für sinnvoll halten.

Der Unterschied zwischen Arbeit und Freizeit besteht eigentlich nur darin, daß Arbeit fremdbestimmte Zeit und Freizeit eigenbestimmte Zeit ist. Manche Menschen strengen sich in ihrer Freizeit mehr an als während ihrer Arbeitszeit. Aber sie tun es, weil sie ihre personale Identität darin finden. Nicht wenigen Menschen gelingt es ja auch, im Beruf mit ihrem Selbst identisch zu handeln. Sie sind glücklich, gleichgültig, was sie tun, wann und wie lange sie arbeiten, und welche Mühen und persönliche Opfer es sie kostet. Führungskräfte müssen in Zukunft vermehrt Bedingungen schaffen, die es einer größeren Zahl ihrer Mitarbeiter ermöglichen, mit sich identisch – und das heißt: nicht entfremdet – zu arbeiten.

3.8 Zusammenfassung: Die Führungsanforderungen der Zukunft

Führungskräfte dürfen an der Tatsache, daß wir mit dem derzeitigen Zustand der Arbeits- und Führungsbedingungen in den meisten Organisationen sowohl menschliches Glück wie auch menschliche Leistungspotentiale verschenken, nicht einfach vorbeigehen. Das wäre weder menschlich verantwortbar noch wirtschaftlich vernünftig.

Zwar sollten wir nicht mit Illusionen an die notwendige Umgestaltung der Arbeitswelt herangehen. Unsere hochtechnisierten industriellen Organisationen, die für die Erzeugung des uns liebgewordenen materiellen Wohlstands und der in mancher Hinsicht gut erträglichen Arbeitsbedingungen unverzichtbar geworden sind, stellen nun einmal auch ihre „Forderungen". So sind wir beispielsweise dazu gezwungen, die Produktivität der Erzeugung von Gütern und Diensten ständig zu steigern, um die wachsenden Ansprüche an das Sozialprodukt trotz langfristig zurückgehender Arbeitskräftezahl finanzieren zu können. Das erfordert bessere Ausnutzung der Produktionsmittel (z. B. durch Mehrschichtbetrieb und flexible Arbeitszeiten). Das wird aber auch dazu führen, daß immer noch mehr menschliche Arbeitsleistung durch Maschinen ersetzt wird. Die gewerkschaftlichen Forderungen nach Arbeitszeitverkürzung, freien Wochenenden und kurzen Öffnungszeiten auch im Einzelhandels- und Dienstleistungsbereich werden diesen Prozeß mächtig verstärken. Im Hinblick auf die Tatsache, daß sich das Verhältnis von arbeitenden zu nicht arbeitenden Bundesbürgern immer stärker zugunsten letzterer verschiebt, ist die Produktivitätssteigerung für unsere Gesellschaft auf längere Sicht überlebenswichtig.

Die Produktivität läßt sich aber nicht allein durch den vermehrten Einsatz von Maschinen steigern – von den problematischen psychischen und sozialen Nebenwirkungen einer Maschinenwelt einmal abgesehen. Zur Steigerung der Produktivität bedarf es in wachsendem Maße menschlichen Einfallsreichtums, offener Kommunikation, flexibler Reaktionen auf sich verändernde Anforderungen, Risiko- und Experimentierbereitschaft, Einsatz- und Leistungsbereitschaft des einzelnen, und intensiver Zusammenarbeit über Fach- und Meinungsgrenzen hinweg. Das läßt sich aber nur mit Menschen erreichen, die der Arbeitswelt gegenüber positiv eingestellt sind, weil sie dort auch wichtige personale Bedürfnisse befriedigen können. Führungskräfte, die doch auch Mitarbeiter sind, dürften eigentlich keine Schwierigkeiten haben, das zu verstehen.

Mit ein wenig Phantasie, viel gutem Willen und unter Verzicht auf die liebgewordenen Krücken alter Gewohnheiten sind meistens Lösungen findbar, die sowohl den Bedürfnissen der arbeitenden Menschen wie auch den technisch-wirtschaftlichen Anforderungen der Organisationen Rechnung tragen. Dabei mögen Kompromisse erforderlich sein (wo im Leben sind sie es nicht?). Die werden aber von den arbeitenden Menschen um so eher akzeptiert, je deutlicher sie dabei auch ihre Bedürfnisse mitberücksichtigt finden und je sinnvoller ihnen die gefundenen Lösungen erscheinen. Die Einführung flexibler Arbeitszeiten und Mehrschicht-Systemen in zahlreichen Betrieben zeigt zum Beispiel, daß die Mitarbeiter von vernünftigen Lösungen durchaus zu überzeugen sind – leider im Gegensatz zu so manchen ideologisch korsettierten Gewerkschaftsfunktionären.

Die Führung im 21. Jahrhundert muß eine Synthese zwischen den gewandelten Bedürfnissen der arbeitenden Menschen und den neuen Anforderungen der industriellen Organisation finden, die beiden gerecht wird. Ziel muß es sein, Arbeits- und Führungsbedingungen zu schaffen, die den Mitarbeiter fordern und fördern, und die ihm entsprechend seinen Wünschen und Fähigkeiten Freiräume für Eigeninitiative, selbstverantwortliches Handeln und persönliche Entwicklung lassen. Ziel muß es sein, Arbeits- und Führungsbedingungen zu schaffen, die geeignet sind, die schlummernden menschlichen Potentiale an Wissen und Fertigkeiten, an Findigkeit und Kreativität, an Einsatz- und Leistungsbereitschaft zu mobilisieren, um die Organisationen einerseits für die darin tätigen Menschen attraktiver, andererseits innovativer, anpassungsfähiger und leistungsfähiger zu machen.

In Abbildung 2 sind die wichtigsten Führungsanforderungen der Zukunft zusammenfassend dargestellt.

Die zu erwartende neue Führungswirklichkeit kann durchaus mit den vorhandenen menschlichen Potentialen bewältigt werden; es sind dazu weder die Entwicklung übersinnlicher Fähigkeiten noch therapeutische Interventionen oder das Erlernen irgendwelcher „Wunder"-Methoden (man wundert sich über deren Wirkungslosigkeit) erforderlich. Sogenannte „Persönlichkeitsdefizite" brauchen – außer vielleicht in ganz schwerwiegenden Fällen – auch nicht „beseitigt" zu werden (wenn man schon glaubt, das überhaupt zu können), da diese nichts anderes als das Konstrukt subjektiver Anschauung sind. Persönlichkeitseigenschaften, die sich in der einen Situation als nachteilig erweisen, sind in einer anderen Situation oft geradezu Idealvoraussetzungen für den Erfolg.

Die wichtigsten Führungsanforderungen der Zukunft		
Merkmale der zukünftigen Führungswirklichkeit	**Anforderungen an Führungskräfte**	**Anforderungen an Führungssysteme**
Rasante technologische, ökonomische und soziale Entwicklung	Flexibilität, permanent lernen und Mitarbeiter weiterbilden, Impulse geben, neues Denken zulassen und nutzen	Flexibilität, Freiräume für Kreativität und Innovativität schaffen, Kommunikation und Information fördern
Zunehmender internationaler Wettbewerb	Global denken, individuelle und gruppenspezifische Stärken fördern	Innovation und Kooperation fördern
Abnehmende Berechenbarkeit der Führungsumwelt	Toleranz von Unsicherheit, erhöhte Flexibilität	Verbessertes Informationsmanagement, erhöhte Flexibilität, mehr Subsidiarität, weniger Bevormundung
Komplexere Aufgaben	Blick für Zusammenhänge, mehr Delegation und Management von Kooperation	Stärkere Differenzierung und Dezentralisierung, bessere Information der Mitarbeiter
Individualisierung	Partnerschaftliches Führungsverhalten	Motivation durch Befriedigung personaler Bedürfnisse, Mitarbeiterinformation
Wert- und Einstellungswandel	Integrationsfähigkeit	Berücksichtigung neuer Ethik und Moral, Anerkennung der veränderten Führungsrolle
Neue, personale Bedürfnisse	Gewährung von Autonomie, Akzeptanz individueller Vielfalt, mit- statt zuarbeiten lassen	Dezentralisierung, Zulassung regionaler „Kulturen"

Abb. 2

Verzichten wir also darauf, unsere Besessenheit nach technischer Vervollkommnung unserer Umwelt auf den Menschen zu übertragen, und akzeptieren wir zunächst einmal das, was die Natur uns beschert hat. „Nehmen Sie die Menschen, wie sie sind", soll Adenauer einmal gesagt haben, „andere gibt's nicht". Darauf zu verzichten, unsere Mitmenschen nach unserem (eigenen subjektiven) Bilde umzumodeln, heißt jedoch nicht, auf gemeinsame Lernprozesse zu verzichten. Diese werden zweckmäßigerweise damit eingeleitet, daß sich die Beteiligten überlegen, ob, weshalb, was und wie sie lernen sollten. Im Falle der beabsichtigten Weiterentwicklung der organisatorischen Führung geht es zunächst um eine verbesserte Wahrnehmung der Führungssituation im

Sinne einer organischen Ganzheit, um die Auswirkungen der sich abzeichnenden Veränderungen der Führungsumwelt richtig abschätzen zu können. Sodann muß die Frage nach brauchbaren Methoden und angemessenem Führungsverhalten für die Bewältigung der zu erwartenden neuen Anforderungen beantwortet werden.

3.9 (Gewissens-) Fragen zur Ihrer Führungssituation

Die folgenden Fragen sollen Sie anregen, über Ihre Führungssituation nachzudenken und mögliche Schwachstellen aufzuspüren.

- *Arbeitsmethodik und Arbeitsergebnisse*

– Erreichen Sie problemlos alle Ihre Führungsziele?
– Wären Ihrer Meinung nach noch bessere Ergebnisse zu erzielen?
– Treten bestimmte Fehler immer wieder auf?
– Ist Ihr Vorgesetzter mit der Leistung Ihrer Organisationseinheit zufrieden?
– Sind die Lieferanten von Vorleistungen und die Abnehmer Ihrer Leistungen mit Ihrer Arbeit zufrieden?
– Welche Mängel sehen Sie?
– Welche Mängel monieren andere?
– Wann wurde die Arbeitsmethodik zum letztenmal auf Verbesserungsmöglichkeiten hin überprüft?
– Werden Sie öfter von unerwünschten Neben- oder Rückwirkungen Ihrer Führungsmaßnahmen überrascht?
– Welche leistungswirksamen oder aufwandsparenden Verbesserungen wurden im vergangenen Jahr in Ihrer Organisationseinheit eingeführt?
– Wie viele davon sind auf Anregungen Ihrer Mitarbeiter zurückzuführen und wieviele wurden durch Ideen und Vorschläge Ihrer Mitarbeiter beeinflußt?
– Wäre durch eine Verbesserung der Zusammenarbeit Ihrer Mitarbeiter eine Leistungssteigerung möglich?

- *Ziele und Spielregeln*

– Haben Sie stets klare und eindeutige Vorgaben für Ihre Arbeit?
– Haben Ihre Mitarbeiter immer klare und eindeutige Vorgaben für ihre Arbeit?
– Liegen sämtliche Maßstäbe offen, an denen Ihre Arbeit gemessen wird?
– Sind Ihren Mitarbeitern alle Maßstäbe bekannt, an denen ihre Arbeit gemessen wird?
– Erarbeiten Sie Ziele und Spielregeln gemeinsam mit Ihren Mitarbeitern?

- Berücksichtigen die Ziele und Maßstäbe die Vieldimensionalität des Führungsgeschehens?
- Welche Chancen haben Ideen und Vorschläge Ihrer Mitarbeiter, die Bestimmung von Zielen und Spielregeln zu beeinflussen?
- Wird die Einhaltung der Ziele und Spielregeln offen und gemeinsam überwacht und werden Verletzungen zeitnah und offen thematisiert?
- Wie werden Ziele und Spielregeln auf ihre Zweckmäßigkeit hin überprüft?

- *Kommunikation*
- Führen Sie regelmäßig Arbeitsbesprechungen mit Ihren Mitarbeitern?
- Sprechen Sie mit Ihren Mitarbeitern auch über deren Verhalten und Leistungen?
- Sind Sie der Kritik Ihrer Mitarbeiter zugänglich?
- Sprechen Sie regelmäßig mit Ihren Mitarbeitern auch über Verbesserungsmöglichkeiten der gemeinsamen Arbeit?
- Kommen Ihre Mitarbeiter von sich aus mit Vorschlägen zu Ihnen?
- Haben Sie manchmal Schwierigkeiten, Mitarbeiter für eine Aufgabe zu begeistern?
- Gibt es wenig motivierte Mitarbeiter und worauf führen Sie deren Haltung zurück?
- Können Ihre Mitarbeiter mit Ihnen auch persönliche Probleme besprechen?
- Wie häufig kommen Sie damit von sich aus zu Ihnen und wie häufig initiieren Sie solche Gespräche?
- Wissen Ihre Mitarbeiter genau, was Sie von ihnen erwarten?
- Kennen Sie die Stärken und Schwächen Ihrer Mitarbeiter?
- Teilen Sie Ihren Mitarbeitern regelmäßig mit, wie Sie ihre Leistungen und ihr Verhalten einschätzen?
- Wissen Sie, wie Ihre Mitarbeiter Sie einschätzen?
- Können Ihre Mitarbeiter das Gefühl haben, ungestraft Fehler machen zu dürfen?
- Besteht eine offene Atmosphäre für die Bearbeitung von Konflikten?

- *Aufgabenerfüllung der Mitarbeiter*
- Arbeiten Ihre Mitarbeiter problemlos selbständig?
- Sind Ihre Mitarbeiter stets einsatzbereit und offen für neue Aufgaben?
- Erbringen Ihre Mitarbeiter alle Leistungen, die Sie von ihnen erwarten?
- Müssen Sie öfter mal „Feuerwehr" spielen?
- Haben alle Mitarbeiter die erforderlichen Qualifikationen?
- Werden Sie häufiger in die Tätigkeiten Ihrer Mitarbeiter „hineingezogen"?
- Können Ihre Mitarbeiter einander im Falle der Verhinderung problemlos vertreten?
- Läuft die Arbeit Ihrer Mitarbeiter störungsfrei weiter, wenn Sie abwesend sind?
- Wieviele Verbesserungsvorschläge machten Ihre Mitarbeiter im vergangenen Jahr?

- Liegen die Fehlzeiten in Ihrer Organisationseinheit über zwei bis drei Prozent?
- Haben Ihre Mitarbeiter Einfluß auf die Gestaltung ihrer Arbeitsplätze und der Arbeitsabläufe?
- Sind Neuerungen und Veränderungen problemlos einführbar?
- Klappt die Zusammenarbeit in Ihrer Organisationseinheit problemlos?
- Arbeiten sie reibungslos mit anderen Organisationseinheiten zusammen?

- *Motivation der Mitarbeiter*
- Herrscht eine offene und freundliche Atmosphäre in Ihrer Organisationseinheit?
- Richtet sich die Anwesenheitsdauer am Arbeitsplatz strikt nach der Uhr oder eher nach dem Arbeitsanfall?
- Übernehmen die Mitarbeiter freiwillig auch weniger angenehme Aufgaben?
- Bemühen sich Ihre Mitarbeiter um die Verbesserung ihrer Leistungen?
- Werden sie dabei von Ihnen unterstützt und gefördert?
- Sind Ihre Mitarbeiter bereit, für wichtige Qualifizierungsmaßnahmen auch Freizeit einzusetzen?
- Können Ihre Mitarbeiter das Gefühl haben, am Erfolg der Organisationseinheit beteiligt zu sein?
- Können Ihre Mitarbeiter das Gefühl haben, einen wichtigen Beitrag zur Erfüllung der Organisationsziele zu leisten?
- Können Ihre Mitarbeiter ihre Tätigkeit als sinnvoll empfinden?
- Gibt es häufiger Schwierigkeiten mit der Disziplin und der Zuverlässigkeit Ihrer Mitarbeiter?
- Haben Sie Probleme, gute Mitarbeiter zu halten?

- *Persönliche Situation und Aufgabenerfüllung*
- Entsprechen Ihre Tätigkeit und Ihre Leistungen genau Ihren Wünschen und Neigungen?
- Welche Veränderungen würden Sie gerne vornehmen?
- Sind Sie mit Ihren Leistungen zufrieden?
- Bilden Sie sich regelmäßig weiter?
- Fühlen Sie sich in der Zusammenarbeit mit Ihren Mitarbeitern wohl?
- Sind Sie sicher, daß sich Ihre und Ihrer Mitarbeiter Tätigkeiten optimal ergänzen?
- Sind Sie „Herr" Ihrer Zeit?
- Beschäftigen Sie sich häufiger mit Ausführungsaufgaben?
- Nehmen Sie sich regelmäßig und ausreichend Zeit für Gespräche mit Ihren Mitarbeitern?
- Helfen Sie Ihren Mitarbeitern bei der Weiterqualifizierung?

- Sind Sie stets über alle wesentlichen Vorgänge in Ihrer Organisationseinheit auf dem laufenden?
- Könnten Sie im Falle Ihrer Versetzung oder Beförderung sofort einen geeigneten Nachfolger aus dem Kreise Ihrer Mitarbeiter vorschlagen?
- Sind Sie offen für Kritik Ihrer Mitarbeiter an der Zusammenarbeit und an Ihrem Führungsverhalten?

Viertes Kapitel

Das Ganze ist mehr als die Summe seiner Teile

Wenn das Geld knapp wird, was liegt da näher, als ans Sparen zu denken? So dachte auch der neue Geschäftsführer eines größeren Produktionsbetriebes. Er hatte sich bereits als Troubleshooter bewährt und war überzeugt: Mit drastischen Kostensenkungen würde er auch dieses Unternehmen aus der Krise führen. Gesagt, getan, eine Unternehmensberatung wurde für einen Millionenbetrag engagiert, um eine Kostenanalyse durchzuführen. Die leistete auch ganze Arbeit. Auf der Grundlage ihrer Analyse wurde ein riesiger Kostenberg wegrationalisiert, ganze Betriebsteile amputiert, aufgegeben oder verkauft, der Rest umgegliedert, zusammengefaßt und gestrafft, und die Belegschaft um ein Viertel reduziert. Das Unternehmen hat seine Krise überlebt. Die Schattenseite des Erfolges besteht allerdings darin, das dies auch alles ist, was erreicht wurde: Überleben. Das Unternehmen gleicht jetzt einem Schwerkranken, der zwar durch Herzoperation, Implantation einer neuen Niere, Darmverkürzung, Lungenresektion, Amputation beider Beine und eines Armes gerettet wurde, dann aber einfach sich selbst überlassen blieb. Er hat überlebt, aber er lebt trotzdem nicht mehr.

Ähnliche Beispiele finden sich im Führungsalltag aller Organisationen massenweise. Grundsätzlich richtige Problemlösungsansätze werden nicht über den Wissens- und Erfahrungshorizont derer hinaus durchdacht, die gerade das Sagen haben. Das hat zur Folge, daß einerseits nur Teile des Problems – meistens die Symptome – bearbeitet werden, andererseits wesentliche Neben- und Fernwirkungen der Lösungsmaßnahmen und des Lösungsprozesses nicht beachtet werden. Im obigen Fall wurde beispielsweise nicht nur ein gutes Betriebsklima in eine frostige Atmosphäre des allseitigen Mißtrauens und der Selbstverteidigung verwandelt, sondern auch Kreativität und Einsatzbereitschaft der Mitarbeiter fielen buchstäblich dem Rotstift zum Opfer, und statt Initiativen zwecks Erschließung neuer Ertragsquellen zu fördern, wurden sämtliche Ausgaben für die Zukunftssicherung zugunsten gegenwärtiger Ersparnisse gestrichen.

Erfolg ist eben relativ, je nachdem, welche Maßstäbe wir ansetzen. Die Maßstäbe ergeben sich aus dem Umfang unseres Blickfeldes. Sehen wir die Krise des Unternehmens nur als Kostenproblem, nur als Absatzproblem oder als ein aus beiden Problemen kombiniertes Problem? Gibt es vielleicht noch andere Ursachen für die desolate Lage des Unternehmens? Ist uns bewußt, daß alles, was wir an irgendeinem Punkt zwecks Problemlösung unternehmen, weitreichende Auswirkungen auf andere Teile der Organisation hat? Daß z. B. die Wegrationalisierung von Arbeitsplätzen Angst und Verteidigungsstrategien bei den Mitarbeitern auslöst, mit der Folge von Demotivation, Leistungsminderung und Absterben fast jeglicher Initiative? Oder daß neben unproduktiven Kosten häufig auch damit verbundene produktive Kosten und damit Zukunftschancen beseitigt werden? Durch Beachtung der Zusammenhänge könnte manche böse Überraschung vermieden werden.

Wie aber läßt sich der Durchblick gewinnen? Organisationen sind so komplex, daß sie überhaupt nicht in allen ihren Bestandteilen, Zusammenhängen und Wechselwirkungen beschrieben werden können. Sie vollständig erfassen zu wollen, ist deshalb aussichtslos. Dennoch ist es möglich, Grundzusammenhänge zu erkennen und zu beschreiben und dann nach Bedarf – wie mit einem Mikroskop – fortschreitend weiter in die „Tiefe der Beziehungen" hinabzusteigen. So erfassen wir zwar nicht die Organisation in ihrer Ganzheit, aber doch die uns interessierenden Bereiche in ihren wesentlichen Zusammenhängen. Dadurch verbessert sich die Erkenntnisgrundlage für Führungsentscheidungen immerhin beträchtlich.

Machen wir uns als erstes daran, die Landkarte des Geländes zu erstellen, das wir uns dann nach und nach erschließen wollen. Um beurteilen zu können, wie sich die in Gang befindlichen Veränderungen unserer Welt und unseres Bewußtseins auf die Führung auswirken, und um Handlungsempfehlungen für die zukünftige Führung geben zu können, benötigen wir kommunizierbare Vorstellungen davon, wie Organisationen beschaffen sind, wie sie funktionieren, welche Rollen der Mensch in ihnen spielt, und wie sie geführt werden. Diese Vorstellungen sollen in diesem Kapitel geschaffen werden. Ziel der folgenden Ausführungen ist es, einen geordneten gedanklichen Hintergrund und einen begrifflichen Rahmen für die später zu behandelnden Problemlösungen in der Führungspraxis zu schaffen.

4.1 Systemschau der Organisation
– Erkenntnis- und Handlungshilfe

Der Begriff „System" kommt aus dem Griechischen und bedeutet soviel wie „zusammengestellt sein". Ein System ist jede Menge miteinander in Beziehung stehender Teile (Elemente), die in irgendeiner Weise stärker aufeinander bezogen sind beziehungsweise aufeinander einwirken als auf ihre Umgebung. So sind z. B. ein Fahrrad, ein Haus, der menschliche Organismus, ein Ehepaar, Unternehmen oder der Staat Systeme. In einem System müssen mindestens zwei Elemente vorhanden sein, wobei der Zustand des einen Elements von dem des anderen bestimmt wird. Durch ihre Beziehungen sind die Elemente des Systems einander (sinnvoll, zweckmäßig) zugeordnet, erhält das System seine Struktur. Unter „Struktur" verstehen wir die Abstraktion eines Musters oder einer Ordnung. Jedes System besitzt stets irgendeine Struktur (Ordnung), weil seine Elemente immer in irgendeiner Beziehung zueinander stehen müssen. Systemstrukturen geistiger oder mechanischer Systeme sind Produkte menschlichen Schaffens; in organischen Systemen sind sie das Ergebnis der Systemevolution.

Das Attribut „organisch" weckt Gedanken an die belebte Natur. In der Tat gibt es zahlreiche verblüffende Ähnlichkeiten zwischen Organisationen (man könnte sie als soziokulturelle Organismen bezeichnen) und biologischen Organismen (und sogar zwischen diesen und der unbelebten Natur). Diese Analogien sollen hier jedoch nicht Gegenstand vertiefter Betrachtungen werden. Sie dienen lediglich als Erkenntnishilfe und gedankliche Anregung. Da die Natur gut viereinhalb Milliarden Jahre „Erfahrung" mit Organisationen hat, wollen wir die Gelegenheit nutzen, von ihr zu lernen.

4.1.1 Merkmale organischer Systeme

Lebewesen können als organische Systeme betrachtet werden. Sie bestehen, soweit es sich um höhere Lebewesen handelt, aus einer großen Zahl von Elementen, die meist ihrerseits wieder aus Elementen bestehen und diese Elemente wieder aus Elementen usw. Elemente eines Systems, die ihrerseits aus Elementen zusammengesetzt sind, heißen Subsysteme. Beim Menschen können wir beispielsweise eine ganze Hierarchie von Subsystemen unterscheiden, angefangen bei den Bausteinen der einzelnen Zelle bis hinauf zu den Organsystemen (z. B. dem Stoffwechselsystem). Systeme, in denen Menschen zusammenarbeiten, um menschliche Bedürfnisse zu erfüllen (z. B. die Nahrungsversorgung, Sicherung gegen Feinde) heißen Organisationen. Organisationen sind also zielgerichtete organische Systeme, die Menschen als Subsysteme enthalten.

- Komplexität

Ist die Anzahl der Elemente und der zwischen ihnen bestehenden Beziehungen eines Systems so groß, daß sie und ihr Zusammenwirken nicht vollständig beschreibbar sind (wie das z. B. beim menschlichen Körper oder Organisationen wie einem Unternehmen oder der Volkswirtschaft der Fall ist), dann sprechen wir von (äußerst) komplexen Systemen. Diese sind regelmäßig auch dadurch gekennzeichnet, daß ihre Subsysteme auf bestimmte Funktionen (z. B. Wahrnehmung, Stoffwechsel, Immunabwehr) spezialisiert sind. Das Gesamtsystem ist dann funktionell (man könnte auch sagen: arbeitsteilig) differenziert und besitzt dazu verschiedenartige (heterogene) Subsysteme beziehungsweise Elemente. Durch vielfache zwischen den Elementen und Subsystemen bestehenden Beziehungen kommt es in äußerst komplexen Systemen zu zahlreichen Wechselwirkungen und zirkulären Abhängigkeiten, die für den Betrachter mitunter schwer durchschaubar sind. Die Komplexität organischer Systeme entfaltet sich im Prozeß ihrer Koevolution mit der Umwelt. Sie ist ein Mittel, das eigene Überleben und Wachsen in einer veränderlichen Umwelt sicherzustellen. Die Geschichte unseres Planeten ist als Prozeß ständiger Differenzierung und Entfaltung das Resultat der Wechselbeziehungen organischen Überlebens- und Wachstumsstrebens.

Da die Eigenschaften eines Systems von der Wechselwirkung seiner Elemente beziehungsweise Subsysteme bestimmt werden, sind sie regelmäßig umfassender und vielfältiger als die Eigenschaften jener. Anders ausgedrückt: ein System ist immer etwas komplexer als sein komplexestes Element. Ein Fahrrad ist beispielsweise zwar ein kompliziertes, aber noch kein komplexes System. Denn das Zusammenwirken seiner Teile ist vollständig beschreibbar, das Verhalten des Systems bei Kenntnis der einwirkenden Größen eindeutig voraussagbar. Solche Systeme werden auch deterministische Systeme genannt. Mit Fahrer wird das Fahrrad aber zu einem völlig neuen, komplexen System, dessen Verhalten nicht mehr eindeutig voraussagbar ist, was andere Verkehrsteilnehmer mitunter leidvoll erfahren müssen. Solche äußerst komplexen Systeme werden deshalb auch probabilistische Systeme genannt.

Je komplexer ein System ist, desto mehr unterschiedliche Zustände kann es annehmen. Dadurch vergrößert sich die Vielfalt seiner Verhaltensmöglichkeiten – seine Varietät – und erhöht sich seine Chance eigenständiger Entfaltung und Entwicklung in der Umwelt (und gegenüber anderen Systemen). Weniger komplexe Systeme können niemals komplexere Systeme beherrschen, sie können sie allenfalls in Teilen beeinflussen und dadurch vielleicht ihren Zwecken dienstbar machen. Deshalb funktionieren z. B. Zentralverwaltungswirtschaften nicht; selbst die größte denkbare Komplexität der Planungsbehörden wäre viel zu gering, um die hochkomplexen Volkswirtschaften beherrschen zu können. Wer ein System lenken will, das komplexer ist als er selbst, kann das nur, indem er die Selbstorganisationsdynamik des Systems nutzt. Davon wird als Aufgabe der Führung später noch viel die Rede sein.

Die Festlegung der Systemgrenzen (diese Elemente gehören dazu, jene nicht), ist eine Entscheidung, die nicht immer ganz einfach ist. Sie wird sich danach richten müssen, was der außenstehende Beobachter mit dem definierten System beabsichtigt. So könnten Lebewesen entsprechend ihren physischen Grenzen als Aktionseinheit oder mit ihren Umweltbezügen als ökologische Einheit definiert werden. Organisationen könnten entweder gemäß ihrem juristischen Umfang oder in Form von Funktionseinheiten (z. B. Mannschaft, Einkaufsabteilung, Führung, Gesellschaft) als System abgegrenzt werden. Es kann aber auch sinnvoll sein, sie entsprechend den Einflußsphären ihrer Eigentümer (oder anderen Herrschaftsinstanzen) beispielsweise in Form eines Unternehmensverbundes oder Interessenverbands aufzufassen. In jedem Falle muß die Abgrenzung so vorgenommen werden, daß sämtliche für die jeweilige Aufgabe relevanten Elemente und Beziehungen einbezogen werden.

Organische Systeme, in denen Menschen als Subsysteme mitwirken, werden auch als soziale Systeme bezeichnet. Elemente sozialer Systeme sind außer den Menschen auch materiellen Gegenstände und geistige Objekte wie Werte, Normen, Ideen, Gewohnheiten, Urteile, Vorschriften usw. Die Struktur sozialer Systeme ist deshalb immer auch eine geistige Struktur, d.h. sie umfaßt außer materiellen auch geistige Beziehungen wie z. B. Sympathie und Antipathie, Wissen, Einfluß, Macht, Ängste, Hoffnungen. Die geistige Dimension sozialer Systeme macht den größten Teil ihrer Komplexität und Varietät aus und ist zugleich der Teil, der Analysen und gezielten Manipulationen am schwersten zugänglich ist.

- Dynamik

Die Komplexität eines Systems entsteht aber nur zum kleineren Teil aus der großen Anzahl seiner Subsysteme und der zwischen ihnen laufenden Beziehungen. Viel entscheidender ist, daß organische Systeme dynamisch sind. In ihnen laufen ständig Vorgänge ab, die dazu dienen, den Organismus als Funktionseinheit zu erhalten, ihn gegenüber seiner Umwelt abzugrenzen und ihm auch unter wechselnden Umwelteinflüssen Wachstum und Überleben zu ermöglichen. Das Verhalten dynamischer Systeme ist dadurch schwer voraussagbar und die Systeme selbst sind schwer handhabbar. Im Gegensatz zu statischen Systemen, die Gleichgewichtszustände kennen, zu denen hin sie „ablaufen" oder in denen sie verharren, finden in dynamischen Systemen unaufhörlich Interaktionen zwischen Elementen und Subsystemen statt, die im Gesamtsystem ständig Instabilitäten, Fluktuationen erzeugen. Das sind im menschlichen Körper z. B. die pausenlosen neuronalen Vorgänge, die u. a. als Gehirnströme meßbar sind, die rhythmischen Funktionsverläufe der Organe, die veränderlichen Gefühle, und auch mentale Vorgänge. In menschlichen Gesellschaften machen sich die Fluktuationen als autonome Handlungen aller Art, beispielsweise als Verhaltensänderungen, technische oder ökonomische Neuerungen, als Moden, wechselnder Zeitgeist, oder als soziale Konfrontationen bemerkbar. Die Ursachen der Fluktuationen, die als Agens der Evolution betrachtet werden können, liegen in den Organismen selbst. Die Wissenschaftler, die sich mit diesen Phänomenen beschäftigen, sprechen von autokatalytischen Vorgängen. Darauf braucht hier aber nicht weiter eingegangen zu werden.

Organische Systeme sind also ständig in „Bewegung", wobei die meisten Fluktuationen sich nur als Schwingungen oder Schwankungen innerhalb der gegebenen Struktur bemerkbar machen. Erst wenn eine bestimmte Stärke überschritten wird oder infolge von Umwelteinflüssen bewirken Fluktuationen eine strukturelle Wandlung des Systems. Das wissen wir auch aus eigener Erfahrung: Zeitweilig Unzufriedenheit legt sich wieder. Erst wenn unsere Unzufriedenheit andauert oder ein bestimmtes Maß überschritten wird, drängt es uns dazu, etwas zu unternehmen, um die Ursachen der Unzufriedenheit zu beseitigen. Die individuelle Toleranzgrenze ist dabei sehr verschieden. In Organisationen sieht es nicht anders aus. Störungen in der Zusammenarbeit der Mitglieder und Mißerfolge bei der Aufgabenbewältigung können bis zu einem gewissen Ausmaß von der Organisation „verdaut" werden. Wird die Grenze der Belastbarkeit überschritten, kommt es zu strukturellen Umwälzungen, z. B. in Gestalt veränderter Beziehungen zwischen Subsystemen, Wandel einzelner Funktionen, Ein- und Austritt von Mitgliedern, Neudefinition der Ziele oder – im schlimmsten Fall – zum Zusammenbruch des Gesamtsystems. In den Ländern Osteuropas können wir gegenwärtig die Folgen einer solchen strukturverändernden Fluktuation auf gesellschaftlicher Ebene beobachten.

Dynamische Systeme sind immer in einem gewissen Maße unberechenbar. Unsere Vorfahren haben das dem Unmut von Geistern oder Göttern zugeschrieben. Wir wissen dank naturwissenschaftlicher Forschung, daß dem natürliche Prozesse zugrunde liegen, die sich bis zu molekularen Vorgängen zurückverfolgen lassen (Prigogines dissipative Strukturen). Diese Vorgänge, die im Gegensatz zu den Vorstellungen der klassischen Physik nicht auf Gleichgewichte zusteuern, sondern – ganz im Gegenteil – Ungleichgewichte und Instabilitäten erzeugen, können als Antriebskräfte der schöpferischen Entfaltung der Natur gelten. Nicht Ordnung, Gleichgewicht, Gleichheit oder Harmonisierung sind die immanenten Tendenzen der Evolution, sondern Unordnung, Ungleichgewicht, Differenzierung und Verschiedenheit.

- Offenheit

Kein System existiert für sich alleine, immer ist es integrierter Teil seiner Umwelt. Zur Aufrechterhaltung ihrer internen Prozesse benötigen dynamische Systeme nämlich einen permanenten Energieaustausch (stofflich oder geistig) mit ihrer Umwelt. Sie werden deshalb auch offene Systeme genannt. Eine Organisation erbringt beispielsweise auf der einen Seite Leistungen für ihre Umwelt (sie liefert z. B. wichtige und begehrte Güter und Dienste, zahlt Steuern und beschäftigt Menschen gegen Entgelt) und befriedigt auf der anderen Seite ihre Bedürfnisse (indem sie dafür z. B. Geld für ihre Leistungen einnimmt, Subventionen kassiert, Abfall absondert). Die Umwelt erbringt im Gegenzug ebenfalls Leistungen (z. B. in Form von Rohstoffen, Energie, ausgebildeten Mitarbeitern), stellt aber auch Anforderungen und legt Beschränkungen auf (z. B. durch gesetzliche Auflagen, Verkehrsinfrastruktur, Beschaffenheit von Boden und Klima). Abbildung 3 zeigt die Austauschbeziehungen zwischen Organisation und Umwelt schematisch.

Austauschbeziehungen und damit Wechselwirkungen bestehen in offenen Systemen nicht nur in bezug auf die Umwelt, sondern auch intern zwischen Systemelementen, so daß die Wirkungen der Austauschprozesse weit in das Systeminnere hineinwirken können. Dadurch entsteht eine umfassende Wechselbeziehung zwischen System und Umwelt, beide werden in gewisser Weise voneinander abhängig. Die Systemumwelt kann Fluktuationen innerhalb eines Systems anregen, verstärken oder dämpfen. Die sich wandelnden Wertvorstellungen und veränderte Bedürfnisse der Menschen sowie der technisch-ökonomische Fortschritt sorgen z. B. in den Organisationen für Unruhe

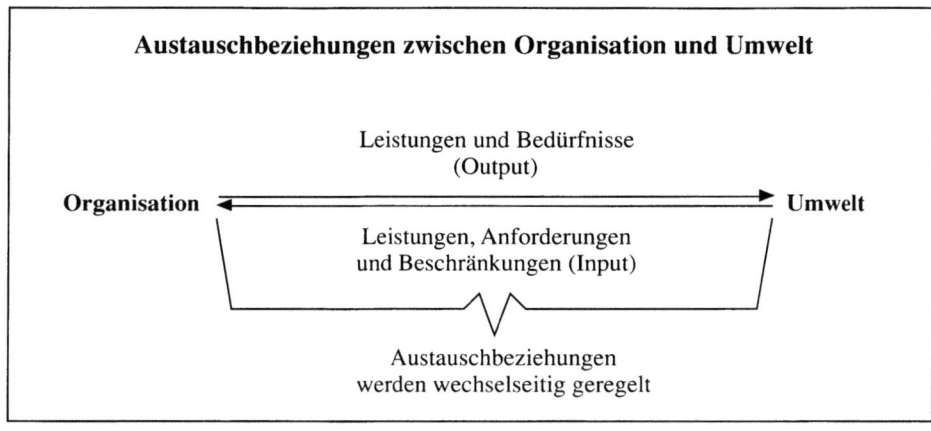

Abb. 3

und fordern die Führungskräfte zu neuen Problemlösungen und Probelmlösungsmethoden heraus. Die gute Konjunktur erleichtert andererseits den Unternehmen das Überleben und Wachsen, so daß sie die Lösung ihrer Führungsprobleme noch gefahrlos hinausschieben können. Fluktuationen, die zu organisatorischen Veränderungen führen sollen, müssen stark genug sein, die organisationsinterne homöostatische Trägheit zu überwinden, die normalerweise dämpfend auf Fluktuationen wirkt und dafür sorgt, daß die Organisation mit möglichst geringem Energieaufwand funktioniert.

Offenheit ist eine wichtige Voraussetzung dafür, daß ein System mit seiner Umwelt in Wechselbeziehungen treten kann. Völlig geschlossene Systeme gibt es nicht, weil immer ein gewisser Energieaustausch mit der Umwelt stattfindet, der nicht unterbunden werden kann. Äußerst komplexe organische Systeme, wie z. B. höhere Tiere, Menschen und Organisationen, unterhalten aber vielfältige stoffliche und energetische Austauschbeziehungen mit ihrer Umwelt. Nur durch diese Austauschbeziehungen ist es ihnen möglich, ihre innere Differenzierung aufrechtzuerhalten oder sogar zu vergrößern. In der Terminologie der Kybernetik importieren sie Energie aus der Umwelt und exportieren Entropie. Mit Hilfe dieses Austausches hält das System sein inneres Ungleichgewicht aufrecht und dieses wiederum die Austauschbeziehungen. Anders gesagt: Die „Störungen" der Umwelt in Gestalt von Überraschungen, Reizen, Hindernissen, Gefahren usw. sind Anregungen für das System und Auslöser für seine internen Prozesse, die wiederum sein Verhalten gegenüber der Umwelt bestimmen.

- Varietät

Mit „Varietät" wird die Vielfalt der möglichen Verhaltensweisen eines Systems, die Größe seines Verhaltensrepertoirs bezeichnet. Die Fähigkeit eines Systems, in seiner Umwelt zu bestehen und sich weiterzuentwickeln, ist davon abhängig, ob seine Varietät ausreicht, die Varietät (Entropie) der Umwelt zu bewältigen. Anders ausgedrückt: Das System muß auf das Verhalten (die möglichen Zustände) der Umwelt adäquat reagieren können, um sich auf Dauer behaupten zu können. Die Überlebens- und Wachstumschancen von Organisationen steigen, wenn sich ihre Varietät im Verhältnis zu der ihrer Umwelt (oder zumindest des relevanten Umweltausschnitts) erhöht.

Die Elemente beziehungsweise Subsysteme äußerst komplexer dynamischer Systeme haben im Rahmen ihrer Systemstruktur einen (erheblichen) Spielraum für Zustandsänderungen. Der Spielraum ist um so größer – und das System gegenüber Umwelteinflüssen um so stabiler – je weniger starr die Beziehungen zwischen den einzelnen Systemelementen geregelt sind. Während mechanische Systeme schon bei kleinsten Störungen erheblich gefährdet sind, weil das Zusammenwirken ihrer Teile keine Freiheitsgrade hat, sind organische Systeme in der Lage, flexibel auf Störungen zu reagieren und sich dadurch zu schützen. Ein Metallspan im Getriebe setzt dieses in der Regel völlig außer Gefecht, während Organismen mit Fremdkörpern und Verletzungen sehr viel besser klarkommen. Dabei spielt ihre Fähigkeit zur Selbstorganisation und zur Selbsterneuerung eine wichtige Rolle. Niedere Tiere wie Plattwürmer oder Seesterne können z. B. aus einem kleinen Rest so gut wie ihren ganzen Körper regenerieren, Eidechsen, Krabben und viele Insekten sind in der Lage, verlorene Glieder oder zerstörte Organe zu ersetzen, und die höheren Lebewesen können Gewebe erneuern und dadurch Verletzungen heilen. Das gibt dem Gesamtorganismus eine große (Re-) Aktionsvielfalt bezüglich der Umweltanforderungen und macht ihn äußerst anpassungs- und widerstandsfähig.

Organisationen haben als künstliche Organismen prinzipiell die gleichen Möglichkeiten wie natürliche Organismen, sich durch Erhöhung ihrer Varietät Überlebensvorteile zu sichern. Die dazu erforderliche interne Flexibilität wird aber leider allzu häufig durch Besitzstands- und Zuständigkeitsdenken, durch mangelnde Beweglichkeit des Denkens und durch einengende Spielregeln der politischen Umwelt verhindert. Wir werden im Verlaufe der weiteren Ausführungen die Bedeutung von Rahmenbedingungen und Spielregeln für die Beziehung zwischen Systemen und ihrer Umwelt noch eingehender darstellen. Dann wird deutlich werden, daß in der Setzung falscher, weil unter unzutreffenden Annahmen oder im Hinblick auf kurzsichtige, eindimensionale Ziele formulierter Spielregeln einer der nachteiligsten Führungsmängel liegt.

Für die Schaffung und Gestaltung von Umweltbeziehungen einsetzbare Varietät ergibt sich aus der potentiellen Verhaltensvielfalt der Organismen und aus ihrer Fähigkeit, zielgerichtet und koordiniert zu handeln. Varietät allein tut es also nicht, sie muß auch „gebändigt" werden. Im Falle einer Organisation ist die potentielle Verhaltensvielfalt beispielsweise abhängig von ausreichenden Informationen über die Umwelt, von der Verfügung über genügende Sachmittel, dem Vorhandensein ausreichender menschlicher Qualifikationen und genügendem Verhaltensspielraum der Mitarbeiter und Organisationseinheiten zur Entfaltung ihrer Potentiale. Die effektive Fähigkeit der Organisation, im eigenen Interesse zu handeln, ihre Handlungsfähigkeit, ergibt sich aber erst aus ihrem Vermögen, ihre Potentiale auf der Grundlage einheitlicher Willensbildung und funktionierender Kooperation gegenüber der Umwelt auch wirksam einzusetzen.

- Differenzierung

Mit zunehmender Größe ist ein System nur lebensfähig, wenn es sich in abhängige, aber doch relativ selbständig funktionierende Subsysteme aufgliedert. Die Systemdifferenzierung hat einen horizontalen und einen vertikalen Aspekt. Ersterer kann auch als sachliche Spezialisierung der Subsysteme eines Systems bezeichnet werden, letzterer als hierarchische Gliederung des Systems. Beide wirken bei der Bewältigung der Umweltanforderungen zusammen und erhöhen die Handlungsfähigkeit des Gesamtsystems im Umgang mit seiner Umwelt.

Im Zusammenhang mit der hierarchischen Gliederung ist das Prinzip der Subsidiarität von Bedeutung. Dies verlangt, daß die Systemaktivitäten grundsätzlich an die hierarchisch niedrigste Stelle zu verlagern sind, die sie gerade noch ausüben kann. Da in dem hier noch zu entwickelnden Führungskonzept die Hierarchie keine rangmäßige, sondern eine funktionelle Bedeutung hat, besagt das Prinzip der Subsidiarität, daß Aufgaben stets von der Organisationseinheit ausgeführt werden, die davon unmittelbar betroffen beziehungsweise dafür zuständig ist, und andere Organisationseinheiten nur dann an der Lösung der Aufgaben mitwirken (dürfen), wenn und soweit die Kompetenz der betroffenen Einheit nicht zur Bewältigung der Aufgaben ausreicht. Das Prinzip der Subsidiarität gilt also horizontal wie vertikal.

Insofern ist es sinnvoll, sich das Kooperationsgefüge einer Organisation nicht mehr als Pyramide, sondern als ein Netzwerk von Funktionen vorzustellen. Diese stehen zwar in Über- und Unterordnungsverhältnissen zueinander, weil die einen den anderen Ziele, Rahmenbedingungen und Verhaltensregeln vorgeben, daraus kann jedoch keine Wertordnung abgeleitet werden. Es gibt Sub-Organisationen, die unmittelbar mit der Einwirkung auf die Objekte des organisatorischen Leistungsprozesses befaßt sind (Ausführungsebene) und solche, die dieser Einwirkung die Ziele setzen, ihr den Rahmen abstecken und die Bedingungen ihres Handelns festlegen (Führungs- und Leitungsebene). Letztere sollen sich entsprechend dem Prinzip der Subsidiarität nur mit den Aufgaben zu befassen, die von den untergeordneten Subsystemen mangels Fähigkeit nicht geleistet werden können. Die funktionell untergeordneten Subsysteme sollen dagegen sämtliche Aufgaben selbständig erledigen, die sie aufgrund ihrer Kenntnisse und Fertigkeiten erledigen können.

In natürlichen Organismen können wir die gleiche Funktionendifferenzierung beobachten: Das ganze Lebewesen gliedert sich beispielsweise in Organsysteme, Organe, Organteile, Organellen, Zellen usw., wobei die umfassenden (= funktionell übergeordneten) Systeme den umschlossenen (= funktionell untergeordneten) die Rahmenbedingungen vorgeben, innerhalb derer sie sich relativ autonom verhalten und entwickeln können, die sie aber respektieren müssen, wenn sie ihre Umwelt als Lebensgrundlage nicht gefährden wollen. Für das Verhältnis zwischen Lebewesen und ihrer Umwelt sowie die Beziehungen unterschiedlicher sozialer Systeme (z. B. Unternehmen, Volkswirtschaften, Staaten) zueinander gilt das gleiche. Immer definieren die übergeordneten Systeme die Bedingungen oder Spielregeln, unter denen die untergeordneten Subsysteme existieren müssen. Die übergeordneten Systeme haben die Aufgabe, die untergeordneten Subsysteme mittels geeigneter Spielregeln als Funktionseinheiten und Leistungsträger so in das Gesamtsystem zu integrieren, daß dieses überlebens- und wachstumsfähig bleibt.

Abbildung 4 zeigt schematisch die horizontale und vertikale Funktionendifferenzierung einer Organisation. Die spezialisierten Ausführungs-Subsysteme A bis F sind für die Einzelfallbehandlung im Rahmen der von den übergeordneten Führungs-

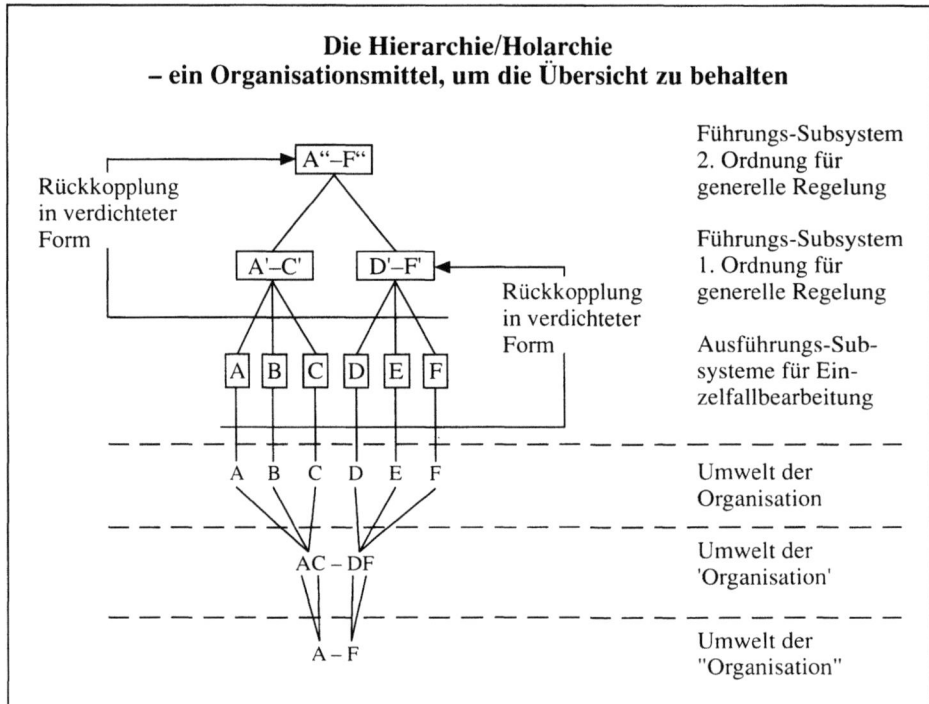

Abb. 4

Subsystemen 1. Ordnung vorgegebenen generellen Regelungen zuständig. Nur die von ihnen nicht zu bewältigenden Aufgaben werden von der nächsthöheren Systemebene bearbeitet. Die Systeme der Führungsebene 1. Ordnung, A'-C' und D'-F', arbeiten wiederum im Rahmen der ihnen von der Führungsebene 2. Ordnung , System A"-F", vorgegebenen generellen Regelungen. Dadurch werden die Umweltbeziehungen von Ebene zu Ebene umfangmäßig reduziert und verdichtet. Während es die Subsysteme der Ausführungsebene noch mit den Detail-Umwelten A bis F zu tun haben, befassen sich die Subsysteme der darüberliegenden Führungsebene nur noch mit den verdichteten Umwelten AC beziehungsweise DF und die oberste Führungsebene steht nur noch mit der noch weiter verdichteten Umwelt AF in Verbindung. Dieser „Kunstgriff", den alle Organismen beherrschen, reduziert die sonst überwältigende Komplexität der Umwelt beziehungsweise erhöht die (Re-) Aktionsmöglichkeiten (Varietät) des Organismus.

Die Leistungsergebnisse werden ebenfalls in verdichteter Form an die jeweils übergeordnete Systemebene rückgekoppelt. Soweit die Austauschbeziehungen der Organisation mit der Umwelt durch die Aufgaben- beziehungsweise Tätigkeitgebiete der Subsysteme abgedeckt sind, stehen die oberen Systemebenen lediglich in einem globalen Austausch mit der Umwelt. Ausnahmen gibt es gemäß dem Prinzip der Subsidiarität, wenn außergewöhnliche Ereignisse eintreten, die Subsysteme Umweltanforderungen mit ihren Mitteln nicht mehr bewältigen können oder Führungsebenen in besonderen Fällen einmal selbst ausführend tätig werden (der Chef besucht einen Großkunden). Die Anforderungen an die sachliche Spezialisierung nehmen nach oben hin ab, dafür steigen die Anforderungen an die Führungsfähigkeiten.

In der systemischen Funktionendifferenzierung liegen gleichberechtigt die Momente der Freiheit der einzelnen Subsysteme zur Selbstentfaltung und der Bindung in das Gefüge des Gesamtsystems. Später wird gezeigt werden, wie wichtig die Balance zwischen diesen beiden Momenten für das Gedeihen sozialer Systeme ist. Der Begriff „Holarchie" stammt von Arthur Koestler und steht für ein System aus Systemen, die zugleich Ganzes und Teil sind; Ganzes in bezug auf ihre Subsysteme und Teil bezüglich des Systems, dem sie als Subsystem angehören.

Die Überlegenheit der nur locker koordinierten Marktwirtschaften gegenüber den mit strikten Anordnungen dirigierten Zentralverwaltungswirtschaften beweist, wie wichtig Verhaltensspielräume der Subsysteme für die Existenz der Gesamtsysteme sind. Dabei besteht auch im sogenannten freien Westen eine starke Tendenz zur Einengung von Spielräumen und zur Bevormundung. Man denke beispielsweise nur an bestimmte Sozial- und Arbeitsgesetze, an manche organisatorischen Regelungen in Betrieben und Verwaltungen, oder an dominierend-besitzergreifende Verhaltensweisen von Ehepartnern, Freunden und Vorgesetzten. Die Ursache dieser Tendenz, möglichst alles „im Griff" haben zu wollen, liegt in der menschlichen Furcht vor Ungewißheit.

In der Tat bringt der Verhaltensspielraum, den Subsysteme eines Systems haben, ein Moment der Ungewißheit in das Verhalten des Gesamtsystems. Auch noch so viele Informationen über seine Elemente, Beziehungen und Zustände erlauben es nicht, sein Verhalten exakt und in allen Einzelheiten vorauszusagen. Man kann allenfalls Prognosen auf der Basis vorangegangener Erfahrungen aufstellen, die aber mit einer erheblichen Irrtumswahrscheinlichkeit behaftet sind. Äußerst komplexe dynamische Systeme werden deshalb auch als probabilistische Systeme bezeichnet, im Gegensatz zu deterministischen Systemen, deren Verhalten aus der Kenntnis seiner Teile und deren Wirkungsbeziehungen sowie des Anfangszustands eindeutig erklärbar und voraussagbar ist.

- Ganzheitlichkeit

Systeme können als Ganzheiten nicht auf die Eigenschaften ihrer Elemente oder Subsysteme reduziert werden, ohne daß dabei der Zusammenhang, das Mehr des Ganzen, aus dem Blick gerät. Diese Tatsache wird in der Führungspraxis sehr oft außer acht gelassen. Die Folge sind ebenso aufwendige wie nutzlose Basteleien an Randerscheinungen oder Symptomen der Probleme, während die Problemkerne häufig gar nicht erkannt werden. Im Betrieb von Herrn S. war es z. B. lange Zeit üblich, die Vorgesetzten zu sogenannten Motivationsseminaren zu schicken, damit sie ihre Mitarbeiter zu mehr Leistung anspornen konnten. Als der Erfolg ausblieb, wurde diese Weiterbildungskampagne wieder eingestellt, ohne nach den Ursachen des Mißerfolgs zu forschen. Die wirklichen Gründe für die beklagte Leistungsschwäche der Mitarbeiter, nämlich mangelhafte Information und viel zu enge Kontrolle durch die Vorgesetzten und dadurch Enttüchtigung der Mitarbeiter zu bloßen Zuarbeitern, wurden von den Verantwortlichen gar nicht erkannt und infolgedessen auch niemals thematisiert.

So geht es häufig zu, nicht nur in Betrieben, sondern auch in der Politik. Tauchen Probleme auf, werden schnelle Lösungen gesucht. Ansatzpunkte der Maßnahmen (deren Auswahl oft auch mehr zufällig als systematisch erfolgt) sind dann die Stellen, die schmerzen, also in der Regel die Symptome. Bleibt der Erfolg aus, heißt es: Die Mittel taugen nichts. Dann wird etwas Neues ausprobiert, bis man irgendwann resigniert oder bis das Problem von selbst verschwindet. Den Ursachen wird nur selten auf den Grund gegangen, und wenn, dann ist noch lange nicht gesagt, daß sie auch mit allen gebotenen Mitteln beseitigt werden. Man wird an einen Dauerkranken erinnert, der eigentlich gesund sein müßte, und fragt sich, welchen Vorteil er aus seiner Situation zieht.

An anderer Stelle wurde schon von der Schwierigkeit des Menschen gesprochen, Zusammenhänge zu erfassen und Probleme als Störungen in einem Geflecht von Wechselbeziehungen zu erkennen. In dieser Beziehung werden wir sicherlich einiges dazulernen müssen, wenn wir die Herausforderungen der Zukunft meistern wollen. Für den Bereich der Führung kommt noch ein anderer Aspekt hinzu. Führungskräfte sind ja keine außenstehenden Beobachter und Lenker der Führungssituation, sondern integrierter Bestandteil, ein Subsystem des Führungssystems. Von Führungsproblemen sind sie deshalb immer auch persönlich betroffen (was nicht heißt, daß sie schuldig daran sind!) und fühlen sich auch so. Das hat zur Folge, daß die Bearbeitung von Führungsproblemen für viele Vorgesetzte mit Ängsten verbunden ist und deshalb abgewehrt wird. Sie nehmen oft lieber Leistungsschwächen, schlechtes Arbeitsklima und persönliche Mehrbelastungen in Kauf, um nicht in das vermeintliche „Schußfeld" einer systematischen Analyse und Bearbeitung ihrer Führungsprobleme hineinzugeraten. Aber was werden sie tun, wenn in Zukunft ihre Schwierigkeiten infolge des weiteren sozial-kulturellen und technisch-ökonomischen Wandels zunehmen?

- Ziel- und Zwecksetzung

Während das Überleben (der Art) immanentes Ziel aller lebenden Systeme ist, können Menschen und Organisationen darüber hinaus transzendente Ziele verfolgen. Diese Freiheit der Zwecksetzung hebt sie über die anderen Organismen hinaus und verleiht ihnen die Fähigkeit, ihre Entwicklungsrichtung selbst mitzubestimmen. Der Preis dafür ist die Gefahr, daß die gesetzten Zwecke mit Gegebenheiten und Vorgängen in der menschlichen beziehungsweise organisatorischen Umwelt kollidieren und unerwünschte Folgen zeitigen. Im Zusammenhang mit der Frage der Autonomie menschlichen und organisatorischen Verhaltens kommen wir auf diesen Gedanken noch einmal zurück.

Systeme, denen Menschen als Subsysteme angehören, wie z. B. Organisationen, sind entscheidend von den Eigenschaften der Menschen gekennzeichnet, ja wir erfahren täglich, daß sie von den Eigenschaften der Menschen sogar dominiert werden, daß sie häufig nichts anderes als Vehikel zur Befriedigung menschlicher Bedürfnisse und zur Förderung menschlicher Bestrebungen sind. Organisationen bieten Menschen zusätzliche und erweiterte Entfaltungs- und Entwicklungsmöglichkeiten und werden deshalb von ihnen instrumentell genutzt. Diese Tatsache sollte bei der Analyse von Organisationen immer bewußt sein und dazu führen, daß weniger die auf Papier geschriebene (z. B. in Form von Organigrammen, Führungsgrundsätzen oder Organisationsleitbildern) als die tatsächlich gelebte Organisation gesehen wird.

Wir beobachten aber auch, daß Organisationen offensichtlich nicht unbegrenzt für individuelle menschliche Zwecke ausbeutbar sind. Wird nämlich die später noch zu besprechende Balance von individueller Selbstbehauptung (Egoismus) und Förderung der Organisationszwecke (Integration) durch exzessive Selbstbehauptungstendenzen einzelner Subsysteme gestört, „wehrt" sich die Organisation gegen die individuelle

Ausbeutung oder sie geht daran zugrunde. Diesen Vorgang können wir in jeder menschlichen Gruppe beobachten, in der dem individuellen Egoismus der Mitglieder durch Konformitätsdruck entgegengewirkt wird und die Gruppe in dem Augenblick zerfällt, wo diese Kraft nicht mehr ausreicht, um die divergierenden individuellen Strebungen zu kompensieren.

Organische Systeme, wie Menschen und Organisationen, sind also äußerst komplexe fluktuierende Systeme, die fern von einem Gleichgewicht existieren und deshalb ständig in „Bewegung" sind. Einen Prozeß hin zum Gleichgewicht oder einen Gleichgewichtszustand im thermodynamischen Sinne kann es bei ihnen nicht geben, weil das jedes Wachstum und jede Weiterentwicklung ausschließen würde. Ungleichgewicht und permanente Fluktuationen sind der Motor der Evolution. Wir erleben sie als Chance zum Wachstum, zur Entfaltung und zum Werden, zugleich aber auch als ständige Infragestellung alles Gewordenen und als Ursache für die Vergänglichkeit alles Seienden. Die Funktionsweise von Systemen ist nur verstehbar, wenn sie als Ganzheiten betrachtet werden.

- Selbstreferenz und Autopoiese

Das Verhalten organischer Systeme wirkt nicht nur über die dadurch hervorgerufenen Umweltveränderungen auf das System selbst zurück, sondern auch intern. Die Evolution des menschlichen Weltbildes (darauf wird später noch näher eingegangen) findet z. B. nicht nur in der Kommunikation mit der Umwelt statt, sondern erfolgt auch durch interne geistige Prozesse (Selbstkommunikation), die bewußt (reflektieren, schließen) oder unbewußt ablaufen können. Und in Organisationen findet interne Kommunikation ohne Beteiligung der Umwelt statt, die Prozesse und Strukturen beeinflußt. Das autopoietische (= selbst gemachte) Verhalten organischer Systeme wird zum Ausgangspunkt weiteren Verhaltens. Zum Verständnis des Systemverhaltens ist deshalb die Kenntnis seiner (Verhaltens-) Geschichte wichtig.

Selbstreferentielle und autopoietische Vorgänge in Systemen haben die Aufgabe, diese als kohärente Einheiten gegenüber der Umwelt zu erhalten. Sie sorgen dafür, daß die internen Voraussetzungen für die zum Überleben und Wachsen erforderlichen Austauschbeziehungen mit der Umwelt erhalten oder immer wieder neu geschaffen werden. Damit sind sie die Voraussetzung für die Selbstbehauptung der Systeme.

Organische Systeme produzieren sich auf allen evolutionären Ebenen mit Hilfe der Elemente, aus denen sie bestehen, immer wieder neu. Auf dem Gebiete der Biologie ist diese Erkenntnis mit den Namen Humberto Maturana und Francisco Varela verbunden, bezüglich sozialer Systeme hat Niklas Luhmann versucht, auf diesem Phänomen eine Theorie aufzubauen. Während die Autopoiese auf biologischer Ebene des Lebens der Selbstreproduktion dient und die Abgrenzung des Organismus von seiner Umwelt aufrecht erhält, bewirkt sie auf geistiger Ebene, daß Systeme eine Bedeutung für sich selbst generieren, eine eigene Identität erlangen. Organisationen sind deshalb zugleich Mittel (Kooperationssysteme zur Erreichung von Zwecken) und Zweck (eigenständige, sich selbst erhaltende und wachsende Systeme).

Die Begriffe „Wachstum" und „Überleben", die im weiteren Verlaufe dieser Ausführungen noch häufiger gebraucht werden, bedürfen einer Erklärung. Mit „Wachstum" ist hier nicht eine quantitative Zunahme im Sinne eines Größerwerdens gemeint (obwohl das natürlich nicht ausgeschlossen ist), sondern eine qualitative evolutionäre Wandlung. Diese ist in einem gewissen Umfang notwendig, damit eine Organisation in ihrer sich wandelnden Umwelt überdauern kann. „Überleben" meint dementsprechend nicht die Erhaltung bestimmter Strukturen, sondern das Überdauern der Organisation als abgegrenztes Prozeßsystem in seiner Umwelt.

4.1.2 Kooperation und Koevolution

Wir können das gesamte Universum als ein System ansehen, das aus kleineren Systemen zusammengesetzt ist, und diese wiederum aus noch kleineren Systemen bis hinunter zu den Elementarteilchen. Die kleineren Systeme sind jeweils Subsysteme, also Teile der größeren, umfassenderen Systeme, und diese sind Ganzheiten in bezug auf ihre Teile. Zwischen den Systemen und ihren Subsystemen, beispielsweise einer Zelle und dem Gewebe, das sie enthält, einem Menschen und seiner Familie oder einem Unternehmen und seinen Beschaffungs- und Absatzmärkten, bestehen vielfältige Wechselbeziehungen, laufen eine große Zahl von zirkulären Prozessen ab.

Für ein System, das zugleich Ganzes und Teil ist, weil es Subsystem eines umfassenderen Systems ist und gleichzeitig selbst Subsysteme enthält, hat Arthur Koestler den Begriff „Holon" (nach dem griechischen Wort „holos" = ganz) geprägt und betont, daß jedes Holon zwei entgegengesetzte Tendenzen verfolgt: Einmal fungiert es als integrierter Teil des übergeordneten Ganzen, und zum andern handelt es autonom gegenüber seiner Umwelt, aber nicht völlig unabhängig von dieser. Sämtliche Elemente, Strukturen und Prozesse der Systeme stehen im Dienste dieser scheinbar gegenläufigen Tendenzen, die einander aber in Wirklichkeit bei der Aufrechterhaltung des dynamischen Gleichgewichts des Gesamtsystems ergänzen.

Lebewesen stehen zu ihrer Umwelt genau in der Beziehung Teil zum Ganzen. Jedes Lebewesen, sei es ein Bakterium oder ein Mensch, wirkt auf seine Umwelt ein und versucht, sie nach seinen Bedürfnissen zu gestalten, ist aber zugleich auch abhängig von ihr und muß sich ihren Bedingungen oder Spielregeln unterwerfen. Auch Organisationen sind zugleich Ganzes und Teil, System und Subsystem, Umwelt und Bestandteil einer Umwelt. Auch innerhalb von Organisationen besteht eine ganze Hierarchie von Umwelten. Die Organisation ist beispielsweise für die in ihr bestehenden Arbeitsgruppen und Abteilungen die Umwelt, diese sind wiederum für die in ihnen tätigen Mitarbeiter die Umwelt (oder jedenfalls ein Teil der Umwelt, da sie ja auch noch anderen Umwelten angehören). Zwischen jedem System und seiner Umwelt bestehen evolutionäre Beziehungen, die bewirken, daß sich beide nur in Wechselbeziehung zueinander weiterentwickeln können.

Organisationen sind in eine Umwelt integriert, die viel komplexer ist als sie selber. In Anlehnung an Weinhold-Stünzi unterscheiden wir fünf Umweltsphären oder Subsysteme der Umwelt, zwischen denen natürlich Wechselbeziehungen bestehen:

1. Natürlich-physikalische Umwelt (z. B. Bodenbeschaffenheit und Bodenschätze, Gewässer, Klima).
2. Wirtschaftlich-technische Umwelt (z. B. Güter- und Arbeitsmärkte, Energieversorgung, Infrastruktur, Geldordnung).
3. Soziale Umwelt (z. B. Bevölkerung, Sozialstruktur, Ehe und Familie, Für- und Vorsorgeeinrichtungen).
4. Politische Umwelt (z. B. Rechtsordnung und -sicherheit, Parteien, Presse, staatliche Aufsichts- und Genehmigungsbürokratie, Steuersystem und -belastung).
5. Ethisch-kulturelle Umwelt (z. B. Religion, Moral, Wissenschaft, Kunst).

Die Beziehungen zwischen einer Organisation und ihrer Umwelt bestehen aus einer großen Zahl von realen oder geistigen Einzelbeziehungen ihrer Subsysteme und Elemente zu Subsystemen und Elementen der Umwelt. Abbildung 5 gibt davon einen Eindruck. Auf die in der Abbildung eingezeichneten Führungsfunktionen wird später eingegangen.

Wie effektiv eine Organisation bei der Verfolgung ihrer Ziele ist, hängt davon ab, wie gut es ihr gelingt, diese Beziehungen zugleich entsprechend ihren eigenen Bedürfnissen und den Bedürfnissen ihrer Umwelt zu gestalten, beziehungsweise eine Synthese zwischen ihren Strebungen und den Anforderungen der Umwelt zu finden.

Die organisatorische Führung schafft, unterhält und verändert sowohl die internen Austauschbeziehungen zwischen den organisatorischen Elementen und Subsystemen wie auch Austauschbeziehungen mit der Umwelt beziehungsweise deren Subsystemen, indem sie ihre Führungsfunktionen wahrnimmt. Maßgeblich für die Richtung, in der geführt wird, sind die Ziele, die sich Organisationen setzen. Die Zielfindung wird stark von den Zielen der an der Organisation beteiligten Menschen beeinflußt, unterliegt aber auch den Einschränkungen, die sich aus den Beziehungen der Organisation zu ihrer Umwelt ergeben. Menschen können in und durch Organisationen langfristig nur solche Ziele verfolgen, die einer evolutionären Balance der Organisations-Umwelt-Beziehungen nicht abträglich sind.

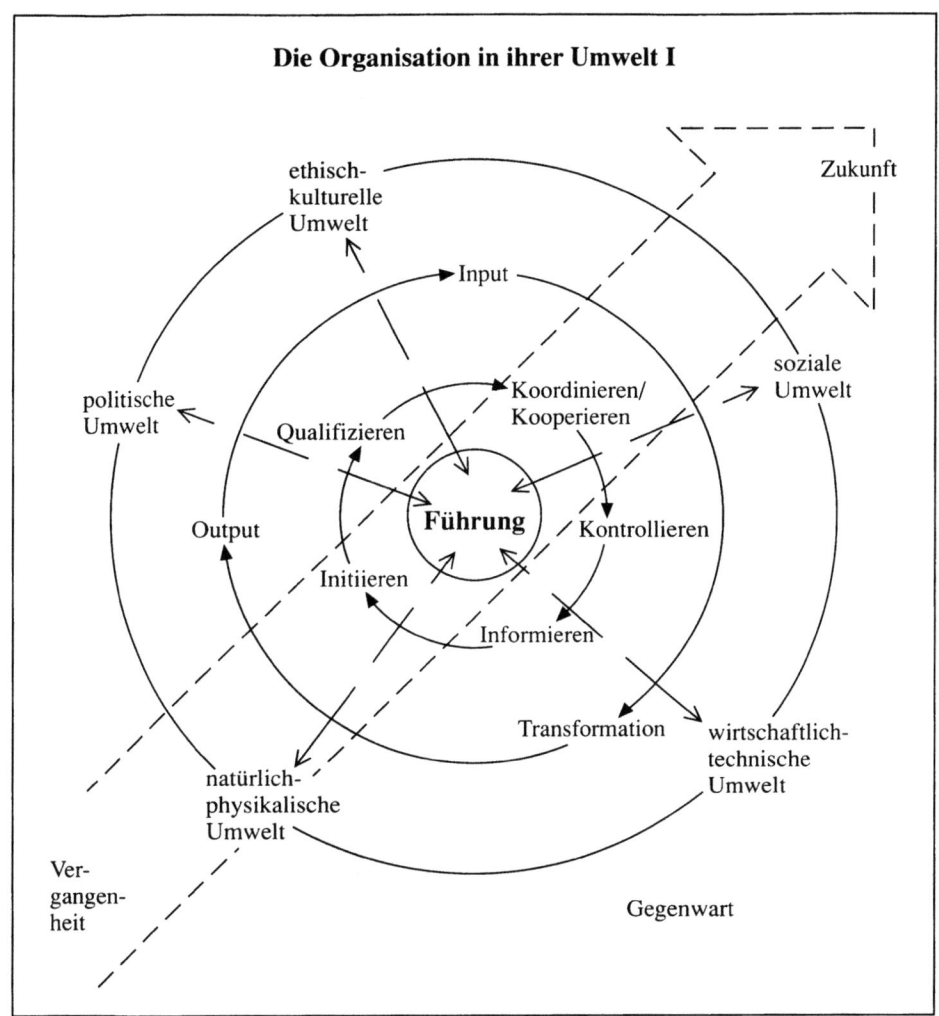

Abb. 5

- Koevolution, nicht Anpassung

Obwohl die Umwelt den Verhaltensspielraum von Organisationen eingrenzt, passen sich diese aber keinesfalls einfach nur an ihre Umwelt an. „Bestünde der Sinn der Evolution, wie man so oft hört, nur in Anpassung und Erhöhung der Überlebensfähigkeit," sagt Erich Jantsch in seinem lesenswerten Buch „Die Selbstorganisation des Universums", „so hätte sie (die Evolution) sich die Entwicklung komplexer Lebensformen sparen können." Denn die einfachsten Lebewesen sind die an die Umwelt am besten angepaßten. Das Ergebnis der Evolution ist aber eine ständige Zunahme der Differenzierung der Lebewesen und ihre wachsende Autonomie gegenüber ihrer Umwelt. Anpassung findet nur als Vehikel dieses Prozesses statt, so wie jemand sich beispielsweise an die Regeln eines Spiels hält, obwohl es ihm einzig und allein ums Gewinnen geht. Wenn im Zusammenhang mit der Evolution von Anpassung die Rede ist, kann damit nur die Fähigkeit der Systeme gemeint sein, unter den jeweiligen (auch wechselnden) Umweltgegebenheiten eine optimale Strategie des Überlebens und Wachsens zu praktizieren.

Die jeweils übergeordneten (man könnte auch sagen: mächtigeren, weil umfassenderen) Systeme bestimmen die Spielregeln beziehungsweise die Rahmenbedingungen, innerhalb derer sich die jeweils untergeordneten (man könnte auch sagen: schwächeren, weil weniger umfassenden) Systeme autonom entfalten können. So gibt z. B. das vorhandene Nahrungsangebot einen (möglicherweise im Zeitablauf wechselnden) Rahmen für die mögliche Population einer Art vor. Aus dem Tierreich sind die unterschiedlichsten „Verfahren" bekannt, mit denen die Population innerhalb dieses Rahmens gehalten wird, so daß sowohl die Tiere (die Art, nicht unbedingt das Individuum!) als auch ihre Umwelt überleben können.

Analog regulieren auf sozio-kultureller Ebene z. B. die Gesellschaftsverfassung und die Wirtschaftsordnung die Entwicklungsmöglichkeiten von Bürgern und Wirtschaftsunternehmen. Obwohl das mächtigere gegenüber dem schwächeren System mehr autonome Entfaltungsmöglichkeiten hat und weniger unter dem Druck steht, lernen zu müssen, um zu überleben und zu wachsen, ist es von dem schwächeren System nicht völlig unabhängig. Wie die Beispiele der Umweltzerstörung durch den Menschen, des wirtschaftlichen Strukturwandels und der politischen Umwälzungen in den ehemals kommunistischen Staaten zeigen, kann das Verhalten untergeordneter Systeme in dem übergeordneten System derartige Fluktuationen hervorrufen, die dieses nicht mehr unter Beibehaltung seiner Struktur bewältigen (d.h. abfangen, ausregeln, unterdrücken o. ä.) kann, so daß es sich insgesamt wandeln muß. Außerdem unterliegen die übergeordneten Systeme ihrerseits den Bedingungen und Spielregeln übergeordneter Systeme und werden dadurch in ihrem Verhalten begrenzt.

- Kooperation

Kooperation zwischen einzelnen (Sub-)Systemen erhöht die Überlebens- und Wachstumsmöglichkeiten des Gesamtsystems und erhält damit zugleich die (Über-)Lebensbedingungen der Subsysteme. Die Beobachtung der Natur offenbart eine alles durchdringende Tendenz, kooperative Beziehungen zwischen Organismen herzustellen und zu unterhalten, so daß trotz unaufhörlicher Entwicklung des Naturganzen und fortgesetzten Wandels in allen seinen Teilen ein Fließgleichgewicht zwischen ihnen erhalten bleibt. Kooperative dynamische Beziehungen zwischen Organismen und ihrer Umwelt bestehen z. B. darin, daß erstere einerseits die „Dienste" letzterer in Anspruch nehmen, ihr beispielsweise Lebensenergie in Form ganz bestimmter Substanzen abfordern oder ihren Schutz in Anspruch nehmen, ihr andererseits aber auch „Dienste" leisten, indem sie zum Beispiel Energie in eine Form umwandeln, die von der Umwelt (anderen Organismen) benötigt wird. Die Teile (Subsysteme) sind einander nützlich und verbessern dadurch die Überlebensfähigkeit des Gesamtsystems. Solche Nützlichkeitsbeziehungen finden wir auf allen Ebenen biologischer und sozialer Systeme.

Was der einzelne nicht vermag, gelingt, wie wir wissen, oft den vereinten Bemühungen mehrerer. Durch wechselseitige Ergänzung ihrer Eigenschaften, Kräfte, Fertigkeiten und Kenntnisse können mehrere Menschen die für den einzelnen unüberwindlichen Widerstände oder Schranken der Umwelt überwinden. Voraussetzung gemeinschaftlichen Erfolgs sind ein gemeinsames Ziel und die Koordination der individuellen Tätigkeiten auf dieses Ziel hin. Die Menge der Individuen verschmilzt durch die zielgerichtete Koordination ihrer Anstrengungen zu einer neuen Entität, einer Organisation. Die Organisation ist mehr als die Summe ihrer Mitglieder oder Bestandteile. Durch die Zusammenfassung und Integration in ein Ganzes addieren sich nämlich nicht einfach ihre Fähigkeiten, sondern sie bilden eine völlig neue Qualität. Ein Orchester ist beispielsweise etwas vollkommen anderes als die Addition einzelner Musiker, die Leistungsfähigkeit eines Unternehmens ergibt sich nicht aus der bloßen Addition der Fähigkeiten seiner Mitarbeiter, und Führung gibt es nicht an sich, sie entsteht erst im Wechselspiel von Führern und Geführten. Menschen erhalten ihre soziale (im Gegensatz zu ihrer individuellen) Bedeutung erst als Teil einer Gemeinschaft, einer Organisation.

Außer dem primären Vorteil der Kooperation in Gestalt der Integration der Eigenschaften und Fähigkeiten der Teilnehmer zu einem über die Summe der Einzelfähigkeiten hinaus leistungsfähigen Ganzen entsteht noch ein sekundärer Vorteil, der für das Wachstum und die Entwicklung von Organisationen von erheblicher Bedeutung ist. Kooperation ermöglicht nämlich Arbeitsteilung und Spezialisierung der einzelnen Kooperationsteilnehmer. Dadurch steigt die Arbeitsproduktivität. Zeit wird frei, die für andere Beschäftigungen als beispielsweise für die Sicherung der Nahrungsversorgung genutzt werden kann. Die Gesellschaft kann sich allmählich von der Überlebensgemeinschaft zur Lebens- beziehungsweise Kulturgemeinschaft entwickeln. „Kultur ist Zusammenarbeit", sagt Henry George.

- Integration

Damit die Organisation als Ganzes handlungsfähig ist, muß der einzelne Mensch einen Teil seiner individuellen Handlungsfreiheit aufgeben. Er gewinnt dafür aber andere Freiheiten, weil die Organisation im Vergleich zu ihm als Einzelwesen leistungsfähiger ist. So gibt ihm die Organisation beispielsweise Vorteile im (Über-)Lebenskampf, indem sie ihn als Teil des Ganzen stärker macht, seine Fähigkeiten erweitert, seine materielle Versorgung verbessert, seinen sozialen Rang erhöht, oder ihm durch Arbeitsteilung Freizeit für seine Lieblingsbeschäftigungen verschafft. Über das richtige, angemessene, tolerierbare oder sonstwie qualifizierte Ausmaß der individuellen Einschränkung zugunsten der organisatorischen Leistungsfähigkeit wurde gestritten, seit es Kooperation gibt. Die Spannung zwischen den Anforderungen (Spielregeln) des übergeordneten Systems und den Bestrebungen (individuellen Handlungsstrategien) des untergeordneten Systems ist prinzipiell unaufhebbar. Sie kann geradezu als der Motor der Evolution angesehen werden. Jeder Organisation ist damit ein dauerhaftes mehrdimensionales Optimierungsproblem aufgegeben, das sie entsprechend dem Wandel ihrer inneren und äußeren Welt immer wieder neu lösen muß.

Die Abbildung 6 zeigt die Kooperationsbeziehungen am sehr vereinfachten Beispiel der Volkswirtschaft eines Landes und eines Unternehmens. Die Volkswirtschaft ermöglicht dem Unternehmen die Existenz, stellt aber auch Anforderungen und legt Beschränkungen auf. Das Unternehmen befriedigt seine Bedürfnisse in der Volkswirtschaft und stellt ihr dafür Leistungen zur Verfügung. In Wirklichkeit enthält das Gesamtsystem „Volkswirtschaft" natürlich viel mehr Subsysteme (nicht nur Unternehmen) und ist seinerseits wieder Subsystem mehrerer umfassenderer Gesamtsysteme, z. B. der Systeme „Politik", „Weltwirtschaft", „Natur". In jedem der beiden Systeme laufen außer den die gegenseitigen Beziehungen betreffenden Prozesse noch unzählige andere interne und externe Prozesse ab, z. B. zwischen den Mitarbeitern oder Abteilungen des Unternehmens, zu und zwischen Wirtschaftsverbänden, Gewerkschaften, Behörden oder zu ausländischen Organisationen.

Die Erfahrung, daß der einzelne durch Einpassung in ein gemeinschaftliches Funktionsgefüge unter Aufgabe eines Teils seiner Freiheit zusätzliche – auch individuelle – Lebens- und Entwicklungschancen gewinnen kann, dürfte für die soziale Entwicklung der Menschheit von größter Bedeutung gewesen sein. Sie hat sicherlich entscheidend dazu beigetragen, daß im Verlaufe der menschlichen Entwicklungsgeschichte Kooperation ständig zugenommen hat und sowohl die Zahl wie auch die Größe und die Komplexität der dazu geschaffenen Organisationen stetig gewachsen ist. Heute durchdringt ein kompliziertes Geflecht von Organisationen unser ganzes Dasein: Öffentliche Körperschaften aller Art, Regierung, Behörden, Verbände und Vereine verschiedenster Arten und Zwecke, Polizei und Feuerwehr, Krankenhäuser, Rettungswesen und Katastrophenschutz, Wirtschaftsunternehmen, private Gruppen zur Förderung der Freizeit, der Kunst und der Wissenschaften, Initiativen und Selbsthilfeeinrichtungen, um nur einige Beispiele zu geben. Ohne Organisationen in allen Bereichen und auf allen Ebenen des menschlichen Lebens wäre unsere gegenwärtige Zivilisation gar nicht denkbar.

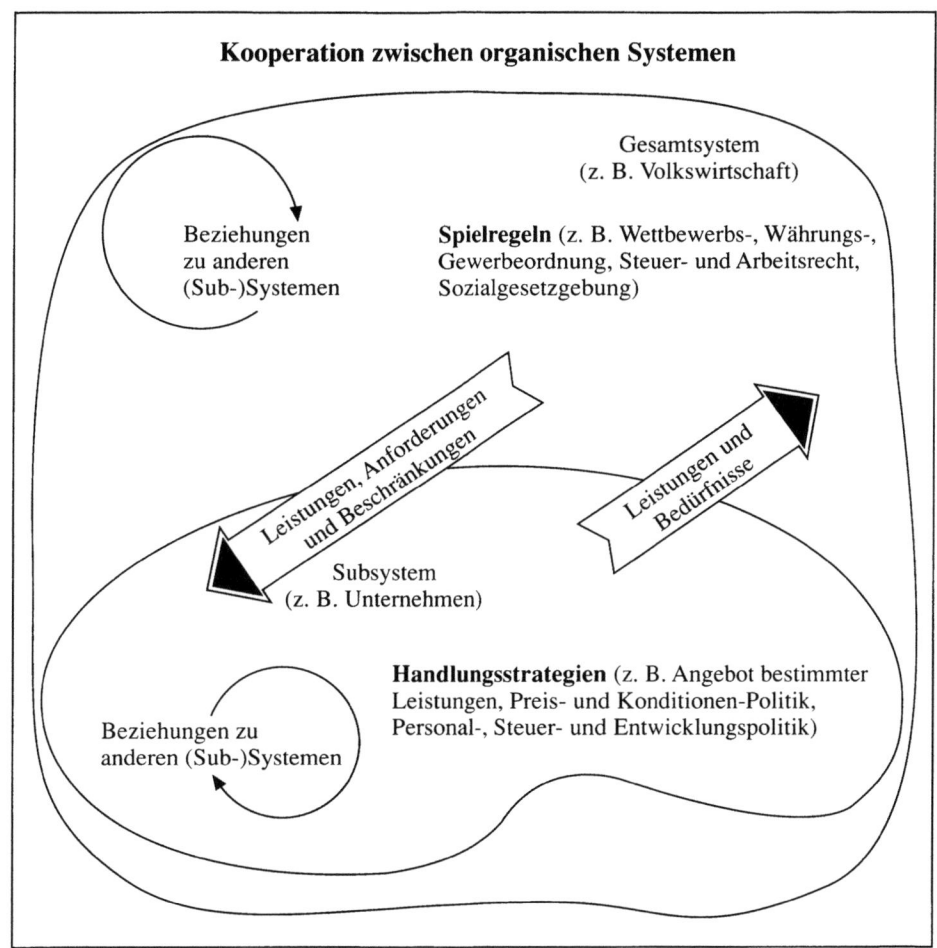

Abb. 6

Kooperation besteht selbst dort, wo augenscheinlich Wettbewerb herrscht. Das ist nur eine Frage der Betrachtungsebene. Wettbewerb zwischen Subsystemen eines Gesamtsystems um begrenzte Ressourcen ist nämlich vom übergeordneten Standpunkt des Ganzen aus betrachtet nichts anderes als ein Auswahlverfahren, mit dem das Gesamtsystem die optimale Nutzung der Ressourcen der Subsysteme herausfinden kann. Im Verhältnis zueinander konkurrieren die Subsysteme zwar um die begrenzten Ressourcen, kooperieren aber in ihrem Verhältnis zum Gesamtsystem. In der Zulassung, ja Förderung kompetitiver Kooperation ihrer Subsysteme liegt eine Stärke hochdifferenzierter, dezentralisierter pluralistischer Systeme, wie sie die westlichen Wirtschafts- und Gesellschaftssysteme darstellen. Infolge der hohen Motivation, die sich aus der Freiheit zur Selbstentfaltung ergibt, und aufgrund der großen Handlungsspielräume ihrer Subsysteme können sie nämlich schneller und wirksamer „Antworten" auf die Herausforderungen finden, die ihnen die Umwelt stellt, als es wenig differenzierten, zentralistischen und singularistischen Systemen möglich wäre. Obwohl innerhalb des Systems wegen der autonomen Aktivitäten der Subsysteme ständig Bewegung herrscht und die Rivalität der Subsysteme zusätzliche Fluktuationen erzeugt, ist das Gesamtsystem gegenüber seiner Umwelt verhältnismäßig stabil.

- Führung – Agens und Teil der Kooperation

Führung und Organisation können ebenfalls als kooperative Systeme betrachtet werden, wobei die Führung ein Subsystem der Organisation ist. Das Führungssystem ist integrierter Teil jeder Organisation und wird von ihr materiell, sozial und kommunikativ „getragen". Die Mitglieder des Führungssystems – Führungskräfte – genießen den größten Einfluß auf die Organisation und ihre Umweltbeziehungen. Für die Organisation leistet die Führung die Aufgabe, ihr möglichst dauerhafte und das Gedeihen der Organisation fördernde Austauschprozesse mit der gemeinsamen Umwelt zu ermöglichen und dadurch Überleben und Wachstum des Gesamtsystems sicherzustellen. Nur wenn sie diese Aufgabe erfolgreich löst, kann sie langfristig in der Organisation bestehen, zumindest in der alten Form und personellen Besetzung, wie die Erfahrung zeigt. Anders ausgedrückt besteht die Aufgabe der Führung in Organisationen in der Anregung und Aufrechterhaltung eines evolutionären Prozesses zwischen der Organisation und ihrer Umwelt, wobei die Organisation – möglichst auch unter ungünstigen Umweltbedingungen – eine zielgerichtete positive Entwicklung nehmen soll. Selbstverständlich – aber das soll hier zur Unterstreichung trotzdem betont werden – kann dieser Prozeß auf Dauer nur erfolgreich sein, wenn dabei neben den Bedürfnissen der Organisation auch die ihrer Umwelt befriedigt werden.

Auch das Verhältnis von Führungskräften und Führungssystem einer Organisation ist ebenso wie das aller anderen Mitarbeiter zur Organisation beziehungsweise ihren Subsystemen ein kooperativer dynamischer Austauschprozeß. Mitarbeiter setzen ihre Kenntnisse und Fertigkeiten zum Nutzen der Organisation ein, um im Gegenzug ihre Bedürfnisse zu befriedigen. Das Führungssystem stellt z. B. den Führungskräften die materiellen, geistigen und sozialen Ressourcen zur Verfügung, die sie für individuelles Überleben und Wachstum benötigen. Als Gegenleistung sorgen sie dafür, daß das Führungssystem seiner Aufgabe als Katalysator optimaler Austauschprozesse der Organisation mit ihrer Umwelt gerecht wird. Auch hier also ein Geben und Nehmen, das die Überlebens- und Entwicklungsmöglichkeiten sowohl der einzelnen Subsysteme wie auch des Gesamtsystems vergrößert.

Solche Austauschprozesse zwischen Systemen beziehungsweise Subsystemen nennen wir koevolutionär, weil sie sich unter ständiger Weiterentwicklung des Gesamtsystems und damit zwangsläufig auch unter fortgesetztem Wandel der Subsysteme und ihrer Beziehungen zueinander vollziehen. Wirtschaftliche Entwicklung eines Landes ist z. B. so ein koevolutionärer Prozeß, der in und zwischen den Subsystemen des Wirtschaftssystems (Wirtschaftspolitik, Währung, Außenhandelsgesetze, Gewerbeordnung, Arbeitsrecht, Unternehmen, Wirtschaftsverbände, um nur einige der zahlreichen Subsysteme herauszugreifen) sowie anderen das Wirtschaftsgeschehen beeinflussenden Systemen der Gesellschaft abläuft. Jedes Teilsystem hat dabei gegenüber dem Gesamtsystem eine gewisse Autonomie, kann sich also gemäß seinen eigenen Bedürfnissen und Zielen verändern und entwickeln und gibt dadurch unter Umständen dem Gesamtsystem Impulse und regt es zu Veränderungen an. Andererseits setzt das Gesamtsystem dem Verhalten der Subsysteme gemäß seinen eigenen Bedürfnissen Grenzen und schränkt dadurch ihre Entwicklungsmöglichkeiten ein. Sowohl Gesamt- wie auch Subsysteme können sich aber im Zeitablauf wandeln und tun dies meist auch. Anders formuliert gibt es zwischen Subsystemen und Gesamtsystem eine wechselseitige Beeinflussung dergestalt, daß das Gesamtsystem die – im Zeitablauf veränderlichen – Rahmenbedingungen und Spielregeln bestimmt, innerhalb derer sich die Subsysteme bewegen können. Das ebenfalls im Zeitablauf veränderliche Verhalten der Subsysteme wirkt auf die Rahmenbedingungen zurück, so daß Ganzes und Teil sich und ihre Beziehungen mit der Zeit gemeinsam weiterentwickeln.

Koevolution, die wechselbezügliche Entwicklung von Ganzem und Teil, ist eine symbiotische Beziehung zwischen Systemen. Wir können sie in der Natur überall beobachten, angefangen bei den Urformen des Lebens bis hin zum Menschen und seinen Kooperationssystemen. Im Hinblick auf die organisatorische Führung weist uns dieses allgemeine Prinzip des Lebens den Weg zu einem neuen Verständnis des Führungsgeschehens.

4.1.3 Die Organisation – ein koevolutionäres System

Die Natur ist experimentier- und innovationsfreudig. Die gigantische Entfaltung des Lebens auf unserem Planeten ist nur mit einer allen Organismen innewohnenden Tendenz zu erklären, Bestehendes zu transzendieren, auszugreifen, Herausforderungen zu suchen und Neues zu wagen. Der evolutionäre Prozeß läßt sich als permanentes Voranschreiten im Wechsel von Neuerung und Ausgestaltung verstehen: Bestehende Lebensbedingungen werden innovativ verwandelt, so daß neue Daseins- und Entwicklungsmöglichkeiten entstehen. Diese werden dann ausgeschöpft, worauf erneut eine innovative Erweiterung erfolgt usw. Das Leben schafft sich seine Bedingungen selbst. Nicht die Anpassung, sondern der Anstoß zum Wandel und die Nutzung der sich daraus ergebenden Chancen ist das beherrschende Gesetz der Evolution.

In Anlehnung an Ernst von Weizsäcker kann die Evolution auch als ein optimal abgestimmter gerichteter Prozeß der Umwandlung von Erstmaligkeit in Bestätigung aufgefaßt werden. Der innovative Aspekt der Evolution, das Ausgreifen nach erweiterten Lebensmöglichkeiten, kann als Suche nach Erstmaligkeit verstanden werden; die Nutzung der erweiterten Möglichkeiten, das sich Einspielen auf die neuen Bedingungen (man könnte auch von Gewöhnung sprechen) entspricht der Bestätigung. Erstmaligkeit überwindet bestehende Strukturen und bringt mit neuen Chancen auch Unordnung und Unsicherheit mit sich. Bestätigung schafft Ordnung und vermittelt Sicherheit.

Nur wenn Erstmaligkeit und Bestätigung ausbalanciert sind, kann der evolutionäre Prozeß ungestört verlaufen. Trotzdem versuchen immer wieder Menschen ebenso beharrlich wie erfolglos, Bestätigung auf Kosten von Erstmaligkeit zu fördern. Das nimmt manchmal Formen von Sucht und Besessenheit an. Da werden Überzeugungen mit den ausgeklügeltsten Tricks gegen den Ansturm neuer Erkenntnisse verteidigt, da wird die zerbröselnde Macht überlebter Weltbilder und am Leben gescheiterte Ideologien mit Feuer und Schwert erhalten. Versuche, den Wandel aufzuhalten und bestehende Strukturen zu konservieren, sind wahrscheinlich so alt wie die Evolutionsgeschichte. Im Einklang mit der Evolution zu leben bedeutet, sich mit ihr weiterzubewegen. Das sollten diejenigen bedenken, die z. B. am liebsten jeden Eingriff in die Natur verhindern würden (wenn sich schon nicht die Natur vergangener Epochen restaurieren läßt). Es sollte aber auch denjenigen zu denken geben, die Interessengruppen bilden, um Besitzstände aller Art zu verteidigen oder Veränderungen ihrer Lebensumwelt zu vermeiden, denjenigen, die mit einer wachsende Flut von Vorschriften die Entscheidungen und das Verhalten der Menschen – privat und beruflich – „kanalisieren" und kontrollieren möchten, und nicht zuletzt denjenigen, die glauben, wissenschaftliche wie technisch-ökonomische Entwicklungen aufhalten zu sollen.

Die Umwelt ist für Organisationen (wie für den Einzelmenschen) immer in einem gewissen Grade unbestimmt, ihr Verhalten unvorhersehbar. Sie müssen deshalb Strategien entwickeln, mit den Überraschungen der Umwelt fertigzuwerden. Das kann auf unterschiedlichste Weise geschehen: Sie können die Veränderungen der Umwelt einfach ignorieren. Das würde auf Dauer ihre Austauschbeziehungen und damit ihre Existenz gefährden. Sie können sich dagegen auch abschirmen, indem sie „Filter" oder „Sicherungen" einbauen (z. B. ihre Wahrnehmung einschränken, langfristige Verträge abschließen, staatliche Garantien und Subventionen in Anspruch nehmen, Zuzugsbeschränkungen für Ausländer erlassen, oder Währungsrisiken durch Termingeschäfte absichern); das kann zwar ein wenig helfen, birgt aber die Gefahr, den Anschluß an den Wandel der Umwelt zu verlieren und dadurch langfristig doch in Existenznöte zu geraten. Bleibt schließlich die Möglichkeit, die Unwägbarkeiten ihrer Umwelt offensiv durch Umgestaltung ihrer Austauschbeziehungen und entsprechenden inneren Wandel anzugehen (Unternehmen z. B. durch veränderte Produktpaletten, besseren Service, attraktivere Arbeits- und Führungsbedingungen für die Mitarbeiter). Einzig und allein die offensiven Strategien des eigenen Wandels im unaufhörlichen Wechselspiel mit dem Umweltwandel ermöglichen Wachstum und Entwicklung.

Die Einstellung komplexer natürlicher Systeme auf Umweltveränderungen erfolgt entsprechend der Funktionendifferenzierung der Subsysteme gemäß dem Prinzip der horizontalen und der vertikalen Subsidiarität. Sie erfolgt in Stufen, wobei von Stufe zu Stufe größere Anteile des Systems in die Veränderungen einbezogen werden. Das System ist so in der Lage, mit geringstmöglichem Energieaufwand auf die Herausforderungen seiner Umwelt zu reagieren. In der ersten Stufe versucht das von der Veränderung betroffene Subsystem die Störung unter Beibehaltung seiner Struktur zu bewältigen. Kommt beispielsweise der Kunde einer Organisation seinen Zahlungsverpflichtungen nicht fristgerecht nach, wird er von der Buchhaltung gemäß deren Arbeitsanweisungen gemahnt. Zahlt er dann, ist alles in Ordnung. Zahlt er nicht, müssen eventuell andere Subsysteme tätig werden (z. B. der den Kunden betreuende Außendienstmitarbeiter oder die Rechtsabteilung), d.h. größere Teile des Systems werden in die Problembewältigung mit einbezogen.

Kommen gleiche Probleme immer wieder vor, kann das Subsystem versuchen, sie durch Änderung seiner Struktur zu bewältigen. In unserem Beispiel könnte das bedeuten, die Zahlungsmodalitäten oder das Mahnverfahren anders zu gestalten. Hätte diese Maßnahme Erfolg, würden dennoch auftretende zukünftige Störungen wieder unter Beibehaltung der dann neuen Struktur bewältigt werden. Der erste Fall ist eine Problemlösung mittels homöostatischer Regelung, der zweite ist eine Lösung durch Strukturwandel. Zeitigt die Strukturänderung eines Subsystems auch noch keinen Erfolg bei der Problembewältigung, ist die nächsthöhere Funktionsebene am Zuge. Diese muß entweder wieder unter Beibehaltung ihrer Struktur (im obigen Fall z. B. mittels Veränderung der anzubietenden vertraglichen Zahlungsbedingungen) oder mittels Strukturwandels (z. B. durch Einschaltung einer Factoring-Bank) reagieren.

Menschen und soziale Systeme haben die Möglichkeit, die Wirklichkeit in Form eines gedanklichen Modells zu manipulieren. Das ermöglicht ihnen zwar nicht, in die Zukunft zu sehen, aber sie können immerhin ihre Erfahrungen in die Zukunft extrapolieren und sich vorstellen, wie die Zukunft sein könnte oder sollte. Auf der Grundlage eines solchen Zukunftsmodells können sie dann prophylaktisch handeln. Wenn eine Organisation von sich aus ihre Struktur oder ihre Austauschbeziehungen ändert, weil sie sich davon bessere Entwicklungschancen verspricht oder mit Umweltveränderungen bestimmter Art in Zukunft rechnet, sprechen wir von Innovation. Innovative Verhaltensweisen einer Organisation kommen in allen ihren Funktionseinheiten (Subsystemen) vor, wobei sie erforderlichenfalls nach dem Prinzip der Subsidiarität miteinander interagieren.

Die Organisationen sind als Gesamtsysteme auf die Dienste ihrer Mitarbeiter und ihrer technisch-organisatorischen Bestandteile als Subsysteme ebenso angewiesen, wie diese auf die Organisation als existenzermöglichende Umwelt angewiesen sind. Ein Unternehmen benötigt z. B. Sachbearbeiter für Ein- und Verkauf, um einerseits Vorleistungen einkaufen und andererseits seine Leistungen an die Kunden absetzen zu können, und es braucht ein Rechnungswesen, um die Zahlungsströme erfassen und die Kosten kontrollieren zu können. Das Unternehmen braucht aber auch die Kooperation zwischen Sachbearbeitern sowie zwischen Sachbearbeitern und technischen Einrichtungen, um leistungsfähig zu sein. Andererseits: Was wären Sachbearbeiter und Rechnungswesen ohne Betrieb? Was könnte der Sachbearbeiter im Verkauf ohne seinen Kollegen im Einkauf verkaufen? Was wäre der Einkauf ohne den Verkauf? Der Zwang zur Kooperation zwischen dem Gesamtsystem und seinen Subsystemen wie auch unter den Subsystemen ist offensichtlich, weil sie sich nur gemeinsam in ihrer Umwelt erhalten können.

Jedem (Sub-)System, das ja als Holon zugleich Ganzes und Teil ist, sind zugleich vertikale und horizontale Kooperationsaufgaben aufgegeben. In seiner Eigenschaft als Ganzes muß es für seine Teile (Subsysteme oder Elemente) erträgliche Existenzbedingungen gewährleisten. Der Sachbearbeiter muß beispielsweise um gesunde Arbeitsbedingungen und auskömmliches Einkommen besorgt sein, das Rechnungswesen als Abteilung muß z. B. Führungs- und Arbeitsbedingungen bieten, die die Mitarbeiter dauerhaft zur Arbeit motivieren. Gleichzeitig muß jedes Holon in seiner Eigenschaft als Teil einer größeren Einheit deren Bedürfnisse berücksichtigen. Die Leistungen der Sachbearbeiter und des Rechnungswesens müssen beispielsweise dem Unternehmen ermöglichen, in seiner Umwelt zu überleben und zu wachsen. Horizontal muß jedes (Sub-) System (z. B. Mitarbeiter, Abteilungen, Betriebe) entweder zwecks Erstellung einer gemeinsamen Leistung oder auch kompetitiv mit anderen kooperieren. Insgesamt ergibt sich ein riesiges Netz wechselseitiger Austauschbeziehungen, Einflüsse und Abhängigkeiten, das in Abbildung 7 sehr vereinfacht dargestellt ist.

Wenn hier auch nur der Wirklichkeitsausschnitt interessiert, der Menschen und ihre Organisationen enthält, so gehören doch sämtliche zwischen den Elementarteilchen und dem Universum denkbaren Holone, gleich welchen Namen sie tragen, ein und demselben großen Zusammenhang permanenter wechselseitiger Austauschbeziehungen an. In diesem Zusammenhang (man könnte auch Universalsystem sagen) gibt es – wie bereits gezeigt – für die einzelnen Holone ein gewisses Maß an Autonomie, aber keine Unabhängigkeit. Wir können uns frei entfalten, aber immer nur im Wechselspiel mit unserer Umwelt; wir können auf unsere Umwelt einwirken, müssen aber ständig auch mit deren Einwirkungen auf uns fertigwerden.

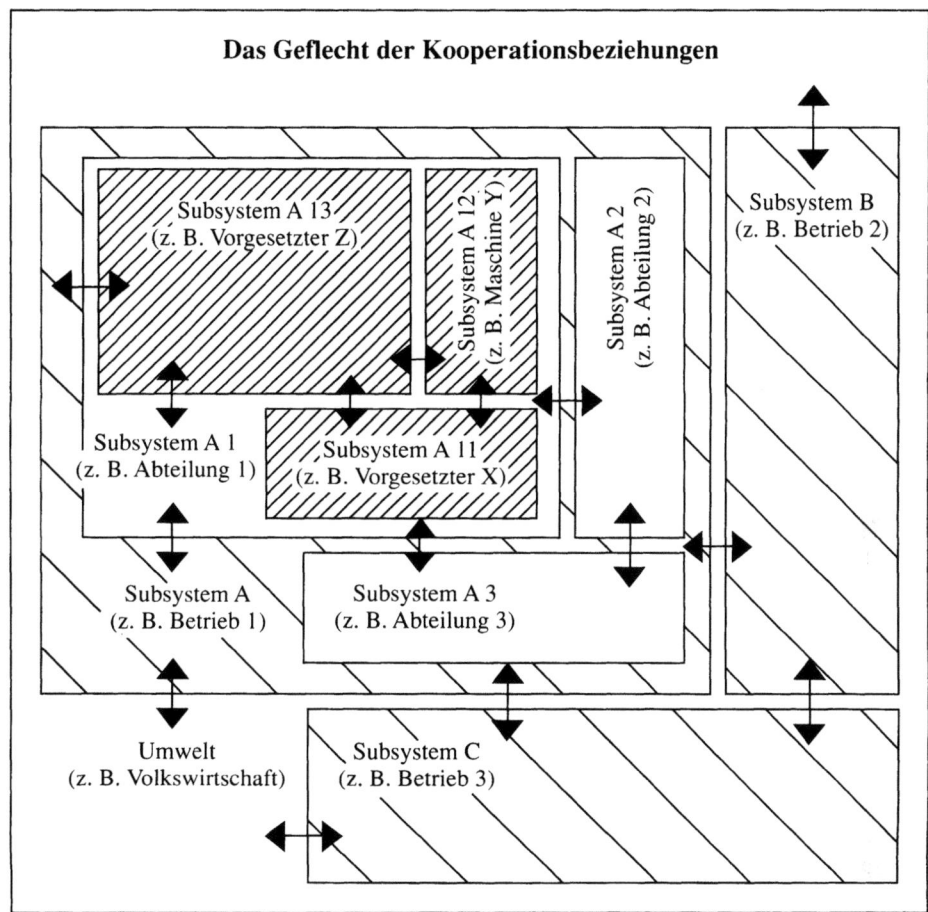

Abb. 7

Diese Feststellung erfahren wir am deutlichsten und intensivsten in der menschlichen Kleingruppe. Da sind wir von allem, was auf Grund unserer eigenen Initiative oder infolge der Initiative anderer Beteiligter geschieht, unmittelbar betroffen und müssen „Antworten" auf diese Betroffenheit finden. Über weitere Entfernungen fällt es uns schon schwerer, unser unentrinnbares Eingebundensein in materielle und geistige Zusammenhänge zu erkennen. Das beginnt schon beim Arbeiter, der den Nutzen seiner Tätigkeit für den Betrieb nicht sieht und deshalb nur im „Schongang" arbeitet, setzt sich fort über den Bürger, der einerseits unbeschränkt Auto fahren, andererseits vor seinem Haus aber keine Straße dulden will, und endet noch lange nicht beim Politiker, der sich und seine Parteigänger großzügig aus Steuergeldern bedient und sich dann darüber aufregt, daß die Bürger alle möglichen Tricks anwenden, um möglichst keine

Steuern zahlen zu müssen. Wir können solches Verhalten als Beleg für die begrenzte Fähigkeit des menschlichen Verstandes betrachten, die Zusammenhänge und Wechselwirkungen – sowie die Rückwirkungen auf ihn selbst! – seines Lebensraumes zu erfassen. Wir können daraus aber auch den Schluß ziehen, daß Nachdenken und Aufklärung über die wechselseitige Bedingtheit unseres Verhaltens dringend geboten wären.

Organisationen sind Subsysteme umfassenderer Systeme, wie z. B. Branchen, Volks- und Weltwirtschaft, sie sind aber gleichzeitig auch Subsysteme des Sozialsystems ihres Landes und Subsysteme der natürlichen Umwelt. Das große Universalsystem, das alles Seiende umfaßt und das wir Universum nennen, ist ein multidimensionales System, in dem die Subsysteme (und Subsubsysteme, Subsubsubsysteme usw.) nicht nur linear und distinkt, sondern auch zirkulär und überlappend miteinander in Beziehung stehen. So gehört auch die Organisation zugleich mehreren Systemen als Subsystem an, die zum Teil ihrerseits wiederum gemeinsame Subsysteme haben. Sie ist beispielsweise zugleich Subsystem des wirtschaftlich-technischen, des sozialen, des politischen und des ethisch-kulturellen Systems der Gesellschaft. Diese haben den Menschen als gemeinsames Subsystem und der ist wiederum Subsystem der Organisation. Da es sich beim Universum nicht um einen statischen Gegenstand, sondern um einen andauernden kontinuierlichen Prozeß, nämlich den Evolutionsprozeß, handelt, sind auch Organisationen wie alle anderen Subsysteme des Universalsystems Prozesse. Als solche sind sie den fortgesetzten materiellen und geistigen Einflüssen der mit ihnen mittelbar und unmittelbar in Beziehung stehenden anderen Systeme ausgesetzt und üben selbst auch Einfluß aus. In Abbildung 8 ist der Versuch gemacht, den Prozeßzusammenhang zwischen Mensch, Organisation und ihrer Umwelt darzustellen.

Im Spannungsfeld von Autonomie und Abhängigkeit entwickeln sich Menschen und Organisationen (wie alle organischen Systeme) in ständiger gegenseitiger – freiwilliger oder erzwungener – Abstimmung mit den ihnen verbundenen Systemen. Sie sind dabei zugleich Beeinflusser und Beeinflußte, Ursache und Wirkung, Mittel und Zweck, Ausgangspunkt und Ziel. Das koevolutive Zusammenspiel aller Teile des Universums treibt dieses zu immer größerer Ordnung und Differenziertheit und steigert seine Komplexität. Organisationen und die in ihnen tätigen Menschen sind integrierte Teile dieses koevolutiven Zusammenspiels. Sie müssen deshalb als koevolutionäre (Teil-)Prozesse begriffen werden. Daraus ergibt sich notwendig eine gegenüber der heute gängigen Sichtweise erheblich veränderte Perspektive der Führung. Das soll im folgenden eingehender untersucht werden.

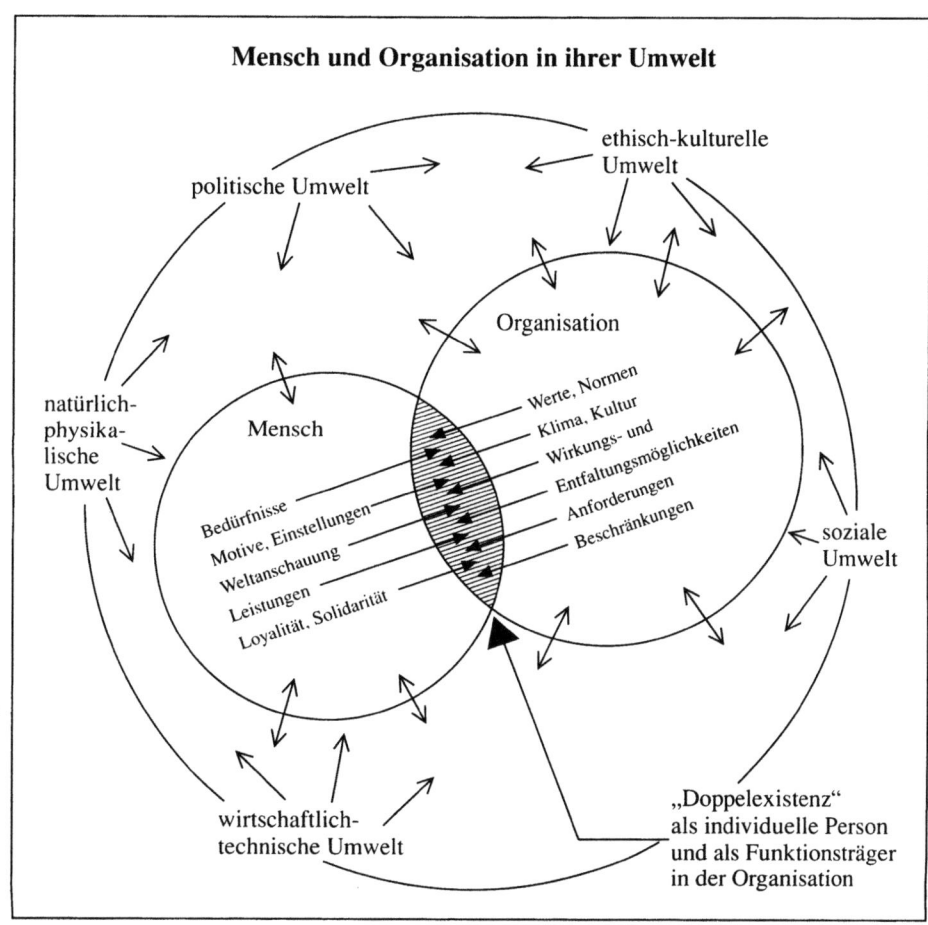

Abb. 8

4.1.4 Konsequenzen für die Führung von Organisationen

Für die Führung von Organisationen hat die organische, evolutionäre Betrachtungsweise erhebliche Konsequenzen, weil sie dazu zwingt, den Blick auf Zusammenhänge und Prozesse zu lenken statt auf Einzelerscheinungen und Zustände. Das soll jetzt anhand der vier wichtigsten Merkmale koevolutionärer Systeme, nämlich „relative Autonomie", „Offenheit", „Differenzierung" und „Selbstorganisation" dargestellt werden. Der wichtige Gesichtspunkt der Selbstreferenz und Autopoiese erscheint nicht als eignes Merkmal, weil er als eine Art Meta-Merkmal in den andern enthalten ist. In die Erörterung des Merkmals „Selbstorganisation" wird er aber einbezogen.

In den folgenden Kapiteln werden die Implikationen dieser Merkmale für den organisatorischen Führungsprozeß noch eingehender erörtert, und es wird gezeigt, mittels welcher Maßnahmen ihnen in der Führungspraxis Rechnung getragen werden kann. Abbildung 9 zeigt die vier Merkmale in ihrem Wirkungszusammenhang.

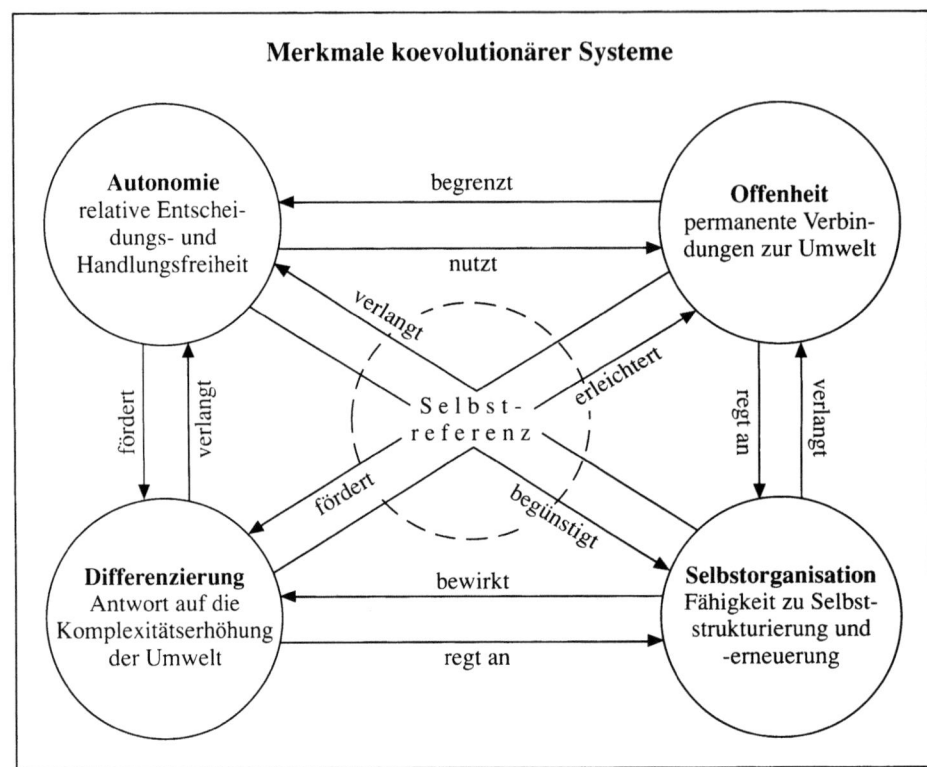

Abb. 9

- Relative Autonomie

Die Geschichte der Evolution ist eine Geschichte fortschreitender horizontaler (sachlicher) und vertikaler (hierarchischer) Differenzierung; die Natur ist im Laufe der Zeit immer vielfältiger geworden. Dabei sind alle Entwicklungsebenen, die in der Vergangenheit durchlaufen wurden, erhalten geblieben, so daß in den höchstentwickelten Organismen, wie z. B. dem Menschen, sämtliche evolutionären Ebenen vereinigt sind und zusammenwirken. Je größer die Zahl der evolutionären Stufen ist, die ein Organismus in sich vereinigt, desto komplexer ist er und desto autonomer kann er sich gegenüber seiner Umwelt verhalten. Die Geschichte des Menschen zeigt beeindruckend diese Zunahme an Autonomie infolge wachsender Komplexität, offenbart aber gleichzeitig auch die zunehmenden Probleme, die sich aus der Loslösung des Menschen von seiner Umwelt ergeben. Zwar kann der Mensch sich weitere Ziele setzen, als nur zu überleben, er ist aber auch genötigt, weiter zu denken, um sich vor möglichen unliebsamen Konsequenzen seiner Zielverfolgung zu schützen.

Organisches Leben vollzieht sich im Spannungsfeld – um mit Arthur Koestler zu sprechen – von selbstbehauptenden (man könnte hinzufügen: selbstexpansiven, egozentrischen, eigennützigen) und integrativen (man könnte hinzufügen: identifikativen, altruistischen und nutzenstiftenden) Tendenzen. Weil die Natur sich ständig weiterentwickelt, gibt es dabei keinen Ruhezustand, sondern die Organismen suchen sich in ihrer evolvierenden Umwelt zwischen den beiden Tendenzen ihre Lebensbahn und sind dadurch gezwungen, auch selbst zu evolvieren.

Die relative Autonomie des Menschen gegenüber seiner Umwelt zwingt ihm fortwährend die Wahl zwischen Selbstbehauptung und Integration auf, ohne daß er sich jemals eindeutig für das eine oder das andere entscheiden dürfte. Denn Leben ist beides zugleich: sich als Individuum in seiner Umwelt (z. B. in der Familie, im Beruf, gegenüber dem Staat) zu behaupten und sich als kooperatives Glied in menschliche Beziehungen, Gruppen und Organisationen einzuordnen. Die Holon-Eigenschaft des Menschen, wie Arthur Koestler formuliert, sein Dasein als Ganzes (relativ autonomes Subjekt) und gleichzeitig Teil (seiner Umwelt) spannt ihn unentrinnbar zwischen diese beiden Verhaltenstendenzen ein.

In der Natur ist das Spannungsverhältnis zwischen Selbstbehauptung und Integration allgegenwärtig. „Alles Leben ist Kampf des Individuellen mit dem Universum", hat der Dichter Hebbel einmal formuliert. Jeder Teil eines Ganzen, eines Tieres, einer Pflanze, muß seine Identität gegenüber dem Ganzen bewahren, weil sonst der Organismus seine Struktur verlieren und zerfallen würde. Jeder Teil muß aber auch seine Aufgabe für das Ganze erfüllen, da dieses sonst nicht überleben könnte und damit auch die Existenzgrundlage des Teils verloren wäre.

Für den Menschen ist der Umgang mit seiner Autonomie zu einer Gratwanderung geworden, weil ihm die instinktiven Bindungen an die Regelungsvorgänge der Natur weitgehend verlorengegangen sind. Im Trotzalter wird er sich erstmals bewußt, daß er zu den Forderungen seiner Umwelt „nein" sagen kann und daß ihm das zusätzliche Entfaltungsmöglichkeiten bringt. Seine ersten Erfahrungen damit prägen seinen späteren Umgang mit seiner Autonomie. Je nachdem, wie die Umwelt auf seine erwachende Selbstbehauptung reagiert, wird er besser oder schlechter lernen, die Balance zwischen seinen individuellen Strebungen und der Erfüllung der Umwelt-Anforderungen zu halten. Als Preis dafür, daß der Mensch von den „Automatismen" der natürlichen Evolution freigekommen ist, muß er jetzt seinen Kopf gebrauchen, um in seiner Umwelt zu überleben und sich weiterzuentwickeln. Mit der Entstehung des selbstreflexiven Bewußtseins ist das Balancieren zwischen den beiden Polen der Autonomie für den Menschen in erster Linie zu einer Aufgabe seines Verstandes geworden.

Fehler und Irrtümer sind dabei unvermeidlich. Die Betrachtung der Menschheitsgeschichte offenbart ein unablässiges Pendeln der Individuen und Gruppen zwischen den Extremen. Überbetonung der selbstbehauptenden, egoistischen und selbstexpansiven Tendenzen beschwört die Gefahr herauf, das übergeordnete System und damit auch die eigenen Existenzbedingungen zu schädigen. Wer z. B. seine persönliche Lebensqualität dadurch zu erhöhen trachtet, daß er den Bau neuer Straßen und Eisenbahnstrecken blockiert, nimmt in Kauf, daß sein und seiner Mitmenschen künftiger Wohlstand durch mangelhafte Infrastruktur gefährdet wird. Wer aus der einseitigen Perspektive wirtschaftlicher Interessen zuviel Straßen und Eisenbahnen baut, läuft Gefahr, sich seine natürliche Umwelt zu zerstören. Gesundes und glückliches Leben kann sich nur in der Balance zwischen beiden Strebungen erhalten und entfalten.

Subventionen, die Politiker an Industrieunternehmen zahlen, um ihre Wahl-Konkurrenz im regionalen Wettbewerb zu übertrumpfen, senken die wirtschaftliche Effizienz des ganzen Landes. Aber Anpassungs-Subventionen können in Einzelfällen sinnvoll sein, um unverschuldete Probleme von Unternehmen und Branchen lösen zu helfen. Und die Parkinsonsche Aufblähung einzelner Subsysteme in Organisationen, z. B. wuchernde Bürokratien im Staat oder in Großunternehmen, die sich ohne Rücksicht auf die Bedürfnisse der Gesamtorganisation breitmachen und sich womöglich Privilegien verschaffen, verursachen unnötige Kosten, machen das Gesamtsystem schwerfällig und gefährden seine wirtschaftliche Leistungskraft.

Die Überbetonung der Selbstbehauptung ist ein Problem unserer Zeit: Autofahren ja, aber bitte nur dort, wo die anderen wohnen; Abrüstung ja, aber auf die Einnahmen aus der Rüstung wollen wir natürlich nicht verzichten; soziale Sicherheit von der Wiege bis zur Bahre, aber bezahlen sollen die anderen – einzelne und Gruppen fordern für sich und wollen ihren Mitmenschen ungeniert die Lasten dafür aufbürden. Übertriebener Egoismus der Subsysteme gefährdet also das Überleben des Gesamtsystems und mindert dessen Wachstums- und Entwicklungschancen, verschlechtert aber dadurch auch die Lebensbedingungen der Subsysteme. Die Folgen exzessiver Selbstbehauptung oder Selbstexpansion haben also schließlich auch diejenigen zu tragen, die die zu erwartenden Rückwirkungen zunächst ignoriert oder sich durch betont selbstbezogenes Verhalten einen temporären Vorteil verschafft hatten.

Die integrativen Tendenzen von Menschen und Organisationen bedürfen genauso der sorgfältigen Dosierung. Denn – wie Arthur Koestler auch zeigt – noch schlimmere Übel als der Individual- und Gruppenegoismus kann die Übertreibung der integrativen Tendenzen von Subsystemen zeitigen. Alles in den Dienst der Umwelt (des umfassenderen, übergeordneten Systems) zu stellen, bedeutet Selbstentäußerung, heißt Aufgabe aller individuellen Bedürfnisse, Werte und Normen, verursacht den Verlust von Identität und Kritikfähigkeit, und bewirkt völliges Aufgehen im übergeordneten System. Beispiele dafür sind Ja-Sager, geflissentliche „Diener ihrer Herren", Menschen und Organisationen, die bedingungslos dem Zeitgeist oder irgendwelchen Modetrends folgen, oder Monomanen, deren Weltbild ausschließlich von einer Idee beherrscht wird, so daß sie völlig blind für die Vieldimensionalität des Lebens werden. Das übergeordnete System hat von soviel Integrationsbereitschaft seiner Subsysteme aber nur Schaden, weil sie seine Struktur auflöst und damit die Grundlagen seiner Austauschbeziehungen mit der Umwelt zerstört.

Führen im Spannungsfeld von Selbstbehauptung und Integration

Organisationen müssen auf mehrfache Weise mit der Spannung zwischen selbstbehauptenden und integrativen Tendenzen fertigwerden, nämlich

1. hinsichtlich ihrer Beziehungen zu ihren Mitgliedern (Mitarbeiter einschließlich Führungskräften),

2. hinsichtlich der Beziehungen ihrer Mitglieder und Subsysteme (Organisationseinheiten) untereineinander, und

3. bezüglich ihrer Beziehungen zur Umwelt.

Eine der wichtigsten Führungsaufgaben ist es, die Kräfte, die hinter den beiden widersprüchlichen, aber doch zusammengehörenden Verhaltenstendenzen stehen, der Organisation dienstbar zu machen und dabei extreme Ausschläge der beiden Tendenzen so gut wie möglich zu vermeiden.

Die selbstbehauptende Verhaltenstendenz läßt die Mitglieder in der Organisation nach der Befriedigung individueller Bedürfnisse streben. Sicherung des Lebensunterhalts, Ansehen, Macht, personales Wachstum, Selbstverwirklichung – die Liste der Hoffnungen, Wünsche und Forderungen, die die Mitglieder an die Organisation herantragen und deren Verwirklichung sie bei ihrer Tätigkeit für die Organisation betreiben, ist lang. Für die Führung ist wichtig, zu erkennen, daß die Bedeutung intrinsischer personaler Motive der Selbstverwirklichung gegenüber den extrinsischen, materiellen Motiven zugenommen hat und weiter in den Vordergrund tritt (wodurch letztere aber natürlich nicht verschwinden). Es erscheint deshalb angebracht, nicht wie bisher allein auf sich abnutzende Anreize in Form von Geld, Statussymbolen oder anderen materiellen Belohnungen für die Mitarbeiter zu setzen und dadurch kräftig an einer endlosen Schraube zu drehen, sondern durch eine entsprechende Veränderung der Führungs- und Arbeitsbedingungen die Arbeit selbst belohnender zu gestalten und den Mitarbeitern dadurch die Befriedigung von Selbstverwirklichungsbedürfnissen zu ermöglichen.

Die Überbetonung der selbstbehauptenden Lebenstendenzen findet ihren Ausdruck in Dominanz beziehungsweise Anpassung. Dabei übertreiben wir unsere Sehnsucht nach Bestätigung und versuchen deshalb unsere Umwelt (Menschen und Sachen) zu beherrschen und zu kontrollieren. Das manifestiert sich in individueller und organisatorischer Gängelung und Bevormundung anderer, z. B. durch autoritäre Führung, Überbürokratisierung, staatlichen Dirigismus und Überfürsorge, tritt aber ebenso in Verkleidung engstirnigen Ressort- und Gruppenegoismus sowie als Lobbywirtschaft und institutioneller Nepotismus auf. Auch der Versuch, andere durch gewollte eigene Hilflosigkeit oder indem wir ihnen ein schlechtes Gewissen machen, in Abhängigkeit von uns zu zwingen (passive Dominanz) ist eine Ausdrucksform exzessiver Selbstbehauptung. Und schließlich gehören auch Konformismus, Festhalten an überlebten Traditionen und Besitzständen sowie Opportunismus dazu. Der Preis dafür sind verschenkte menschliche Potentiale, ungenutzte (oder auch verschwendete) wirtschaftliche Ressourcen sowie Demotivation und Enttüchtigung eines großen Teils der Mitmenschen.

Hinter der Selbstbehauptungstendenz stehen starke archaische Triebe und Instinkte, wie beispielsweise Neugier und Aggression, die wir als gegeben hinnehmen müssen. Darauf wird in einem der folgenden Abschnitte noch genauer eingegangen. Die Führung hat die Wahl, die damit verbundenen Aktionspotentiale zu ignorieren oder sie für den organisatorischen Leistungsprozeß zu nutzen. Im ersten Fall ist damit zu rechnen, daß sie sich unkontrolliert äußern (z. B. in Form von leistungshemmenden Einzel- und Gruppenegoismen, von Rivalitäts- und Machtkämpfen), im zweiten Fall besteht die Möglichkeit, den menschlichen Drang nach Individualität und Selbstexpansion als anregende und leistungssteigernde Elemente in den organisatorischen Prozeß zu integrieren. Das setzt allerdings voraus, daß Führungskräfte lernen, sowohl mit ihren eigenen Triebpotentialen wie auch mit denen ihrer Mitarbeiter richtig umzugehen.

Die der Selbstbehauptungstendenz entgegenstehende Integrationstendenz ihrer Mitglieder kann der Organisation grundsätzlich nur willkommen sein. Zwei mögliche Schwierigkeiten sollten jedoch gesehen werden:

Die Überbetonung des Integrationsstrebens führt zu kritikloser Anpassung und Jasagerei. Auch in diesem Falle gehen der Organisation wertvolle Leistungspotentiale verloren. Hinzu kommt, daß der selbstbehauptende, dominierend-kontrollierende und der kritiklos-anpassende Umgang mit der Autonomie in fataler Wechselbeziehung zueinander stehen; ersterer begünstigt letzteren und umgekehrt; beide befriedigen wichtige menschliche Bedürfnisse und verstärken sich dadurch gegenseitig. Aber wo landet eine Organisation, die nur noch aus selbstherrlich-dominanten Vorgesetzten und kriecherisch-gefälligen Mitarbeitern besteht? Eine solche krankhafte Entwicklung ist ein schweres Hindernis auf dem Weg zu einer sowohl individuelles wie auch organisatorisches Wachstum fördernden Autonomie. Abhilfe wird nur mit Hilfe langfristig angelegter Lernprozesse möglich sein, mit dem Ziel, die entwicklungshemmenden „Verstrickungen" zu lösen und so Kontrollhierarchien und Ressort-„Fürstentümer" in evolutionäre Partnerschaften zu verwandeln.

Die andere Schwierigkeit besteht darin, daß die Integrationstendenz die Abgrenzung zwischen den Organisationseinheiten fördern und dadurch die Kooperation erschweren kann. Das geschieht in der Regel dann, wenn die Mitglieder der Organisation sich infolge eines fehlenden Organisationsbewußtseins nur mit ihrer eigenen Einheit identifizieren und ein Wir-Gefühl hinsichtlich des Ganzen fehlt. Die Führung muß dieser Entwicklung entgegenwirken, indem sie die Integration der Gesamtorganisation fördert. Wie das geschehen kann, wird später noch ausgeführt.

Eine Führung, die sich ihrer Aufgabe bewußt ist, die selbstbehauptenden und integrativen Lebenstendenzen der Organisationsmitglieder auszubalancieren, hat die Chance, den sich wandelnden sozial-kulturellen Umweltbedingungen und den verstärkten personalen Bedürfnissen der Mitarbeiter ebenso gerecht werden zu können wie den sich ändernden technisch-ökonomischen Anforderungen. Die Chance wird sie umso besser wahrnehmen können, je deutlicher sie erkennt, daß beide Tendenzen einander evolutionär ergänzen, daß sie – soweit unter Vermeidung ihrer Extreme ausgelebt – einander fördern. Diese Erkenntnis muß allerdings oft erst geschaffen werden, und sie muß dann von den Führungskräften auch den Mitarbeitern vermittelt werden.

Nützlich sein, um selbst Nutzen zu haben

Für das Verhältnis der Organisation zu ihrer Umwelt gilt das gleiche. Niemand bekommt das täglich mehr zu spüren als der Verkäufer. Seine selbstbehauptende Verhaltenstendenz läßt ihn alles daransetzen, um Kunden zum Kauf seiner Produkte oder Dienstleistungen zu bewegen. Erfolg hat er aber nur, wenn er sich zugleich im notwendigen Ausmaß auch integrativ verhält, indem er dem Kunden hilft, eigene Bedürfnisse zu befriedigen. Verkaufen ist also eine kooperative Tätigkeit; der Verkäufer gewinnt Nutzen, indem er seinem Kunden Nutzen stiftet.

Wachstum und Überleben von Organisationen hängen letzten Endes davon ab, wie nützlich sie sich für ihre Umwelt erweisen. Das heißt z. B., Organisationen müssen Leistungen erbringen, die von der Umwelt (oder bestimmten für die Organisation wichtigen Subsystemen) benötigt werden oder mit denen die Umwelt wenigstens etwas anfangen kann. Wirtschaftsunternehmen versuchen dem z. B. Rechnung zu tragen, indem sie ihr Leistungsangebot an den Bedürfnissen ihrer (potentiellen) Kunden orientieren, Parteien fragen sich, welche politischen Forderungen und Maßnahmen wohl am besten beim Wähler ankommen werden, und handeln dann entsprechend. Solche integrativen Bestrebungen dienen aber gleichzeitig auch der Selbstbehauptung, indem sie die Mittel verschaffen, sich gegenüber der Umwelt abzugrenzen, eine eigenständige Entwicklung entsprechend internen Wertvorstellungen und Zielen zu verfolgen, und sich gegenüber unangenehmen oder nachteiligen Anforderungen und Eingriffen der Umwelt zu wehren.

Eine Überbetonung der Selbstbehauptungstendenz liefe auf eine Ausbeutung und Schädigung der Umwelt hinaus (z. B. in Form von rücksichtsloser Ausnutzung von Marktmacht oder Raubbau an natürlichen Ressourcen), die längerfristig die eigenen Existenzgrundlagen zerstören würde. Extreme Integrationsbestrebungen führten dagegen zur bloßen Anpassung an die Bedingungen und Forderungen der Umwelt, wodurch die Identität der Organisation und ihre Fähigkeit eigene Ziele zu verfolgen mit der Zeit verlorenginge. Das ist z. B. das Problem der sogenannten Volksparteien, die allmählich völlig gesichtslos und austauschbar werden, weil sie – um Macht zu erhalten oder zu gewinnen – allzu bestrebt sind, sich an die jeweiligen Ansichten und Gefühle der Wähler anzupassen, statt schlüssige eigene politische Konzepte zur Wahl zu stellen.

Die Aufgabe, selbstbehauptende und integrative Tendenzen innerhalb der Organisation (zwischen ihren Subsystemen) und im Verhältnis der Organisation zu ihrer Umwelt auszubalancieren, hat eine materielle und eine ethische Seite. Aus materieller Sicht ist es günstig und sinnvoll, die relative Autonomie von Menschen und Organisationen z. B. mittels vermehrter Delegation und Dezentralisation stärker zu nutzen, weil sie auf der einen Seite hilft, mit der zunehmenden Komplexität und Wechselhaftigkeit der Umwelt besser fertigzuwerden und die Problemlösungs- und Erneuerungsfähigkeit der Organisationen zu steigern, und weil sie auf der anderen Seite eine bessere Integration von individuellen und organisatorischen Bedürfnissen, Werten und Zielen ermöglicht. Die vernünftige Nutzung der individuellen und organisatorischen Autonomie kommt also ökonomischen Erwägungen und Zielen genauso zugute wie den menschlichen Bedürfnissen der Organisationsmitglieder.

Der ethische Aspekt ergibt sich aus der Verantwortung, die der enorme Entfaltungs- und Entwicklungsspielraum des Menschen und seiner Organisationen gegenüber ihrer Umwelt mit sich bringt. Wir alle, aber besonders diejenigen unter uns, die Führungsaufgaben in Wirtschaft und Gesellschaft wahrzunehmen haben, sehen uns vor die Aufgabe gestellt, von unserer Freiheit gegenüber unserer Umwelt (den Mitmenschen und der Natur) verantwortlichen Gebrauch zu machen. Es ist hier nicht der Ort, über die Dimensionen dieser Verantwortlichkeit zu philosophieren, sie hat aber sicherlich damit zu tun, unsere natürlichen Lebensgrundlagen zu erhalten, unserem Leben und unserer Arbeit sinnvolle Ziele zu setzen, und einander bei der sinnerfüllten Lebensgestaltung zu unterstützen. Die Führungsaufgabe wird dadurch um eine bisher kaum gesehene und noch weniger berücksichtigte wichtige Dimension erweitert.

- Offenheit

Der notwendige ständige stoffliche und geistige Austausch mit ihrer Umwelt bindet Organisationen und ihre Subsysteme in den multidimensionalen Systemzusammenhang der Umwelt ein und relativiert dadurch ihre Autonomie. Organisationen sind den permanenten Einflüssen ihrer Umwelt ausgesetzt und üben ihrerseits Einfluß auf die Umwelt aus (der wiederum auf sie zurückwirken kann). Die Austauschbeziehungen sind nicht nur auf den eigentlichen Tätigkeitsbereich der Organisation beschränkt (z. B. bei der Herstellung eines Produktes Beziehungen zu Beschaffungs- und Absatzmärkten, zum Arbeitsmarkt, zum Finanzamt, zur Gewerbeaufsicht usw.), sondern erstrecken sich weit darüber hinaus auf die verschiedensten Umweltsphären und -bereiche. So sind Unternehmen beispielsweise auch von politischen Entwicklungen und von ethisch-moralischen Zeitströmungen betroffen. Durch den Menschen, der unabhängig von seiner Eigenschaft als Subsystem der Organisation auch vielfältige eigene Austauschbeziehungen mit seiner Umwelt unterhält, sind Organisationen in umfassender und vielfältiger Weise mit nahezu allen Umweltbereichen verknüpft.

Das hat zur Folge, daß Organisationen mit außerordentlich unterschiedlichen, sich häufig verändernden und miteinander wechselwirkenden Einflüssen und Anforderungen fertigwerden müssen, auch mit solchen, die – wie z. B. politische Entwicklungen für ein Wirtschaftsunternehmen – gar nichts mit ihrer eigentlichen Aufgabe zu tun haben, und daß sie auch zugleich auf mehrere verschiedene Umweltbereiche im Sinne ihrer Ziele einwirken müssen.

Geistige Austauschbeziehungen in Gestalt von Informationen (Nachrichten und Mitteilungen) haben in den letzten Jahrzehnten gegenüber den stofflichen Austauschbeziehungen erheblich an Bedeutung gewonnen. Organisationen werden unter diesem Aspekt auch als informationsverarbeitende Systeme betrachtet. Anzahl, Umfang und Intensität der Umwelteinwirkungen auf die Organisationen nehmen entsprechend der zunehmenden Komplexität und Varietät der Umwelt laufend zu. Organisationen und die in ihnen tätigen Menschen müssen daher zunehmend größere Informationsmengen verarbeiten, und ihre Verhaltensflexibilität sowie ihre Bereitschaft, permanent zu lernen, müssen wachsen. Für den Menschen geht es dabei nicht nur um die Erweiterung fachlichen Wissens und fachlicher Fertigkeiten, sondern auch um die Verbesserung seiner Informationsverarbeitungsfähigkeiten, die Weiterentwicklung seiner kommunikativen Kompetenz und die Gewinnung neuer Einstellungen und Auffassungen. So müssen beispielsweise Führungskräfte lernen, Organisationen als Prozesse zu sehen, die sich bestimmter Strukturen (und bürokratischer Regelungen) nur als immer wieder zu prüfender und zu optimierender Hilfsmittel bedienen, und nicht als statische Gegebenheiten, die Besitzstände garantieren können.

Um die vielfältigen und wechselnden Anforderungen bewältigen zu können, ist eine Stärkung der kreativen und innovativen Kräfte der Organisationen erforderlich. Die Angst vor Veränderungen und Neuerungen muß abgebaut und stattdessen ein Klima der Offenheit für neue Ideen geschaffen werden. Auf „Querdenker" muß toleranter reagiert werden, Neuerungen (z. B. auch die Anwendung neu erlernten Wissens) müssen unterstützt, und Experimente wohlwollend gefördert werden. Irrtümer und Fehler dürfen in der Organisation nicht mehr Anlaß sein, nach einem Sündenbock zu suchen, sondern sie müssen als Herausforderungen und Gelegenheiten zum Lernen betrachtet werden. Permanentes gemeinsames Lernen aller Mitarbeiter sowie ständige Veränderungen und Anpassungen werden den Alltag der Organisationen in einem heute noch kaum vorstellbaren Ausmaß bestimmen. Die Verbesserung der kommunikativen Fähigkeiten – technisch und vor allem menschlich – stehen dabei als Lernaufgabe für alle Organisationen ganz obenan, weil auf diesem Gebiet künftig die größten Engpässe zu erwarten sind.

Die Anforderungen aus den vielfältiger und komplexer werdenden Umweltbeziehungen der Organisationen werden die Tendenz zur Differenzierung und Herausbildung spezialisierter Subsysteme fördern. Denn dadurch können Organisationen ihre Problemlösungskompetenz und ihre Reaktionsgeschwindigkeit auf Umweltveränderungen steigern. Zugleich wird die Lern- und Entwicklungsfähigkeit einer Organisation durch Differenzierung und Dezentralisierung tendenziell erleichtert, weil begrenzte Veränderungen oder Neuerungen in kleineren Organisationseinheiten einfacher und mit geringerem Risiko durchführbar sind.

Schwieriger aber wird das Informations- und Kooperationsmanagement. Zwar hilft die Mikroelektronik bei der Erfassung, Bearbeitung und Verteilung der schnell wachsenden Informationsmengen. Die empfängergerechte Aufbereitung der Informationen, vor allem über Fachgrenzen hinweg, wird aber einen erheblich steigenden Aufwand erfordern. Und die Kooperation in immer weiter ausdifferenzierten Organisationen mit einer zunehmenden Zahl von realtiv autonomen und spezialisierten Subsystemen verlangt neue Formen intensiver offener Kommunikation, um die gemeinsame Handlungsfähigkeit zu gewährleisten.

- Differenzierung

Wenn eine größere Zahl von Menschen beisammen ist und ihre Aufmerksamkeit nicht auf ein gemeinsames Ziel (z. B. einen Redner) ausgerichtet wird, bilden sich mehrere kleine Gesprächsgruppen. Niemals kommt es vor, daß sich beispielsweise 30 oder 50 Menschen spontan zu einer großen Gesprächsrunde formieren. Der Grund: Die vom einzelnen Teilnehmer zu bewältigende Komplexität wäre zu hoch. Differenzierung in autonome Untergruppen, gemeinsame Ausrichtung auf einen Redner oder Gesprächsleiter, oder Unterwerfung unter allgemeinverbindliche Verhaltensregeln (z. B. Reden nur nach Worterteilung; schweigen, solange das Wort nicht erteilt wurde) reduziert diese Komplexität für den einzelnen. Gleichzeitig wird Kooperation und gemeinsames Handeln möglich.

Um differenzierteren und anspruchsvolleren Anforderungen ihrer Umwelt genügen und ertragreiche Austauschbeziehungen mit ihr herstellen und unterhalten zu können, müssen Organisationen ihr Verhaltensrepertoire vergrößern. Das gelingt ihnen nur, wenn sie wachsen, und das wiederum zwingt sie zur Differenzierung in Subsysteme. Je größer die Organisation wird, desto mehr und desto spezialisiertere Subsysteme wird sie ausbilden. Die Organisation wird dadurch im Verhältnis zu ihrer Umwelt leistungsfähiger, muß aber mit dem wachsenden Problem ihrer internen Komplexität und – infolge der relativen Autonomie der Subsysteme – Varietät fertigwerden.

Organisationsdifferenzierung erleichtert die Pflege evolutionärer Beziehungen zur Organisationsumwelt durch vertikale und horizontale Spezialisierung. Die vertikale Spezialisierung (z. B. in Zuständigkeiten, Fachbereiche, Abteilungen) ermöglicht die gezielte Auseinandersetzung mit den fachspezifischen Anforderungen und Bedürfnissen der Umwelt, die horizontale Spezialisierung (in Gestalt einer Führungshierarchie) hilft, die Komplexität der Umwelt so zu reduzieren, daß sie von der Organisation bewältigt werden kann. Die Vorteile der Organisationsdifferenzierung können allerdings nur dann voll zum Tragen kommen, wenn die Kommunikation zwischen den einzelnen Subsystemen der Organisation einwandfrei funktioniert und ihrer Aktivitäten richtig koordiniert werden.

Da gibt es in der Praxis häufig Schwierigkeiten. So verfügt eine Organisation vielleicht über die von der Umwelt geforderten Problemlösungskompetenzen, aber es ist nicht bekannt, wo sich diese befinden. Oder Problemlösungskompetenz ist über die Organisation verteilt und kann infolge von „Zuständigkeitsbarrieren" nicht über die Grenzen mehrerer Subsysteme vereinigt werden. Auch soll es häufiger vorkommen, daß die Problemlösungskompetenz an „falscher" Stelle angesiedelt ist und deshalb nicht genutzt werden kann. Die notwendige Differenzierung ist aber nur die eine Seite des organisatorischen Wachstums. Die andere ist der erforderliche Mehraufwand für Information, Kommunikation und die zweckmäßige Koordination der organisatorischen Prozesse.

Dezentralisierung von Problemlösungs- und Entscheidungsprozessen können die Fähigkeit einer Organisation, sich in ihrer Umwelt zu behaupten, beträchtlich erhöhen. Voraussetzung ist aber, daß die Subsysteme über die erforderlichen sachlichen Mittel und menschlichen Qualifikationen verfügen und über geeignete Regeln beziehungsweise Verhaltenskriterien und ausreichende Informationen auf die Ziele des Gesamtsystems ausgerichtet und verpflichtet sind. Für die Gesamtorganisation entsteht dann ein

Vorteil, der noch dadurch vergrößert wird, daß sich Kommunikationswege und Entscheidungsprozesse verkürzen.

Organisationsdifferenzierung erleichtert Offenheit und damit die erforderliche Einstellung und Reaktion der Organisationen auf Umweltveränderungen. Sie steigert aber auch die Komplexität und leistet den Autonomiebestrebungen einzelner Subsysteme Vorschub. Das muß – wie oben dargestellt – zwar grundsätzlich kein Nachteil sein, verlangt aber von der Führung vermehrte Integrationsbemühungen. „Während ich früher mit jedem Mitarbeiter persönlichen Kontakt hatte und wir allein dadurch eine betriebliche Einheit waren, habe ich heute bei fast zweitausend Mitarbeitern in diversen Abteilungen und Werken einige Arbeit damit, ein Zusammengehörigkeitsgefühl zu stiften", charakterisiert ein erfolgreicher Mittelständler dieses Problem.

Mit zentralistischen bürokratischen oder technokratischen Anordnungen und Reglementierungen ist dem Problem aber kaum beizukommen, und auch der Versuch, der Organisation eine einheitliche Kultur überzustülpen, verspricht wenig Erfolg. Ein Gefühl der Zusammengehörigkeit ist weniger von der Einheitlichkeit äußerlicher Dinge als von integrierenden Informationen abhängig. Das sind Informationen, die den Mitarbeitern einer Organisation helfen, sich als Teil der Gesamtorganisation zu verstehen, ihren eigenen Leistungsbeitrag zu definieren, und sich mit der Gesamtorganisation zu identifizieren. An solchen Informationen über wichtige organisatorische Daten, Zusammenhänge und Vorgänge, sowie über klare und für jeden Mitarbeiter selbst nachvollziehbare Leistungsmaßstäbe mangelt es leider in vielen Organisationen. Die meisten Mitarbeiter erfahren nur das, was sie zur maschinenhaften Erfüllung ihrer Aufgaben benötigen, nicht mehr und häufig sogar weniger.

Damit Qualifikationen und Einsatzbereitschaft der Mitarbeiter optimal zum Tragen kommen, bedarf es einer zweifachen Integration der Mitarbeiter in die Organisation: sachlich durch die sinnvolle organisatorische Einbindung in den Führungs- und Leistungsprozeß entsprechend den individuellen Kenntnissen und Fertigkeiten sowie den Erfordernissen der Organisation, und emotional durch Schaffung motivierender Arbeits- und Führungsbedingungen. Letztere Bemühung muß sich an den bereits erwähnten neuen Bedürfnissen der Menschen orientieren und stellt wohl die größte Herausforderung für die Führungskräfte seit Beginn der Industrialisierung dar. Die Integration kann außer durch integrierende Informationen auch durch intensivierte Kommunikation und gemeinsame, sämtliche Mitarbeiter der Organisation einbeziehende Lernprozesse erleichtert und verbessert werden. Ein so geschaffenes positives Organisationsbewußtseins, ein Gefühl, wichtiger Teil einer wichtigen Handlungseinheit zu sein, ist dann durchaus mit Autonomie und eigenständigen Kulturen in einzelnen Subsystemen der Organisationen vereinbar.

- Selbstorganisation

Was Selbstorganisation (oder Selbststrukturierung) ist, können wir am besten herausfinden, wenn wir uns selbst beobachten. Wie machen wir uns z. B. ein Bild von einer Situation? Fügen wir dabei einfach nur objektive Daten aneinander und lassen das Bild – sozusagen wie es sich uns nach und nach zeigt – entstehen? Nein, das tun wir nicht. Die Anregung, überhaupt über eine Situation nachzudenken, richtet bereits unsere Wahrnehmung; wir wählen aus. Das Wahrgenommene assoziiert dann weitere Gedanken, und diese verdichten sich zu einem Vorstellungskomplex, der zusätzliche „passende" Gedanken anzieht und „unpassende" abstößt. Das so entstandene Gedankengebilde lenkt unsere Aufmerksamkeit auf weitere Ziele, filtert und färbt die nachfolgenden Eindrücke und grenzt sich dabei immer deutlicher als selbständige Einheit von der Menge alles Denkbaren ab. Wir wählen also aus, suchen, was am besten zusammenpaßt, ordnen, glätten und retuschieren hier und dort. Dabei wenden wir durchaus die uns bekannten fachlichen und allgemein akzeptierten Regeln des Denkens an, wenn auch durch die Einmischung unserer Einstellungen und Motive Fehler entstehen können. Diesen Prozeß setzen wir fort, bis wir ein stimmiges oder befriedigendes Ergebnis haben. Wir konstruieren unser Bild von der Situation, wir entnehmen es nicht einfach der Wirklichkeit. Weltbilder, die Referenzsysteme menschlichen Denkens und Handelns, entstehen auf diese selbstorganisierende Weise. Wir kommen später noch auf sie zurück.

Was hier am Beispiel unseres reflexiven Denkens beschrieben wurde, findet auf allen Entwicklungsstufen organischen Lebens statt. Komplexe Lebewesen, die durch Zellteilung und Ausdifferenzierung vielfältiger Funktionen entstehen, die Entwicklung einer ganz spezifischen Persönlichkeit beim Menschen (Individualisierung), die Herausbildung von Rollen und Verhaltensregeln in menschlichen Gruppen, die Differenzierung von Organisationen in Subsysteme mit speziellen Funktionen, das alles sind ebenfalls Resultate systemischer Selbstorganisation. Die Fähigkeit organischer Systeme zur Selbstorganisation ist eine Voraussetzung für die Entfaltung des Lebens schlechthin.

Selbstorganisation setzt ein (relativ) autonomes System voraus. Dieses wächst und entfaltet sich aus sich selbst heraus, ohne dazu Vorgaben von außen zu benötigen. Es produziert seine Elemente und Subsysteme, differenziert seine Funktionen, die es zur Erhaltung seiner überlebenswichtigen Austauschbeziehungen mit der Umwelt benötigt, schafft die erforderlichen Strukturen und unterhält den koevolutionären Prozeß mit seiner Umwelt. Die Vorgänge in selbstorganisierenden Systemen wirken auf sich selbst zurück (Selbstreferenz), halten sich selbst in Gang und produzieren sich selbst (Autopoiese). Sie entfalten auf diese Weise ihr Eigenleben. Jeder Zustand ist von vergangenen Zuständen abhängig, so daß die Gegenwart eines selbstorganisierenden Systems immer eine Geschichte hat. Das ist für das Verständnis kommunikativer Prozesse (wie z. B. Führungsprozesse) und menschlicher Beziehungen in Organisationen von großer Bedeutung.

In Organisationen macht sich die Selbstorganisation als teils nützliches, teils schädliches „Eigenleben" der Subsysteme bemerkbar. Nützlich ist es, soweit es die Funktionsfähigkeit des Gesamtsystems erhöht. Das ist z. B. der Fall bei selbständig operierenden Unternehmen in einer Mrktwirtschaft oder bei Schattenwirtschaften, die in manchen Ländern die Versorgung der Bevölkerung trotz leistungsschwacher offizieller Ökonomie sicherstellen. Auch bei Mitarbeitern, die bei der Erfüllung ihrer Aufgaben mitdenken und die erwünschten Ergebnisse ohne detaillierte Einzelinstruktionen ihrer Vorgesetzten erreichen, und in Gruppen, die selbständig und eigenverantwortlich alle zur Lösung von Aufgaben notwendigen Aktivitäten finden und durchführen, macht sich die Selbstorganisation vorteilhaft bemerkbar. Dagegen wirkt sich die Selbstorganisation z. B. nachteilig aus, wenn Mitarbeiter Arbeit „erfinden", eingespielte Arbeitsabläufe sinnvolle Neuerungen verhindern, oder in Volkswirtschaften die Unternehmenskonzentration den Wettbewerb beseitigt.

Voraussetzungen: Autonomie und Offenheit

Selbstorganisation ist ein schöpferischer Akt, der eine gewisse Autonomie und Offenheit des (Sub-)Systems sowie Selbstreferenz und Autopoiese voraussetzt. Sie bewirkt eine Differenzierung des Gesamtsystems in verschiedene, aber im Hinblick auf die Austauschbeziehungen mit der Umwelt zusammenwirkende Funktionseinheiten (Subsysteme). Autonomie des Systems gewährt den erforderlichen Entfaltungsspielraum für die Herausbildung neuer Strukturen und Offenheit ermöglicht den dazu notwendigen Energie- oder Informationsaustausch mit der Umwelt. Die Fähigkeit der Organisationen und ihrer Subsysteme zur Selbstorganisation sollte von den Führungskräften vor allem aus drei Gründen besser genutzt werden:

1. vergrößern sie dadurch den Freiraum für die individuelle Gestaltung des Arbeitsumfeldes,

2. beziehen sie ihre Mitarbeiter damit stärker in die Verantwortung für die organisatorischen Gestaltungen ein, und

3. mobilisieren sie auf diese Weise zusätzliche kreative und innovative Potentiale.

Statt jeden Handschlag zu reglementieren und die Organisation mit einer Flut von Richtlinien und Anweisungen zu überfluten, beschränken sie sich auf die Vorgabe (oder Vereinbarung) von Zielen und Rahmenbedingungen für die Arbeit.

Diese Idee wird – angefangen bei der Delegation von Aufgaben bis hin zur Ausgrenzung von Profit-Centers – in den gegenwärtigen Organisationen bereits mehr oder weniger vollkommen praktiziert. Sie muß, um ihren vollen Nutzen für die Organisationen entfalten zu können, aber noch viel weitgehender verwirklicht werden. Gut ausgebildete und von ihren Vorgesetzten hinreichend mit integrierenden Informationen versorgte Mitarbeiter sind nämlich sehr gut in der Lage, nicht nur selbständig und eigenverantwortlich zu arbeiten, sondern sie können ihr Aufgabenfeld auch selbst strukturieren und weiterentwickeln. Die übergeordneten Führungsebenen brauchen lediglich für die Einhaltung der – möglichst weitgefaßten Rahmenbedingungen und Spielregeln zu sorgen, die den Zusammenhalt der Gesamtorganisation gewährleisten sollen. Die dann selbständiger und eigenverantwortlicher arbeitenden Mitarbeiter werden sich mit ihren Aufgaben und mit ihrer Rolle in der Organisation sicherlich stärker identifizieren und sich mehr für die Belange „ihrer" Organisation einsetzen.

Selbstorganisation kann es nur dort geben, wo Autonomie herrscht. Die Möglichkeiten und Grenzen der Selbstorganisation müssen deshalb im Zusammenhang mit der Balance zwischen Selbstbehautpung und Integration gesehen werden. Selbstorganisation in Subsystemen ist nur insoweit zulässig, als sie das Gesamtsystem nicht durch exzessive Selbstbehauptung gefährdet. Diese Problematik ist gegenwärtig im Zusammenhang mit der sich entfaltenden Pluralität gesellschaftlicher Interessengruppen und -grüppchen höchst aktuell. Damit die Selbstorganisation der Subsysteme auch der Gesamtorganisation dient, müssen diesen klare und verbindliche Spielregeln vorgegeben werden, die erforderlichenfalls von der Organisationsleitung auch durchgesetzt werden können.

4.1.5 Erstes Fazit

Die Auffassung von Organisationen als Teilen eines umfassenden evolutionären Prozesses ermöglicht ein besseres Verständnis ihrer Beziehungen zur Umwelt und ihrer internen Vorgänge. Sie hilft außerdem, den sozial-kulturellen Wandel sowie die damit verbundenen neuen Herausforderungen für die Führung faßbarer zu machen Im Lichte der evolutionären Betrachtung von Organisation und Führung zeichnen sich vor allem folgende grundlegende Entwicklungsanforderungen an die Führung ab:

Erstens: Organisationen werden noch komplexer werden, um der zunehmenden Varietät der Umwelt ein ausreichendes eigenes Handlungspotential entgegensetzen zu können. Um ihre Beweglichkeit und ihre Funktionseffizienz trotz Wachstums zu erhalten und womöglich zu steigern, müssen die Kräfte der Selbstorganisation mehr als bisher genutzt werden. Die Führung von Organisationen muß dazu Vielfalt zulassen, so daß in den einzelnen Organisationseinheiten unterschiedlich ausgestaltbare Lebens- und Arbeitsräume entstehen können. Nicht Vereinheitlichung, „Harmonisierung" und Gleichmacherei dürfen länger die Ziele organisatorischer Gestaltung sein. Vielmehr müssen die Verhaltensspielräume der Mitarbeiter erweitert werden. Nur so besteht die Chance, den veränderten Bedürfnissen der arbeitenden Menschen ebenso Rechnung tragen zu können wie den steigenden Anforderungen der Organisationsumwelt.

Zweitens: Die Bedeutung der Kooperation in Organisationen und von Organisationen mit ihrer Umwelt steigt. Zwar hat Kooperation miteinander und mit der Umwelt immer schon die Überlebens- und Wachstumschancen der Lebewesen erhöht, gegenwärtig drängt sich aber geradezu die Erkenntnis auf, daß wir Menschen und unsere Organisationen langfristig nur noch im partnerschaftlichen Miteinander überleben und uns weiterentwickeln können. Diese Erkenntnis im Alltag der Politik, der Wirtschaft und des menschlichen Zusammenlebens überhaupt zum Leitgedanken des Handelns zu machen, wird die wichtigste Aufgabe der Führung in den kommenden Jahren sein.

Drittens: Im Zentrum des zukünftigen Führungsgeschehens werden katalytische und integrative Aufgaben stehen. Einerseits müssen die Führungskräfte ihre Mitarbeiter vermehrt zur Eigeninitiative stimulieren und dabei deren menschliche und fachliche Potentiale mobilisieren, andererseits müssen sie die daraus entstehenden sozialen, ökonomischen und technischen Entwicklungsprozesse koordinieren und zu einem sinnvollen, Bestand und Weiterentwicklung der Organisation gewährleistenden Gesamtprozeß integrieren. Schlüsselprozesse der zukünftigen Führung sind Information und Kommunikation.

Viertens: Der evolutionäre Prozeß „Organisation" bedeutet auch permanentes Lernen – der Organisation als Ganzes wie auch ihrer einzelnen Einheiten und Mitarbeiter. Das Lernen muß einerseits auf die sinnvolle Nutzung der zu erweiternden individuellen und kollektiven Verhaltensspielräume und andererseits auf die Befähigung zur Integration in größere soziale Handlungseinheiten (Konsensfähigkeit) gerichtet sein. Aus der hier vertretenen Auffassung von „Organisation" als organische Ganzheit ergibt sich, daß sämtliche Lernaktivitäten integrierte Bestandteile des organisatorischen (Leistungs-)Prozesses sein müssen und damit in der Verantwortung der Führungskräfte liegen.

Fünftens: Offensichtlich stehen wir am Beginn einer tiefgreifenden Wandlung des gesamten Sozialgefüges, der menschlichen Beziehungen, der Einstellungen und Werthaltungen sowie des individuellen und kollektiven Bewußtseins der Menschen. Es kommt jetzt darauf an, diesen evolutionären Wandlungsprozeß zu verstehen und unsere individuelle Rolle wie auch die Rolle der Organisationen darin zu erkennen, um richtig handeln zu können.

4.2 Der Mensch als Führer und Geführter in der Organisation

Führung ist ein spezifisches Kommunikationsmuster zwischen Menschen (und anderen höheren Lebewesen), das sich im Laufe der Evolution herausgebildet hat, um die Selbstbehauptungs- und Selbstentfaltungschancen der Art in der Umwelt zu vergrößern. Sie dient der Herstellung und Aufrechterhaltung zielgerichteter Kooperation zwischen Mitgliedern einer Sozietät, wodurch diese – wie bereits dargestellt – ihre gemeinsamen Wachstums- und Überlebenschancen vergrößern. An der Führungskommunikation sind immer ein dominanter, bestimmenden Einfluß auf Inhalt und Verlauf des Führungsprozesses Ausübender (Führer) und ein oder mehrere submissive(r), den Einfluß des einen akzeptierende(n) Partner (Geführte) beteiligt. Der Vorgang der Einflußnahme unterliegt einerseits den Bedingungen und Auswirkungen der Umwelt, der Führer und Geführte als Subsysteme angehören, und andererseits den Auswirkungen ihrer psychologischen und sozio-biologischen Gegebenheiten. Abbildung 10 stellt diesen Zusammenhang in Form eines einfachen Führungsmodells vor.

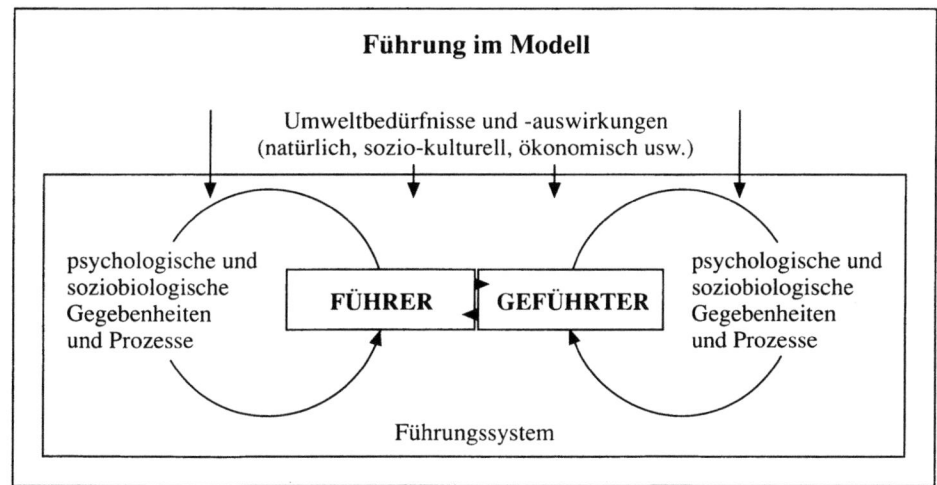

Abb. 10

Die Umwelt gibt als das umfassendere (mächtigere) System die „Spielregeln" der Führung in Gestalt von z. B. sozialen Normen, ethischen Prinzipien, zeitlichen oder materiellen Beschränkungen vor. Die Kommunikation zwischen Führer und Geführten vollzieht sich innerhalb des dadurch abgesteckten Verhaltensspielraumes, wirkt aber durch ihre Resultate auch auf diesen zurück. So können beispielsweise die Ergebnisse der Führung ökonomische Bedingungen verändern oder eine Wandlung sozialer Normen herbeiführen, die dann wiederum zu neuen „Spielregeln" werden. Das aus Führer und Geführten bestehende Führungssystem steht in einer koevolutionären Beziehung zu seiner Umwelt, die ihm eine zwar autonome, aber nicht unabhängige Entwicklung gestattet. Wir haben es hier wieder mit dem Spannungsverhältnis zwischen Selbstbehauptung beziehungsweise Selbstexpansion und Integration zu tun.

Für die Beziehung von Führer und Geführten zum Führungssystem gilt das gleiche. Das Führungssystem, das seinerseits den Bedingungen der Umwelt unterliegt, gibt ihnen einen Verhaltensspielraum vor, den sie zwar mitbeeinflussen, aber nicht vollständig überwinden können. Die Soziologie spricht in bezug auf das persönliche Verhalten von Rollenerwartungen, denen Führer und Geführte genügen müssen, die sie aber auch mitprägen. Die selbstbehauptenden beziehungsweise selbstexpansiven und integrativen Tendenzen der Subsysteme „Führer" und „Geführte" manifestieren sich in ihrer Kommunikation. Innerhalb des Führungssystems können sich Führer und Geführte relativ autonom, aber nicht unabhängig voneinander verhalten. Sie sind miteinander und gemeinsam gegenüber der Umwelt in einen koevolutionären Prozeß eingebunden, der nur ein Miteinander der Entwicklung erlaubt, diese aber gleichzeitig auch erzwingt.

- Macht ist Nutzung überlegener Varietät

Daß Führung wie jeder Kommunikationsprozeß ein wechselseitiges Einflußnehmen ist, erscheint im Rahmen der mechanistischen Auffassung nicht unmittelbar einsichtig. Sind doch die Führer in der Regel mächtiger als die Geführten und deshalb in der Lage, deren Verhalten zu steuern. Aber was ist Macht? Ein System ist mächtiger als ein anderes, sagt Deutsch, wenn es diesem die Extrapolation seiner Struktur aufzwingen kann. Der mächtige Mensch oder die mächtige Organisation könnten nachhaltig und erfolgreich ihrem Charakter oder ihrem Wesen entsprechend handeln und im Konfliktfall andere zum Nachgeben zwingen. Sie brauchen nicht zu lernen und sich nicht zu verändern. In diesem Sinne Macht ausüben zu können, ist aber nicht an bestimmte Persönlichkeitseigenschaften, gesellschaftliche Positionen oder äußere Mittel gebunden. Die Macht erwächst allein aus der Fähigkeit des einen Systems, Zustände erzeugen zu können, auf die das andere beziehungsweise die Umwelt nicht adäquat reagieren kann. Das Potential dieser Art von Macht wächst mit der Komplexität des Systems; komplexere Systeme sind potentiell mächtiger als weniger komplexe, weil sie über eine größere Varietät verfügen. Die tatsächlich ausgeübte Macht hängt zudem noch von der Fähigkeit des Systems ab, die zur Durchsetzung der eigenen Interessen jeweils am besten geeigneten Zustände zu finden und zu realisieren. In dieser Hinsicht kann ein weniger komplexes System einem komplexeren sogar überlegen sein.

Macht sollte deshalb als die Fähigkeit bezeichnet werden, bei der Gestaltung der System-Umwelt-Beziehungen ein überlegenes Verhaltensrepertoire einsetzen zu können.

In dieser Definition sind sowohl das Machtpotential wie auch die Findigkeit und Geschicklichkeit seiner Nutzung enthalten. Mit diesem Konzept lassen sich so unterschiedliche Spielarten von Macht erklären, wie z. B. die vieler Kinder über ihre Eltern, die Macht des Staates über seine Bürger und mancher Bürger über den Staat, die Macht von Vorgesetzten über ihre Mitarbeiter oder die vieler Mitarbeiter über ihre Vorgesetzten. Dabei wird auch deutlich, daß Macht kein Zustand, sondern ebenfalls ein Prozeß ist; die Bedingungen, die Macht verleihen, ändern sich im Zeitablauf, so daß Machtausübung lediglich temporär möglich ist.

Die Führungskräfte einer Organisation sind als Individuen durchschnittlich ebenso mächtig oder ohnmächtig wie jeder ihrer Mitarbeiter auch. Denn sie verfügen über eine vergleichbare Komplexität und – normalerweise – auch über vergleichbare Kreativität, Findigkeit, Geschicklichkeit und ebensoviel Selbstvertrauen wie diese, um ihre Komplexität nutzen zu können. In ihrer Eigenschaft als Vorgesetzte gehören sie aber der übergeordneten hierarchischen Organisationsebene an, die für das aus Vorgesetztem und Mitarbeitern bestehende Subsystem (Gruppe, Abteilung o. ä.) die Umwelt darstellt – oder wenigstens einen wichtigen Teil davon. Das geht aus Abbildung 11 hervor.

Aus ihrer Zugehörigkeit zur (höheren) Führungsebene erwächst den Vorgesetzten maßgeblicher Einfluß auf das Verhalten dieses übergeordneten Subsystems der Führung und damit auch auf die Bedingungen oder „Spielregeln", denen ihre Kommunikation mit den Mitarbeitern unterliegt. Sie können sich sozusagen die höhere Komplexität des übergeordneten Systems in der Kommunikation mit ihren Mitarbeitern (evtl. auch gegenüber Außenstehenden) zunutze machen und Systemzustände bewirken, auf die diese nicht adäquat reagieren können. Der Vorgesetzte von Herrn S. tut das beispielsweise, indem er Informationen zurückhält oder Entscheidungen trifft, deren Zweck seinen Mitarbeitern verborgen bleibt. Andere Möglichkeiten, die vom übergeordneten System geborgte Macht auszuüben, wären z. B. gezielte Belohnungen und Bestrafungen bei der Gehaltsbemessung, bei Beförderungen und Versetzungen.

Aus der Abbildung 11 geht aber auch hervor, daß Art und Zahl der möglichen Systemzustände, die Vorgesetzte in der Kommunikation mit ihren Mitarbeitern herbeiführen können, durch die Spielregeln der Führungs-Umwelt jeder Führungsebene zwangsläufig begrenzt sind. Daraus folgt, daß Führer auf Dauer nur innerhalb dieser Grenzen Macht ausüben können, die indirekt und langfristig von den Geführten mitbestimmt werden. Wo diese Grenzen liegen, hängt einerseits von sozialen, kulturellen, ökonomischen u. a. Umweltbedingungen ab, unter denen geführt wird, und andererseits vom regel(durch)setzenden Verhalten der jeweils übergeordneten Führer. Eine weitere Begrenzung der Machtausübung durch Führungskräfte besteht darin, daß die Mitarbeiter einer Organisation regelmäßig noch in andere Systeme integriert sind, von denen sie

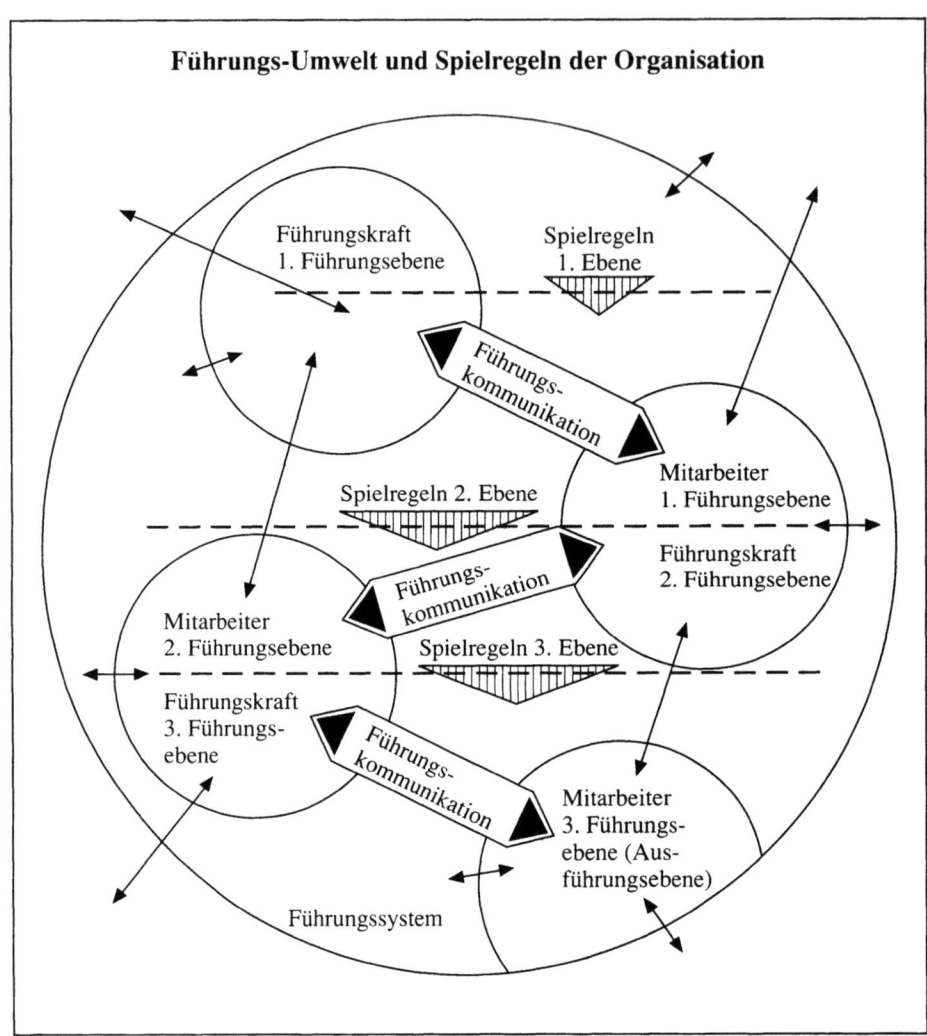

Abb. 11

sich Komplexität „borgen" können oder die ihnen helfen, vorhandene Komplexität als Machtmittel zu nutzen. Als Beispiele seien das soziale Für- und Vorsorgesystem und das Rechtssystem genannt, ferner die Experteneigenschaft vieler Mitarbeiter, wirtschaftliche Unabhängigkeit durch ihren ebenfalls berufstätigen Ehepartner, Gewerkschaften, und andere (informelle) Gruppierungen innerhalb oder außerhalb der Organisation.

Die Führung der Zukunft wird sich immer weniger auf die Möglichkeit der Machtausübung stützen können, weil die Fähigkeit der Mitarbeiter zu adäquaten Reaktionen stark zugenommen hat und künftig weiter zunehmen wird. Der Vorgesetzte von Herrn

S. muß z. B. als Folge seines machtbewußten Führungsstils damit fertigwerden, daß zwei seiner fähigsten Mitarbeiter die Organisation verlassen haben, während drei weitere ihre Leistung auf ein Mindestmaß zurückgenommen haben. Darunter hat er jetzt selbst zu leiden, von dem Schaden, den die Organisation zu tragen hat, ganz zu schweigen. Da Machtausübung – sofern sie überhaupt noch möglich ist – heute eher schadet als nützt, müssen Führungskräfte partnerschaftliche Mittel der Einflußnahme auf ihre Mitarbeiter wirksamer handhaben lernen. Grundlage dafür ist der Erwerb persönlicher und funktionaler Autorität, der in der zukünftigen Führungskräfte- und Organisationsentwicklung einen bedeutenden Stellenwert einnehmen wird.

4.2.1 Die Doppelexistenz des Menschen in der Organisation

Wie alle Organismen sind Menschen von der Natur auf Überleben programmiert, d.h. ihr Verhalten steht im Dienste der Erhaltung der Art. Überleben ist das genetisch vorgegebene immanente Ziel menschlichen Daseins. Es veranlaßt den einzelnen im wörtlichen oder auch übertragenen Sinne, den Lebenskampf aufzunehmen, es bringt ihn aber unter Umständen auch dazu, sich im Interesse seiner Mitmenschen aufzuopfern. Als Folge seiner zunehmenden Autonomie und der damit verbundenen Entstehung differenzierter sozio-kultureller und technisch-ökonomischer Systeme verfolgt er darüber hinaus auch transzendente Ziele, die nicht unmittelbar dem Überleben dienen, sondern Ausfluß seiner je besonderen Individualität sind. So muß der Mensch beispielsweise essen, um zu überleben, er kann das Essen aber auch zur Demonstration seiner gesellschaftlichen Stellung nutzen. Oder er arbeitet als Buchhalter, um seinen Lebensunterhalt zu verdienen, widmet seine Freizeit aber der Wissenschaft, der Religion, karitativen Zwecken oder der Politik. Dabei geht seine Unabhängigkeit so weit, daß er seine transzendenten Ziele sogar auf Kosten der Überlebenschancen seiner Art verfolgen kann. Die immanenten (Überlebens-)Ziele des Menschen weisen ihn als Produkt der Evolution aus, die transzendenten Ziele zeugen von seiner wachsenden Fähigkeit, die Evolution selbst zu beeinflussen.

Menschen sind nicht nur Subsysteme der Organisation, in der sie tätig sind. Zugleich sind sie auch Subsysteme von Umweltsystemen der Organisation (z. B. des sozialen oder des politischen Subsystems) und stehen deshalb auch zu diesen in ständigen Austauschbeziehungen, die mit bestimmten Erwartungen verbunden sind und aus denen sich bestimmte Verpflichtungen ergeben. So sind sie beispielsweise Familienmitglieder, Konsumenten, Steuerzahler, Mitglieder von Vereinen, Verbänden und politischen Parteien, Angehörige einer Konfession oder einer gesellschaftlichen Subkultur. Die zunehmende Differenzierung unserer Umwelt bringt es mit sich, daß die Menschen auch zunehmend differenzierten Einflüssen unterliegen und entsprechend vielfältige Motive, Einstellungen und Erwartungen entwickeln und in die Organisationen hineintragen. Da findet sich der einzelne leicht in Konflikten zwischen den Werten, Normen und Forderungen der Organisation einerseits und denen von anderen Systemen übernommenen andererseits.

- Konfliktpotential durch notwendigen Autonomieverzicht

Durch das Bestreben der Menschen, ganz bestimmte (individuelle) Austauschbeziehungen mit ihrer Umwelt (d.h. zu anderen Menschen und zu Organisationen) aufzunehmen und zu unterhalten, ergibt sich in Gesellschaften ein ständiges Konfliktpotential. Dieses ist umso größer, je weniger allgemeinverbindliche Werte und Normen das Denken und Handeln der Mitglieder regeln. Die pluralistische Gesellschaftsordnung läßt der individuellen Entfaltung und Entwicklung am meisten Raum. Die Zugehörigkeit ihrer Mitglieder zu unterschiedlichen Subsystemen der Gesellschaft bringt unterschiedliche Verhaltensanforderungen mit sich und bewirkt eine sehr breit gefächerte Entwicklung ihres (Selbst-)Bewußtseins, der Einstellungen und der Werthaltungen. Das ist ein guter Nährboden für Kreativität und Innovation, verstärkt aber auch die Zentrifugalkräfte der Gesellschaft und erschwert die Integration ihrer Subsysteme und Mitglieder.

Innerhalb einer Organisation wirkt sich die gleichzeitige Mitgliedschaft der Mitarbeiter in (mehreren) anderen gesellschaftlichen Subsystemen ebenso aus. Besonders schwierig wird es da, wenn Mitarbeiter aus ihren Erfahrungen in anderen Lebensbereichen schwer oder nicht zu erfüllende Erwartungen an die Organisation aufbauen. Die Verfechter einer „Demokratie im Betrieb" übersehen z. B. die völlig andersartigen Anforderungen, denen wirtschaftliche (wenigstens soweit sie ohne Subventionen des Steuerzahlers auskommen müssen) und politische Systeme ausgesetzt sind und daß zur Führung eines Wirtschaftsunternehmens ausschließlich politische Qualifikationen bei weitem nicht ausreichen. Die Führungskräfte der Organisationen werden durch den Bewußtseinspluralismus in differenzierten Gesellschaften vor besondere Probleme gestellt, die in dem Maße zuzunehmen scheinen, in dem personale Bedürfnisse bei den Mitarbeitern stärker in den Vordergrund rücken.

Der Mensch, der Mitglied einer Organisation wird, gibt zwangsläufig einen Teil seiner Autonomie auf und ordnet sich als Subsystem in das Strukturgefüge der Organisation ein. Der Platz, den er einnimmt, bestimmt seine soziale Position und seine Aufgaben, damit aber auch seinen Verhaltensspielraum und seine Einflußmöglichkeiten. Die dem einzelnen von der Organisation förmlich auferlegten Forderungen und Beschränkungen haben den Zweck, ihn in einer bestimmten Funktion den Zielen der Organisation dienstbar zu machen und die zielgerichtete Handlungsfähigkeit des Ganzen sicherzustellen. Von der Organisation aus gesehen, hat der Mensch die Aufgabe, ihr beim Überleben und beim Erreichen ihrer Ziele zu helfen. Er muß ihr also in bestimmter Weise nützlich sein. Dementsprechend ist sie in der Regel nur an dem Teil ihres Mitarbeiters interessiert, der ihren Zielen dient, die anderen Teile nimmt sie lediglich in Kauf. Sie fordert z. B. sein fachliches Können, seine Zeit, seinen persönlichen Einsatz, seine Loyalität und seine Solidarität. Sie gewährt ihm dafür Belohnungen in Form von Geld, Sicherheit, persönlicher Anerkennung, Prestige u.ä. Aber sie legt keinen Wert darauf, sich mit seinen persönlichen Problemen, mit seiner individuellen Auffassung von Führung oder mit seinen anthroposophischen Neigungen zu befassen.

Der einzelne Mensch ist innerhalb der Organisation doppelt existent: Einmal als einzigartiges unteilbares Individuum und Produkt der Evolution sowie seiner ganzen bisherigen Lebensgeschichte, mit eigenen Zielen, Werten, Motiven und Einstellungen, und ein andermal als Träger einer bestimmten Funktion im Gefüge der organisatorischen Zweckbeziehungen. Beide „Existenzen" verlangen bestimmte Austauschbeziehungen mit den anderen Subsystemen der Organisation und mit der Umwelt beziehungsweise ermöglichen nur diese. Das Dasein des einzelnen wird um so harmonischer und befriedigender sein, je besser die ihm abverlangten oder ermöglichten Austauschbeziehungen seinen Bedürfnissen und Neigungen entsprechen. Wir sprechen dann davon, daß er sich selbstverwirklichen kann. Individuell verschieden ausgeprägt, aber in unserer Gesellschaft tendenziell abnehmend, ist die Bereitschaft, auch Austauschbeziehungen mit der Organisation zu akzeptieren und nach besten Kräften zu erfüllen, die den individuellen Neigungen nicht entsprechen. Das erschwert die Integration des ganzen Menschen mit beiden Aspekten seiner Existenz, dem der individuellen Person und dem des Leistungsträgers, in die Organisation.

Die gegenwärtig verstärkt zu beobachtende Ego-Zentrierung und Individualisierung des Denkens und Handelns des einzelnen mit der Folge der sozialen Desintegration unserer Gesellschaft ist möglicherweise eine natürliche Reaktion auf die wachsende Komplexität und Undurchschaubarkeit der Welt. Da kein Mensch ohne feste Bezugspunkte für sein Denken und Handeln auskommt, muß er, wenn Erziehung, Kultur, Religion und Politik sie ihm nicht (mehr) bieten, auf sich selbst zurückgreifen. Es bleibt ihm keine andere Wahl, als sich an seinem individuellen (in der Regel sehr begrenzten, partiellen und oft verzerrten) Weltbild zu orientieren, an ganz persönlichen, auf diesem Weltbild aufbauenden Nützlichkeitserwägungen, und allenfalls noch an Werten und Normen von ihm emotional nahestehenden Bezugspersonen oder -gruppen. Für die Organisationen beziehungsweise ihre Führungskräfte ergibt sich daraus das Problem der Integration immer mehr auf sich selbst bezogener Mitarbeiter, die die unterschiedlichsten Erwartungen an die Organisation herantragen. Je weiter gestreut das Spektrum der individuellen Bedürfnisse, Einstellungen und Interessen der Mitarbeiter und je geringer ihre Einsicht in die Erfordernisse der Organisation ist, desto wahrscheinlicher sind Enttäuschungen. Die Einsatzbereitschaft der Mitarbeiter für die Ziele und Interessen der Organisation sind unter diesen Umständen ebenso schwierig zu erreichen wie ihre Loyalität und Solidarität gegenüber der Organisation.

Die Beziehungen zwischen dem Menschen und der Organisation im Geflecht ihrer Umweltbeziehungen veranschaulicht die weiter vorne gezeigte Abbildung 8. Bitte blättern Sie noch einmal auf die Seite 87 zurück.

Die Organisation – vertreten durch ihre Führung – versucht, ihre Mitarbeiter durch die materielle und kommunikative Einbindung in ihr Strukturgefüge im Sinne ihrer Ziele zu beeinflussen und zum Einsatz ihrer Kräfte für die Organisationsziele zu bewegen. Von der Art und Weise, wie sie ihren Mitarbeitern die gewünschten Austauschbeziehungen auferlegt, und von der Qualität der geforderten Austauschbeziehungen selbst geht eine mehr oder weniger starke Motivation (oder Demotivation) der Mitarbeiter aus. Darüber hinaus dienen Weiterbildung, Personal- und Organisationsentwicklung der Integration von organisatorischen Anforderungen und personellen Bedürfnissen. Leider wird diese Chance, eine Synthese aus den von der Organisation geforderten und vom Mitarbeiter gewünschten Austauschbeziehungen herzustellen, häufig nicht oder nur unvollkommen wahrgenommen, weil Weiterbildung beziehungsweise Personal- und Organisationsentwicklung in der Regel zu wenig mit dem organisatorischen Führungs- und Leistungsprozeß verknüpft sind, um tiefgreifende und weittragende Wirkungen erzielen zu können.

Die Organisation beeinflußt den einzelnen Mitarbeiter nicht nur über die Position, die sie ihm zuweist, und mittels formeller Kommunikation im Rahmen des Führungs- und Leistungsprozesses. Wesentlich ist auch der informelle Einfluß, der von den Kollegen, Mitarbeitern und auch den Vorgesetzten ausgeht, und durch den der einzelne in das soziale System der Organisation eingebunden wird. Das informelle Beziehungsnetz zwischen den Mitgliedern einer Organisation ist für das Verhalten und das Bewußtsein der Mitarbeiter in der Regel entscheidender als es die formellen Organisations- und Kommunikationsstrukturen sind. Mitarbeiter orientieren sich deshalb stärker an den „hautnahen" Normen ihrer Kollegen in der eigenen Arbeitsgruppe als an den „entfernten" Regeln der Gesamtorganisation.

- Vorgesetzten-Vorbilder und Organisationskultur

Das Verhalten ihrer (unmittelbaren) Vorgesetzten übt außerordentlich starken Einfluß auf das Bewußtsein und das Verhalten der Mitarbeiter aus. Das Sprichwort „Wie der Herr, so's G'scherr" kommt nicht von ungefähr. Mit ihrem Verhalten wecken die Vorgesetzten nicht nur Gefühle, Einstellungen und Urteile der Mitarbeiter gegenüber ihrer eigenen Person, sondern setzen auch Verhaltensmaßstäbe gegenüber anderen Vorgesetzten, gegenüber der Organisation und ihren Subeinheiten sowie gegenüber Dritten, wie z. B. Kunden und Lieferanten. Das Verhalten der Vorgesetzten beeinflußt ebenso maßgeblich die Arbeitsatmosphäre und das Betriebsklima.

Vielen Führungskräften ist das anscheinend nicht bewußt, sonst käme es nicht immer wieder vor, daß sie durch ihr Verhalten negative Kriterien setzen und negative Signale geben. Der schon mehrfach erwähnte Herr S. lernt von seinem Vorgesetzten beispielsweise ständig, die selbstbehauptenden Tendenzen überzubewerten und ihnen die integrativen zu opfern. Dieser Mann betreibt Machtpolitik ohne Rücksicht auf die wohlverstandenen Interessen der Gesamtorganisation. Dadurch wird die Balance zwischen beiden Tendenzen empfindlich gestört und die Organisation wird zu einer Arena egoistischer Auseinandersetzungen, was einen großen Teil der Kräfte bindet, die sie für ihre evolutionäre Entwicklung im Wechselspiel mit der Umwelt benötigen würde.

Aber auch andere Negativ-Vorbilder sind anzutreffen: Der Vorgesetzte, der sich um Entscheidungen und Übernahme von Verantwortung drückt, derjenige, der es mit den Spielregeln der Zusammenarbeit nicht so genau nimmt, derjenige, auf dessen Worte kein Verlaß ist, oder derjenige, der seinen Mitarbeitern in kritischen Fällen in den Rücken fällt. Negativ-Vorbilder bewirken mit ihrem Verhalten, daß ihre Mitarbeiter allmählich jeden Respekt vor ihnen verlieren und ihre Geringschätzung häufig unberechtigterweise auch auf andere Führungskräfte und sogar auf die Organisation als Ganzes verallgemeinern. Man braucht sich nicht zu wundern, daß sich unter solchen Umständen nur wenig Einsatz- und Leistungsbereitschaft unter den Mitarbeitern zeigt.

Die Führung hat auch den entscheidenden Einfluß auf das Organisationsbewußtsein, von dem die Identifikation des einzelnen Mitarbeiters mit „seiner" Organisation und sein Verhalten in der Organisation ebenso maßgeblich abhängen wie seine Präsentation der Organisation gegenüber Dritten. Das Organisationsbewußtsein ist die Identität der Organisation in den Köpfen ihrer Mitglieder. Es wird von ihrem Wissen über die Organisation und dessen Bewertung gebildet. Dabei spielen auch die Gefühle eine erhebliche Rolle, die der Mitarbeiter mit seinen Erlebnissen in der Organisation verbindet.

Quellen des Organisationsbewußtseins sind neben den alltäglichen Erfahrungen im Führungs- und Leistungsprozeß die Informationen, die die Mitarbeiter z. B. von ihren Vorgesetzten in Gesprächen, durch eine Hauszeitschrift, auf Betriebsversammlungen, oder in informellen Gesprächen mit Kollegen über die Organisation, ihr internes und externes Wirken und ihre Entwicklung erhalten. Ein positives Organisationsbewußtsein bewirkt Zusammengehörigkeitsgefühl und stärkt die Motivation, sich für die Organisation einzusetzen, ein negatives Organisationsbewußtsein kann Gleichgültigkeit gegenüber den Belangen der Organisation, Anspruchsdenken, innere Emigration oder das Ausscheiden des Mitarbeiters zur Folge haben.

Der gesamte geistige Überbau einer Organisation, der mit Begriffen wie „Organisationsbewußtsein", „Wir-Gefühl", „Betriebsklima", „Organisationskultur", bezeichnet werden kann, ist ein Reflex des Verhaltens der Organisationsmitglieder. Das Bewußtsein dieses geistigen Überbaus wirkt auf das Verhalten zurück und beeinflußt es dadurch auch, so daß eine Wechselbeziehung entsteht. Das zeigt die Abbildung 12. Die Kultur einer Organisation ist ebenso ein Organismus wie das System ihrer materiellen Beziehungen; und beide sind wechselwirkende Erscheinungen ihrer Ganzheit.

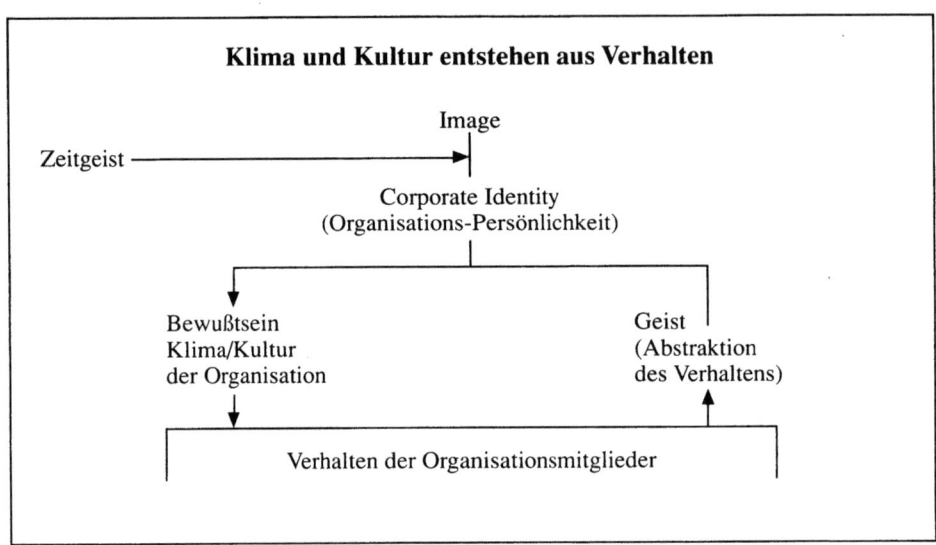

Abb. 12

Die Mode, ein positives Organisationsbewußtsein durch die „Schaffung" einer Organisationskultur „herzustellen", ist ein typisches Produkt mechanistischen Irrglaubens und gleicht dem Versuch, die Stimmung der Menschen in einem Haus nachhaltig dadurch zu beeinflussen, daß man es neu anstreicht. Organisationsbewußtsein ist eine Abstraktion des Verhaltens der Mitarbeiter und ihrer Vorgesetzten, die orientierend und rahmengebend auf das Verhalten zurückwirkt. Aus dem Wechselspiel von Verhalten und Bewußtsein entsteht so etwas wie eine Organisationspersönlichkeit (Corporate Identity), die in ihrer durch die Brille des jeweiligen Zeitgeistes gesehenen Außenwirkung „Image" genannt wird.

Wer Organisationskultur und Organisationspersönlichkeit ändern möchte, muß beim Verhalten der Mitarbeiter und vor allem der Führungskräfte ansetzen. Die Mitglieder einer Organisation (aber nicht die Führung oder gar einzelne von ihr beauftragte Mitarbeiter allein) können wohl anstreben, ihr Verhalten zu ändern oder neu zu akzentuieren. Es spricht auch nichts dagegen, wenn sie ihre Absichten zu Papier bringen und durch entsprechende Öffentlichkeitsarbeit und ein spezifisches Erscheinungsbild nach außen dokumentieren. Dadurch wird aber das den Absichten gemäße Handeln nicht ersetzt. Allein mit Erbauungstexten und schönen Bildchen auf Hochglanzpapier ist gar nichts zu erreichen – außer einem Befremden bei denen, die den Unterschied von Schein und Sein bemerken. Bisher ist noch kein Fall bekannt geworden, wo ein ohne Rücksicht auf das Leben in der Organisation hergestelltes Organisationsleitbild das Verhalten der Organisationsmitglieder nachhaltig verändert hätte.

Organisationskulturen oder -persönlichkeiten sind nur mittels langfristig angelegter Entwicklungsprozesse zu verändern, die im Alltag der Organisation, an den einzelnen Arbeitsplätzen und in den Köpfen aller Organisationsmitglieder stattfinden müssen. Die Entwicklung muß von „oben" gewollt und unterstützt werden, und die Führungskräfte sollten sie auch initiieren. Aber es darf keine Verordnung geben. Die Leitbilder und Grundsätze des organisatorischen (= Mitglieder-) Verhaltens müssen von „unten" herauf in einem ständigen Dialog zwischen Führungskräften und Mitarbeitern erarbeitet werden, weil nur das verhaltensbeeinflussend wirkt, womit sich die Mitarbeiter identifizieren.

Wenn auch die Führungskräfte den entscheidenden Einfluß haben, so liegt die Verantwortung für das Organisationsklima und die Organisationskultur doch bei allen Mitarbeitern. Denn eine Organisation lebt ja letzlich nur von den und durch die Interaktionen ihrer Mitglieder: den formellen – an die Zweckbeziehungen zwischen ihren Elementen und Subsystemen sowie zwischen diesen und der Umwelt geknüpften und den informellen – nicht primär den Organisationszwecken dienenden, sie aber fördernden oder beeinträchtigenden. Die „Wirklichkeit" der Organisation ist nichts anderes als der Reflex dieser Interaktionen. Durch ihre Positionsautorität und die Reichweite ihrer Entscheidungen haben die Inhaber von Führungspositionen besonders großen Einfluß auf die „Wirklichkeit" der Organisation. Deshalb ist es wichtig, daß gerade sie sich stark mit der Organisation und ihren Zielen identifizieren, loyales und solidarisches Verhalten gegenüber der Organisation und ihrer Führungsspitze vorleben, und fähig sind, verbindliche Normen für das Verhalten ihrer Mitarbeiter zu schaffen.

4.2.2 Das Wesen der Führung in Organisationen

Führen heißt, durch persönlichen Einfluß auf Menschen Leistungen zu bewirken, die für das Überleben und das Wachstum der Organisation von Bedeutung sind. Führung vollzieht sich mittels Kommunikation zwischen Menschen, wobei der Führer den Kommunikationsprozeß mit dem Ziel dominiert, die Fähigkeiten der Geführten – eventuell unter Zuhilfenahme von Sachmitteln – im Sinne der Führungsaufgabe nutzbar zu machen. Sowohl Führer wie auch Geführte sind Subjekte des Führungsprozesses; beide bringen ihre ganze Persönlichkeit mit allen Erfahrungen, allem Wissen, allen Urteilen (und Vorurteilen), allen Einstellungen und allen Gefühlen in den Führungsprozeß ein und beeinflussen sich darin gegenseitig.

Die Ausführungsaufgabe, das gemeinsame Objekt der Zusammenarbeit von Führer und Geführten beziehungsweise das mittels Führung zu Bewirkende oder zu Erreichende (Ziel), ist in vielen Fällen nicht (vollständig) gegeben oder wird nicht einfach vom Führer bestimmt, sondern muß erst im Rahmen des Führungsprozesses geklärt und definiert werden. Je ausgedehnter und komplexer die Ausführungsaufgabe ist und je verschiedenartiger die zu ihrer Lösung erforderlichen Kenntnisse und Fertigkeiten sind, desto mehr ist die Führungskraft dabei auf die fachliche Qualifikation und selbständige und eigenverantwortliche Leistungen ihrer Mitarbeiter angewiesen.

- Führungskräfte – auf dem Thron allein durch ihre Funktion

Führungskräfte sind die Mitarbeiter der Organisation, deren Aufgabe in der Führung der anderen Mitarbeiter besteht. Das heißt, sie müssen die Mitarbeiter, die ihnen unterstellt sind, zu dem Verhalten bringen, das im Interesse des Gedeihens der Organisation geboten ist. Diese lapidare Feststellung, die im folgenden noch erläutert wird, beinhaltet alles, was über das Verhältnis von Führungskräften zu ihren Mitarbeitern zu sagen ist: Führungskräfte haben in der Organisation eine bestimmte Funktion und sind deshalb genau mit den Rechten und Pflichten ausgestattet, die sie für die Wahrnehmung ihrer Funktion benötigen. Ihre funktionale Überordnung gegenüber ihren Mitarbeitern darf also nicht als menschliche Überordnung mißverstanden werden.

Welches Verhalten sie von ihren Mitarbeitern fordern muß, weiß eine Führungskraft aber selten allein, sie muß es häufig erst mit Hilfe ihrer Mitarbeiter herausfinden. Unter dem Gesichtswinkel der Koevolution von Organisation und ihrer Umwelt muß Führung bewirken, daß diejenigen (unter vielen möglichen) Austauschbeziehungen herausgefunden und verwirklicht werden, mit denen eine optimale Balance zwischen der Selbstbehauptung der Organisation und der Integration in ihre Umwelt erreicht werden kann. Führung muß dafür sorgen, daß die dazu benötigten Informationen fließen, daß sie nach geeigneten Methoden verarbeitet werden, daß Entscheidungen getroffen und dann in praktische Maßnahmen umgesetzt werden, daß der Umsetzungsprozeß kontrolliert und gegebenenfalls korrigiert wird, und daß aus Erfahrungen (aber nicht nur aus ihnen) gelernt wird. Die Führungskräfte sind aber nicht dazu da, dies alles selbst zu tun, sondern sie sollen bewirken, daß ihre Mitarbeiter es tun können.

Dazu sind Information und Kommunikation zwischen der Organisation und ihrer Umwelt sowie innerhalb der Organisation zwischen ihren Subsystemen notwendig. Führungskräfte müssen der Organisation und ihren Mitarbeitern lohnende Ziele verschaffen und ermöglichen, daß diese erreicht werden können. Das ist in erster Linie eine Kommunikationsaufgabe. Die Kommunikation erschließt die Führungsziele sowie die Möglichkeiten, Mittel und Wege zu ihrer Erreichung. Mittels Kommunikation definieren Vorgesetzte und Mitarbeiter den Raum und die Spielregeln, innerhalb derer sich die Mitarbeiter weitgehend selbstgesteuert und eigenverantwortlich an die Lösung der ihnen übertragenen Aufgaben machen. Die Führungskräfte begleiten den Ausführungsprozeß, indem sie dessen Zielwirksamkeit beobachten, die Einhaltung der Verhaltensspielregeln überwachen, ihre Mitarbeiter beraten und ertüchtigen, sowie gegebenenfalls zusammen mit ihren Mitarbeitern Inhalte und Methoden des Ausführungsprozesses verändern.

Führung ist auf Menschen bezogen und erzielt ihre Ergebnisse dadurch, daß sie Menschen motiviert, ihre Erfahrungen, Kenntnisse und Fertigkeiten zum Nutzen der Organisation einzusetzen. Die Tätigkeit der Führungskräfte muß sich an der Frage orientieren: Wie kann ich erreichen, daß die Mitarbeiter ihre aktuellen und potentiellen Kenntnisse und Fertigkeiten so uneingeschränkt wie möglich für die Belange der Organisation einsetzen? Die Antwort muß lauten: Indem ich Bedingungen schaffe, die meinen Mitarbeitern die gewünschten Leistungen nicht nur ermöglichen, sondern sie zu diesen Leistungen geradezu herausfordern.

- Führung ist persönliche Kommunikation

Führung bedarf der Nähe. Der persönliche, auch emotionale Einfluß, durch den Führungskräfte ihre Mitarbeiter auf die Ziele der Organisation verpflichten und sie zum vollen Einsatz ihrer Kräfte und Fähigkeiten zum Wohle der Organisation motivieren wollen, kann vollkommen nur in der Begegnung von Mensch zu Mensch ausgeübt werden. Deshalb werden auf sämtlichen Führungsebenen der Organisation Führungskräfte benötigt, die sich dadurch vor anderen Mitarbeitern auszeichnen, daß sie Menschen motivieren können, sich der Organisation dienstbar zu machen. Das ist mit nüchternen Zielvorgaben oder -vereinbarungen nicht zu erreichen, obwohl diese durchaus nützlich und wichtig sind. Aus Erfahrung wissen wir aber, daß Ziele nur motivieren, wenn sie affektiv „geladen" sind, d.h. wenn der Mitarbeiter damit lebhafte positive Vorstellungen verbindet oder sich davon persönlich betroffen fühlt. Da sich die affektive „Ladung" organisatorischer Ziele nur selten von allein ergibt (wie z. B. in Bürgerinitiativen oder sozialen Selbsthilfeeinrichtungen), müssen die Führungskräfte dafür sorgen, was nur mit persönlichem Einsatz möglich ist.

Die gegenwärtige Führung krankt vor allem daran, daß Führungskräfte sich zu wenig Zeit für die persönliche Kommunikation mit ihren Mitarbeitern nehmen. Mehrere hundert Teinehmer der SEMINARE FÜR KOMMUNIKATION UND FÜHRUNG aus verschiedenen Hierarchieebenen äußerten auf Befragen, daß ihre Vorgesetzten sich viel zuviel mit Ausführungstätigkeiten beschäftigten und deshalb die Führung vernachlässigten. „Meinen Chef", klagte ein Teilnehmer, „den sehe ich manchmal drei Monate lang nicht". Dieser Extremfall ist nicht repräsentativ für alle Antworten. Dennoch muß festgestellt werden, daß mangelnder persönlicher Kontakt zwischen Vorgesetzten und Mitarbeitern die Ursache für den um sich greifenden Orientierungsmangel der Mitarbeiter, für Motivations- und Leistungsschwächen und für ein schwindendes Wir-Gefühl ist. Die Reduzierung von Führung auf Leitung mittels Aktennotizen, Arbeitsanweisungen und Statistiken schwächt die integrativen Verhaltenstendenzen der Mitarbeiter zugunsten der selbstbehauptenden Verhaltenstendenzen und hat zur Folge, daß diese sich immer weniger mit ihrer Organisation(seinheit) identifizieren.

Die unverzichtbare menschliche Nähe und die Tatsache, daß Führer und Geführte immer als unteilbare ganzheitliche Persönlichkeiten mit allen ihren Stärken und Schwächen, angenehmen und weniger angenehmen Eigenarten interagieren, macht die Menschenführung gleichzeitig interessant und schwierig. Es scheint allerdings, als ob sehr viele derer, die Führungspositionen innehaben, die damit verbundenen Aufgaben und Verpflichtungen nur wenig schätzen. Anders wäre die unübersehbare Neigung, Führung zu vermeiden und sich stattdessen hinter Ausführungstätigkeiten und Leitungsaktivitäten zu verschanzen, kaum zu erklären. Verstärktes Anliegen der künftigen Führungsausbildung muß es sein, hier einen Wandel einzuleiten.

Wer an Führung denkt, assoziiert meist auch Führungsstil. Der Führungsstil ist die charakteristische Interaktionsweise zwischen einer Führungskraft und ihren Mitarbeitern. Die Wissenschaft hat zahlreiche Typen von Führungsstilen herausgefiltert (z. B. autoritärer, bürokratischer, partnerschaftlicher Führungsstil), aber letztlich erkannt, daß es den optimalen Führungsstil nicht gibt. Da Führung, wie hier dargestellt, ein dynamischer Prozeß von Wechselwirkungen zahlreicher Elemente – nur u. a. auch des Führungsstils – ist, müßte dieser sich im Idealfall auf die jeweilige Bedingungskonstellation einstellen. Daß er das erfahrungsgemäß nicht tut, liegt daran, daß Führungsverhalten nur in Grenzen variabel ist.

Der Führungsstil ist ein Produkt der Koevolution von Führungskraft und Führungssystem der Organisation und – soweit überhaupt – nur im Rahmen dieser Wechselbeziehung beeinflußbar. Er bildet sich über längere Zeit auf der Grundlage der Persönlichkeitseigenschaften der Führungskraft und unter Einfluß sämtlicher materieller und menschlicher organisatorischer Gegebenheiten, wie beispielsweise Verhalten der Vorgesetzten und der Mitarbeiter, Organisationsstruktur, Führungsziel, emotionale Beziehungen zwischen Führer und Geführten heraus. Die Grundstrukturen des Führungsverhaltens gehen aber auf die koevolutionären Prozesse der Erziehung und der Ausbildung zurück, so daß es beim Berufseintritt schon vorgeprägt ist und sich in der

Führungspraxis unter dem Einfluß der dortigen Gegebenheiten nur in individuell unterschiedlicher Weise verfestigt.

Grundlegende Veränderungen von Führungsstilen sind schwierig und – soweit überhaupt – nur im Rahmen langfristig angelegter (Um-) Lernprozesse möglich. Wegen der Wechselbeziehungen zwischen dem Führungsstil und dem Führungssystem als der Führungs-„Umwelt" ist dieses unbedingt in die Veränderungsbemühungen mit einzubeziehen. Erfolgversprechend sind ausschließlich langfristig orientierte systematische Personal- und Organisationsentwicklungsmaßnahmen.

- Leitung als Element der Führung

Leitung kann im Gegensatz zur Führung problemlos unpersönlich über mehr oder weniger große Entfernung und unter Vermittlung von Nachrichtentechnik ausgeübt werden. Leiten oder Managen ist auf sachliche Strukturen und Prozesse bezogen. Die Leitungstätigkeit orientiert sich an der Frage: Wie müssen die Strukturen und Prozesse aussehen, wenn sich die Organisation im Hinblick auf bestimmte erwünschte Austauschprozesse mit der Umwelt weiterentwickeln soll? Die Antwort enthält die erforderlichen technischen und organisatorischen Maßnahmen. Dabei sind in der Regel zwar auch Menschen angesprochen, es geht dann aber nicht um ihre Motivation, sondern um ihre Funktion im organisatorischen Leistungsprozeß. Während Führung den ganzen Menschen für die Organisation und ihre Belange zu gewinnen trachtet und ihn deshalb auch emotional anspricht (und ansprechen muß!), begnügt sich Leitung mit einzelnen seiner Kenntnisse und Fertigkeiten, die sie der Organisation auf der Grundlage ihrer Weisungsbefugnis und des Arbeitsrechts nutzbar machen kann.

In der Praxis sind Führungs- und Leitungsaufgaben nicht trennbar, sie ergänzen einander und gehen fließend ineinander über. Führung enthält stets Elemente der Leitung, und Leitung könnte allein keinen Kooperationserfolg herbeiführen. Planen oder Koordinieren sind zwar an sich reine Leitungstätigkeiten, sie erhalten jedoch in dem Moment zusätzlich den Charakter von Führungstätigkeiten, wo zu ihrer optimalen Ausführung Mitarbeiter zum Mitdenken motiviert oder zum persönlichen Einsatz begeistert werden müssen. Die Möglichkeit der affektiven „Ladung" von Zielen und Aufgaben unterscheidet die Führung von der bloßen Leitung und gibt ihr erheblich weiter reichende Beeinflussungschancen. Je nach den Stellenaufgaben sowie der personellen und technischen Ausstattung der Stelle kann allerdings unabhängig von der persönlichen Neigung des Stelleninhabers die Bedeutung des Führungsaspekts oder die des Leitungsaspekts überwiegen, so daß dadurch seine Wahlfreiheit eingeschränkt wird.

Die gedankliche Trennung von Führungs- und Leitungsaufgaben ist aus zwei Gründen wichtig: Erstens sind Leitungsaufgaben auf alle dafür qualifizierten Mitarbeiter delegierbar, während Führungsaufgaben nur anderen Führungskräften übertragen werden können (wobei die delegierende Führungskraft ihre letzte Verantwortlichkeit aber behält). Zweitens neigen Führungskräfte, die sich den besonderen menschlichen Ansprüchen der Führung nicht gewachsen fühlen, dazu, sich allein auf ihre Leitungsaufgaben zu konzentrieren und ihre Führungsaufgaben zu vernachlässigen. Das hat in der Regel eine Schwächung der Motivation der Mitarbeiter zur Folge und kann in Einzelfällen so weit gehen, daß die Mitarbeiter nur noch Dienst nach Vorschrift machen. In solchen Fällen sind die Vorgesetzten gefordert, dafür zu sorgen, daß die ihnen unterstellten Führungskräfte lernen, ihren Führungsaufgaben gerecht zu werden. Meistens bedarf es dann vor allem einer Weiterentwicklung der kommunikativen Fähigkeiten, die besonders häufig bei den Mitarbeitern unterentwickelt sind, die aus technisch-naturwissenschaftlichen Fachtätigkeiten in Führungspositionen befördert wurden.

Die angemessene Gewichtung der Führungs- und Leitungsaufgaben ihrer Stelle durch eine Führungskraft ist allerdings in der Praxis nicht immer leicht möglich, da sie sich unter situativen Einflüssen ändern muß. Auch muß bedacht werden, daß in fast jeder Führungsstelle in gewissem Umfang auch Ausführungstätigkeiten anfallen, die von der Führungskraft wahrgenommen werden müssen. Wie die einzelne Führungskraft ihre Zeit und Energien investiert, hängt entscheidend von ihren persönlichen Neigungen ab. Leider decken sich diese in vielen Fällen nicht mit den Anforderungen ihrer Stellen. In zwar verständlicher, aber für die Organisation schädlicher Weise klammern sich nicht wenige Führungskräfte an Leitungs- oder gar Ausführungstätigkeiten (nicht selten sogar an Routinearbeiten!), weil sie daraus ein Gefühl der Sicherheit und des Gebrauchtwerdens ziehen, das ihnen ihre Führungsaufgabe mangels ausreichender Beherrschung nicht gibt. Für die Organisation bedeutet das Verschwendung hochbezahlter Arbeitszeit. Führungsausbildung sollte dem vorbeugen, indem sie den angehenden Führungskräften hilft, die Wahrnehmung ihrer eigentlichen Aufgaben gründlich zu erlernen.

- Führen ist steuern und regeln

Führung und Leitung vollziehen sich – kybernetisch gesprochen – als Steuerung und Regelung. Führung nutzt dazu überwiegend zwischenmenschliche Kommunikation, während Leitung sich vor allem unpersönlicher Kommunikationsmittel (z. B. Dienstanweisungen, Statistiken, Stellenbeschreibungen) bedient. Im Falle der Steuerung kontrolliert der Vorgesetzte seinen Mitarbeiter fortlaufend und direkt, um ihn erforderlichenfalls unmittelbar durch einen Impuls (z. B. eine Anweisung oder die Übermittlung der letzten Umsatzzahlen), zu einer Veränderung seines Verhalten oder seiner Leistung zu bewegen. Grundlage des Steuereingriffs sind einerseits Nachrichten über die Zustände der internen und externen Austauschbeziehungen und andererseits Ziele beziehungsweise Maßstäbe des Vorgesetzten, die er auf das Verhalten und die Leistung seines Mitarbeiters anwendet und an denen er die gemeldeten Zustände mißt. In Abbildung 13 ist das schematisch dargestellt.

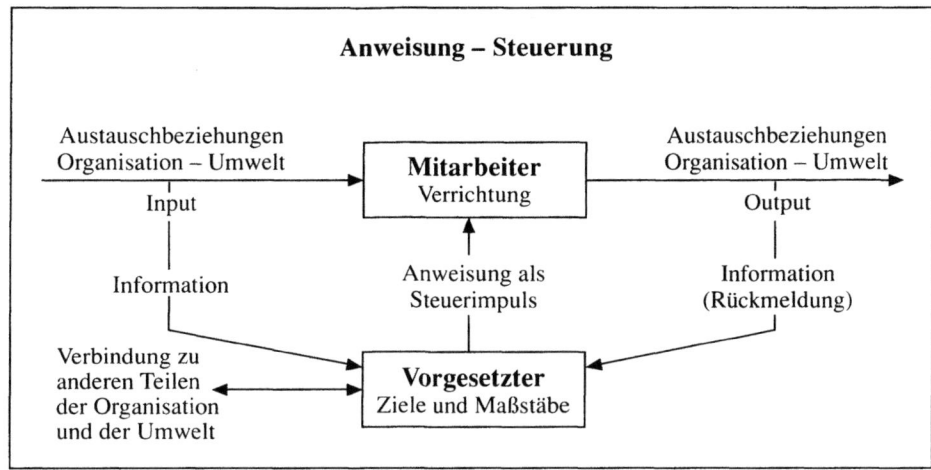

Abb. 13

Im Falle der Regelung gibt der Vorgesetzte Ziele und Maßstäbe vor oder vereinbart sie mit seinem Mitarbeiter. Der Mitarbeiter mißt sein Verhalten und seine Leistung dann selbst und korrigiert sich erforderlichenfalls, während sich der Vorgesetzte auf die Kontrolle dieses Selbstregelungsmechanismus beschränkt. Das ist in Abbildung 14 bildlich wiedergegeben.

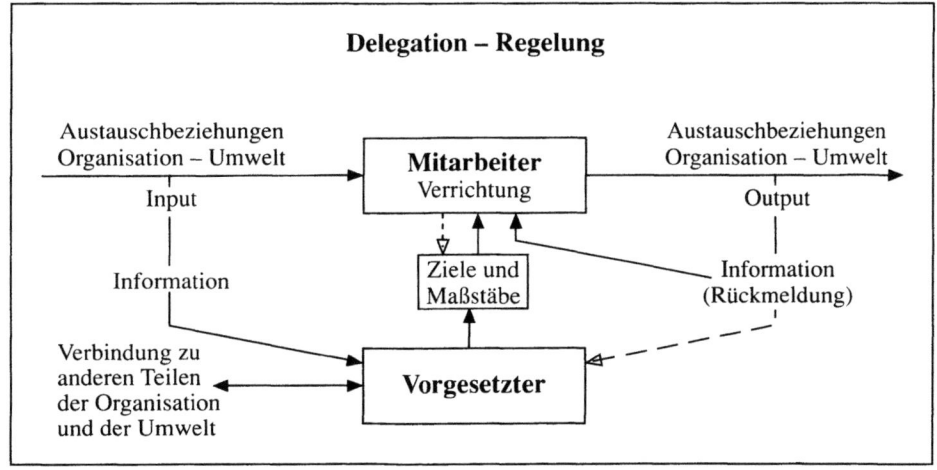

Abb. 14

Die Regelung entlastet den Vorgesetzten und gibt dem Mitarbeiter einen größeren Freiraum für seine Aufgabenerfüllung. Schnelle Reaktionen auf veränderte Anforderungen sind möglich und der Mitarbeiter kann unter der Voraussetzung technischer und organisatorischer Freiheitsgrade seine Arbeitsmethodik unabhängig verbessern und optimieren. Dafür ist nicht von vornherein sichergestellt, daß er seine Tätigkeit im Einzelfall wirklich korrekt ausführt oder seine Aufgaben entsprechend den vorgegebenen beziehungsweise vereinbarten Zielen und unter Beachtung der geltenden Spielregeln löst (eine Verbesserungsmöglichkeit wird später noch gezeigt). Regelung stellt deshalb hohe Anforderungen an die fachliche Befähigung und das Pflichtbewußtsein der Mitarbeiter. Die Steuerung ist in dieser Hinsicht unproblematischer, belastet jedoch den Vorgesetzten stark und läßt dem Mitarbeiter kaum Freiraum zur Selbstentfaltung und Selbstorganisation. Der aus vielen Gründen notwendige vermehrte Einsatz von Regelungssystemen in der zukünftigen Führung verlangt deshalb Lernprozesse sowohl auf fachlicher wie auch auf menschlicher Ebene.

Das Führungssystem einer Organisation besteht aus einem Netz von miteinander verflochtenen Regelungs- und Steuerungskreisen, wobei die jeweils übergeordneten Kreise die Vorgaben (Verhaltenskriterien oder Spielregeln) für die ihnen untergeordneten Kreise liefern. Den Führungskräften ist es aufgegeben, ein im Hinblick auf die Organisationsziele sinnvolles und wirksames Netz von Regelungs- und Steuerungskreisen einzurichten und zu unterhalten sowie seine zielwirksame Funktion zu überwachen.

- Führungsaufgaben und Ausführungsaufgaben

Führungsaufgaben betreffen die grundsätzliche Einstellung der Organisation auf ihre Umwelt. Sie beinhalten die Schaffung der für das Überleben und Wachsen der Organisation geeigneten Strukturen und Prozesse, die Anwerbung, Integration und Motivierung benötigter Mitarbeiter, und die Initiierung und Kontrolle von Verhalten zur Erreichung der Organisationsziele. Wer in einer Organisation Führungsaufgaben wahrnimmt, trägt damit immer auch Verantwortung für die angestrebten Ziele und die eingesetzten Mittel gegenüber den übergeordneten Führungsebenen der eigenen Organisation, gegenüber seinen Mitarbeitern, gegenüber der Gesamtorganisation und gegenüber der Organisationsumwelt.

Während Führungskräfte also durch die Schaffung der erforderlichen sachlichen und personellen Voraussetzungen und durch persönlichen Einfluß auf ihre Mitarbeiter Leistungen bewirken, sind Ausführungskräfte diejenigen Mitglieder der Organisation, deren Tätigkeit in unmittelbarer Einwirkung auf Objekte des betrieblichen Leistungsprozesses besteht. Das können z. B. Handwerker, Maschinenbediener, Exportsachbearbeiter, Schreibkräfte, Verkäufer, Buchhalter, Fahrer, Werbetexter, Personaltrainer, Statistiker, Steuerberater sein. Auf welcher hierarchischen Ebene der Organisation ihre

Mitglieder tätig sind, ist grundsätzlich ohne Belang, es kommt für ihre Zugehörigkeit zu den Führungs- oder Ausführungskräften nur auf die ausgeübte Funktion an. Ein Pressesprecher ohne Mitarbeiter ist beispielsweise Ausführungskraft, auch wenn er eine Stabsstelle auf Geschäftsführungsebene innehat. So wie Führungs- und Leitungsaufgaben häufig in ein und derselben Stelle vereinigt sind, so beinhalten die meisten Führungsstellen auch Ausführungsaufgaben. Eine Führungskraft, die z. B. Verkaufs- oder Projektgespräche mit wichtigen Kunden selbst führt, oder eine Leitungskraft in der Kalkulation, die auch selbst kalkuliert, sind damit ausführend tätig. Und der Pressesprecher, der in seiner Stabsstelle mehrere Mitarbeiter beschäftigt, hat zwar eine Führungsposition; als Leiter einer Pressekonferenz ist er aber z. B. ausführend tätig.

- Führung ist Sinnvermittlung

Der Sinn des Lebens ist das Leben selbst. Und Leben ist Wachstum, Entfaltung, Vielfalt. Der Sinn einer Organisation liegt in ihrer Leistung für das Leben. Indem sie dazu beiträgt, die Bedingungen für das (menschliche) Leben zu verbessern, ist sie für ihre Umwelt sinnvoll. Das bedeutet nicht automatisch, daß sie dann auch für die in ihr arbeitenden Menschen sinnvoll ist. Ein Dreher, der tagein-tagaus eine Sorte Bolzen dreht, mag das beispielsweise als zweckmäßig ansehen, weil es ihm ein gutes Einkommen sichert, aber vielleicht nicht als sinnvoll. Sinnvoll ist seine Tätigkeit für die Organisation, weil sie ein wichtiger Beitrag für die organisatorische Leistung ist. Weiß der Dreher jedoch, daß diese Bolzen wichtige Präzisionsteile der Fahrwerke sind, für deren Konstruktion und Fertigung die Organisation hoch angesehen ist, und identifiziert er sich mit dieser organisatorischen Leistung, dann bekommt seine Tätigkeit auch für ihn Sinn.

Sinnvoll wird ein Ziel, ein Gegenstand oder eine Tätigkeit erst dadurch, daß sie eine positive Bedeutung bekommt. Und da Bedeutung eine subjektive Kategorie ist, folgt für den Sinn, daß auch er subjektiv sein muß. Was für den einen Menschen Sinn hat, kann für den anderen sinnlos sein, weil sie aus unterschiedlichen Perspektiven schauen, verschiedene Bedürfnisse haben und auf der Grundlage individueller Weltbilder urteilen. Sinn und Bedeutung sind aber nicht identisch. Bedeutung ist das Ergebnis einer Deutung von Gegenständen oder Ereignissen anhand des Referenzsystems „Weltbild". Sinn ist dagegen selbst ein Referenzsystem, das Bedeutung verleiht. Es ist das, was dem Menschen einen Gegenstand oder ein Ereignis intuitiv in seinem Wert für sein Dasein erschließt.

Wenn Mitarbeiter nur als Rädchen im Getriebe des organisatorischen Uhrwerks gebraucht würden, wäre es überflüssig, sich mit dem Problem der Sinnvermittlung zu beschäftigen. Extrinsische Motivation mittels Belohnungen und Bestrafungen reichte dann aus, um die benötigten Leistungen der Mitarbeiter für die Organisation zu erzielen. Wir wissen aber, daß Organisationen keine mechanischen Gebilde sind, sondern hochkomplexe organische Systeme, deren Subsysteme – und die wichtigsten Subsysteme sind die Mitarbeiter – beträchtliche, nicht vollkommen beherrschbare Verhaltensspielräume besitzen. Eine zielgerichtete Kooperation ist deshalb in Organisationen nicht auf konstruktivischem Wege möglich, indem man einfach Mitarbeiter als Funktionsträger nach linear-kausalem Denkmuster kombiniert und dann auf einen Knopf drückt. Kooperation in sozialen Systemen ist nicht zu erreichen, ohne auch das Selbstorganisationspotential der Subsysteme dafür zu nutzen. Und dies geschieht in erster Linie über den Geist, indem Ziele, Verhaltensspielräume, Handlungsmöglichkeiten, und Möglichkeiten der individuellen Bedürfnisbefriedigung bewußt gemacht werden, und indem der Sinn des gemeinsamen Handelns verdeutlicht wird.

Die Führungsaufgabe der Sinnvermittlung besteht darin, den Mitarbeitern die Mitgliedschaft in der Organisation und die Wahrnehmung bestimmter Aufgaben sinnvoll zu machen, indem ihnen deren Wert für ihre eigene Selbstverwirklichung vermittelt wird. Führungskräfte müssen ihren Mitarbeitern den Wert der organisatorischen Leistungen sowie den Wert ihres Beitrages dazu bewußtmachen. Sie müssen die (unausgesprochenen) Fragen ihrer Mitarbeiter beantworten: Warum mache ich das? Wozu ist das gut? Wem nützt das? Dazu sind Information und Überzeugungsfähigkeit erforderlich. Beides kann aber nur zum Erfolg führen, wenn Worte und Taten übereinstimmen, wenn also auch die Arbeits- und Führungsbedingungen sinnvoll gestaltet werden. Das ist eine sehr anspruchsvolle Aufgabe, die aber etwas einfacher erscheint, wenn man sie im Zusammenhang mit den anderen Führungsaufgaben sieht.

In ökologischer Terminologie gesprochen, geht es bei der Sinnvermittlung um geistig-affektive Austauschbeziehungen zwischen der Organisation und ihren Mitgliedern. Die Organisation benötigt bestimmte Kenntnisse und Fertigkeiten sowie pflichtbewußte Einsatz- und Leistungsbereitschaft, der Mitarbeiter sucht u. a. Sinn in seiner Tätigkeit in der Organisation. In dem Maße, in dem er ihn findet und damit seine Mitarbeit als Aktualisierung seines Selbst erlebt, engagiert er sich; in der Organisation mitzuarbeiten ist identisch mit der Arbeit für ihn selbst. Je weniger sinnvoll ihm seine Tätigkeit in der Organisation aber erscheint, je mehr er sie nur als Mittel zum Zweck oder gar nur als (vielleicht lästige) Notwendigkeit ansieht, desto weniger wird er sich für die Belange der Organisation engagieren.

In Abbildung 15 ist der Zusammenhang zwischen dem Erfüllungsgrad der organisatorischen Anforderungen und dem Befriedigungsgrad der Mitgliederbedürfnisse im Hinblick auf das Engagement der Mitarbeiter für die Belange der Organisation dargestellt. Werden die Bedürfnisse der Mitglieder bei beliebigem Erfüllungsgrad der organisatorischen Anforderungen nicht befriedigt, arbeiten diese nur, wenn es für sie notwendig ist. Sie sind dann extrinsisch motiviert und fühlen sich als Mittel des organisatorischen Prozesses. Ihr Engagement für die Organisation erhöht sich, wenn sie ihre Tätigkeit als zweckmäßig betrachten; sie fühlen sich dann schon als Partner und sind wenigstens teilweise auch intrinsisch motiviert. Das Engagement der Mitglieder für die Belange der Organisation wird maximal, wenn sie ihre Mitarbeit als sinnvoll erleben. Dann gehört die Befriedigung ihrer Bedürfnisse auch zu den Zwecken der Organisation und sie sind intrinsisch motiviert.

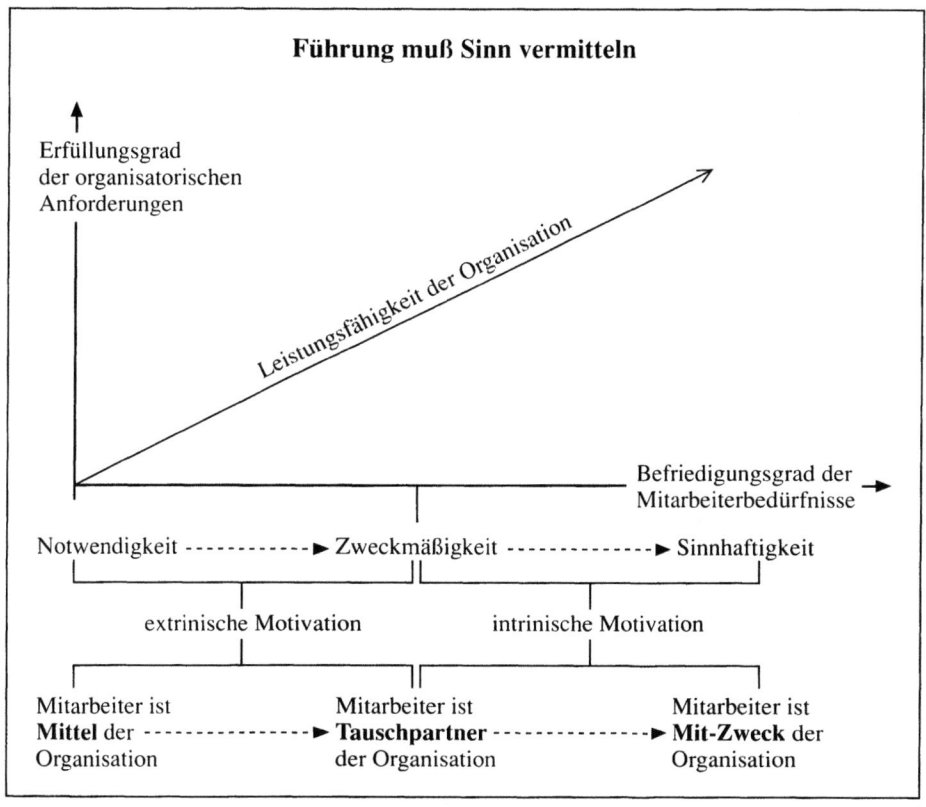

Abb. 15

Wie wichtig die Sinnvermittlung im Führungsprozeß ist, ergibt sich aus der Tatsache, daß man einen Menschen durch Anweisung (oder Zwang) zwar dazu bringen kann, einen Graben auszuheben oder Steine zu stapeln, aber es ist unmöglich, ihn auf diese Weise zur Konstruktion eines Hauses oder zur Erschließung eines neuen Absatzmarktes zu bewegen. Komplexe und kreative Leistungen erfordern den Einsatz des menschlichen und organisatorischen Selbstorganisationspotentials, und der ist nicht mit Einzelanweisungen aus einer Zentrale zu erreichen, sondern nur mittels Orientierung und Motivierung der handelnden Menschen durch Sinnvermittlung. Es scheint, also ob die meisten Führungskräfte in dieser Beziehung noch einiges dazulernen könnten.

4.2.3 Der alte Adam im neuen Menschen

Führungskräfte stehen im Unterschied zu ihren historischen Vorfahren heute vor der Aufgabe, zunehmend selbstbewußte, individualistische, aber auch durch zunehmende staatliche Bevormundung unselbständigere Mitarbeiter mit sehr unterschiedlichen Bedürfnissen, Lebenseinstellungen und Werthaltungen in ein gemeinsames zweckorientiertes Handlungssystem zu integrieren. Diese Aufgabe kann nicht erfolgreich bewältigt werden, ohne zu berücksichtigen, daß der Mensch seine gesamte Entwicklungsgeschichte in sich trägt und ständig von ihr beeinflußt wird. Menschliches Verhalten muß deshalb verstanden werden als Ergebnis eines auf allen Ebenen seiner Evolution zugleich ablaufenden dynamischen Prozesses, wobei die älteren Schichten von den jüngeren nur überlagert, aber keineswegs außer Betrieb gesetzt oder gar ersetzt worden sind. Wenn man die Allgegenwart der gesamten menschlichen Evolutionsgeschichte berücksichtigt, wird einerseits besser verständlich, warum Menschen das tun, was sie tun (und eigentlich nicht tun sollten), und andererseits eröffnen sich Perspektiven für die notwendige Verbesserung der Integration von menschlichen Bedürfnissen und Strebungen sowie organisatorischen Erfordernissen.

Der Mensch sieht sich gerne als die Krone der Schöpfung. Das könnte man hingehen lassen, wenn dadurch nicht allzu leicht der Blick für die archaischen Wurzeln seines gegenwärtigen Seins getrübt würde. Viele „gekrönte Häupter" tun nämlich so, als ob der Mensch aus dem Nichts entstanden wäre und nicht wie alle anderen Lebewesen seine Wurzeln bis zu den primitiven Vorformen des Lebens zurückverfolgen könnte. Aber um die Erkenntnis, daß der Mensch ein integrierter Teil des Milliarden Jahre alten evolutionären Prozesses „Natur" und diesem trotz seines inzwischen erlangten großen Ausmaßes an Autonomie immer noch sehr eng verbunden ist, kommen wir beim besten Willen nicht herum.

Der Mensch verliert nicht an Würde, wenn er akzeptiert, daß sämtliche Stufen der Evolution seine phylogenetische Entwicklung mitgeprägt haben, daß sie heute noch (rudimentär) in ihm vorhanden sind, und daß sie sich auch immer noch auf sein Verhalten auswirken. A.S. Romer hat das nach Mitteilung von Jonas & Jonas so formuliert: „Jedes Tier und jede Pflanze hat eine Geschichte von tausend Millionen Jahren und hat sich sukzessive einer langen Serie verschiedener Existenzbedingungen angepaßt; die von den Ahnen genetisch erworbenen Strukturen und Funktionen ließen unzerstörbare Spuren in ihrer Organisation zurück, als sie die verschiedenen Stadien durchliefen." Die Beweise für eine universelle Basis des Verhaltens aller Lebewesen – die ja auch ein Aspekt der Einheit der Natur ist – sind inzwischen so erdrückend, daß für eine anthropozentrische Überheblichkeit keinerlei Rechtfertigung mehr besteht. Der Mensch ist ebenso wie alle anderen Organismen unseres Planeten ein Produkt der Evolution. Das Verständnis menschlichen Verhaltens und die Bewältigung zwischenmenschlicher Probleme können durch diese weniger voreingenommene Selbsterkenntnis erheblich erleichtert werden.

Erscheinungen menschlichen Verhaltens wie z. B. Identifikation, Liebe, Rivalität, Neugier, Massenhysterien, Aggression, Hilfsbereitschaft sind auf der Grundlage evolutionsbiologischer Erkenntniss besser zu erklären und zu verstehen als durch die Brille politisch-ideologischer Überzeugungen. Der Mensch aus Fleisch und Blut hat im Laufe seiner Geschichte den (Ideal-) Bildern, die man sich von ihm gemacht hat, doch wohl gründlich genug widersprochen, so daß es Zeit ist, endlich offen für das zu sein, was er uns selbst über seine Natur erzählt. Das gibt uns die Chance, bewußter Mensch zu sein und archaische Impulse besser in unser Leben zu integrieren. Und das könnte uns auch helfen, sinnvoller und nützlicher mit unseren Trieben und Instinkten umzugehen, statt vor ihnen zu erschrecken, sie zu verdrängen und vielleicht unbewußt rücksichtslos auszuleben.

- Das Besondere am Menschen

In zweierlei Hinsicht unterscheidet sich der Mensch grundsätzlich von anderen höheren Lebewesen: durch das Ausmaß seiner Autonomie im Verhältnis zu seiner Umwelt und durch seine vergleichsweise Unfertigkeit. Der Mensch hat im gegenwärtigen Stadium der Evolution die Fähigkeit der Selbstreflexion erlangt, d.h. er ist in der Lage, seine eigene Existenz wahrzunehmen und wahrzunehmen, daß er sie wahrnimmt. Die Fähigkeit zur Selbstreflexion hat seine partielle Desintegration aus dem evolutionären Prozeß zur Folge gehabt. Wir wissen, daß wir ein integraler Teil der Natur sind, stehen ihr dadurch aber gleichzeitig auch gegenüber. Wir leben nicht einfach in der Natur, wie alle anderen Lebewesen, sondern wir sind über sie hinausgewachsen und behandeln sie als Objekt, wirken nach unseren Wünschen und Vorstellungen auf sie ein, gestalten sie nach unseren Bedürfnissen, mit der Folge, daß wir ständig Gefahr laufen, ihre Spielregeln zu verletzen. Das bürdet uns als Individuen und in Gemeinschaft die alleinige Verantwortung für unser Handeln auf und damit sind wir nicht selten überfordert. „Der Mensch ist ein Seil", definiert Nietzsche, „geknüpft zwischen Tier und Übermensch – ein Seil über einem Abgrund."

Seine – im Vergleich zu anderen Lebewesen – Unfertigkeit verleiht dem Menschen eine außergewöhnliche Anpassungsfähigkeit. Kein Tier ist im Hinblick auf seine Umwelt so wenig spezialisiert wie der Mensch, und keines ist so lernfähig wie er. Evolutionsbiologisch verdankt er diese Eigenart einem Rückschritt, nämlich der Erhaltung fötaler und frühkindlicher Charakteristika seiner evolutionären Vorgänger. Anthropologen weisen in diesem Zusammenhang auf die erstaunliche anatomische Ähnlichkeit des Menschen mit dem Schimpansenfötus einige Zeit vor der Geburt hin. Die genetisch programmierte Verzögerung der Reife des Menschen (der Fachausdruck ist Neotenie) bewirkt, daß er spielerisches, erkundendes Verhalten bis ins hohe Alter ebenso beibehält wie eine kindlich selbstbezogene Auffassung von seiner Umwelt und die mangelhaft entwickelte Fähigkeit, soziale Konventionen zu beachten, während die genetischen Programme zur Erhaltung seiner Art nur sehr unvollkommen in ihm ausgeprägt sind. Der Neotenie verdankt der Mensch einerseits seine allen anderen Lebewesen überlegene Lern- und Anpassungsfähigkeit, die seine Weltherrschaft begründen, erklärt andererseits aber auch, weshalb er sich so schwer damit tut, sich in ökologische (natürliche und sozio-kulturelle) Zusammenhänge einzuordnen. Jonas schreibt dazu: „Daher ist leicht verständlich, daß (die) Menschen ... den Begleiterscheinungen sozialer 'jugendlicher' Unverantwortlichkeit, Impulsivität, antikonservativem Abwerten des Alten, Abbau der natürlich-sozialen Rangordnung, Abqualifizierung des Autoritätsbegriffs u.v.a. ausgesetzt sind." Und an anderer Stelle: „Die Verjugendlichung der Menschheit führte zu neuen sozialen Idealen, die jedem einzelnen der die Lebewesen regulierenden Mechanismen entgegengesetzt sind." Es ist ganz offensichtlich, daß der Mensch sich aus der koevolutionären Eingebundenheit in die Natur herausentwickelt und in die Eigenverantwortlichkeit begeben hat. Seine Instinkte helfen ihm beim Kampf ums Dasein nur noch bedingt (wenn sie ihn nicht sogar dabei behindern), stattdessen muß er seinen Geist bemühen, um die Bedingungen zu schaffen, unter denen er überleben kann und will.

Die grundsätzliche Fähigkeit zur rationalen Daseinsbewältigung sollte ihm sein Großhirn verleihen, das ihm die jüngste Evolutionsgeschichte beschert und ihn damit um die Fähigkeit rationalen Denkens bereichert hat. Aber diese neueste Errungenschaft der Evolution ist nur sehr unzulänglich in der Lage, die Äußerungen des viel älteren und an urzeitliche Lebensbedingungen angepaßten Stammhirns zu kontrollieren. So kommt es, daß seine Urinstinkte den Menschen immer wieder zu einem unter den heutigen Gegebenheiten dysfunktionalen und nicht selten schädlichen Verhalten treiben. Die Ohnmacht des Großhirns gegenüber den genetisch älteren Steuerungsinstanzen menschlichen Verhaltens wird noch dadurch komplettiert, daß seine Fähigkeit zum Denken in komplexen zirkulären Beziehungen kaum entwickelt ist und es zudem nur über unzureichendes Wissen um die komplexen Wirkungszusammenhänge des Naturprozesses (einschließlich der sozialen Beziehungen) verfügt. Deshalb brüten die Menschen in großer Zahl ungeeignete und schädliche Lösungen für die Probleme ihres Daseins aus.

Die Fähigkeit des Menschen, Probleme in einem komplexen Umfeld zu lösen, scheint durch die Urgewalt seiner Instinkte beeinträchtigt zu werden, die auf Sofortlösungen aller Probleme drängen. Der Rivale muß jetzt aus dem Revier vertrieben werden, das wilde Tier muß in diesem Augenblick erlegt, der Feind muß sofort geschlagen werden. Solange die Instinktsteuerung des menschlichen Egoismus das Überleben der Art unter vorzivilisatorischen Bedingungen sichergestellt hat, war sie funktional. Unter unseren heutigen Lebensbedingungen vermindert der affektiv geladene Egoismus von einzelnen und Gruppen die (sozialen) Überlebenschancen, weil er unüberlegte, kurzsichtige, ungeeignete und für andere nachteilige Problemlösungen fördert, ja nicht selten sogar die zu lösenden Probleme verschärft. Ein aktuelles Beispiel ist die Wohnungsknappheit in deutschen Ballungszentren. Statt die Auswirkungen der staatlichen Förderungsmaßnahmen und der Renditeverbesserung durch steigende Mieten abzuwarten, die sich naturgemäß erst mit zwei- bis drei-jähriger Verzögerung bemerkbar machen können, wird das Problem von einer unheiligen Allianz aus Unwissenden, populistisch-opportunistischen Politikern und ideologisch motivierten Scharfmachern emotionalisiert. Geholfen wird durch diesen „hochintelligenten" Beitrag zur Beseitigung der Wohnraumknappheit keinem einzigen Wohnungssuchenden. Dagegen werden potentielle Investoren durch Forderungen nach Maßnahmen, die einem defacto Mietenstop gleichkommen, verunsichert und stellen ihre Baupläne vernünftigerweise erst einmal zurück. Die glücklichen Gewinner einer dirigistischen Mangelbewirtschaftung anstelle einer Mangelbeseitigung wären die Eigentümer bereits rentabler Immobilien und diejenigen, die schon eine Wohnung haben.

Nietzsches Definition des Verstandes als „ein Hemmungsapparat gegen das Sofort reagieren auf das Instinkturteil" sollte uns nicht den Blick für die Tatsache trüben, daß dieser Hemmungsapparat äußerst unvollkommen funktioniert. Das Verhalten des Menschen ist auch heute noch – und wird es weiterhin sein – zu einem Gutteil triebgesteuert. Der durch die Entwicklung des Großhirns entstandene rationale Überbau des emotionalen, triebhaften Ur-Gehirns des Menschen vermag die Wirkung der Triebe zwar zu beeinflussen, sie bedingt unter Kontrolle zu halten, kann sie jedoch nicht ausschalten. So müssen wir damit klarkommen, daß unser soziales Zusammenleben wie auch unser Verhältnis zur Natur keineswegs vorwiegend rational gesteuert wird, sondern in seinen Grundlagen von den archaischen Instinkten und Reflexen bestimmt ist, die uns unsere Vorfahren vererbt haben. Uns bleibt die Hoffnung, mit den daraus entstehenden Problemen fertig werden zu können und nicht – wie Arthur Koestler befürchtete – als die Opfer eines Konstruktionsfehlers der Natur in die künftige Evolutionsgeschichte einzugehen.

- Triebe (be)herrschen

Warum gibt es unter intelligenten Menschen Rangordnungskämpfe? Warum protzen so viele von ihnen mit Statussymbolen, obwohl ihnen das bei vernünftiger Betrachtung nur zusätzlichen Streß einbringt? Warum lösen Angstsituationen körperliche und geistige Erstarrung oder reflexartige Panikreaktionen bei ihnen aus? Für das Verständnis menschlichen Verhaltens ist das Wissen um die spontanen genetisch programmierten Antriebe eine wertvolle Hilfe. Hier ist zwar nicht der Ort, um tiefer in diese höchst interessante (und wohl für unsere Spezies auch überlebenswichtige) Materie einzusteigen. Einige für die Führung bedeutsame Phänomene menschlichen Triebverhaltens sollen aber noch kurz dargestellt werden.

Zunächst eine allgemeine Erklärung der Triebhandlung. Triebe sind genetisch verankerte Programme, die sich im Laufe der Evolution herausgebildet haben, um Lebewesen das Zurechtfinden in ihrer Umwelt zu erleichtern und die zum Überleben (der Art) erforderlichen Verhaltensweisen auszuführen. Von den Einzellern bis zum Menschen sind sie in allem, was lebt, vorhanden. Ihre Wirkung entfaltet sich – ebenfalls genetisch programmiert – autonom. Hunger, Neugier, sexuelles Verlangen stellen sich automatisch ein. Sind Triebobjekte, etwas zu essen, etwas Unbekanntes, ein Sexualpartner als auslösende Reize vorhanden, wird die Triebhandlung ausgeführt: das Lebewesen nimmt Nahrung zu sich, erkundet das Unbekannte, paart sich. Häufig ist aber kein Triebobjekt in Sicht, wenn sich der Trieb meldet und mit der Zeit an Stärke zunimmt. Dann setzt sogenanntes Appetenzverhalten ein; das Lebewesen sucht einen auslösenden Reiz, ein Triebobjekt. Ist eines gefunden, wird das Appetenzverhalten eingestellt und die Triebhandlung ausgeführt. Dadurch ist der Trieb vorerst gestillt.

Tiere müssen aber oft sehr lange nach Nahrung suchen, nicht selten erst darum kämpfen. Auch das Auffinden und Werben von Sexualpartnern ist meist mit großem Aufwand und beträchtlicher Anstrengung verbunden. Deshalb stehen den Lebewesen zur Durchführung des Appetenzverhaltens umfangreiche Aktionspotentiale zur Verfügung. Oder anders ausgedrückt: Ihr Organismus ist so ausgelegt, daß er die zur Vorbereitung der Triebhandlung erforderlichen beträchtlichen Energien aufbringen kann. Das gilt auch für den Menschen, obwohl dieser sich in den hochtechnisierten Staaten eine Umwelt geschaffen hat, die Appetenzverhalten weitgehend überflüssig macht. Denn auslösende Reize für Triebhandlungen sind dort reichlich vorhanden und zur Triebbefriedigung verhältnismäßig leicht verfügbar. Folglich kann der zivilisierte Mensch im Gegensatz zum natürlichen Menschen seine trotzdem noch vorhandenen Aktionspotentiale zur Triebbefriedigung kaum noch einsetzen.

Da Triebbefriedigung aber offensichtlich nicht nur aus der eigentlichen Triebhandlung erwächst, sondern auch den Abbau der mit den Trieben verbundenen Aktionspotentiale verlangt, bleibt dem zivilisierten Menschen trotz häufiger und anstregungsarm ausgeführter Triebhandlungen stets ein Gefühl des Unbefriedigtseins, der Unlust oder der Unzufriedenheit. Darauf weisen eindringlich v. Cube und Alshuth hin und konstatieren einen wachsenden Überschuß nicht eingesetzter Aktionspotentiale, der vermehrt aggressive Langeweile erzeuge und die Sucht nach immer neuen Reizen steigere.

- Bequemlichkeit – das natürliche ökonomische Prinzip

Die Feststellung, daß jemand bequem sei, wird selten als Kompliment aufgefaßt. Bequemlichkeit wird oft mit Faulheit gleichgesetzt, obwohl doch letztere bestenfalls als negative Steigerung der Bequemlichkeit gelten kann. Der Blick in das „Lehrbuch" der Natur rät uns von einem wertenden Verständnis der Bequemlichkeit ab. Vielmehr legt er uns nahe, sie als umgangssprachliche Bezeichnung für den sparsamen Umgang mit Energie zu verstehen.

Die Natur vermeidet unnötigen Aufwand. Das ökonomische Prinzip natürlicher Prozesse wirkt auch im Menschen. Unsere heutige Welt ist das Resultat seines jahrhunderttausende währenden Strebens, die Anstrengungen zu vermindern, die das Überlebenwollen ihn kosteten, und Lust ohne Last zu erleben. Um dieses Ziel zu erreichen, hat er sich eine künstliche Umwelt geschaffen, von der er inzwischen mehr und mehr abhängig geworden ist. Er erfand Waffen zur Erleichterung der Jagd, nutzte die Felle erlegter Tiere, um sich zu wärmen, domestizierte Tiere zur Verbesserung seiner Versorgung mit Nahrung und für den Arbeitseinsatz, erfand den Ackerbau, das Rad, den Brunnenbau und Wasserleitungen. Sein Einfallsreichtum kannte und kennt keine Grenzen, sein handwerkliches Geschick verfeinerte sich immer mehr, und seine technischen Leistungen wuchsen in gigantische Dimensionen. Alle Bemühungen dienten dem einzigen Zweck: anstrengungsfreier, angstfreier, sicherer, leichter, besser zu leben.

Bequemlichkeit also der Motor des Fortschritts? Ja, wenn – wieder ganz wertfrei – damit der evolutionäre Prozeß gemeint ist. Ums Überleben geht es bei diesem Fortschritt allerdings schon lange nicht mehr, und man muß sich schon fragen, ob er denn wenigstens noch dem Leben dient. Die technisch-ökonomische Entwicklung ist heute so weit vorangeschritten, daß der Mensch nur noch Probleme zu lösen scheint, die er sich vorher selbst geschaffen hat.

Bei diesen Überlegungen drängt sich die Sinnfrage auf. Wir wollen dem Versuch einer Beantwortung aber widerstehen (das möge der Leser selbst tun) und stattdessen die Auswirkungen dieser Entwicklung auf die Triebbefriedigung und die Nutzung der mit den Trieben verbundenen Aktionspotentiale betrachten.

- Mit der Last des bequemen Lebens fertigwerden

Das im Menschen wirksame ökonomische Prinzip bringt ihn in einen Teufelskreis: Um seinen Energieverbrauch zu minimieren, beginnt er seine Umwelt umzugestalten, für sich angenehmer und bequemer zu machen. Dabei ist er so erfolgreich, daß er jetzt über mehr Energien verfügt, als er normalerweise noch verbrauchen kann. Das dadurch entstehende mit Unlustgefühlen verbundene Ungleichgewicht kann er nur durch gezielten höheren Energieeinsatz abbauen, was aber dem ökonomischen Prinzip widerspricht und nur gelingt, wenn er dafür starke Motive findet. Das bequeme und sorglose Leben der meisten Menschen in den Industriegesellschaften hat deren Zufriedenheit nicht gesteigert, sondern eher mehr Unzufriedenheit gebracht. Die vielen Erleichterungen des Alltags und die erheblich vermehrte Freizeit stellen sie immer dringender vor die Frage: wie kann ich mich noch sinnvoll betätigen? Der Ausweg aus dieser Sackgasse der Unterforderung besteht darin, durch zusätzliche, eigentlich nicht notwendige, aber doch als sinnvoll erlebte Betätigungen einen höheren Energieeinsatz zu rechtfertigen und dadurch dem ökonomischen Prinzip auf einer höheren Aktivitätsebene und unter günstigeren Umständen für das Wohlbefinden zu genügen. Menschen, die diesen „Trick" anwenden, suchen sich geistige oder körperliche Herausforderungen, sind entsprechend ihren Neigungen und Fähigkeiten tätig, suchen sich bedeutsame Aufgaben, tun gerne nützliche Dinge, lernen mit Vergnügen und verstehen Muße zu genießen.

Bequemlichkeit ist relativ. Der eine ist zufrieden, wenn er mit einer guten Ausrüstung die Antarktis zu Fuß durchqueren kann, dem anderen erscheint ein Weg von 500 Metern von seiner Wohnung zum Zigarettenautomaten so lang, daß er ihn deshalb im Auto zurücklegt. Was einer als bequem empfindet, hängt von seinen Zielen und Maßstäben ab. Diese so zu verändern, daß ein ausreichender und sinnvoller Abbau der mit den Trieben verbundenen Aktionspotentiale möglich wird, ist eine wichtige Zukunftsaufgabe für Erzieher und Führungskräfte.

- Neugier

Kinder müssen von ihren Eltern nicht dazu angehalten werden, ihre Umwelt zu erforschen, sie tun es aus einem angeborenen Antrieb heraus. Wie stark dieser Explorations- oder Neugiertrieb ist, davon wissen die Eltern ein Lied zu singen. Nichts ist vor ihren Sprößlingen sicher, alles fassen sie an, ziehen sie herunter, nehmen sie auseinander und stecken sie in den Mund. In unbeobachteten Momenten entwischen sie sogar und gehen in der Nachbarschaft auf Entdeckungsreise. Kinder sind geborene Forscher; ihre Neugier schwächt sich allerdings mit der Zeit, wenn sie in einer Umwelt leben, die vorgibt, bereits alle Fragen beantwortet zu haben, oder die ihnen einimpft, es sei zwecklos zu fragen, da man die richtige Antwort sowieso nicht herausbekomme. Auch spezialisiert sich die Neugier mit zunehmendem Lebensalter mit der Herausbildung individueller Neigungen und Interessen. Grundsätzlich bleibt der Mensch aber ein Leben lang ein neugieriges Wesen, das stets auf der Suche nach ungewohnten Reizen ist.

Die Handlungen zur Befriedigung des Neugiertriebes werden durch Umweltreize aktiviert. Die Reizwirkung entsteht dadurch, daß etwas Ungewohntes, dem bisherigen Weltbild nicht Entsprechendes wahrgenommen wird. Der Reiz ist um so stärker, je größer die Abweichung ist. Die dadurch entstehende Spannung setzt Handlungen ingang, mit dem Ziel, die Spannung zu beseitigen. Der Spannungsabbau wird offensichtlich so lustvoll erlebt, daß immer wieder neue Reize gesucht werden, um damit fortfahren zu können. Gestillte Neugier macht noch neugieriger. Arthur Koestler berichtet von einem Tierexperiment, bei dem ein Schimpanse entdeckt hatte, daß er zwei hohle Stöcke ineinander stecken und mit dem verlängerten Stock eine Banane erreichen konnte, die sonst außer seiner Reichweite gelegen hätte. Die Freude über seine Entdeckung ließ ihn den Trick ständig wiederholen, so daß er sogar vergaß, die Banane zu fressen. Auch von kreativen und forschenden Menschen hört man immer wieder, daß ihnen der Weg zu einer Erkenntnis oder Problemlösung wichtiger sei als das Ergebnis ihrer Mühen. Die Lösung, der vollständige Abbau der Spannung ist nur mit einem kurz aufflackernden euphorischen Gefühl verbunden, das sich überdies bei sehr häufiger Wiederholung noch abnutzt. Zur Aktivierung der Neugier sind dann immer stärkere Reize erforderlich. Der oft mühevolle Weg zur Lösung hin birgt dagegen eine große Zahl mehr oder weniger starker, unvorhersehbarer, kürzer oder länger anhaltender und durch Unlustgefühle kontrastierter Lustgefühle.

- Neugier wird nicht allein durch Neuigkeiten befriedigt

Eine Befriedigung des Neugiertriebes ist dem Menschen nur möglich, wenn er seine von der Evolution dafür zur Verfügung gestellten geistigen und körperlichen Aktionspotentiale dabei einsetzen kann. Das heißt, er muß sich explorativ verhalten können (Appetenzverhalten); es genügt nicht, daß er sich nur Reizen aussetzt, indem er z. B. Gruselfilme anschaut, Drogen probiert oder mit dem Auto so schnell wie möglich durch die Kurven rast. In unserer modernen Welt sind die Möglichkeiten für exploratives Verhalten – insbesondere körperliches – aber stark eingeschränkt, während wir von Reizen geradezu überflutet werden.

Den Führungskräften der Organisationen gelingt in der Regel wenigstens noch der Einsatz ihrer geistigen Aktionspotentiale für die Befriedigung ihres Neugiertriebes, weil sie mit einer hochkomplexen, wandelbaren Umwelt zu tun haben, die ihnen ständig neue und nicht im Handumdrehen zu bewältigende Herausforderungen stellt. Das Interesse einiger unter ihnen an Abenteuerspielen, die als eine besondere Art von Führungstraining verkauft werden, deutet jedoch ebenso wie die verbreiteten sportlichen

Freizeitaktivitäten darauf hin, daß in dieser Gruppe mindestens überschüssige körperliche Aktionspotentiale vorhanden sind. Ihre Mitarbeiter haben dagegen in größerer Anzahl sowohl Schwierigkeiten beim Einsatz körperlicher wie auch beim Abbau geistiger Aktionspotentiale. Denn sehr viele Arbeitsplätze fordern infolge ihrer technischen und organisatorischen Gestaltung (Festgelegtheit, Normierung, hochgradige Arbeitsteilung) die explorativen Fähigkeiten der Mitarbeiter nur in geringem Umfang heraus, häufig viel weniger als mit einigem Nachdenken und gutem Willen möglich wäre.

Die Massenflucht in Freizeitaktivitäten ist unter diesem Umständen verständlich. Wenn die Fernsehprogramme auch noch so banal, die dahinkriechenden Autokolonnen auch noch so lang, die Zielorte des Freizeittourismus auch noch so überfüllt sind: man erlebt jedenfalls einmal Spannung, sieht, hört, schmeckt etwas Neues, fühlt sich herausgefordert. Echte, anhaltende Befriedigung verschaffen solche Aktivitäten allerdings selten, da sie den Einsatz der Aktionspotentiale nur in sehr geringem Umfang abfordern. Natürlich gibt es sinnvollere Möglichkeiten, den Neugiertrieb zu befriedigen, die auch geeignet sind, Aktionspotentiale einzusetzen und abzubauen. Die verlangen aber mehr Anstrengung, mehr Ausdauer und mehr Geduld, alles Forderungen, die der Mensch ja durch die zivilisatorische Umgestaltung seiner Umwelt gerade vermeiden wollte. So ist er in eine Zwickmühle geraten: Passiver Konsum kommt seiner Bequemlichkeit entgegen, befriedigt aber kaum und erzeugt eher Unlust. Kreative und produktive Tätigkeiten vermögen zwar zu befriedigen, sind aber mit Mühen und Anstrengungen verbunden.

Wir können uns für das eine oder andere und auch für eine Kombination aus beiden Verhaltensstrategien entscheiden; jeder nach seinen Bedürfnissen (Stärke der Triebe und Aktionspotentiale) und jeder nach seinen Möglichkeiten (Neigungen, Fähigkeiten, soziales, technisch-ökonomisches Umfeld). Die Erziehung kann und sollte schon den jungen Menschen helfen, diese Entscheidungsnotwendigkeit zu begreifen und bewußt die für ihre individuelle Entwicklung optimalen Konsequenzen zu ziehen. Dabei kann die Arbeitswelt in der Wertschätzung der Menschen nur dann gegenüber der Freizeitwelt bestehen oder sogar wieder an Boden gewinnen, wenn sie ihnen echte Möglichkeiten zur Befriedigung ihres Neugiertriebes anbietet. Sich darüber gründlich Gedanken zu machen und Gedanken an eine diesbezügliche Umgestaltung der Arbeits- und Führungsbedingungen nicht von vornherein als „unrealistisch" abzutun, wird eine der Hauptaufgaben künftiger Führungskräfte sein.

- Aggression

Für einen anderen mächtigen Trieb gilt sinngemäß das gleiche: für die Aggression. Auch Aggression ist ein spontaner Antrieb, den der Mensch aus früheren Epochen seiner Evolutionsgeschichte beibehalten hat. Aggressionen sind im menschlichen Zusammenleben in allen Kulturen alltäglich. Sie sind zwar eine besonders energische Variante selbstbehauptenden Verhaltens, dürfen aber deshalb nicht grundsätzlich negativ bewertet werden. Aggression ist nicht gleichbedeutend mit Feindseligkeit oder gar Gewalt. Lediglich einige ihrer Äußerungsformen sind negativ zu beurteilen. Im Grunde ist Aggression die entscheidende Triebkraft, ohne die eine kreative Entfaltung des Menschen überhaupt nicht denkbar gewesen wäre. Im Gegensatz zum Tier hat der Mensch die Möglichkeit der Kontrolle seiner aggeressiven Impulse, was ihm allerdings nur bei ausgereifter und intakter Großhirnsteuerung gelingt und auch dann nicht immer einfach ist. Andererseits kann er sich über die beim gesunden Tier unüberwindlichen Aggressionshemmungen hinwegsetzen und seine Aggressionen schädlich ausleben.

Aggression ist funktional für Lebewesen, die ihr Revier als Nahrungs- und Überlebensvoraussetzung verteidigen und um Sexualpartner kämpfen müssen. Und sie ist nützlich, wenn es darum geht, größere und bessere Reviere zu erobern und sich in der sozialen Rangordnung nach oben zu kämpfen. Die letzten beiden angeführten Funktionen der Aggression sind auch heute noch aktuell, wenn sich auch ihre Äußerungsformen gewandelt haben und vielfältiger geworden sind. Die menschlichen Zivilisationen haben körperliches Aggressionsverhalten zunehmend durch geistiges Aggressionsverhalten ersetzt – gekämpft wird mit der Sprache anstelle der Keule und des Schwertes – und ihm Austragungsregeln in Form sozialer Konventionen und Verhaltensnormen verpaßt. Dadurch wurden die aggressiven Energien dem Aufbau einer künstlichen Umwelt dienstbar gemacht; Zivilisation und Kultur entstanden. Die ursprünglichen genetisch fixierten Regulative der Aggression, wie sie in den Tieren weiterhin wirksam sind, wurden dadurch jedoch nicht ersetzt, sondern lediglich ergänzt.

- Auf die Aggressionsziele kommt es an

Wie der Neugiertrieb ist auch der Aggressionstrieb mit autonom anwachsenden Aktionspotentialen zur Vorbereitung und Durchführung der Triebbefriedigung verbunden, und wie beim Neugiertrieb können wir diese Potentiale in unserer zivilisatorischen Umwelt heute nur noch in beschränktem Maße einsetzen. Die zwangsläufige Folge sind auch hier Ersatzbefriedigungen, die aber mangels ausreichenden Potentialabbaus oft gar keine sind.

Befriedigung des Aggressionstriebes ist sowohl auf körperlicher wie auch auf geistiger Ebene möglich durch sinnvollen Einsatz der Aktionspotentiale. Triebobjekt müssen dabei keineswegs nur Menschen sein, die man beispielsweise überzeugt, denen man etwas verkauft, oder die man im Wettstreit besiegt. Auch sachliche Aufgaben und Problemstellungen erfüllen den Zweck. Menschen, die sinnvolle, bedeutsame Dinge tun, bauen ihre Aktionspotentiale ab und können nach Erreichen ihrer Ziele Triebbefriedigung erleben. Ob sie sich in der Arbeits-, der Freizeit- oder in beiden Lebenswelten engagieren, hängt allein von den Möglichkeiten ab, die sie erkennen. Und das ist wiederum eine Frage der Umstände (der Spielregeln) und der Anleitung durch Eltern, Erzieher, Führungskräfte und andere wichtige Bezugspersonen.

Nicht die Aggression selbst wird gelernt, wie manche Verhaltenspsychologen meinen, sondern der Umgang mit der Aggression, die Äußerungsart. Die Gefahr liegt darin, daß die Gesellschaft hierfür ungeeignete Möglichkeiten anbietet und falsche Vorbilder liefert, die von den Medien noch verstärkt werden. Gegen diese mächtige „Wirklichkeit" können verständige Eltern und Erzieher nicht ankommen. So könnte sich unter dem Eindruck, dadurch soziale Vorteile erringen zu können, allmählich immer mehr einbürgern, einen schädlichen Gebrauch von der Aggression zu machen, was sich in einem selbstverstärkenden Prozeß – negative Äußerungsarten der Aggression werden belohnt – schnell weiter hochschaukeln würde. Verhindert werden könnte das wohl nur durch eine medienunterstützte Erziehung zum sinnvollen Umgang mit der Aggression und zu ihrer gesellschaftlich tolerablen Äußerung.

- Das Aggressionspotential in der Führung

Rangordnungskämpfe sind in den sozialen Bereich übertragene Auseinandersetzungen um Überlebenschancen. Jedes Tier und jede Pflanze muß sich darum sorgen, die zum Überleben (ihrer Art) benötigten Mittel (Nahrung, Raum, Fortpflanzungspartner) in ausreichender Menge zu erhalten. Nicht alle Standorte aber sind gleich günstig, Nahrung ist oft knapp, und es gibt Wettbewerb bei der Fortpflanzung. Im Laufe der Evolution haben Lebewesen die unterschiedlichsten Formen des Kampfes um Überlebenschancen hervorgebracht, dessen Ziel niemals die Vernichtung des Gegeners ist (wenn diese dadurch auch direkt oder indirekt herbeigeführt werden kann), sondern ausschließlich die Sicherung der eigenen Zukunft beziehungsweise das Überleben der Art.

Die archaischen Wurzeln der Führung liegen in der Notwendigkeit gesellschaftsbildender Lebewesen, sich zu organisieren. Die Organisation bringt es mit sich, daß die Individuen unterschiedliche Rollen zu spielen haben, die zwar alle für das Überleben der Gesellschaft wichtig, für den einzelnen aber nicht alle gleich attraktiv sind. Die Attraktivität einer gesellschaftlichen Rolle ist um so größer, je mehr Chancen sie ihrem Inhaber bietet, seine individuellen Bedürfnisse (Triebe) zu befriedigen. Da jedes Individuum von Natur aus darauf angelegt ist, sich optimale Überlebenschancen zu erschließen, kommt es in Gesellschaften ständig zu Auseinandersetzungen über die Besetzung der Rollen.

Im menschlichen Zusammenleben können wir die Manifestationen dieser archaischen Impulse der Selbstbehauptung täglich beobachten. Die zwischenmenschliche Kommunikation dreht sich niemals nur um „die Sache", sondern immer zugleich auch um die beteiligten Menschen sowie ihre Beziehungen zueinander. Instinktiv thematisieren sie mit jeder Kommunikation die Frage, wie sie zueinander stehen, wie sie vom je anderen gesehen werden und wie sie einander behandeln wollen. So werden im menschlichen Miteinander zwangsläufig in geringerem oder größeren Umfang Aggressionspotentiale mobilisiert, deren – ebenfalls instinktive – Erwartung in der Kommunikation häufig mit Ängsten verbunden ist.

Für die Führungskräfte stellen sich hinsichtlich des Aggressionstriebes zwei Probleme: Einmal müssen sie mit ihren eigenen Ängsten umgehen lernen, die mit aggressiver Selbstbehauptung verbunden sind. Zum andern müssen sie die unvermeidliche menschliche Aggression in der Organisation so steuern, daß ihre funktionalen Auswirkungen genutzt werden können und ihre dysfunktionalen (leistungshemmenden) Auswirkungen so gering wie möglich gehalten werden.

Zum ersten Problem: Wer führt, nimmt gegenüber den Geführten zwangsläufig eine dominante Position ein. Auch partnerschaftliche Führung, die sich allein aus der funktionalen Arbeitsteilung legitimiert und den Geführten ein Maximum an Mitwirkung ermöglicht, ändert daran nichts. Denn Führen bedeutet, im Rahmen der von der Führungsumwelt gegebenen Spielregeln Initiativen zu ergreifen, verantwortlich zu entscheiden und die zur Durchführung der Entscheidung notwendigen Handlungen zu bewirken. Führung muß eine Vielzahl unterschiedlicher Persönlichkeiten, Weltbilder, Einstellungen, Meinungen, Fähigkeiten, Bedürfnisse und Interessen zu einer Handlungseinheit integrieren, die im Miteinander mit ihrer Umwelt überlebensfähig ist. Die Schwierigkeiten, die dabei auftauchen, sind treffend durch das Sprichwort charakterisiert: „Allen Menschen recht getan, ist eine Kunst, die niemand kann". Oder profaner ausgedrückt: Führungskräfte müssen sich im Interesse des Ganzen manchmal über Wünsche und Interessen einzelner Mitarbeiter und Kollegen hinwegsetzen, sich durchsetzen. Demzufolge sind Handlungen der Führungskräfte tendenziell aggressiver (zur Erinnerung: das hat nichts mit Feindseligkeit zu tun!) als die Handlungen anderer Organisationsmitglieder.

Die Angst, sich durch ihr Führungshandeln unbeliebt zu machen, führt bei nicht wenigen Führungskräften zum Politiker-Syndrom. Dieses besteht in der Vermeidung klarer Stellungnahmen, wenn diese inopportun erscheinen, in hektischem, aber ineffektivem Aktivismus, im Hinausschieben unpopulärer Entscheidungen, in der Flucht vor persönlichen Konflikten und Konfrontationen, im Ersatz offener Aussprachen durch heimliche Intrigen und die Schaffung vollendeter Tatsachen, sowie in opportunistischer Anpassung. Das Politiker-Syndrom ist ein Zeichen der Schwäche und deutet daraufhin, daß der davon Befallene seiner Aufgabe nicht gewachsen ist. Führungskräfte, die vom Politiker-Syndrom befallen sind, verlieren ihren Status und ihre Glaubwürdigkeit, obwohl die äußere Form meistens noch gewahrt bleibt. Das erwachende Bewußtsein, in den Augen ihrer Mitarbeiter eine Null zu sein, steigert jedoch ihre Ängste vor deren Aggressionen und erhöht gleichzeitig ihren Drang zu aggressiver Selbstbehauptung, die wiederum ihre Ängste vor Vergeltung schürt.

Unter diesen Umständen verkümmert die Kommunikation zwischen Führer und Geführten, wodurch die Lösung der Sachaufgaben doppelt erschwert wird: Erstens durch die Erschwerung des Informationsflusses durch das Fehlen klarer Orientierungen infolge der Taktiererei des Vorgesetzten und der Reaktion seiner Mitarbeiter darauf, zweitens durch die Verschlechterung des menschlichen Klimas und die Erschwerung der Integration der Mitarbeiter zu einer Handlungseinheit. Eine Lösung dieses Problems ist nur möglich, wenn die Führungskraft ihre Führungsaufgabe im Bewußtsein der damit verbundenen Sonderstellung annimmt. Das erfordert ihre Bereitschaft, sich der Kritik ihrer Mitarbeiter in offener Aussprache zu stellen und sich gegebenenfalls auch mit unpopulären Entscheidungen zu exponieren.

Die Erwartung von Aggressionen beeinflußt aber offensichtlich auch das Verhalten der Mitarbeitern gegenüber ihren Vorgesetzten (und darüber hinaus das Verhalten von Menschen gegenüber Autoritätspersonen). Sie erklärt die Unterwürfigkeit und den „vorauseilenden Gehorsam" von – im wahrsten Sinne des Wortes – Untergebenen ebenso wie die mangelnde Zivilcourage vieler Menschen.

- Rivalität

Das zweite mit dem Aggressionstrieb im Zusammenhang stehende Problem der Führung ist die Rivalität der Organisationsmitglieder. Der archaische Drang nach besserem Rang und Status ist in unterschiedlicher Stärke noch immer in jedem von uns wirksam. Schon Kinder wetteifern um die Zuneigung ihrer Eltern und tragen untereinander Rangordnungskämpfe aus. Im Jugendlichen- und Erwachsenenalter setzt sich der Wettstreit dann hinsichtlich der unterschiedlichsten Maßstäbe fort, wie z. B. Mut, körperliche Geschicklichkeit, Besitz von Statussymbolen, Mitgliedschaft in bestimmten Gruppen, berufliche Position. Die Rivalität spornt dazu an, anderen in bestimmter Hinsicht überlegen zu werden, sie ist aber nicht selten auch mit Versagensängsten und Schuldgefühlen verbunden.

Das Überlegenheitsstreben einzelner Mitglieder ist so lange für die Organisation nützlich, als es ohne Beeinträchtigung der Zusammenarbeit zu Leistungssteigerungen führt. Gelingt es der Führungskraft, die Rivalität unter ihren Mitarbeitern auf die Grundlage von Offenheit, gegenseitiger Achtung und Vertrauen zu stellen und sie dadurch in kooperative Bahnen zu lenken, dann gewinnt ihre Organisation gewiß an Ideenreichtum, Einsatzbereitschaft und Leistungsfähigkeit. In diesem Fall können die rivalisierenden Mitarbeiter ihre Aktionspotentiale nützlich einsetzen und eine sinnvolle Befriedigung ihres Aggressionstriebes erreichen. Unabdingbar ist es dazu allerdings, daß auch die Führungskraft ihre Rivalitätsgefühle konstruktiv zu nutzen versteht.

Gleichmacherische Bestrebungen sind dagegen kein geeignetes Mittel zur Beherrschung der Rivalität. Dem Adler die Flügel zu stutzen vergrößert nicht die Überlebenschancen der Tauben. Der Versuch, den Wettbewerb unter den Organisationsmitgliedern durch Nivellierung der Belohnungen (z. B. Vergütungen, Sonderzuwendungen, Aufstieg in der Hierarchie) zu unterbinden, führt zwangsläufig zur Erstarrung der Organisation und gefährdet langfristig ihre Überlebenschancen. Auch Organisationen, in denen die Höhe der Belohnungen mehr von der jeweiligen formalen Position des Mitglieds (und diese nicht selten von ihrer Zugehörigkeit zu bestimmten sozialen Gruppen) als von dessen Leistungen abhängt, zeichnen sich nicht gerade durch Innovationskraft und Effektivität aus. Paradebeispiel sind die wuchernden staatlichen Bürokratien, deren Mitglieder eher von Anspruchs- und Versorgungsdenken als von Leistungsdenken beherrscht werden. Die Macht des Staates ermöglicht übersteigerte Selbstexpansion dieser Organisationen auf Kosten ihrer sozialen und ökonomischen Umwelt.

Ungebändigte Rivalität erzeugt allerdings erhebliche Reibungsverluste und birgt die Gefahr, in kontraproduktive Machtkämpfe auszuarten, wobei die Kontrahenten die Zwecke der Organisation ungeniert zu Mitteln ihrer Auseinandersetzung degradieren. Die Selbstbehauptungstendenz der Organisationsmitglieder triumphiert in diesem Fall über die Integrationstendenz, so daß die einheitliche Willensverfolgung der Organisation und damit ihre Selbstbehauptungsfähigkeit in der Umwelt beeinträchtigt wird. Aktionspotentiale der Mitglieder können unter diesen Umständen zwar abgebaut werden, zu einer Triebbefriedigung kommt es jedoch nur bei den „Siegern".

Die „Verlierer" im Wettbewerb um Rang und Status können ihren Aggressionstrieb aber selbst dann nicht befriedigen, wenn die Auseinandersetzung für die Organisation produktiv war. Für sie müssen Möglichkeiten der Ersatzbefriedigung gesucht werden, die zugleich auch für die Organisation nützlich sind. Denkbar sind z. B. neue Aufgaben außerhalb des umkämpften „Reviers". Das wird nicht immer einfach sein, kann aber das Weiterschwelen von Auseinandersetzungen mit allen negativen Folgen für das menschliche Klima und die Leistungsfähigkeit der Organisation verhindern.

Rivalität der Mitarbeiter vermag zwar über Wettbewerbshandeln die Leistung der Organisation zu steigern, verursacht aber in der Regel auch Reibungsverluste in Form von Mittelverschwendung und Demotivation der Unterlegenen. Die Kosten der Rivalität werden umso höher sein, je stärker die Verlierer (z. B. durch Verachtung und materielle Benachteiligung) bestraft werden. Wenn Gewinnen, sich durchsetzen, Recht behalten in einer Organisation höher bewertet werden als Hilfsbereitschaft, Verständigungswilligkeit und Kooperation, dann werden auch diejenigen, die eigentlich gar nicht so sehr aufs Gewinnen aus waren, sondern vor allem ihre Arbeit möglichst gut machen wollten, ins Gerangel um Status und Positionen hineingezwungen. Die notwendige Balance zwischen individueller Selbstbehauptung und integrierender Mitwirkung am gemeinsamen organisatorischen Prozeß wird dann zum Schaden der Organisation schwerstens gestört.

Versagensängste und Schuldgefühle, die bis zur Angst vor dem Erfolg gehen können, sind die Kehrseite der Rivalität. Versagensängste bewirken eine gewisse Passivität, eine Scheu, anspruchsvolle Aufgaben zu übernehmen und einen Drang, sich in Gruppen zu verstecken. Aus dem Erlebnis, Anforderungen (der Eltern) nicht gewachsen zu sein, wird gefolgert, daß es besser sei, Anforderungen und Verantwortung zu meiden. So kann das Selbstwertgefühl geschützt werden, wenn auch um den Preis brachliegender Talente und nicht wahrgenommener Selbstverwirklichungschancen. Die Angst vor dem Erfolg resultiert aus der Verbindung großen Ehrgeizes mit Schuldgefühlen. Sie äußert sich in unerklärlichen Fehlern und Versäumnissen bei der Aufgabenerfüllung, die beinahe an Eigensabotage grenzen. Ist ein solcher Mensch bei einer Aufgabe aber doch einmal erfolgreich, so regt sich alsbald die Angst vor dem Neid und den Aggressionen der Mitmenschen, und das Mißtrauen gegenüber Kollegen und Mitarbeitern wächst.

Statt den Aggressionstrieb verschämt zu verdrängen und dann umso überraschter und unzweckmäßiger auf seine Äußerungen bei uns selbst und bei anderen zu reagieren, sollten wir seine Energien zur Verbesserung unseres Lebensumfeldes nutzen. Führungskräfte haben insbesondere die Aufgabe, ihre und ihrer Mitarbeiter aggressive Energien der Organisation dienstbar machen. Dazu ist innerorganisatorischer Wettbewerb hilfreich, wenn er auf der Basis eines positiven, vertrauensvollen menschlichen Miteinanders stattfindet und an gewisse Grundregeln der Zusammenarbeit (z. B. Offenheit, Fairness, Einigkeit gegenüber Dritten) gebunden ist. Führungskräften bietet die Aufgabe der Einbindung des Aggressionstriebes – des eigenen und des ihrer Mitarbeiter – in die Kooperation ein interessantes und lohnendes Betätigungsfeld mit hohem ethischen Anspruch.

- Triebpotentiale akzeptieren und vernünftig nutzen

Da sich die menschlichen Lebensumstände in den letzten Jahrhunderttausenden doch erheblich geändert haben, sind viele instinktive Verhaltensweisen, die wir von unseren Vorgängern geerbt haben, nicht mehr funktional. Die Schreckstarre beispielsweise lähmt unseren Gedankenfluß gerade in den Situationen, in denen wir zu geistigen Höchstleistungen gefordert sind, und Drohgebärden, die wir in konfliktären Situationen äußern, behindern die Einigung mit unseren Gesprächspartnern in der Regel mehr als sie sie fördern. Das sind nur zwei von vielen möglichen Beispielen. Da die meisten von uns um diese Schwierigkeiten wissen, versuchen sie, ihre Instinkte mit dem Verstand zu zähmen. Eine löbliche Absicht, die häufig mißlingt, weil sich der Verstand gegenüber den Affekten nicht immer durchsetzen kann. Vielleicht hat das den Aphoristiker Thomas Niederreuther veranlaßt, unseren Verstand als einen Beweis für den Humor des lieben Gottes zu bezeichnen.

Triebpotentiale können zwar grundsätzlich sinnvoll in unser Verhalten integriert werden, aber nur, wenn dieses Verhalten funktional, d.h. der Situation und den verfolgten Zielen angemessen ist. Autofahrer, die ihren Ärger durch rowdyhaftes Benehmen im Straßenverkehr abreagieren, erlauben ihren Triebpotentialen ganz offensichtlich dysfunktionalen Ausdruck, weil sie sich und ihre Mitmenschen gefährden. Sie sollten lieber ihren Garten umgraben oder Holz hacken.

Weniger spektakulär, aber unter Umständen sehr kostenträchtig für eine Organisation ist der dysfunktionale Ausdruck der Triebpotentiale in der Zusammenarbeit der Mitarbeiter. Dominanzgebaren, wie z. B. lautes Sprechen, Monologisieren, Dazwischenreden, raumausfüllende Gebärden einiger Mitarbeiter können nämlich durchaus zur Einschüchterung anderer führen, wobei dann nicht selten die klügeren Gedanken und besseren Ideen auf der Strecke bleiben. Besonders Frauen, die mehrheitlich einen eher einfühlenden und kooperativen Kommunikationsstil bevorzugen, müssen zu ihrem Leidwesen häufig erfahren, daß sie sich damit gegenüber ihren mehr kämpferischen männlichen Kollegen nicht durchsetzen können. Dann kommt es auf den Vorgesetzten an, ob er in der Lage ist, dysfunktionale Dominanzen einzelner seiner Mitarbeiter zu neutralisieren. Im Hinblick auf eine Zukunft, in der die Kooperationsfähigkeit und Kooperationsbereitschaft aller Mitarbeiter die ausschlaggebende Voraussetzung für die gedeihliche Entwicklung der Organisationen sein wird, kann man ihm nur wünschen, diese Fähigkeit zu besitzen oder sich wenigstens zu bemühen, sie zu erwerben.

4.2.4 Individuelle Wirklichkeit: Eine Welt im Kopf

Durch die Entwicklung seines selbstreflexiven Bewußtseins hat der Mensch ein hohes Maß an Unabhängigkeit von der Natur erlangt. Das befähigt ihn zwar einerseits, der Natur gegenüberzutreten und zu versuchen, ihr seine Bedürfnisse aufzuzwingen, liefert ihn andererseits aber der Gefahr aus, den evolutionären Prozeß der Natur zu stören (d.h. in ihren Auswirkungen unkalkulierbare Fluktuationen zu erzeugen) und sich dadurch selbst zu schädigen. Das an anderer Stelle bereits erörterte neue Problem des Menschen, mit seiner gegenüber der Natur erlangten Autonomie richtig umzugehen und die Evolution nicht zu seinem Schaden zu beeinflussen, soll hier unter dem Aspekt des selbstreflexiven Bewußtseins noch einmal aufgegriffen werden. Denn zwischenmenschliche Kommunikation und soziales Verhalten werden maßgeblich durch das Modell von der Welt beeinflußt, das Menschen im Laufe ihrer individuellen Lebensgeschichte in ihrem Kopf aufbauen. Zugleich wird zwischenmenschliche Kommunikation aber immer wichtiger, um auf der heute erreichten Ebene der Evolution die für eine gedeihliche Weiterentwicklung erforderliche Kooperation zwischen den Menschen herbeizuführen.

Um zu überleben, müssen alle Organismen ihr inneres Millieu gegenüber veränderlichen Einflüssen der Umwelt in bestimmten Grenzen konstant halten. Je weniger sie an ganz spezielle Gegebenheiten der Umwelt angepaßt (darauf spezialisiert) sind, desto anspruchsvoller wird diese Aufgabe. Sie ist aber lösbar mittels Steigerung der eigenen Komplexität. Je komplexer ein Organismus ist, desto weniger muß er sich an seine Umwelt anpassen, sich spezialisieren, und desto größer ist sein Verhaltensspielraum. Hochdifferenzierte hierarchisch gegliederte Organismen können ihre Lebensfunktionen auch in einer sich rasch und stark verändernden Umwelt aufrechterhalten. Der Mensch ist infolge seiner hohen Komplexität (die er noch durch die Erfindung der Organisationen steigert) allen anderen Lebewesen überlegen, was die Einstellung auf sich verändernde Umweltgegebenheiten angeht. Das gilt nicht nur für seine Physiologie, sondern gleichermaßen auch für seinen Geist.

Die materiellen und geistigen Austauschbeziehungen, die Organismen mit ihrer Umwelt unterhalten, dienen der Sicherung ihres Überlebens im evolutionären Wechselspiel. Mit zunehmender Komplexität eines Organismus werden zwangsläufig auch die Austauschbeziehungen mit seiner Umwelt vielfältiger, was ihn infolge der komplizierter werdenden Regulierungsvorgänge zu weiterer Differenzierung treibt. Der Zweck der Austauschbeziehungen bleibt jedoch immer derselbe, nämlich die Lebensfunktionen des Organismus mit möglichst geringem Aufwand auch unter sich ändernden Umweltgegebenheiten aufrechtzuerhalten. Die Prokaryoten, die Ur-Lebewesen, die vor mehr als dreieinhalb Milliarden Jahren die Evolution des Lebens auf der Erde starteten, existieren als Teile komplexerer Organismen auch heute noch; obwohl sie das Gesicht der Erde im koevolutionären Wechselspiel mit ihrer Umwelt seitdem gewaltig verändert haben, haben sie überlebt.

- Individualisierung durch das Weltmodell im Kopf

Durch die Entwicklung des Großhirns ist der Mensch aus dem evolutionären Prozeß des Universums herausgetreten und fähig geworden, die Evolution selbst zu beeinflussen. Damit hat sich, wie der Gehirnforscher und Nobelpreisträger John Eccles formuliert, „die biologische Evolution ... selbst transzendiert ... (und) die materielle Basis für selbst-bewußte Wesen" geschaffen. Er sieht in dieser Entwicklung das Werk einer göttlichen Vorsehung. Ein anderer Nobelpreisträger, Szent-Györgyi, erklärt die Entstehung des Großhirns allein evolutionsbiologisch: "Das menschliche Gehirn ist kein Organ des Denkens, sondern ein Organ, das Überleben fördert, genauso wie Klauen und Stoßzähne. Es ist so ausgerüstet, daß es uns das als Wahrheit anzunehmen zwingt, was zu unserem Vorteil ist".

Auf ihrer jeweiligen Stufe der Entwicklung benutzen alle Lebewesen ganz spezifische Regulationsmechanismen, um im evolutionären Wechselspiel mit der Umwelt zu überleben. Der Mensch hat es auf seiner Stufe dazu gebracht, die Welt in seinen Kopf holen zu können, was ihm zwar zusätzliche überlebensfördernde Regulationsmöglichkeiten seiner Austauschbeziehungen mit der Umwelt gibt, ihm aber auch zusätzlich zu seinen äußeren evolutionären Beziehungen innere evolutionäre Beziehungen zur Bewältigung aufgibt: nämlich die Evolution seines Selbst. Der Mensch ist der einzige Organismus, der (auf der Ebene seines selbstreflexiven Bewußtseins) Beziehungen zu sich selbst aufnehmen und sich dabei beobachten kann. So kann er sich z. B. als glücklich oder unglücklich betrachten (es nicht nur einfach sein!), sehen, daß er sich selbst Freund oder Feind ist, und Sorge dafür tragen, daß er mit seinen Einstellungen und Gefühlen sich selbst gegenüber klarkommt.

Mit der Entstehung seines Großhirns erlangte der Mensch die Fähigkeit, zu wissen, daß er weiß. Er konnte von da an in großem Umfang bewußt und in Bezug auf seine Existenz Erfahrungen speichern, sie ordnen, miteinander verknüpfen, Muster daraus abstrahieren, Daten interpolieren und extrapolieren, Erwartungen hinsichtlich zukünftiger Erfahrungen bilden, und schließlich Symbole erfinden, die ihm die Manipulation seines Datenschatzes erleichterten. Er lernte, sich auf der Basis seiner sinnlichen Erfahrungen (und natürlich auch den daran geknüpften Empfindungen und Gefühlen) ein Modell von seiner Umwelt zu schaffen, das ihm zunächst half, deren Komplexität besser zu bewältigen. Aber es steigerte auch seine Fähigkeiten, mit seinesgleichen zu kommunizieren und zu kooperieren, und es ermöglichte ihm, sich als Individuum mit eigenen Antrieben und Bedürfnissen zu begreifen, so daß seine Welt im Kopf schließlich ein Schritt zu weiterer Autonomie im Verhältnis zur Umwelt wurde.

Damit war eine neue Stufe der Evolution erreicht. Das selbstreflexive Bewußtsein entfernte den Menschen aber nicht nur von der Natur, sondern auch von seinesgleichen. Denn seine Welt im Kopf – sein Weltbild – war keine genetisch vorgedruckte Landkarte, sondern das Ergebnis dynamischer, individuell unterschiedlicher Kommunikationsprozesse, die lediglich von der genetisch programmierten Beschaffenheit der Sinnesorgane kanalisiert werden. Die Individualisierung des Menschen auf der Grundlage je eigener Vorstellungen von der Welt konnte beginnen. Das Problem der Balance zwischen individueller Selbstbehauptung und biologischer wie sozialer Integration in seine Umwelt bestand von da an auch auf geistiger Ebene.

- Entstehung und Funktion des Weltbildes

Unsere Weltbilder beginnen im Augenblick unserer Geburt (vielleicht sogar schon von einem bestimmten fötalen Entwicklungsstadium an) zu entstehen als Niederschlag unserer Kommunikation mit der Umwelt. Wir integrieren dahinein nach offensichtlich genetisch vorgegebenen Regeln alle Informationen, die wir aufnehmen: Bilder, Geräusche, Gerüche, Geschmäcker, Empfindungen, aber ebenso Beziehungen zwischen ihnen, später Abstraktionen, Erwartungen, Schlußfolgerungen, Wertungen und die Resultate eigener gedanklicher Aktivitäten. Auch unsere mit Wahrnehmungen verbundenen Affekte und Gefühle gehen in das Weltbild ein.

Man darf sich das aber nicht wie ein riesiges Archiv vorstellen. Unser Weltbild ist kein statisches Gebilde, sondern ein dynamischer Prozeß, der während unseres gesamten Lebens ununterbrochen anhält. Wir kommunizieren nicht nur mit unserer Umwelt, sondern auch intern, mit uns selbst. Teilweise laufen die Vorgänge unbewußt oder auch bewußt (z. B. als Assoziieren, Nachdenken) ab, teilweise im Zusammenhang mit Kommunikationsakten, wie Sprechen, Lesen, Beobachten usw. Zwischen dem Weltbild und der wahrgenommenen Umwelt besteht eine Wechselbeziehung: Wahrgenommenes wirkt auf das Weltbild ein und kann es unter bestimmten Umständen verändern, das Weltbild beeinflußt jedoch auch das Wahrgenommene.

Daß wir unsere Realität durch Kommunikation mit unserer menschlichen und sachlichen Umwelt konstruieren, ist die Kernaussage der konstruktivistischen Philosophie. Ihre Wurzeln liegen über 2000 Jahre tief in der Geschichte. Bereits Epiktet formulierte im ersten vorchristlichen Jahrhundert: „Nicht an den Dingen, sondern an unseren Meinungen darüber leiden wir". Während er noch offen ließ, ob es eine unabhängig von unserem Geist existierende Realität gibt, definierte George Berkeley: „Sein ist wahrgenommen werden", und Giambattista Vico meinte: „Das Wahre ist dasselbe wie das Gemachte". In neuerer Zeit wurden diese Erkenntnisse von Philosophen, Psychologen und Biologen aufgegriffen und wesentlich vertieft. Bekannte Namen sind z. B. Ernst v. Glaserfeld, Heinz von Foerster, Karl Popper, Humberto Maturana, Francisco Varela.

Dem von der instinktiven Geordnetheit seines Handelns entbundenen Menschen bleibt nichts anderes übrig, als sich selbst eine Ordnung des Handelns aufzubauen, wobei er seine Triebe nicht leugnen kann. Je besser ihm die Integration der archaischen Anteile seines Selbst gelingt, desto weniger innere Spannungen und Konflikte (= Fluktuationen) wird er durchleben müssen, desto geringer sind aber auch die Impulse zu schöpferischer Weiterentwicklung und kreativem Schaffen. Busemann spricht von zwei Grundhaltungen, die den Aufbau der menschlichen Weltanschauung (= Weltbild) bestimmen, und nennt die von Klages und anderen entworfenen Typen der Selbstbehauptung und der Hingabe. Damit postuliert er, daß die beiden schon dargestellten grundlegenden Verhaltenstendenzen aller Organismen, Selbstbehauptung und Integration, auch unser Weltbild prägen.

Im Weltbild wirken die gleichen Regelungsmechanismen wie in anderen organischen Systemen. Auch unser Weltbild ist einer homöostatischen Trägheit unterworfen, die eine relative Konstanz seiner Struktur bewirkt und nur durch starke Einwirkungen (intern oder extern induzierte Fluktuationen) überwunden werden kann. Das Verharren in alten Denkgewohnheiten und Festhalten an einmal gewonnenen Urteilen und Überzeugungen findet darin seine Erklärung. Hier zeigt sich, daß eben auch der menschliche Geist in erster Linie die Aufgabe hat, das innere Milieu des Organismus unter wechselnden Umweltbedingungen konstant zu halten. Es geht ihm nicht darum, die Wahrheit zu ergründen, sondern ein widerspruchsfreies Bild der Welt zu erstellen (Pietschmann).

Sämtliche Informationen, die wir aufnehmen, gehen zuerst durch die genetisch programmierten Pforten unserer Sinne und werden bereits dadurch gefiltert. Auf diese Weise nehmen wir nur die Informationen auf, die sich im Laufe unserer Entwicklungsgeschichte als belangvoll für unser Überleben erwiesen haben, denn auf deren Registrierung haben sich unsere Sinne spezialisiert. Wissenschaft und Technik haben inzwischen unsere Wahrnehmung beträchtlich erweitert, mit Hilfe technischer Apparate sehen wir, was für unsere Augen unsichtbar wäre, hören wir, was für unsere Ohren unhörbar wäre, und riechen wir, was für unsere Nase unriechbar wäre. Wir sollten uns jedoch dabei stets vor Augen führen, daß diese Erweiterung unserer Wirklichkeit von unseren technischen Möglichkeiten bestimmt wird und nicht von der Natur. Die damit verbundene Gefahr, durch Spezialisierung die Zusammenhänge aus dem Blick zu verlieren und damit die Wirklichkeit zu verzerren, wurde an anderer Stelle bereits aufgezeigt.

Eine weitere Einschränkung unserer Wahrnehmung erfolgt durch das bereits entstandene Weltbild selbst. Seine Inhalte sensibilisieren oder desensibilisieren unsere Wahrnehmung und richten unsere Aufmerksamkeit aus. Wir bilden z. B. Erwartungen, die uns erst bestimmte Erfahrungen ermöglichen und dann zu neuen Erwartungen führen. Auf der Basis unseres Weltbildes schreiben wir auch erfahrenen oder erdachten neuen Inhalten ihren Sinn und ihre Bedeutung zu. Was wir neu erfahren können und wie wir es erfahren, hängt also auch davon ab, was wir bereits erfahren haben.

Das dem Menschen mögliche Ausmaß an Erkenntnis hängt davon ab, was er von seiner Umwelt in seinen Kopf hineinholen und nach welchen Regeln und Verfahren er es manipulieren kann. Dabei spielen außer den Wahrnehmungsfähigkeiten auch Gefühle und Affekte eine wichtige Rolle, die mit den logischen Weltbildinhalten verknüpft und bei deren Aktualisierung mobilisiert werden. Deshalb spricht Ciompi vom Weltbild als einem affekt-logischen Bezugssystem. Erkenntnisgewinnung kann somit kein rein logischer, sondern nur ein affekt-logischer Prozeß sein. Das erklärt und macht verständlich, daß Menschen manchmal mit großer Beharrlichkeit sehr unlogisch denken und handeln.

Genauso wie im materiellen Bereich der Natur findet im menschlichen Geist ein evolutionärer Prozeß statt. Das Weltbild entwickelt sich dabei im Spannungsfeld seines homöostatischen Beharrungsvermögens und der geistigen Anforderungen der menschlichen Umwelt. Dabei können auch unter ähnlichen äußeren Lebensumständen individuell sehr unterschiedliche Ergebnisse herauskommen, so daß Menschen in ihrem Kopf ganz verschiedene Welten tragen, die ihr Verhalten auch dementsprechend unterschiedlich steuern.

Das Weltbild ist das Referenzsystem des menschlichen Organismus, es gibt dem Menschen die Orientierung für sein Denken und Handeln. Es ist – in Anlehnung an Piaget gesprochen – eine Fortsetzung der organischen Regulationen auf geistiger Ebene und ebenso wie diese zuständig für die Gestaltung und Steuerung der Austauschprozesse zwischen dem Menschen und seiner Umwelt. Im Gegensatz zu den organischen Regulationsmechanismen ist das Weltbild jedoch kaum genetisch vorstrukturiert, geschweige denn programmiert. Die Autonomie des Menschen gegenüber seiner Umwelt ist deshalb im geistigen Bereich am größten.

Übereinstimmungen bei den Weltbildinhalten und damit problemlose Verständigung zwischen den Menschen sind nur insoweit zu erwarten, als „der Mensch … mit gewissen natürlichen Überzeugungen ausgestattet (ist), die wahr sind, weil gewisse Gleichförmigkeiten im gesamten Universum vorherrschen und der vernünftigste Geist selbst ein Produkt des Universums ist" (Chomsky). Ansonsten setzt die Übereinstimmung gleiche oder wenigstens sehr ähnliche Lebens- und Lernerfahrungen voraus, ist also in der Regel auf Menschen eines Kulturkreises, gleicher sozialer Herkunft und gleicher Ausbildung beschränkt.

- Weltbilder erschweren die Verständigung

Da normalerweise infolge voneinander abweichender Lebenserfahrungen und individuell unterschiedlicher Verarbeitungen dieser Erfahrungen aber kaum zwei Weltbilder einander genau gleichen, diese Ungleichheit durch die Rückwirkung der Weltbilder auf die Wahrnehmungen tendenziell noch gesteigert wird, ist wirkliche und umfassende Verständigung unter den Menschen schwierig und dürfte mit der Zeit immer schwieriger werden. Denn die zunehmende Differenzierung und Komplexifizierung der Umwelt bewirkt, daß Menschen je nach ihren Lebensumständen, Neigungen und Interessen auch immer unterschiedlichere Informationen aufnehmen, so daß die Wahrscheinlichkeit voneinander abweichender Weltbildentwicklungen erheblich steigt. Das führt dazu, daß auch die Erscheinungen des Lebens immer unterschiedlicher gedeutet, eingeordnet und bewertet werden, so daß in der zwischenmenschlichen Kommunikation mehr oder weniger unterschiedliche „Wirklichkeiten" aufeinanderstoßen. Bei der Begegnung von Fachleuten aus unterschiedlichen Fachgebieten ist das unübersehbar, in der Alltagkommunikation wirkt es sich weniger deutlich, aber darum nicht weniger hinderlich aus.

Um sich die praktischen Auswirkungen vorstellen zu können, braucht man sich nur einmal eine sicherlich aufschlußreiche Begegnung, sagen wir, eines germanischen Bauern aus dem 5. Jh. v. Chr. mit einem deutschen Arbeitnehmer der Jetztzeit vorzustellen. Worüber könnten die beiden sprechen? Inwieweit wären sie in der Lage, einander zu verstehen? Folgt man Nietzsche, dann wäre Verstehen zwischen den beiden möglich, wenn der Heutige das Neue in der Sprache des Alten auszudrücken in der Lage wäre. Da aber Sprache als Code immer kommunikativ vermittelt wird und deshalb zwangsläufig mit der jeweiligen Lebenserfahrung verflochten und durch sie bestimmt ist, dürfte er dazu nicht fähig sein.

Infolge der zunehmenden Unterschiedlichkeit der Weltbilder sind viele Menschen auch in unserer heutigen Gesellschaft nicht besser dran, und die Pluralität der Weltbilder nimmt mit wachsender Geschwindigkeit zu. Nicht nur zwischen Fachleuten unterschiedlicher Disziplinen wird die Verständigung immer schwieriger, auch im Alltagsleben wächst die Pluralität der individuellen Weltbilder und bewirkt, daß immer öfter verschiedene Sprachen gesprochen werden. Sich verständigen wollen, erfordert unter diesen Umständen immer häufiger – zum Teil weitgehende – Übersetzungen, Uminterpretationen und sogar Revisionen der Weltbilder. Das ist mühsam und mit Unlustgefühlen verbunden, weshalb viele Mitmenschen lieber darauf verzichten. Stattdessen versuchen sie, entweder unter allen Umständen Recht zu behalten, begnügen sich mit oberflächlichen Übereinstimmungen, mit scheinbarer Verständigung, oder ziehen sich auch so weit wie möglich von menschlichen Kontakten und der damit immer häufiger verbundenen Frustration des „Einander-nicht-verstehen-Könnens" zurück.

Die Differenzierung der Weltbilder erschwert die zwischenmenschliche Kooperation weit über das Maß hinaus, das wegen der Auswirkungen instinktiver Antriebe und archaischer Triebimpulse sowieso unvermeidlich ist. Während die physische Selbstbehauptung als Ausdruck des Lebenswillens alles Organischen ohne weiteres verständlich ist (wenn man im Einzelfall auch an ihren Äußerungsformen Anstoß nehmen kann), nimmt die geistige Selbstbehauptung häufig geradezu groteske Formen an. Da wird beispielsweise nach der Maxime „Was nicht sein darf, das nicht sein kann" gehandelt, oder jemand mit einer klugen Idee nur deshalb (geistig oder sogar physisch) „kaltgestellt", weil die Anerkennung seiner Idee andere zum Umdenken zwingen würde. Nicht von ungefähr werden die zur Verteidigung des Weltbildes mobilisierten Abwehrmechanismen, wie z. B. Verdrängung, Projektion, Nicht-wahrhaben-wollen, Rationalisierung, auch als Symptome psychischer Erkrankung betrachtet. Die Menschheitsgeschichte – im wissenschaftlichen Bereich nicht weniger als im politischen – ist voll von Beispielen für die verheerenden Auswirkungen dieser Abwehrmechanismen, vor allem, wenn sie mit Affekten verbunden sind und durch soziale Prozesse verstärkt werden. Der Schaden für die Menschheit besteht nicht nur in persönlichem Leid der Betroffenen, sondern auch in der Behinderung menschlichen Fortschritts.

- Führung muß gemeinsame Weltbilder initiieren

Führungskräfte, die ihre Mitarbeiter überzeugen müssen, stehen dadurch vor einem schwierigen Problem. Einerseits müssen sie die individuellen Weltbilder als Aspekte der gemeinsamen Wirklichkeit gelten lassen, andererseits können sie nicht mit den daraus folgenden divergierenden Strebungen ihrer Mitarbeiter leben. Denn Führung ist ohne das Minimum an Konsens nicht denkbar, das zur Konzentration der gemeinsamen Kräfte auf die Erreichung der Organisationsziele notwendig ist.

Der Ausweg besteht in der Verbesserung der innerorganisatorischen Kommunikation durch bessere Information aller Mitarbeiter und regelmäßige offene und freimütige Gespräche über Ziele und Inhalte der gemeinsamen Arbeit. Je intensiver und umfassender die Mitglieder einer Organisation miteinander kommunizieren, desto größer wird die Chance, daß die für die gemeinsame Arbeit relevanten Weltbildinhalte aller Beteiligten einander wenigstens ähneln. Das ist nicht überraschend, da hierdurch ja nichts anderes geschieht, als durch Kommunikation ein gemeinsames Weltbild bezüglich der Organisation, ihrer internen Strukturen und Prozesse sowie ihrer Umweltbeziehungen zu schaffen.

Ohne den Notnagel der oberflächlichen oder nur partiellen Übereinkünfte, ohne Überredung statt Überzeugung, und ohne Koexistenz unter Beibehaltung unterschiedlicher Auffassungen werden Führungskräfte zwar nicht immer auskommen. Die darauf aufbauenden organisatorischen Handlungen und Maßnahmen sind jedoch labile Konstruktionen. Die einzige Chance, trotz zunehmender Pluralität der menschlichen Weltbilder zu gemeinsamen Handlungsprämissen und damit zu einem sicheren Fundament des organisatorischen Kooperationsprozesses zu gelangen, ist die Intensivierung der Kommunikation innerhalb und zwischen organisatorischen Subsystemen. Dabei muß es vor allem darum gehen, den Organisationsmitgliedern einen gemeinsamen Sinn ihrer Tätigkeit zu vermitteln, da hierdurch die wirksamste und dauerhafteste Integration ihres Denkens und Handelns möglich ist.

4.2.5 Zweites Fazit

Die Leistungsfähigkeit der Organisationen, insbesondere der Wirtschaftsunternehmen, wird in Zukunft viel stärker als bisher von der Einsatz- und Leistungsbereitschaft der darin tätigen Menschen abhängen. Diese werden aber unter den gegenbenen Umständen und den sich abzeichnenden Entwicklungstendenzen immer schwieriger extrinsisch zu motivieren sein. Der wirtschaftliche Grenznutzen der Erwerbsarbeit nimmt für eine wachsende Zahl von Bürgern ab und die Freizeit verspricht ihnen leichtere und schnellere Triebbefriedigung und mehr Möglichkeiten zum Einsatz ihrer Aktionspotentiale. Soll die Leistungsfähigkeit der Organisationen weiter gesteigert werden (und daran führt angesichts der absehbaren finanziellen Engpässe beim Staat und im sozialen Für- und Vorsorgesystem kein Weg vorbei), dann müssen die Arbeits- und Führungsbedingungen so umgestaltet werden, daß sie intrinsisch motivieren und so die Arbeitswelt hinsichtlich ihrer Attraktivität für die Menschen mit der Freizeitwelt konkurrieren kann.

- Attraktivität und Produktivität der Arbeitswelt fördern sich gegenseitig

Die Arbeitswelt muß zugleich attraktiver und produktiver werden. Beide Forderungen lassen sich nicht nur miteinander vereinbaren, sie werden zum großen Teil sogar durch die gleichen Maßnahmen erfüllt. Wenn den Mitarbeitern ermöglicht wird, sich als Person und nicht nur als Funktionsträger in die Organisation einzubringen, und wenn ihnen die Chance geboten wird, ihre Arbeit als wesentlichen Aspekt ihrer Identität zu erleben, dann steigert das ihre Motivation und erhöht zugleich ihre Produktivität. Die immer wieder angestellten, aber auf längere Sicht stets unwirksamen Versuche, Absentismus, Geringleistung, innere Emigration und Flucht in die Freizeit durch kampagneartige Maßnahmen zu bekämpfen, werden dann überflüssig sein. Einsatz- und Leistungsbereitschaft der Mitarbeiter entstehen auf Grund der inneren Verfassung der Organisationen und dem Zugehörigkeitsgefühl der Mitarbeiter, sie müssen nicht ständig „von außen" angeregt werden.

Die Führung der Zukunft muß das gewandelte Bewußtsein der Menschen und ihre veränderte Bedürfnisstruktur berücksichtigen, wenn sie die benötigten leistungsbereiten Mitarbeiter für ihre Organisationen gewinnen möchte. Insbesondere muß sie der Tatsache Rechnung tragen, daß personale Bedürfnisse (Selbstverwirklichungsbedürfnisse) eine wachsende Rolle spielen und daß menschliches Verhalten wesentlich durch archaische Triebe mitbeeinflußt wird, die nach Befriedigung und Abbau der mit ihnen verbundenen Aktionspotentiale drängen. Führungskräfte werden es künftig zwar nicht mit vollkommen anderen Mitarbeitern zu tun haben als heute, sie werden aber mit erheblich veränderten Erwartungen und Ansprüchen ihrer Mitarbeiter konfrontiert. Es wird in Zukunft beispielsweise sehr viel schwieriger werden, Mitarbeiter für Aufgaben zu gewinnen, die ihnen nicht sinnvoll erscheinen, die ihren Werten und Überzeugungen widersprechen, die ihnen keine Anerkennung einbringen, oder die sie in einer Umgebung ausführen müssen, in der sie sich nicht wohlfühlen. Und wenn Mitarbeiter gewonnen werden können, wird es schwieriger sein, mit ihnen umzugehen. Die Führungskräfte der Zukunft werden ihre Legitimierung nicht mehr aus der Tatsache ableiten können, daß sie Vorgesetzte sind. Ihre Akzeptanz durch die Mitarbeiter wird davon abhängen, inwieweit sie persönlich und als Initiatoren und Lenker des Führungsprozesses überzeugen.

Die alte Kontrollhierarchie ist den neuen Anforderungen nicht mehr gewachsen, weil sie zu sehr auf Bestätigung der gegebenen Strukturen und Prozesse fixiert ist und der kreativen Entwicklung zuwenig Raum läßt. Sie muß durch eine funktionale Organisation abgelöst werden, die man sich nicht mehr als Pyramide, sondern als ein vertikales Netz von Steuer- und Regelkreisen vorstellen muß. Führungskräfte haben darin die Funktion von Steuergliedern und Prozeßkatalysatoren.

- Der Schlüssel: effektive Kommunikation

Von größter Wichtigkeit in der Organisation der Zukunft wird die Kommunikation sein. Sowohl an den menschlichen Voraussetzungen wie auch an den organisatorischen und technischen Bedingungen wird deshalb ständig gearbeitet werden müssen, um sie den Erfordernissen anzupassen. Ein erheblicher Teil der Personal- und Organisationsentwicklung muß der Verbesserung der menschlichen und technischen Kommunikation gewidmet sein. Aber auch Bürotechnik und Architektur werden ihr Teil dazu beitragen müssen, damit die Kommunikation in den Organisationen intensiver und wirksamer wird.

Die verbesserte Kommunikation ist aus zwei Gründen notwendig: Erstens zur Koordination des komplexer werdenden organisatorischen Leistungsprozesses. Um die veränderten Bedürfnisse der Mitarbeiter befriedigen und den Einsatz ihrer explorativen und aggressiven Aktionspotentiale ermöglichen zu können, müssen deren Aufgaben angereichert (d.h. die Arbeitsteilung vermindert) und die Zuständigkeiten flexibler gestaltet werden. Starre Organisationseinheiten sind deshalb so weit wie möglich durch variable Aktionseinheiten zu ersetzen, wie sie vom Projektmanagement her bekannt sind. Dadurch wird eine verbesserte Anpassungsfähigkeit der Organisationen an sich wandelnde Anforderungen erreicht und zugleich den Mitarbeitern einschließlich der Führungskräfte eine abwechslungsreichere Betätigung geboten. Es versteht sich von selbst, daß dadurch die Qualifikationsanforderungen an die Mitarbeiter steigen und deshalb der permanenten Weiterbildung in der Organisation der Zukunft eine große Bedeutung zukommt.

Menschliche Kommunikation ist Interaktion verschiedener Weltbilder und damit verschiedener Wirklichkeiten. Deshalb ist eine verbesserte Kommunikation zweitens erforderlich, um den für eine optimale Entscheidungs- und Handlungsfähigkeit der Organisation erforderlichen Konsens zwischen den Organisationsmitgliedern zu erreichen. Das heißt nicht, daß deren unterschiedliche Weltbilder einander angeglichen werden müßten, sondern lediglich, daß sie entweder zu partiell übereinstimmenden Anschauungen hinsichtlich der relevanten Aspekte ihrer gemeinsamen Umwelt kommen müssen oder zu einer Übereinstimmung hinsichtlich der Regeln des Umgangs mit unterschiedlichen Anschauungen. Anders gesagt: Die Kommunikation zwischen den Organisationsmitgliedern muß gemeinsames Handeln entweder durch Vermittlung eines gemeinsamen Tatsachen-, Theorien- und Methodenwissens oder durch Schaffung und Durchsetzung allgemein akzeptierter Kooperationsregeln bewirken.

Sowohl die Strategie der Wissensangleichung wie auch die Strategie des Regelkonsens erfordern intensive Kommunikation zwischen den Organisationsmitgliedern. Dabei müssen die Führungskräften neben den kognitiven auch die affektiven Aspekte berücksichtigen, um die Voraussetzungen für eine Identifikation der Mitarbeiter mit der Organisation und ihren Zielen sowie für ihr persönliches Engagement, ihre fachliche Leistung und ihre Kooperationsbereitschaft zu schaffen. Dazu benötigen sie Wissen über die den Menschen bestimmenden Kräfte, große Sensibilität für die Signale ihrer Mitmenschen, und Fähigkeiten zur produktiven Lenkung kommunikativer Prozesse.

4.3 Elemente eines ökologischen Führungskonzepts

Jetzt gilt es, die für eine ganzheitliche, ökologische Führung zusammengetragenen Grundlagen in ein System zu bringen. Ziel dieses Kapitels ist es, aus den vorher erörterten Details einen geschlossenen gedanklichen Rahmen für die später zu gebenden praktischen Anleitungen und Hilfen zu schaffen.

Ökologisch wird der zu schaffende Denkrahmen deshalb genannt, weil er die Führung in einen Zusammenhang von koevolutionären Beziehungen zwischen Systemen innerhalb und außerhalb der Organisation einordnet. Unter dem Begriff „Ökologie" werden üblicherweise alle Erkenntnisse zusammengefaßt, die die Beziehungen von Organismen untereinander und mit ihrer Umwelt betreffen. Im Zusammenhang mit der Beschreibung und Kritik der Beziehungen des Menschen zu seiner natürlichen Umwelt ist der Begriff „Ökologie" heute in aller Munde.

Die Ökologie der Führung hat auch mit der natürlichen Umwelt zu tun, weil sie unter anderem die Austauschbeziehungen von Organisationen mit der physikalischen Umwelt kontrolliert. Man denke nur an die Rohstoffgewinnung oder die Abfallbeseitigung. Darüber hinaus befaßt sich die Führungs-Ökologie aber mit allen Austauschbeziehungen, die innerhalb einer Organisation (zwischen ihren Subsystemen) oder mit ihrer Umwelt bestehen, also mit den Beziehungen zwischen Führern und Geführten, mit denen zwischen den Führungssystemen der Organisationen und ihren anderen Subsystemen, sowie zwischen den Führungssystemen und der Organisationsumwelt.

Die Ökologie könnte auch als Wissenschaft von den symbiotischen Beziehungen bezeichnet werden. Denn bei den System-Umwelt-Beziehungen, die sie untersucht, geht es – wie wir wissen – um Leben und Entwicklung in wechselseitiger Abhängigkeit. Das einzelne System benötigt seine Umwelt, um überleben und wachsen zu können, die Umwelt benötigt das (Sub)System für ihre eigene Entwicklung. Überall in der Natur lassen sich solche symbiotischen Beziehungen beobachten, auf der Ebene der Bakterien bis hin zu menschlichen Beziehungen und den planetarischen Konstellationen. Wir können das „Leben" von Organisationen im Rahmen größerer Organisationen ebenso wie das Leben von Organismen in ihrer Umwelt als eine symbiotische Entwicklung auffassen. Ein System überlebt und kann sich entwickeln, wenn es seine Strukturen und Prozesse (und damit seine Austauschbeziehungen mit der Umwelt) den Bedingungen seiner Umwelt anpaßt oder – anders gesagt – seine Bedürfnisse auf eine umweltverträgliche Art befriedigt. Indem es sich so verhält, hilft es gleichzeitig der Umwelt als dem übergeordneten System zu überleben und sich weiterzuentwickeln.

Ein ganz wesentlicher Gesichtspunkt der ökologischen Auffassung von Organisation und Führung ist die Selbstorganisation. Danach kann der organisatorische Prozeß nicht auf einzelne Führungshandlungen oder -maßnahmen zurückgeführt werden, sondern ist das Resultat aller in der Organisation sowie im Austausch mit ihrer Umwelt ablaufenden Vorgänge und ihrer Wechselwirkungen. Die Steuerung und Regelung der organisatorischen Prozesse ist über das Gesamtsystem verteilt. Führungshandeln ist in diese Prozesse eingebettet, beeinflußt sie und wird von ihnen beeinflußt. Führungskräfte steuern die organisatorischen Prozesse deshalb nicht von außerhalb, wie die meisten von ihnen (unbewußt) annehmen und wie es ihnen in der Führungsausbildung (vor allem in der computerisierten) meistens suggeriert wird, sondern sie sind selbst Teil des kommunikativen Netzwerks der Organisation.

Die ökologische Anschauung von Organisation und Führung macht die ganzheitliche organische Natur des Führungsgeschehens deutlich und läßt die Schwachstellen der gegenwärtigen, auf mechanistischen Auffassungen beruhende Praxis deutlich hervortreten. Sie erlaubt, Führung als einen Prozeß zur Lenkung von Prozessen zu verstehen, denen sie selbst als Teilprozeß zugehört, und dementsprechend die Anforderungen an die Führung in der Organisation der Zukunft zu formulieren.

4.3.1 Die Führungsaufgabe in der Organisation der Zukunft

Überleben und Wachstum von Organisationen sind das Ergebnis erfolgreicher evolutionärer Prozesse, in denen die selbstbehauptenden und die integrativen Tendenzen ausbalanciert sind. Das gilt sowohl hinsichtlich ihrer Austauschbeziehungen mit der Umwelt als auch bezüglich ihrer internen Austauschbeziehungen. Aufgabe der Führung ist es, diese Prozesse zu initiieren und zu lenken. Oder anders gesagt: Die Führung muß dafür sorgen, daß die Organisation ihrer Umwelt nützlich sein kann, indem sie sich selber nützt.

Um die Austauschbeziehungen stets in der erforderlichen Qualität und Quantität schaffen und erhalten zu können, muß die Organisation innovationsfähig und produktiv sein. Beides erfordert eine gute Integration der Mitglieder (Mitarbeiter und Führungskräfte) in die Organisation, so daß diese ihre Mitarbeit als eine sinnvolle, ihre personellen Bedürfnisse befriedigende und ihre Triebpotentiale ausschöpfende Tätigkeit ansehen können, sowie eine optimale Erfüllung der organisatorischen Leistungsanforderungen. Auch im Verhältnis der Mitglieder zur Organisation geht es darum, eine Balance zwischen Selbstbehauptung und Integration zu halten, so daß die Mitglieder der Organisation nützen können, indem sie sich selber nützen – oder umgekehrt.

Abbildung 16 zeigt eine Skizze des ökologischen Führungskonzepts. Daraus gehen die verschiedenen von der Organisation zu unterhaltenden und zu lenkenden Austauschbeziehungen hervor:

– die zwischen den Organisationsmitgliedern (Führungskräften und Mitarbeitern) innerhalb einzelner Subsysteme, die hauptsächlich in Form kommunikativer und kooperativer Prozesse laufen,

– die zwischen Organisationsmitgliedern und der Organisations-Umwelt; dabei handelt es sich um kommunikative, stoffliche und geistige Prozesse,

– die zwischen den einzelnen Subsystemen der Organisation, die miteinander kommunizieren und kooperieren und ebenfalls geistige und stoffliche Austauschbeziehungen haben,

– und schließlich die zwischen der Organisation und der Umwelt in Gestalt verschiedener geistiger und stofflicher Prozesse.

In allen diesen Austauschbeziehungen manifestieren sich selbstbehauptende und integrative Verhaltenstendenzen, so daß die Organisation beziehungsweise ihr Führungssystem eine mehrfache Balance zu halten hat. Stets besteht die Gefahr, daß das Gesamtsystem „Organisation" durch ein Ungleichgewicht der Tendenzen in Fluktuationen gerät, die seinen Bestand und seine gedeihliche Entwicklung gefährden. Ferner sind in die Skizze diejenigen Prozesse eingetragen, die einerseits zur Schaffung, Erhaltung und Erneuerung der Austauschbeziehungen beitragen und andererseits dazu dienen, die Balance zwischen den beiden Verhaltenstendenzen im Wechselspiel der Systeme zu halten: Selbstorganisation, Kreativität/Innovativität, Information/Lenkung und Integration, Redundanz, Attraktivität, Energie-Ökonomie und Lernen.

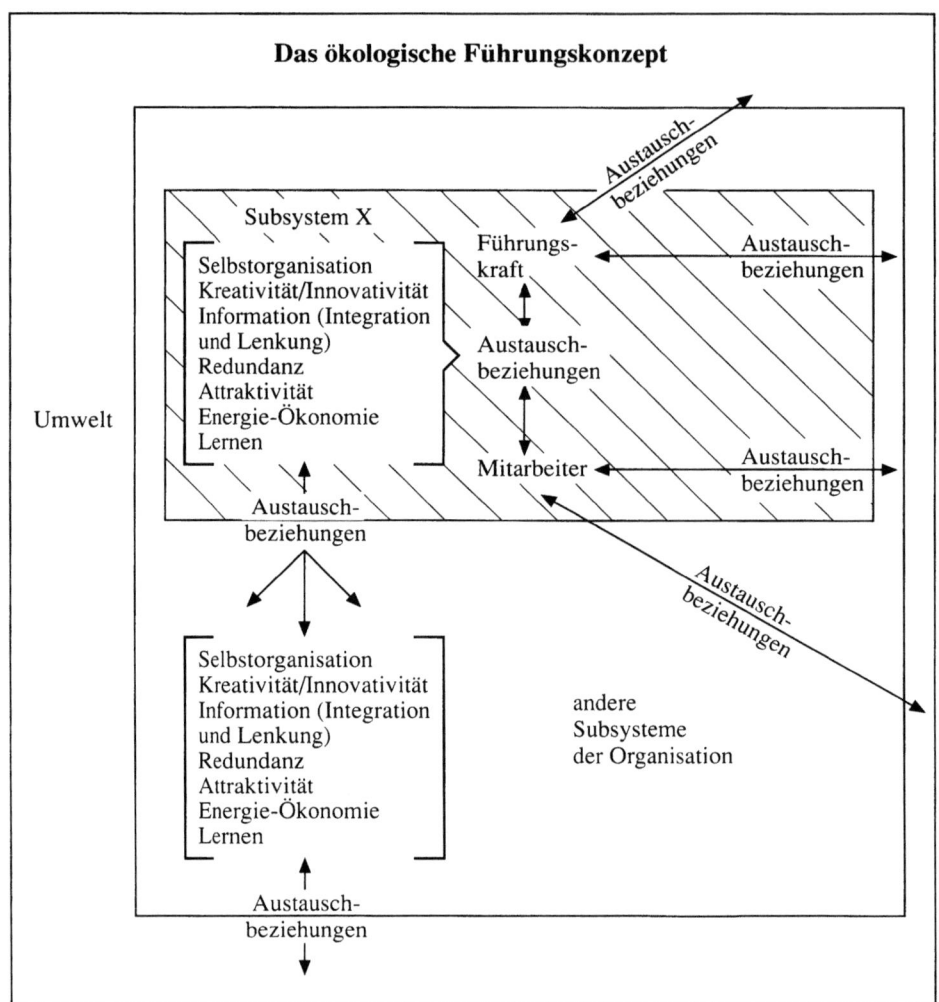

Abb. 16

Führung muß Prozesse in Gang setzen und aufrechterhalten, mittels derer innerhalb der Organisation und zwischen der Organisation und ihrer Umwelt mögliche Austauschbeziehungen erkannt, wünschenswerte und notwendige aufgenommen und bestehende unter Wahrung der Balance zwischen Selbstbehauptung und Integration zum Nutzen der Organisation gepflegt werden können. Die Prozesse müssen entsprechend ihren unterschiedlichen Zwecken unterschiedliche Wirkungen haben:

– Homöostatische Prozesse dienen der Aufrechterhaltung oder Wiederherstellung von erwünschten Zuständen oder sie halten Vorgänge innerhalb vorgegebener Grenzwerte (z. B. wird mit Hilfe eines organisatorischen Verfahrens dafür gesorgt, daß sämtliche konstruktiven Änderungen an einem Produkt auch laufend dokumentiert werden, oder eine Verfahrensregel sichert, daß bestimmte Reklamationsfälle dem Vorgesetzten vorgelegt werden).

– Vermittelnde Prozesse besorgen die Anpassung oder Abstimmung zweier oder mehrerer Zustände oder Vorgänge (z. B. geht es um die Zusammenarbeit von Vertrieb, Produktion und Weiterbildungsabteilung bei der Kundenschulung, oder es wird geprüft, wie qualitätssichernde Maßnahmen bereits beim Rohmaterialeinkauf durchgeführt werden können).

– Proaktive Prozesse sorgen für Innovation und Weiterentwicklung, sie transzendieren im Gegensatz zu den beiden anderen Prozeßkategorien die bestehenden Verhältnisse (z. B. wird die Weiterentwicklung eines Produkts angeregt, oder der Vorgesetzte läßt Möglichkeiten einer Kosteneinsparung untersuchen).

Alle drei Prozeßarten sind notwendig, um die Organisation aufrechtzuerhalten und weiterzuentwickeln. Sie ergänzen einander, können in Konflikt miteinander geraten und helfen, Konflikte zu lösen. Im Falle von Konflikten zwischen den Wirkungen der Prozesse (z. B. wenn der homöostatische Prozeß „Berichtswesen" mit dem proaktiven Prozeß „Entbürokratisierung" kollidiert) müssen vermittelnde Prozesse zur Konfliktlösung gestartet werden. Gemeinsam ist allen drei Prozeßkategorien, daß ihre Durchführung die Kenntnis von Zielen (Maßstäbe, Grenzwerte) und Ausgangsbedingungen sowie die Verfügung über Mittel und Verhaltensspielraum zur Verfolgung der Ziele unter den gegebenen Ausgangsbedingungen erfordert.

- Selbstorganisation ermöglichen

Die Initiierung, Koordinierung und Kontrolle aller Einzelaktivitäten der Organisation sowie die Ausbalancierung ihrer und ihrer Subsysteme selbstbehauptenden und integrativen Tendenzen, die zur Lenkung des organisatorischen Prozesses erforderlich sind, ist eine Rechnung mit unzähligen Unbekannten. Führungskräfte sollten nicht glauben, sie auch nur annähernd durch bewußt getroffene Einzelmaßnahmen lösen zu können. Es dürfte klar geworden sein, daß der Wunsch, alles „im Griff" haben zu wollen, angesichts der Komplexität und Dynamik des organisatorischen Geschehens illusionär ist. Führungskräfte können niemals alle Fäden der Organisation in der Hand haben, im günstigsten Fall die wichtigsten. Wesentlich für den Führungserfolg ist es deshalb, daß sie Bedingungen schaffen, die den Kräften der Selbstorganisation zur optimalen Entfaltung verhelfen und daß sie diese Kräfte dann in die für die Entwicklung der Organisation günstigste Richtung lenken.

Selbstorganisation verlangt, daß eine Organisationseinheit die Möglichkeit zum Handeln, zum Lernen und zum Wandel hat. Das setzt einerseits den dazu erforderlichen Spielraum im organisatorischen Zusammenhang voraus und andererseits die Verfügung über menschliche Qualifikationen, Sachmittel und Methoden.

Für die strukturelle Gestaltung der Organisation der Zukunft ergibt sich daraus die Forderung nach mehr Offenheit und mehr Flexibilität. Das Zustands- und Zuständigkeitsdenken muß einem Prozeß- und Aufgabendenken weichen, das einerseits schnelleres Reagieren auf veränderte Umweltanforderungen erlaubt und andererseits eine bessere Nutzung der organisatorischen Leistungspotentiale ermöglicht. Das organisatorische Handeln muß noch viel konsequenter an den Aufgaben ausgerichtet werden, die die Umwelt (Kunden, Mitarbeiter, Staatsbürokratie) stellt, statt an internen Gegebenheiten. Nicht Stellenbeschreibungen und Organisationspläne dürfen mehr darüber entscheiden, was einzelne oder Gruppen in der Organisation tun, sondern allein ihre Kenntnisse und Fähigkeiten. Nicht Zuständigkeiten dürfen maßgebend sein, wenn darüber zu entscheiden ist, welche Arbeiten in Angriff genommen werden, sondern allein die Aufgaben vor die sich die Organisation gestellt sieht. So wie in der Produktion flexibel einsetzbare multifunktionale Bearbeitungszentren die herkömmliche sequenzielle Fertigung in abgegrenzten Bearbeitungsbereichen ablösen, so muß die Organisation der Zukunft generell von der Stellenstruktur zur Aufgabenstruktur übergehen. Es darf nicht mehr heißen: Wer ist zuständig? sondern: Was gibt es zu tun? Auf diese Weise können Organisationen ihre Nützlichkeit für die Umwelt steigern und zugleich selbst Nutzen aus den dadurch verbesserten Austauschbeziehungen mit der Umwelt ziehen. Kunden erhalten beispielsweise Leistungen, die ihren Bedürfnissen optimal entsprechen, und bleiben deshalb der Organisation als Abnehmer treu. Und Mitarbeiter erhalten vielseitige und abwechslungsreiche Aufgaben, die ihnen zudem noch kreative Freiräume lassen, und sind deshalb hochmotiviert.

Der organisatorischen Führung kommt die Aufgabe zu, die dazu erforderlichen flexiblen Strukturen zu schaffen und mit Leben zu erfüllen. Das ist mit administrativen Mitteln nicht zu schaffen. Vielmehr kommt es darauf an, Führung als einen Prozeß zu begreifen und wahrzunehmen, der die Leistungsprozesse der Organisation (alle die Austauschbeziehungen mit der Umwelt vorbereitenden, unterstützenden und vollziehenden Aktivitäten) anzustoßen und zu lenken hat. Führungskräfte haben danach hauptsächlich katalytische und steuernde Funktionen. Sie müssen die in der Organisation vorhandenen Kräfte entdecken, mobilisieren, richtig einsetzen, ihnen Raum zur Entfaltung geben und sie weiterentwickeln. Führen bedeutet also nicht Reglementieren, Antreiben und Kontrollieren, sondern Initiieren, Wegweisen, Ertüchtigen, Ermöglichen und Korrigieren.

Weil in der Natur angelegt, sind auch in jeder Organisation Kräfte der Selbstorganisation vorhanden. Sie äußern sich normalerweise dadurch, daß Mitarbeiter initiativ sind, mitdenken, einen eigenen Willen entwickeln, Ziele verfolgen und eigenverantwortlich handeln. In vielen bürokratischen Organisationen werden die Selbstorganisationspotentiale leider durch rigide Anordnungen und Regelungen unterdrückt, weil sie in erster Linie als Störungen des organisatorischen Prozesses betrachtet werden, so daß den Mitarbeitern nichts anderes übrig bleibt, als ihre Vorgesetzten oder Kollegen aus den Stäben für sich denken zu lassen. Die Potentiale der Selbstorganisation können leicht geweckt werden, indem Mitarbeitern mehr Spielraum bei der Erfüllung ihrer Aufgaben eingeräumt wird. Natürlich muß auch dafür gesorgt werden, daß sie das für die Organisation Richtige tun. Wichtig sind deshalb klar definierte, dem Mitarbeiter verständliche und einsehbare Ziele beziehungsweise Maßstäbe, ausreichende, verständlich dargereichte Informationen über die jeweiligen Ausgangsbedingungen, die zur Zielverfolgung notwendigen Sachmittel und Handlungsspielräume sowie die zu ihrer produktiven Ausfüllung notwendigen Qualifikationen. Überflüssig sind aber Detailanweisungen, die den Mitarbeiter zum Handlanger degradieren und verhindern, daß er seine Kenntnisse und Fertigkeiten zum Nutzen seiner Aufgaben einsetzt.

Zwischen dem Verhaltensspielraum eines organisatorischen Subsystems (z. B. einer Abteilung oder eines Mitarbeiters), seiner Funktion im Gesamtsystem, und seiner Qualifikation (die im Zusammenhang mit den verfügbaren Sachmitteln zu sehen ist, weil sie durch diese erhöht oder vermindert werden kann) bestehen Wechselbeziehungen, so daß von Veränderungen des einen immer auch die beiden anderen betroffen sind. Das geht aus Abbildung 17 hervor.

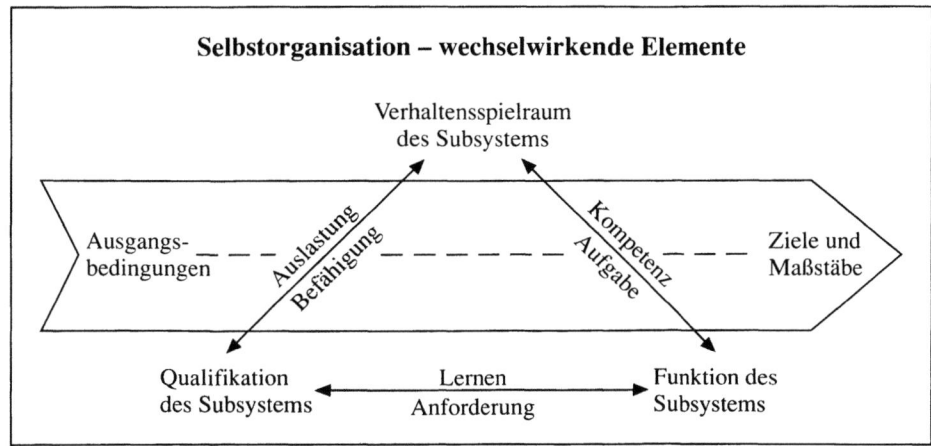

Abb. 17

Die Wechselbeziehungen können Befähigung/Auslastung, Lernen/Anforderung und Kompetenz/Aufgabe genannt werden, wobei jedes Doppel die beiden möglichen Aspekte einer Beziehung bezeichnet. Die Beziehung zwischen „Verhaltensspielraum" und „Qualifikation" ist beispielsweise einerseits eine Frage der Auslastung des Subsystems (kann es seine Fähigkeiten einsetzen?), andererseits eine Frage seiner Befähigung, den Verhaltensspielraum auszufüllen. Die Beziehung zwischen „Funktion" und „Verhaltensspielraum" wird durch das Ausmaß der Übereinstimmung von Aufgaben einerseits und Verfügung über Mittel und Möglichkeiten zu ihrer Bewältigung bestimmt.

Diese Wechselbeziehungen spielen bei der Nutzung des Selbstorganisationspotentials einer Organisation eine wichtige Rolle. Sie rücken aber auch dann in das Zentrum der Aufmerksamkeit, wenn eine Organisation wächst und sich differenziert, und wenn Mitarbeiter zu Vorgesetzten werden. Chefs stark expandierender Unternehmen wissen davon ein Lied zu singen – leider selten ein fröhliches. Mißverhältnisse zwischen Qualifikation, Funktion und Verhaltensspielraum erschweren nämlich die Delegation von Aufgaben und Verantwortung und damit auch die Nutzung des Selbstorganisationspotentials der Mitarbeiter. Daraus resultieren empfindliche Störungen der Zusammenarbeit und beträchtliche Leistungsverluste, teils aus sachlichen und teils aus menschlichen und motivationalen Gründen.

Deshalb muß eine Führung, die das Selbstorganisationspotential ihrer Organisation besser ausschöpfen möchte und darum den Subsystemen größere Verhaltensspielräume einräumt, immer zugleich auch die entsprechende Qualifizierung der Mitarbeiter und die anforderungsgerechte Funktionendifferenzierung der Organisation im Auge behalten. Alle drei Faktoren müssen richtig aufeinander abgestimmt sein, was von Zeit zu Zeit überprüft und gegebenenfalls korrigiert werden muß. Damit wird die notwendige Grundlage der Selbstorganisation geschaffen. Damit sich die Kräfte der Selbstorganisation für die Organisation aber auch als nützlich erweisen können, müssen die Mitarbeiter und Organisationseinheiten durch permanente Informationen über Ziele, Rahmenbedingungen des Handelns beziehungsweise Spielregeln und jeweilige Ausgangsbedingungen einerseits sowie jeweiligen Zielerreichungsgrad und gegebenenfalls besondere Umstände der Zielverfolgung andererseits miteinander verbunden werden. Der Informationsfluß und die Berücksichtigung der Informationen im Prozeß der Selbstorganisation müssen durch die Führung sichergestellt werden.

Richtig gehandhabt bietet die vermehrte Nutzung der Selbstorganisationspotentiale einer Organisation beträchtliche Überlebens- und Wachstumsvorteile. Denn es werden dadurch die menschlichen und sachlichen Ressourcen viel besser genutzt als bei dem Versuch möglichst weitgehender zentralistischer Lenkung. Die Mitarbeiter erhalten erweiterte Freiräume für kreative, selbständige Aufgabenbewältigung und sind dadurch motivierter. Die Organisation wird beweglicher und innovativer.

Es würde sogar durchaus einen Sinn haben, wenn sich Mammut-Organisationen mit hunderttausenden von Mitarbeitern in kleinere operative Einheiten aufspalteten, die – an der langen Leine von Zielvereinbarungen und Spielregeln – eigenverantwortlich und weitgehend selbständig in „ihrem" Umweltausschnitt tätig sind, um sich gezielter und schneller auf verändernde Umweltgegebenheiten einstellen zu können. Denkbar ist auch, daß diese Einheiten sich jeweils nach den aktuellen Erfordernissen neu formieren oder nur für einzelne Projekte eingerichtet werden. Eine solche prozeßorientierte Funktionendifferenzierung der Organisation wäre in der Lage, ihre Problemlösungkapazitäten unabhängig von Zuständigkeiten dort einzusetzen, wo sie gebraucht werden. Die Organisation könnte sich unbehindert von überflüssigem bürokratischen Überbau mit den Anforderungen ihrer Umwelt(en) auseinanderzusetzen und schnell auf neue Situationen zu reagieren. Durch den infolge flexibler Aufgabenzuweisungen und Job-Rotation intensivierten Kommunikationsprozeß würden nebenbei noch Synergieeffekte entstehen und informelle Lernprozesse stattfinden.

Eine flexible Funktionendifferenzierung der Organisation ist nicht nur horizontal, sondern auch vertikal möglich. In diesem Fall würden Führungssysteme nach Bedarf geschaffen und wieder aufgelöst werden. Die Führungsaufgabe wäre dann ebenfalls eine temporäre, auf eine spezielle Problemlösung oder ein spezielles Projekt größeren Umfangs bezogene Aufgabe, die von einer übergeordneten Führungsebene definiert und dann einem Mitarbeiter zur selbständigen Bearbeitung übergeben würde. Dieser hätte im Rahmen der Aufgabe Vollmacht über bestimmte andere Mitarbeiter und Sachmittel zu verfügen, um eine (Sub-)Organisation aufzubauen, die dann die ihm übertragene Aufgabe lösen würde. Nach Beendigung des Auftrags wäre die Organisation aufzulösen und die Mitarbeiter und Sachmittel müßten in andere Bereiche der Organisation eingegliedert werden. Vom Management auf Zeit unterschiede sie sich dadurch, daß nicht nur die Führungskraft, sondern auch die Stelle auf die zur Problemlösung beziehungsweise Aufgabenbewältigung erforderliche Zeit begrenzt wäre.

Auf die Bedeutung des Prinzips der Subsidiarität für soziale Systeme wurde schon hingewiesen. Bei der Förderung der Selbstorganisationskräfte spielt es eine tragende Rolle. Führungskräfte genügen dem Prinzip der Subsidiarität, indem sie alles delegieren, was von ihren Mitarbeitern genausogut erledigt werden kann wie von ihnen selbst, im Idealfall alle Nicht-Führungsaufgaben. Grundsatz muß sein, die Entscheidungen dort zu fällen, wo die Probleme liegen. Klarheit über die Rahmenbedingungen und Spielregeln sorgen dafür, daß die Entscheidungen am Nutzen der Gesamtorganisation orientiert sind.

Weiter oben wurde gezeigt, daß Führungskräfte die Möglichkeit der Delegation durch qualifizierende und gestalterische (strukturierende) Maßnahmen weitgehend bestimmen. An ihnen liegt es also, inwieweit sie sich von den Aufgaben, die nicht ihre sind, entlasten und gleichzeitig die Tätigkeitsbereiche ihrer Mitarbeiter um interessante Inhalte und Herausforderungen bereichern. Die Wechselbeziehungen zwischen Verhaltensspielraum (Zuständigkeit), Qualifikation und Aufgabe eines Mitarbeiters ist an sich einfach zu durchschauen. Sie wird häufig nur dadurch kompliziert, daß in der Beziehung zwischen Mitarbeitern und Führungskräften auch starke Triebkräfte wirksam sind, die verhindern, daß dies geschieht und daß daraus die gebotenen Konsequenzen gezogen werden. Rivalitäten und Statusangst des Vorgesetzten verhindern z. B. oft, daß Mitarbeiter in die Lage versetzt werden, alle Aufgaben zu erledigen, die sie eigentlich erledigen könnten und auch sollten.

Was einer Organisation dabei an Leistungpotentialen verlorengeht, kann kaum überschätzt werden. Die Förderung der Selbstorganisationsdynamik durch eine im Rahmen permanenter systematischer Weiterqualifizierung der Mitarbeiter betriebene Delegation von Aufgaben muß deshalb als Schlüsselaufgabe künftiger Führung betrachtet werden. Damit steigert sie zugleich die Überlebens- und Wachstumsfähigkeit der Organisation in einer schwieriger werdenden Umwelt und die Attraktivität der Organisation für ihre Mitarbeiter. Diese werden durch die vielseitigeren und anspruchsvolleren Aufgaben stärker herausgefordert und sind daher besser motiviert. Die Organisation profitiert davon, daß die Mitarbeiter selbständiger werden und unabhängiger von ihren Vorgesetzten arbeiten. Das vergrößert die Reaktionsgeschwindigkeit infolge kürzerer Informations- und Entscheidungswege, und es erhöht die Funktionssicherheit der (Sub-) Organisation.

Leider können sich heute noch allzu viele Führungskräfte nur schwer mit dem Gedanken anfreunden, daß die Organisation auch ohne sie funktionieren würde. Manche von ihnen bekommen geradezu panische Angst, wenn sie das Gefühl haben, einmal nicht dringend gebraucht zu werden. Sie vergessen dabei aber, daß sich gerade erfolgreiche Führungskräfte dadurch auszeichnen, im Tagesgeschäft entbehrlich zu sein.

Handeln nach dem Prinzip der Subsidiarität setzt eine störungsfreie Kommunikation zwischen den organisatorischen Subsystemen, ausreichende Qualifikation und hohes Pflicht- und Verantwortungsbewußtsein bei den Mitarbeitern, sowie Führungsqualitäten und Vertrauen bei den Vorgesetzten voraus. Diese Eigenschaften müssen – soweit sie nicht vorhanden sind – entwickelt werden.

- Kreative und innovative Kräfte mobilisieren

Die Funktionendifferenzierung der Organisation in relativ autonome und spezialisierte Subsysteme soll Selbstorganisationspotentiale mobilisieren und dadurch die Problemlösungskapazität der Organisation vergrößern. Es soll erreicht werden, daß die Organisation auf die Herausforderungen ihrer Umwelt stets eine adäquate Antwort geben und auch von sich aus innovativ auf die Umwelt einwirken kann. Um diesen Zweck optimal zu erfüllen, muß die Funktionendifferenzierung mit der Schaffung von Freiräumen für kreatives und innovatives Verhalten der Mitarbeiter einhergehen. Denn nur so können die im unmittelbaren Umgang mit dem jeweiligen Umweltausschnitt gewonnenen Erfahrungen, Erkenntnisse und Problemlösungen der Mitarbeiter schnell, kostengünstig und für die Beteiligten als eigene Leistungen erfahrbar praktisch umgesetzt werden.

Die Zulassung oder gar Förderung der Selbstorganisation kommt zwar der Entfaltung von Kreativität zugute, stellt aber nicht unbedingt sicher, daß diese sich auch im organisatorischen Prozeß niederschlagen und zur Innovativität werden kann. Um das zu gewährleisten, müssen die Spielregeln, mit denen die relativ autonomen Subsysteme in die Organisation integriert werden, so gefaßt sein, daß sich neue Ideen in der Organisation verbreiten können. Das ist in erster Linie ein Wertproblem (neue Ideen müssen grundsätzlich begrüßt und unterstützt, nicht als Störungen abgewehrt werden), in zweiter Linie ein Informationsproblem (neue Ideen müssen bekanntgemacht und offen diskutiert werden) und erst in dritter Linie ein Verfahrensproblem. Das Wertproblem können nur die Führungskräfte der obersten Lenkungsebene lösen, indem sie selbst vorleben, wie die Organisation neue Ideen bewertet und wie sie mit ihnen umgeht. Das Informationsproblem ist zu lösen, indem die Mitarbeiter Gelegenheit erhalten, ihre Ideen mitzuteilen, Ideen ihrer Kollegen zu hören, und Ideen miteinander zu diskutieren und weiterzuentwickeln. Im Zusammenhang mit dem Informationsproblem muß das Verfahrensproblem gelöst werden; dabei geht es um die Formen der Informationsvermittlung.

Besonders in durchrationalisierten bürokratischen Organisationen ist zwar für die kurzfristige Produktivität des laufenden Geschäfts gesorgt, Einfälle zur Sicherung und Steigerung der Produktivität von morgen sind aber nicht gefragt. Eigene Ideen und Verbesserungsvorschläge der Mitarbeiter haben in diesem Umfeld wenig Chancen, offen diskutiert und ausprobiert zu werden, sie scheinen sogar eher zu stören. Vielen Mitarbeitern vergeht da schnell die Lust, sich ihren Kopf über die täglichen Anforderungen hinaus noch zu zerbrechen. Die Einrichtung eines zentralen Verbesserungsvorschlagswesens hilft erfahrungsgemäß dem Versiegen des Ideenreichtums nicht ab, weil es in den meisten Fällen zu anonym und zu schwerfällig ist. Das Ergebnis: Die Mitarbeiter tun das, was von ihnen verlangt wird (und nicht mehr), und die Organisation verzichtet auf nützliche Beiträge.

Welches Ideenpotential könnte neu erschlossen werden, wenn Einfälle und Vorschläge der Mitarbeiter durch die Arbeits- und Führungsbedingungen stärker angeregt würden? Welche Synergieeffekte könnten innerhalb der Organisationen zu Effizienz- und Leistungssteigerungen umgewandelt werden, wenn die Kommunikation zwischen den verschiedenen spezialisierten Organisationseinheiten und zwischen den einzelnen Mitarbeitern besser klappen würde? Viele Organisationen haben bereits mit internen Informationsmärkten und anderen Formen institutionalisierten Informationsaustausches über neue und besondere Arbeitsinhalte und -methoden, Verbesserungsvorschläge, Experimente und Ideen gute Erfahrungen gemacht.

In Unternehmen, die z. B. Qualitätszirkel richtig einsetzen, zeigt sich eindeutig, daß Mitarbeiter viel mehr können, als normalerweise an ihrem Arbeitsplatz von ihnen verlangt wird. In dezentralen selbstorganisierenden Einheiten, aber durch geeignete Spielregeln eingebunden in das Kooperationsgefüge der Organisation, können die Mitarbeiter Aufgaben lösen, die keine zentrale Stelle in gleich kostengünstiger, situationsangemessener und zeitsparender Weise bewältigen könnte. Ein Beispiel dafür ist die Qualitätssicherung, die – im Gegensatz zur Qualitätskontrolle – nicht einer einzigen Qualitätsstelle zugeordnet werden kann (wenn diese auch beratend und koordinierend tätig sein mag), sondern nur als integraler Bestandteil aller Funktionen und Prozesse über das gesamte Unternehmen verteilt sinnvoll ist. Ein anderes Beispiel ist die betriebliche Weiterbildung. Auch sie kann durch selbstorganiserte über die ganze Organisation verteilte praxisintegrierte Lernprozesse zu einer permanenten anforderungsgerechten Weiterentwicklung des organisatorischen Problemlösungspotentials beitragen und so die Leistungsfähigkeit der Organisation vergrößern.

Qualitätszirkel und andere Formen der Kommunikation über Ziele, Inhalte, Methoden und Verbesserungsmöglichkeiten der individuellen und gemeinsamen Arbeit haben außer ihrem fachlich-sachlichen Nutzen für die Organisation aber auch noch einen großen positiven motivationalen Effekt. Die Mitarbeiter werden nämlich in diese Prozesse ganzheitlich einbezogen, nicht nur als auf bestimmte Fähigkeiten abgemagerte Funktionsträger. Dadurch können sie ihre Kenntnisse und Fertigkeiten, aber auch ihre Triebe und Aktionspotentiale viel wirksamer einsetzen und ihre Neigungen, Interessen viel deutlicher artikulieren und ihre personalen Bedürfnisse besser befriedigen, als es ihnen sonst am Arbeitsplatz möglich wäre.

Viele Vorgesetzte werden erst noch davon überzeugt werden müssen, daß ihre Mitarbeiter auch etwas – und zwar überraschend viel – leisten, wenn sie nicht an der Werkbank stehen oder nicht hinter ihrem Schreibtisch sitzen, sondern stattdessen miteinander über ihre Arbei diskutieren. Führungskräfte, die gelernt haben, solche Gespräche selbst zu moderieren, möchten sie aber in der Regel nicht mehr missen. Die Zeit, die dafür aufgewendet werden muß, zahlt sich mehrfach wieder aus in Gestalt höherer Zielerreichungsgrade und besserer Problemlösungen, effektiverer Arbeitsmethoden und reibungsloserer Zusammenarbeit, zufriedenerer Mitarbeiter und einem angenehmeren Arbeitsklima.

Freiräume und Anregungen zum kreativen und innovativen Handeln sind ebenso wie permanente Weiterqualifizierung der Mitarbeiter wichtige Mittel zur Erhaltung und Vergrößerung der Problemlösungskapazität einer Organisation. Sie sind nur zum geringsten Teil zentral plan- und lenkbar, weil zentrale Stellen der Organisation auch bei funktionierender Kommunikation niemals soviel über die jeweiligen Verhältnisse „vor Ort" wissen können wie die dort tätigen Mitarbeiter. Es kommt deshalb darauf an, dafür zu sorgen, daß sich die Kenntnisse, Erfahrungen und Ideen der Mitarbeiter von selbst für den organisatorischen Leistungsprozeß erschließen. Dazu müssen den Subsystemen der Organisation größere Verhaltensspielräume gegeben und gleichzeitig die erforderlichen Mittel und Methoden zu ihrer produktiven Nutzung zur Verfügung gestellt werden.

- Information – Mittel zur Lenkung und zur Integration

Information beseitigt Ungewißheit. Sie teilt dem Empfänger etwas über den Sender mit, was dieser vorher noch nicht wußte, und erweitert dadurch seine Verhaltensprämissen. Vom Sender aus gesehen ist Information ein Mittel, um Verhaltensprämissen zu schaffen oder zu verändern, also ein Mittel der Beeinflussung des Empfängers. Um die Schaffung und Lenkung von Verhaltensprämissen geht es auch in Organisationen.

Informationen sind die Nervenimpulse der Organisation. Sie benötigt sie zur Gewinnung eines „Bildes" ihrer Umwelt sowie eines „Bildes" von sich selbst einschließlich ihrer Austauschbeziehungen zur Umwelt, zur Anregung und Koordinierung ihrer inneren Aktivitäten, und zur Regelung ihrer Austauschbeziehungen. Die Führung muß dafür sorgen, daß die Organisation beziehungsweise ihre Subsysteme alle relevanten Informationen aus der Umwelt und aus der Organisation selbst erhält und in einer für Überleben und Wachstum nützlichen Weise verarbeitet.

Das verhältnismäßige Eigenleben, das Organisationen in ihrer Umwelt führen, gründet auf ihrer Tendenz zur Selbstbehauptung. Sie passen sich nicht einfach an Umweltanforderungen an, sondern versuchen auch, die Austauschbeziehungen mit der Umwelt nach eigenen Bedürfnissen zu gestalten und sich eine Umwelt zu schaffen, die ihnen günstig ist. Anders gesagt: Ihre Selbstbehauptung manifestiert sich in der Verfolgung von Zielen. Um Ziele verfolgen zu können, müssen Organisationen zur einheitlichen Willensbildung und Willensdurchsetzung fähig sein. Das setzt eine gewisse Konstanz der organisatorischen Spielregeln, Vorgaben und Rahmenbedingungen voraus, um dem Verhalten ihrer Mitglieder eine klare und verläßliche Orientierung zu geben. Information vermittelt diese Konstanten, ohne die es der Organisation nicht möglich wäre, ihre Kräfte zu konzentrieren und sich in der Umwelt als eigenständige Einheit zu erhalten. Die Zielverfolgung erfordert aber auch laufende Informationen über die jeweiligen Zustände und Vorgänge in der Umwelt, über die Prozesse und Zustände innerhalb der Organisation sowie über den Fortgang der Zielverfolgung selbst.

Für Informationen, die regelmäßig fließen müssen, ist es günstig, ein Informationssystem aufzubauen, das die Informationskanäle mit den sendenden und empfangenden

Subsystemen, die jeweiligen Codes, und die Art und Weise der Speicherung und Verarbeitung der Informationen umfaßt. Das Informationssystem darf aber nicht als statische Gegebenheit angesehen werden, sondern muß als Prozeß immer wieder den sich ändernden Anforderungen angepaßt werden.

Unter den Informationen der Organisation, die regelmäßig fließen müssen, werden erfahrungsgemäß diejenigen vernachlässigt, die nur mittelbar zur Integration und Prozeßlenkung beitragen. Das sind vor allem die Sinn und Identität vermittelnden Informationen, die für die personale Integration der Mitglieder in die Organisation von größter Wichtigkeit sind. Die wenigsten Mitarbeiter verfügen über Informationen, die ihnen ermöglichen, einen eindeutigen und einsehbaren (möglicherweise sogar quantifizierbaren) Bezug zwischen ihrer Aufgabenerfüllung und den Zielen und Leistungen ihrer Organisation herzustellen. Und noch viel weniger erhalten Informationen, die ihnen bei der Sinnfindung helfen. Da darf man sich über schwindendes Pflichtgefühl, abnehmendes Verantwortungsbewußtsein und zurückgehende Leistungsbereitschaft nicht wundern.

Viele Informationen müssen nicht regelmäßig, sondern nur von Fall zu Fall oder in bezug auf bestimmte Vorhaben und Projekte fließen. Dann ist es Aufgabe der Führungskräfte, die benötigten Informationsprozesse zu initiieren und Mitarbeiter beziehungsweise Subsysteme in die Lage zu versetzen, diese zu betreiben. Da Informationen beim Menschen immer durch das Filter der Wahrnehmung gehen und dadurch in der Regel eine individuelle Färbung erhalten, beinhaltet das Informationsmanagement notwendig auch psychologische Aspekte, deren angemessene Berücksichtigung maßgeblich über die Effektivität von Informationsprozessen mitentscheidet. Das gilt besonders, wenn sie ein Streßpotential (Dale Zand) in sich bergen und damit zu rechnen ist, daß sie Abwehrmechanismen in den empfangenden Menschen mobilisieren.

Die Weiterentwicklung und vermehrte Nutzung der elektronischen Datenverarbeitung wird helfen, die bei verstärkter Organisationsdifferenzierung und Dezentralisierung steigenden Informations- und Kommunikationsanforderungen so zu erfüllen, daß die einheitliche Orientierung der Willensbildung auch in hochkomplexen, weitverzweigten Organisationen gewährleistet werden kann. Die Technik kann jedoch nicht klüger sein als der Mensch. Voraussetzung für die erfolgreiche Nutzung der Mikroelektronik für die Führung von Organisationen sind geeignete Informationen. Dem Menschen bleibt es vorbehalten, diese Informationen sinnvoll und sachgerecht zu definieren.

- Redundanz

Zur Sicherung der organisatorischen Funktionen ist Redundanz erforderlich. Sie soll gewährleisten, daß die Organisation auch im Falle von Störungen oder des Ausfalls von Subsystemen insgesamt funktionsfähig bleibt, oder doch wenigstens überleben kann. Anders formuliert könnte man das Problem, ausreichend Redundanz zu schaffen, als Aufgabe bezeichnen, die Intelligenz des Gesamtsystems so in seine Teile zu bringen, daß sie auch bei schweren Beeinträchtigungen erhalten bleibt.

Redundanz ist für Tätigkeiten, Leistungen, Informationskanäle und Informationen gleichermaßen notwendig. Da Redundanz Mittel der Organisation bindet, muß sie so sparsam eingesetzt werden, wie es die Sicherheitsbedürfnisse zulassen. Das bedeutet aber nicht, daß Redundanz möglichst zu beseitigen ist, wie mechanistisch denkende Gemeinkostenwertanalytiker häufig meinen. Was überflüssig ist, kann nämlich nur bei mehrdimensionaler Betrachtung einigermaßen sicher entschieden werden. Führungskapazitäten beispielsweise so eng bemessen zu wollen, daß den Führungskräften gerade noch Zeit für die Ausübung der nötigsten Leitungsfunktionen bleibt, spart gewiß kurzfristig viel Geld. Langfristig gesehen (und für den Fall schwieriger Umweltbedingungen) wird dadurch aber die Überlebensfähigkeit der Organisation unterminiert.

Tätigkeiten, Qualifikationen und Leistungen können dadurch redundant gemacht werden, daß sie nicht nur an einer Stelle der Organisation oder von einem Subsystem erbracht werden (können), sondern auf ein „Gebiet" verteilt werden. So macht es auch das menschliche Großhirn mit vielen Informationen und Programmen, die wir zum sozialen Überleben benötigen. Vielseitig einsetzbare Mitarbeiter und Sachmittel sowie die Möglichkeit flexibler Aufgabenzuweisungen liefern die kostengünstigste Redundanz. Die Aufgaben- beziehungsweise Tätigkeitsfelder der Mitarbeiter sollten sich überschneiden, damit bei einem Ausfall immer noch die ganze Aufgabe abgedeckt ist. Die Einbeziehung der Mitarbeiter in den Führungsprozeß stellt sicher, daß Informationen über Ziele und Rahmenbedingungen ihres Handelns so verteilt sind, daß auch ohne Anwesenheit des Vorgesetzten richtiges Handeln der Mitarbeiter gewährleistet ist.

Informationskanäle sollten nicht linear, sondern vernetzt aufgebaut werden, so daß Informationen über verschiedene Wege zum Ziel gelangen können. Technisch läßt sich das heute mit Hilfe der EDV recht gut verwirklichen. Auch eine dezentrale Sammlung, Aufbereitung, Verarbeitung und Speicherung von Informationen ist möglich und sinnvoll. Beides kann jedoch die offene, nicht durch Bereichs- und Zuständigkeitsschranken behinderte Kommunikation von Mensch zu Mensch nicht ersetzen. Sie erleichtert den Fluß und die Verteilung von Information und schafft dadurch Redundanz, wenn auch nicht übersehen werden darf, daß die Qualität der persönlichen Beziehungen der Beteiligten Mitarbeiter dabei nicht ohne Einfluß sind.

In einer nach dem ökologischen Konzept geführten Organisation bildet sich ganz von allein schon dadurch Redundanz, daß durch die Nutzung des Selbstorganisationspotentials ein Teil der Führungsfunktionen über die ganze Organisation verteilt wird. Denn es handelt sich dabei im Grunde ja um nichts anderes als um Entscheidungsdezentralisation und damit um die Vergrößerung der Unabhängigkeit einzelner Subsysteme der Organisation. Die Führungskräfte haben es in der Hand, durch Vorgabe oder Vereinbarung von Zielen und Spielregeln sowie durch die Qualifizierung der Mitarbeiter und die Gewährung von Sachmitteln den Handlungsspielraum und somit das Ausmaß der Unabhängigkeit der ihnen unterstellten Mitarbeiter und Subsysteme zu bestimmen.

- Attraktivität – nicht nur für die Mitarbeiter

Die Leistungsfähigkeit von Organisationen hängt entscheidend von der Leistungsfähigkeit und Leistungsbereitschaft ihrer Mitarbeiter ab. Organisationen, die langfristig überleben und wachsen wollen, müssen deshalb qualifizierte Mitarbeiter gewinnen und durch das Angebot attraktiver Betätigungsmöglichkeiten halten können. Angesichts der schon heute absehbaren Knappheit an qualifizierten Arbeitskräften, ist in Zukunft ein verstärkter Wettbewerb der Organisationen um Mitarbeiter absehbar.

Wie wichtig die Attraktivität einer Organisation aber auch für andere Partner ist, ergibt sich aus der Notwendigkeit, Austauschbeziehungen zu zahlreichen Sphären der Umwelt zu unterhalten. Für Unternehmen ist z. B. ihre Attraktivität für Kunden unmittelbar überlebenswichtig (dauerhafte Kundenbeziehungen, Problemlösungspartnerschaften treten an Stelle fallweiser Geschäfte), für politische Parteien ist es ihre Attraktivität für den Wahlbürger. Andere Gruppen, denen sich Organisationen als angenehme und leistungsfähige Partner präsentieren sollten, sind beispielsweise potentielle Kooperationspartner, Lieferanten, Wettbewerber und die Presse.

Eine Organisation ist für (potentielle) Mitglieder dann attraktiv, wenn sie ihnen die Möglichkeit bietet, wichtige eigene Bedürfnisse zu befriedigen. Das sind neben den Existenzbedürfnissen vor allem personale Bedürfnisse, wie z. B. Verwirklichung der individuellen Neigungen und Fähigkeiten, sinnerfüllte Tätigkeit, Anerkennung durch Vorgesetzte und Kollegen, und das Gefühl als ganzheitliche Person geachtet und gewürdigt zu werden. Die Möglichkeit, wichtige individuelle Bedürfnisse befriedigen zu können, ist auch eine wichtige Voraussetzung für die Leistungsmotivation. Diese wird aber zusätzlich dadurch gefördert, daß die Mitarbeiter bei der Arbeit ihre Triebe und Aktionspotentiale einsetzen können.

Herausfordernde Aufgaben und interessante, vielseitige Tätigkeiten sind das Angebot, das eine Organisation für Mitarbeiter attraktiv macht. Ihre Bedürfnisse und Erwartungen sind dabei natürlich individuell verschieden, was angesichts der unterschiedlichen Angebotsmöglichkeiten der Organisationen auch gut so ist. Die Existenzbedürfnisse, wie Einkommen, sicherer Arbeitsplatz, oder zusätzliche Sozialleistungen sind ja auch von Mitarbeiter zu Mitarbeiter verschieden. Die individuellen Bedürfnisse der Mitarbeiter können durch wechselnde Aufgabenstellungen in verschiedenen Funktionen herausgefunden werden. Richtig durchgeführte Trainee-Programme für Nachwuchskräfte haben in diesem Punkt ihre große Stärke. Der damit verbundene weitere Vorteil für die Organisation besteht darin, daß der Mitarbeiter über den geistigen Horizont seiner Spezialisierung hinaussehen lernt und sich mit der Zeit eher mit der Organisation als Ganzes als mit seinem Spezialistentum und einer Spezialfunktion in der Organisation identifiziert. Von Führungskräften muß das generell gefordert werden.

Überschaubare Organisationseinheiten, in denen alle Mitglieder Sozialkontakte miteinander pflegen können, wirken sich günstiger auf das Wohlbefinden der Mitarbeiter aus, als Großorganisationen, in denen der einzelne eher anonym ist. Dafür sind sicherlich emotionale Gründe, vielleicht auch eine instinktive Ausrichtung des Menschen auf die kleine Gruppe ursächlich. Sicher ist aber, daß die Klarheit der Ziele und Spielregeln der Zusammenarbeit sowie gute und regelmäßige Informationen darüber, wie die Organisation in ihrer Umwelt „dasteht", eine positive Auswirkungen auf die Einstellungen der Mitarbeiter zur Organisation haben. Informationen, die ihnen helfen, die Auswirkungen ihrer Tätigkeit auf den Erfolg der Organisation zu erkennen, sind geeignet, gesteigertes Pflicht- und Verantwortungsgefühl zu bewirken.

Die Attraktivität für die Organisationsmitglieder erwächst aus dem tatsächlichen Organisationsgeschehen (ihnen kann man nichts mehr vormachen), die potentiellen Mitglieder oder Kunden, Klienten, die Öffentlichkeit, müssen so informiert werden, daß sie die Attraktivität spüren können. Das ist das weite Feld der Öffentlichkeitsarbeit, das von vielen Organisationen mit noch recht vorsintflutlichen Methoden beackert wird. Hier ergeben sich Berührungspunkte zur Organisationskultur, die an anderer Stelle schon Thema war.

- Energie-Ökonomie

Das ökonomische Prinzip, das dem Verhalten organischer Systeme eigen ist, kann auch beim Menschen und in Organisationen zu genüge beobachtet werden. Seine positiven Auswirkungen bestehen in der Konzentration der Kräfte auf die wesentlichen Aufgaben, seine negativen Manifestationen sind Nachlässigkeit und Faulheit. In Organisationen tritt beides auf und die Führung muß das ökonomische Prinzip nutzen und gleichzeitig seine negativen Begleiterscheinungen eindämmen. Das erfordert nimmermüden Einsatz.

Den Aufwand bei gegebener Leistung minimieren, oder bei gegebenem Aufwand die Leistung maximieren, sind die beiden Formulierungen des ökonomischen Prinzips. Danach sind die organisatorischen Prozesse entweder so zu gestalten, daß ihr erwünschtes beziehungsweise notwendige Ergebnis mit geringstmöglichem Aufwand erreicht wird, oder so, daß die einzusetzenden Mittel den größtmöglichen Erfolg erbringen. Da häufig Mittel und Ziele variabel sind, besteht die Führungsaufgabe in einer Optimierung des Verhältnisses von Aufwand und Erfolg.

Beim Menschen macht sich das ökonomische Prinzip in Form der Bequemlichkeit bemerkbar, in seiner Neigung nicht unbedingt notwendige Anstrengungen zu vermeiden, den Weg des geringsten Widerstandes zu gehen und sich auf eingetretenen Pfaden zu halten. In Organisationen wird dem ökonomischen Prinzip beispielsweise durch Vereinfachung der Abläufe, durch den Einsatz leistungssteigernder Hilfsmittel, durch die Schaffung von arbeitsparenden Routinen und Automatismen, durch die Verkürzung der Informations- und Transportwege Rechnung getragen.

Auch das Prinzip der Subsidiarität fördert die Energie-Ökonomie. Es bewirkt nämlich, daß die aufwendigeren Subsysteme der Organisation erst tätig werden, wenn die weniger aufwendigen mit der Aufgabe überfordert wären. Der für die Organisation teurere Vorgesetzte greift nur dann ein, wenn sein kostengünstigerer Mitarbeiter nicht mehr allein zurechtkommt. Dadurch, daß der Mitarbeiter lernfähig ist, kann die Zahl der Eingriffe des Vorgesetzten mit der Zeit immer weiter reduziert werden. Mitarbeiterqualifizierung verhilft der Organisation insofern – sozusagen auf der Meta-Ebene – zu einer günstigeren Energiebilanz.

Schließlich ist es ökonomisch, bei der Weiterentwicklung oder der Neuaufnahme von Austauschbeziehungen mit der Umwelt (z. B. Verbesserung des Kundendienstes, Erweiterung der Angebotspallette, neue Werbemethoden) zunächst auf die in der Organisation vorhandenen Erfahrungen, Kenntnisse und Fertigkeiten, sowie Sachmittel zurückzugreifen, und erst allmählich diese Potentiale durch Mitarbeiterqualifizierung, Neueinstellung von Mitarbeitern und Sachinvestitionen zu erweitern. Man tastet sich sozusagen langsam (aber sicher) ins Neuland vor, statt hineinzuspringen, und verzichtet nicht selten auf Wachstum, wenn das allzu große Veränderungen der inneren Strukturen erfordert.

An anderer Stelle wurde gezeigt, daß homöostatische Trägheiten nur durch entsprechend große „Störungen" in Form von Anreizen (z. B. Aussicht auf Beförderung, Chance zur Umsatzausweitung) oder Beeinträchtigungen (z. B. Ertragseinbußen, Verlust des Arbeitsplatzes) überwunden werden können. Das System wird dann aus seinem momentanen homöostatischen Gleichgewicht gebracht und in ein neues homöostatisches Gleichgewicht getrieben; das ökonomische Prinzip wirkt dann auf der Grundlage der neuen Prämissen weiter. Menschen wie Organisationen unterliegen also der natürlichen organische Bequemlichkeit in jedem Fall, ganz gleich was sie tun. Unterschiede gibt es nur hinsichtlich der Prämissen, an denen das ökonomische Prinzip jeweils ansetzt.

Die Wirkung der homöostatischen Trägheit im allgemeinen und des ökonomischen Prinzips im besonderen dämpft die Dynamik von Organisationen erheblich. Das Arbeitstempo wird dadurch gedrosselt, gute Ideen werden nicht praktiziert, weil man sich nicht aufraffen kann die dazu erforderlichen Anstrengungen auf sich zu nehmen, Neuerungen können sich nicht durchsetzen, weil der alte Trott stärker ist, wichtige, aber unbequeme oder unbeliebte Tätigkeiten werden nachlässig ausgeführt, was zu Versäumnissen und Fehlern führt. Klagen hilft da nicht, sondern nur die Veränderung der Prämissen, was langfristig erfolgreich nur mittels intrinsischer Motivation z. B. durch attraktivere Aufgaben, Wecken von Einsicht in Zusammenhänge durch Information und Vermittlung von Sinn geschehen kann, nicht aber durch extrinsische Belohnungen in Form materieller Zuwendungen.

- Lernen

Daß Menschen lernen können, ist unbestritten. Das sichert ihnen eine immer vollständigere Beherrschung der Natur. Aber wie sieht es mit der Lernfähigkeit von Organisationen aus? Die komplexen Abläufe in Organisationen und die in der Regel nicht weniger komplexen Austauschprozesse mit der Umwelt bergen unzählige Überraschungen und Fehlerquellen, die Lernen unumgänglich machen, wenn Effizienz und Effektivität und damit die Wachstumschancen einer Organisation mit der Zeit verbessert werden sollen. Wenn das Lernen aber nicht auf die einzelnen Mitarbeiter beschränkt bleiben, sondern auch auf die Organisation als Ganzes ausgedehnt werden soll, müssen Lernprozesse institutionalisiert werden, die unabhängig von bestimmten Mitgliedern einer Organisation sind.

Dazu müssen zunächst kritische Faktoren und Prozesse systematisch beobachtet (gemessen, analysiert) und die Beobachtungen dokumentiert werden. Dann braucht man Maßstäbe, an denen die Beobachtungen gemessen werden können, und die zur Reflektion der Beobachtung und gegebenenfalls zum Eingriff veranlassen. Die Optimierung eines Arbeitsablaufs setzt beispielsweise voraus, daß bekannt ist, wie er tatsächlich abläuft, und wie er ablaufen könnte. Die Beobachtungen können z. B. durch Kennzahlen, Prüfroutinen, durch ein Störereignis, oder einfach durch die Absicht, etwas besser zu machen, initiiert werden. Die aus den Beobachtungen gezogenen Folgerungen und die getroffenen Maßnahmen müssen ebenfalls dokumentiert werden und als Handlungsprämissen in die betreffenden organisatorischen Prozesse zurückfließen. Mit Hilfe von Regelungssystemen lassen sich solche Lernprozesse institutionalisieren. Organisatorisches Lernen ist dann erfolgreich, wenn eine Organisation sich unabhängig von bestimmten Mitgliedern in ihrer Umwelt langfristig behaupten und entwickeln kann.

Die Beteiligung von Menschen am organisatorischen Lernprozeß kann zwar dessen Wirksamkeit vergrößern, bringt jedoch auch zusätzliche Unwägbarkeiten mit sich. So kann organisatorisches Lernen ebenso wie individuelles Lernen z. B. durch Wahrnehmungsbarrieren oder -verfälschungen erschwert oder sogar verhindert werden. Häufig sind (zwischen-)menschliche Konflikte die Ursache. Aber auch durch mangelnde Qualifikation, Bequemlichkeit und Nachlässigkeit, durch die Neigung, Probleme zu vertuschen, sich vor der befürchteten Sündenbock-Rolle zu schützen, und Symptome mit Ursachen zu verwechseln, werden viele Lernchancen verschenkt.

Führungskräften sollte deshalb an einer günstigen Lernatmosphäre gelegen sein. Die wird beispielsweise durch Offenheit in der Kommunikation, Tolerierung abweichender Meinungen, Freiräume zum Experimentieren, Akzeptierung von Fehlern, und Hinnahme von Inkonsistenzen gefördert. Ferner sollte das Denken in Chancen und Möglichkeiten überwiegen (statt in Vorbehalten, Risiken und Gefahren), Routinen und Automatismen sollten von Zeit zu Zeit auf ihre Zweckmäßigkeit hinterfragt, und auf mehrdimensionales Erfassen und Bearbeiten der Probleme, auch unter Einbeziehung ungewöhnlicherer Perspektiven, sollte Wert gelegt werden.

Eine umfassende Beteiligung der Mitarbeiter am Führungs- und Entscheidungsprozeß ist geeignet, den organisatorischen Lernprozeß auf eine Breite Basis zu stellen. Infolge des intensiveren Kontakts können sich die Perspektiven der Vorgesetzten und der Mitarbeiter ergänzen, so daß Führung und Ausführung trotz Funktionenteilung der Beteiligten enger zusammenrücken. Das fördert das gegenseitige Verständnis und hilft, gemeinsam zu lernen. Der gesamte individuelle und organisatorische Lernprozeß sollte von der Idee des praxisintegrierten Lernens geleitet werden, da das Lernen so am besten an den Anforderungen der organisatorischen Praxis orientiert werden kann. Bei dieser Anschauung besteht auch nicht die Gefahr, Lernprozesse als einzelne isolierte Kampagnen mißzuverstehen, weil praxisintegriertes Lernen immer permanentes Lernen ist. Lediglich der Grad der Bewußtheit des Lernens, die Abgrenzung des Lernvorgangs vom Leistungsvorgang und die Intensität reiner Lernaktivitäten sind im Zeitablauf unterschiedlich.

Diese sieben Systemeigenschaften und -prozesse sind als Potentiale in jeder Organisation vorhanden; Aufgabe der Führung ist es, sie durch ihr Führungshandeln optimal zur Geltung zu bringen. Das Umfeld, in dem sie zu führen haben, und mit dessen mannigfachen Einflüssen sie ferigwerden müssen, soll jetzt unter die Lupe der ökologischen Anschauung genommen werden.

4.3.2 Führungssysteme

Wenn die Kräfte der Selbstorganisation in den Subsystemen mobilisiert werden, muß Führung im Gesamtsystem zwangsläufig völlig anders aussehen als in der zentralisterten Befehls- und Kontrollhierarchie. Im folgenden soll es deshalb um die Einflüsse gehen, denen das Führungshandeln in der ökologischen Organisation unterliegt, und um die Beziehungen innerhalb des Führungssystems sowie zwischen Führungs- und Ausführungssystemen. Was unterstützt oder behindert Führungskräfte bei ihren Versuchen, zielgerichtete Kooperation zu stiften? Wie können sie den dezentralisierten Führungsprozeß sicher in den Griff bekommen?

Die Führung ist das Element oder Subsystem einer Organisation, das für die Handlungsimpulse und die Spielregeln verantwortlich ist, die diese für eine eigenständige, aber zugleich in die Umweltentwicklung integrierte Entwicklung benötigt. In einer ökologischen Organisation ist Führung nicht zentralisiert, sondern über die gesamte Organisation verteilt; geführt wird nach dem Prinzip der Subsidiarität dort, wo gerade noch die Qualifikationen dafür vorhanden sind, also möglichst nahe an den jeweiligen Ausführungssystemen. Eine über das Gesamtsystem verteilte Führung ist für das Gesamtsystem jedoch nur zuträglich, wenn sie über allgemeingültige Handlungskriterien und Regeln koordiniert wird, d.h. wenn für eine Balance der selbstbehauptenden und integrativen Tendenzen der Subsysteme innerhalb des Gesamtsystems gesorgt wird.

Wir haben gesehen, daß es mehrere gute Gründe gibt, den Führungsprozeß zu dezentralisieren und Mitarbeiter möglichst umfassend am Führungs- und Entscheidungsprozeß zu beteiligen. Erfahrene Führungskräfte wissen aber natürlich, daß es nicht mit einer bloßen Ausweitung der Mitarbeiter-Kompetenzen sein Bewenden haben kann, wenn man nicht Chaos oder Handlungsunfähigkeit der Organisation riskieren will. Die systemische Betrachtungsweise und die Erkenntnisse der Evolutionsbiologie zeigen klar, daß die Erweiterung der Autonomie von Subsystemen ohne gleichzeitige Stärkung (oder gar bei gleichzeitiger Schwächung) der integrativen Kräfte das Gesamtsystem in ernsthafte Existenzgefahr bringt. Wir haben bereits die Erfahrung gemacht, daß die entfesselten Selbstbehauptungstendenzen des Menschen die natürliche Umwelt gefährden. Jetzt steht uns die Erfahrung bevor, daß sie auch die soziale Umwelt zerstören können. Die Förderung der Selbstorganisationspotentiale von Subsystemen kommt der Gesamtorganisation nur dann zugute (beziehungsweise schadet ihr nur dann nicht), wenn zugleich dafür gesorgt wird, daß die Funktion des Gesamtsystems nicht durch exzessive Selbstbehauptung der Subsysteme (Egoismus, Ressortdenken, ideologische Engstirnigkeit) in Gefahr gerät. Die Führungsaufgabe der Integration gewinnt deshalb in dezentralisierten und wertpluralistischen Organisationen zentrale Bedeutung für die Überlebensfähigkeit.

Die Führung umfaßt Willensbildung, Willensdurchsetzung und Willenssicherung, wobei in allen drei Phasen des Führungsprozesses auf das Autonomie-Optimum (nicht Maximum, denn Autonomie ist kein Selbstzweck!) gesehen werden muß.

Die Willensbildung beginnt mit der Analyse der Ausgangssituation und einer ersten Erkundung von Handlungsmöglichkeiten sowie der damit verbundenen zu erwartenden Handlungsfolgen. In dieser ersten Phase des Führungsprozesses muß auch der Wertkonsens zwischen den Beteiligten (Führungskräften und Mitarbeitern) hergestellt werden. Auf der Grundlage der Analyse folgt die Initiative. Es werden Ziele gesetzt beziehungsweise vereinbart und damit alle Elemente und Subsysteme der Organisation auf die Erreichung dieser Ziele hin ausgerichtet. Dabei ist zu berücksichtigen, daß Ziele auf allen Entscheidungsebenen der Organisation gesetzt werden; die jeweils übergeordnete Ebene steckt immer den Rahmen ab, innerhalb dessen die jeweils untergeordnete Ebene ihre Ziele definieren kann.

Die Willensdurchsetzung ist auf Strukturierung, Kooperation und Integration gerichtet. Die damit im Zusammenhang stehenden Aktivitäten sollen gewährleisten, daß sämtliche für die Zielerreichung notwendigen Entscheidungen getroffen und alle erforderlichen Verrichtungen ausgeführt werden. Die in der Organisation gefaßten Absichten werden in dieser Phase des Führungsprozesses unter Mitwirkung der zuständigen und qaulifizierten Mitarbeiter in konkrete, die Wirklichkeit beeinflussende Handlungen transformiert.

Die Willenssicherung schließlich sorgt durch Kontrolle und Rückmeldung dafür, daß alle Maßnahmen der Willensdurchsetzung effektiv (zielwirksam) und effizient (leistungswirksam) sind. Sie beinhaltet darüber hinaus die Ingangsetzung von Lernprozessen zur selbständigen Optimierung des organisatorischen Leistungsprozesses. Abbildung 18 zeigt den Zusammenhang.

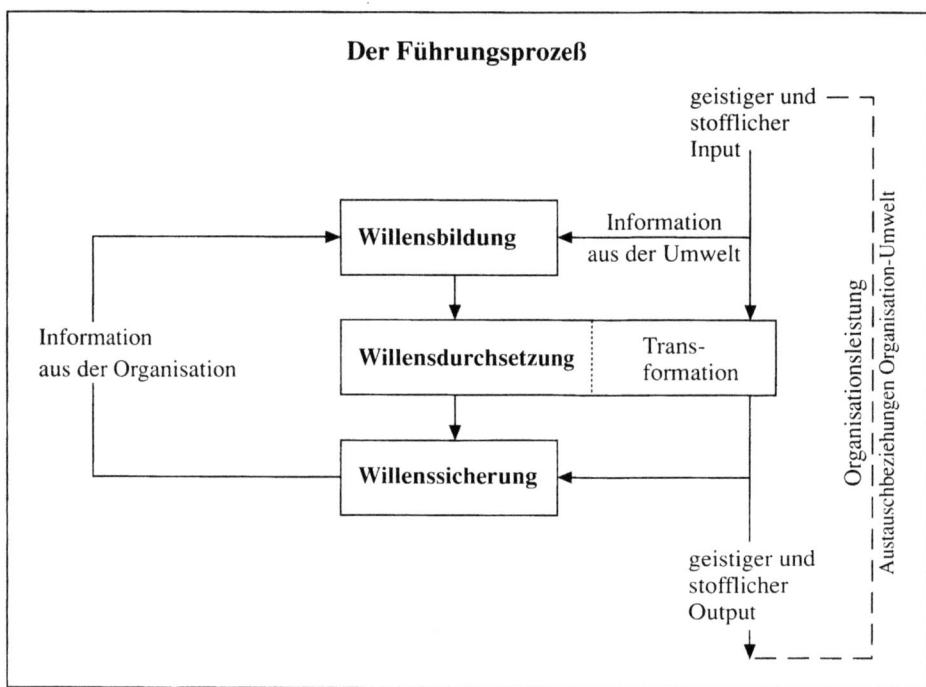

Abb. 18

Die Betrachtung mit höherer Auflösung zeigt im einzelnen, was in den drei Phasen des Führungsprozesses zwischen Führungskräften und Mitarbeitern geschieht. Die Mikro-Perspektive, wie sie Abbildung 19 zeigt, stellt den Zusammenhang zwischen mehreren bereits erörterten Einflußgrößen der Führung her und offenbart die Komplexität der Austauschprozesse zwischen den Elementen des Führungssystems.

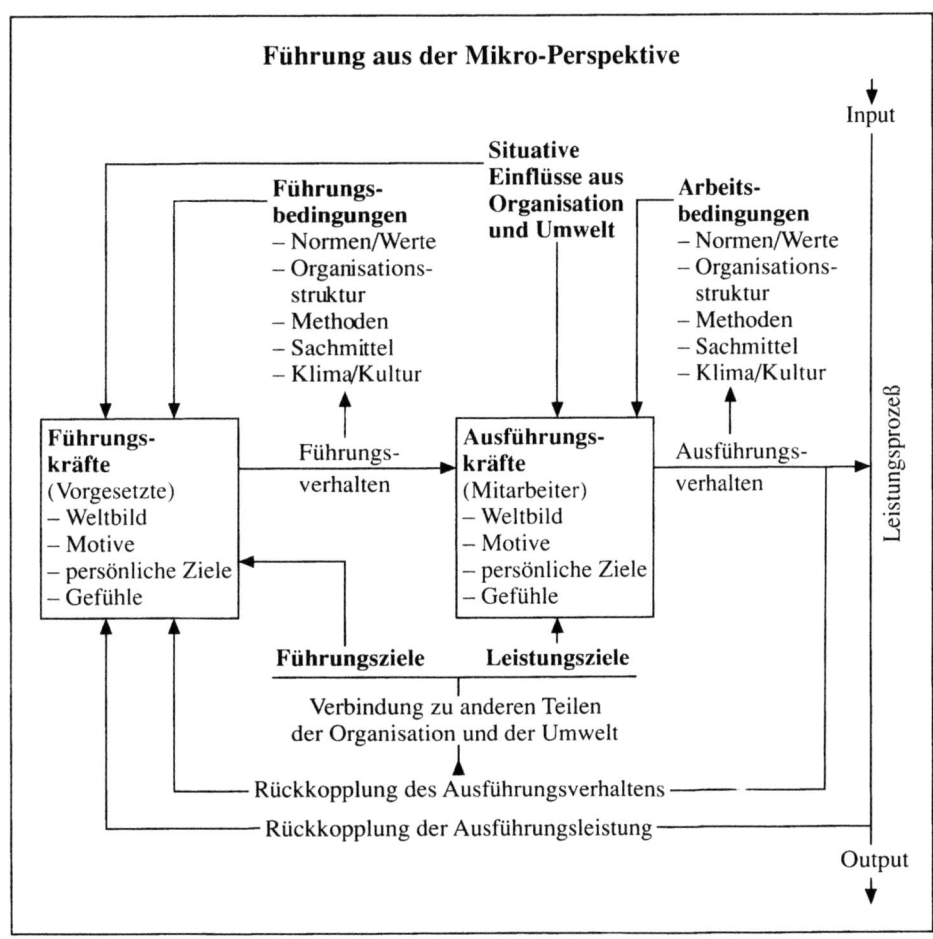

Abb. 19

Führungssysteme sind Netze von Steuer- und Regelkreisen, die dazu dienen, der Organisation überlebens- und wachstumssichernden Austauschbeziehungen mit ihrer Umwelt zu ermöglichen. Das Führungssystem einer Organisation umfaßt sämtliche Stellen, auf denen Führungsaufgaben verrichtet werden, einschließlich deren Beziehungen zu anderen führenden oder ausführenden Subsystemen, sowie den geistigen Überbau in Form von Führungsleitbildern, Führungsgrundsätzen und Führungsmethoden.

Keimzelle der Führungssysteme sind die Köpfe der Menschen, die sich eine Organisation ausdenken, um ihre Ziele damit besser verwirklichen zu können. In dem Moment, wo die Idee Realität wird, beginnen Organisation und Führungssystem ein koevolutionäres Dasein. Beide stehen in ständiger Wechselbeziehung zueinander, entwickeln sich verhältnismäßig selbständig, aber niemals unabhängig voneinander. Das fällt normalerweise kaum auf, weil leistungsfähige Führungssysteme optimal in die Organisation integriert sind, wird aber auf schmerzliche Weise deutlich, wenn das Führungssystem nicht mehr den Erfordernissen der Organisation entspricht (z. B. zu sehr auf die persönlichen Neigungen des Gründers der Organisation zugeschnitten ist oder das Prinzip der Subsidiarität nicht wirksam werden läßt), weil seiner Entwicklung zuwenig Aufmerksamkeit geschenkt wurde.

Führungssysteme sind entsprechend der Funktionendifferenzierung der Organisation in spezialisierte Suborganisationen horizontal (sachlich) und vertikal (hierarchisch) gegliedert, wobei die jeweils übergeordneten Subsysteme des Führungssystems die Spielregeln für die untergeordneten definieren, und diese wiederum die der Ausführungssysteme. Führungskräfte sind nicht außenstehende Beobachter und Lenker der Führungssysteme, sondern integrierter Teil. Damit stehen sie in Wechselbeziehung mit allen in den Führungssystemen laufenden Vorgängen und unterliegen auch den Auswirkungen ihrer eigenen Führungshandlungen.

Wie eine Führungskraft ihre Führungsaufgabe wahrnimmt, wird durch die Führungsbedingungen, ihre persönlichen Eigenschaften, die jeweiligen Führungsziele und durch situative Einflüsse bestimmt. Zu den Führungsbedingungen zählen die Normen und Werte, die ihr Verhalten beeinflussen, aber auch als Resonanz dieses Verhaltens auf sie zurückwirken. Dann gehören die Sachmittel dazu, die der Führungskraft für die Erreichung ihrer Führungsziele zur Verfügung stehen. Führungskräfte wenden darüber hinaus bestimmte Methoden und Techniken an, die sie sich entweder in der Praxis ohne bewußte Absicht angeeignet oder gezielt erarbeitet haben. Und schließlich sind Klima und die Kultur der Organisation wichtige Elemente der Führungsbedingungen. Führungsnormen und Führungsmethoden steuern unter dem Einfluß der aktuellen Motivation, des persönlichen Welt- und Selbstbildes sowie der Gegebenheiten der jeweiligen Situation das Führungsverhalten. Dieses wiederum ist eingebettet in eine Führungsstruktur, bestehend aus organisatorischen Regelungen, und ausgerichtet an der Stellenaufgabe der Führungskraft (ihrem aus den Organisationszielen abgeleiteten Führungsziel).

- Führungssysteme sind Kommunikationssysteme

Durch ihr Führungsverhalten wirkt die Führungskraft auf ihre Mitarbeiter ein, die zu einem der Erreichung des Führungsziels förderlichen Ausführungsverhalten gebracht werden sollen. Dieses einerseits durch organisatorische Leistungsanforderungen und Arbeitsbedingungen, andererseits durch Werte, Normen und soziale Beziehungen beeinflußte Ausführungsverhalten wirkt auf die Führungskraft zurück und beeinflußt wiederum deren Führungsverhalten. Es kann nicht überraschen, daß aus dem Aufeinandertreffen zahlreicher geistiger und materieller Einflußfaktoren Konfliktpotentiale entstehen, deren produktive Bewältigung eine der Hauptaufgaben von Führungskräften ist. Die wechselwirkende Gesamtheit aller Elemente des Führungsgeschehens, also von Führungsnormen, Führungsmethoden, Führungsverhalten, Führungsstruktur und Führungsaufgabe, die in der Kommunikation zwischen Führungskräften und Mitarbeitern zum Ausdruck kommt, nennen wir Führungssystem. Sie ist in der obigen Abbildung dargestellt.

Sofern Mitarbeiter von Führungskräften ebenfalls Führungskräfte sind, ist deren Ausführungsaufgabe auch wieder die Führung von Mitarbeitern, und ihr Ausführungsverhalten muß Führungsverhalten sein. Dem Leistungsziel der Ausführungskräfte entspricht bei den Führungskräften das Führungsziel: es ist das zu erreichende Arbeitsergebnis. Die Führungsaufgabe dagegen ist die persönliche Beeinflussung der Mitarbeiter im Sinne der Leistungs- beziehungsweise Führungsziele.

Das Führungssystem einer Organisation steht mit den Ausführungssystemen der Organisation und mit der Umwelt in ständigen geistigen (kommunikativen) Austauschbeziehungen. Die Austauschbeziehungen mit der Umwelt dienen einerseits dazu, Informationen über Zustände und voraussichtliche Entwicklungen der Umwelt-Subsysteme zu gewinnen, um auf der Grundlage dieser Erkenntnisse geeignete Handlungsimpulse in die Organisation geben zu können. Andererseits ist die Organisationsführung daran interessiert, ihre Umwelt über eigene Ziele und Vorhaben, die eigene Leistungsfähigkeit und den für die Umwelt erbrachten Nutzen zu informieren (Werbung, Öffentlichkeitsarbeit, Kontakte zur Politik und zu wichtigen anderen Organisationen). Die kommunikativen Beziehungen innerhalb der Organisation dienen der sachlichen und menschlichen Einflußnahme der Führungskräfte auf ihre Mitarbeiter, der sachlichen und menschlichen Rückmeldung der Resonanz und der Ergebnisse dieser Einflußnahme von den Mitarbeitern an die Führungskräfte, und – nicht zuletzt – der organisationsweiten horizontalen und vertikalen Koordination der Führungstätigkeit.

Wie jeder weiß, der einmal in einer expandierenderen Organisation gearbeitet hat, steht dem Nutzen zunehmender Funktionendifferenzierung einer Organisation zusätzlicher Kommunikationsaufwand für die Lenkung und Koordinierung des dadurch komplexer werdenden Kooperationsgefüges gegenüber. Ein zentralisiertes Führungsystem ist da erfahrungsgemäß sehr schnell überfordert. Bleibt nur, die Führung zu dezentralisieren und mittels geeigneter Zielsetzungen und Spielregeln dafür zu sorgen, daß die einzelnen Subsysteme der Organisation optimal zum Wachstum und zur Entwicklung der Gesamtorganisation beitragen. Dezentrale Kommunikationsstrukturen sind besser geeignet, die Selbstorganisationspotentiale der Subsysteme für die Organisation zu erschließen. Es hat sich aber gezeigt, daß die Kommunikation nicht sich selbst überlassen bleiben darf, sondern des Anstoßes, der Koordinierung und der Lenkung bedarf. Qualifizierte Mitarbeiter können durchaus selbständig arbeiten und ihre Tätigkeit auch bezüglich bestimmter Kriterien inhaltlich und methodisch weiterentwickeln. Sie tun sich aber schwer damit, ihren Leistungsbeitrag darüber hinaus auch im Hinblick auf die Gesamtheit der organisatorischen Umweltbeziehungen zu optimieren. Die dazu erforderlichen Anstöße, Informationen und methodischen Hilfen müssen von den Führungskräften kommen.

Komplexe Organisationen, die Reibungsverluste und Schwerfälligkeit in Grenzen halten möchten, haben zwei Daueraufgaben: Erstens müssen sie fortwährend darüber nachdenken, welche Informationen gebraucht werden, um der Organisation die Kräfte der Selbstorganisation zunutze zu machen (um z. B. Kompetenz und Entscheidungsbefugnis immer so nah wie möglich an den Ausführungsort legen zu können, oder um Kreativität und Innvoation zu fördern) und gleichzeitig die Organisation als Einheit handlungsfähig zu erhalten. Zweitens müssen sie ständig um einen schnellen und reibungslosen Fluß dieser Informationen zwischen den organisatorischen Subsystemen besorgt sein. Das erfordert andauerndes Überdenken und Verbessern der Informationswege, Informationsmittel und Informationsformen.

Die Informationen müssen inhaltlich an den Bedürfnissen der Lieferanten als den für die Lenkung und die Integration der Empfänger zuständigen Systme orientiert sein, formal aber an den Bedürfnissen der zu beeinflussenden Empfänger ausgerichtet sein. Das heißt, Ziele, Rahmenbedingungen und Spielregeln, die das übergeordnete System für verbindlich erklärt, um die Autonomie des untergeordneten Systems zu begrenzen und seine Aktivitäten in eine für das Gesamtsystem nützliche Richtung zu lenken, müssen so formuliert werden, daß das untergeordnete System eindeutige Handlungsprämissen erhält. Die moderne Datenverarbeitungstechnik kann, wenn sie richtig eingesetzt wird, eine große Hilfe bei der Lösung dieses Problems sein, es sieht jedoch nicht so aus, als könnte sie das persönliche Gespräch zwischen den Mitarbeitern der Organisationen jemals ersetzen.

- Mit der Entropie sozialer Systeme leben

Der menschliche Kommunikationsprozeß steckt voller Unwägbarkeiten, Ungewißheiten, Mehrdeutigkeiten und Überraschungen. Damit müssen wir leben, auch wenn sich kommunikative Fähigkeiten erlernen und durch Lernen verbessern lassen. Wir können die zwischenmenschliche Verständigung vor allem durch eine Erweiterung unserer Wahrnehmung, durch Aufdeckung und Auflösung rigider Denk- und Verhaltensmuster, sowie durch verbesserte Fähigkeiten der Konfliktbewältigung steigern. Aber es ist uns prinzipiell nicht möglich, die Komplexität menschlicher Kommunikationsprozesse so zu reduzieren, daß der eindeutige und unmißverständliche Austausch von Mitteilungen gewährleistet wäre.

An anderer Stelle war von den Weltbildern als den Bezugssystemen individuellen menschlichen Denkens und Handelns die Rede. Dabei wurde auf die Schwierigkeiten hingewiesen, die divergierende Weltbilder für die zwischenmenschliche Verständigung im allgemeinen und für die Führungskommunikation im besonderen mit sich bringen. Hier ist jedoch nicht der Ort, in die Problematik der menschlichen Kommunikation tiefer hineinzuleuchten. Um ihre Dimensionen aber wenigstens anzudeuten, seien die fünf von Watzlawick, Beavin und Jackson formulierten Axiome der Kommunikation genannt:

– Man kann nicht nicht kommunizieren (d.h. bereits jede interpersonelle Wahrnehmung ist auch ohne Kommunikationsabsicht schon Kommunikation).

– Jede Kommunikation hat einen Inhalts- und einen Beziehungsaspekt, wobei letzterer den ersteren bestimmt und deshalb eine Meta-Kommunikation ist (d.h. in jeder Kommunikation geht es nicht nur um inhaltliche Mitteilungen, sondern auch – und oft allein – um die Frage, wie die Partner einander und ihre Beziehungen sehen).

– Eine kommunikative Beziehung wird durch die Interpunktion des Ablaufs bestimmt (d.h. der gleiche Kommunikationsvorgang kann hinsichtlich Ursachen und Folgen unterschiedlich gesehen werden).

– Menschliche Kommunikation bedient sich digitaler (z. B. Sprache) und analoger (z. B. Gebärden) Modalitäten, wobei digitale Kommunikationen den analogen an Eindeutigkeit und Logik überlegen sind, während analoge Kommunikationen komplexere Mitteilungen ermöglichen.

– Kommunikationsabläufe sind entweder symmetrisch oder komplementär und spiegeln dadurch die Gleichheit oder Ungleichheit der Beziehungen der Beteiligten aus.

Da Führung Leistungswirkungen mittels Einflußnahme auf Menschen erstrebt, müssen Führungskräfte gute Kommunikatoren sein. Durch Kommunikation steuern und regeln sie das Verhalten ihrer Mitarbeiter im Idealfall so, daß der angestrebte organisatorische Leistungsprozeß abläuft. Dabei können sie nicht von linear-kausalen Ursachen-Wirkungs-Beziehungen zwischen den Elementen des Führungsprozesses ausgehen, sondern müssen mit der Tatsache leben, daß diese auf vielfältige Weise zirkulär miteinander verknüpft sind, so daß ihre Führungsaktivitäten auf ein riesiges Geflecht von Beziehungen und Prozessen treffen. Führungskräfte wären völlig überfordert, wollten sie angesichts dieser Komplexität mit gezielten Einzelanweisungen führen. Das wäre ein sehr viel anspruchsvolleres Vorhaben, als einer Fußballmannschaft sämtliche Aktionen während eines Spiels diktieren zu wollen. Und dennoch scheinen manche Führungskräfte zu glauben, so etwas wäre möglich.

Führungskommunikation muß darauf angelegt sein, die Komplexität der Führungssituation dadurch handhabbar zu machen, daß sie die Fähigkeit des Führungssystems zur Komplexitätsbewältigung erhöht. Das geschieht durch die Nutzung der Selbstorganisationspotentiale der Mitarbeiter. Dadurch wird die Varietät, das Verhaltensrepertoire des Führungssystems vergrößert. Führen ist nicht mehr Dirigieren und Kontrollieren, sondern Voraussetzungen für die beabsichtigten Maßnahmen und Handlungen schaffen, Ziele und Bedingungen setzen, Impulse geben, den Erfolg hinterher beobachten, und gegebenenfalls Korrekturen der Maßnahmen und Handlungen in Gang setzen. Die Führungskräfte können die Ungewißheit und Undurchschaubarkeit des Führungsgeschehens zwar nicht aufheben, aber sie können besser damit umgehen lernen, indem sie ihre mittelbare Rolle im organisatorischen Leistungsprozeß erkennen und akzeptieren.

Die Führungsaufgabe gleicht eher der eines Gärtners als der eines Schmieds oder Mechanikers; sie besteht darin, Ziele zu vereinbaren und die Bedingungen zu schaffen, unter denen die Ziele erreicht werden können. Führungskräften verursacht diese Feststellung häufig das Gefühl, ihre Organisation nicht vollkommen „im Griff" haben, worauf sie dann meistens mit mehr Einmischung in die Ausführungstätigkeiten, mit zusätzlichem Dirigismus und verstärkter Kontrolle reagieren, statt ihre Führungsmethodik zu verbessern.

Jeder Versuch aber, das organische System „Organisation" nach linear-kausalen Vorstellungen von Ursache und Wirkung wie eine Maschine behandeln zu wollen, muß nach unseren Erkenntnissen scheitern. Infolge ihrer hohen Komplexität lassen sich Organisationen vom Menschen mit seiner vergleichsweise geringeren Komplexität nicht bis in die letzte Einzelheit hinein erfassen, ordnen, steuern und regeln. Es bleibt infolge der zwangsläufigen Unbestimmtheiten im Zusammenwirken der organisatorischen Elemente und Subsysteme sowie durch die Unberechenbarkeit menschlichen Verhaltens immer ein gehöriger Rest von nicht Faßbarem, nicht Berechenbarem und nicht direkt Lenkbarem. Jeder, der in Organisationen Führungsverantwortung trägt, weiß das aus eigener Erfahrung. Ein gewisses Maß an innerorganisatorischer Ungewißheit (z. B.: Wie wird der Mitarbeiter seine neue Aufgabe ausführen? Oder: Wird die Maßnahme X tatsächlich den erwarteten Erfolg Y erbringen?) und Unordnung (z. B. Was tut der Mitarbeiter X bei der Erledigung der Aufgabe Y genau? Oder: Wie ist dies und das genau geregelt?) ist aus dem Blickwinkel des Menschen unvermeidlich.

Die Informationstheorie hat als Maß für die Unordnung eines Systems die Entropie eingeführt: Die Entropie ist maximal, wenn alle Zustände des Systems gleichwahrscheinlich sind, also wenn überhaupt nichts organisiert ist, und sie ist null, wenn vollkommene Ordnung herrscht. Unabhängig von der Unvermeidlichkeit eines gewissen Maßes an organisatorischer Entropie, kann es unter Umständen sinnvoll sein, mehr Entropie, also weniger Ordnung in einer Organisation zuzulassen. Aufgabe der Führungskräfte ist es, die Entropie der Organisation auf ein optimales Maß zu begrenzen. Zuviel Entropie kann infolge chaotischer Verhältnisse eine Organisation ebenso schwächen wie zu wenig Entropie infolge zu starrer Regelungen und zu sehr einengender Vorschriften.

Auch im Hinblick auf die erforderliche Wandlungs- und Anpassungsfähigkeit der Organisation und die Bedürfnisse der Mitarbeiter nach Eigenständigkeit bei der Aufgabenerfüllung muß von zu vieler und zu enger Regulierung des organisatorischen Geschehens generell abgeraten werden, wobei das genaue Maß der Regelung aber immer von der besonderen Situation (z. B. Befähigung der Mitarbeiter, Geschwindigkeit der Umweltveränderungen) und den jeweiligen Aufgaben der in Betracht stehenden Organisationseinheit abhängig gemacht werden muß. Subsysteme, die offene, unstrukturierte Probleme zu lösen haben (z. B. Forschung und Entwicklung), benötigen tendenziell größere Freiräume als Subsysteme, die sich mit gut strukturierten Problemen zu befassen haben, für die es eindeutige Lösungen gibt (z. B. Logistik, Produktion). Statt das Verhalten ihrer Mitarbeiter bis ins einzelne zu dirigieren, sollten sich die Führungskräfte damit begnügen, Ziele und Bewertungsmaßstäbe zu definieren, Spielregeln festzulegen und für einen reibungslosen Informationsfluß über möglichst kurze Wege zu sorgen. Die Kontrolle und gegebenenfalls Korrektur der Mitarbeitertätigkeiten sollte so gestaltet sein, daß die Mitarbeiter daran maßgeblich beteiligt sind. Ihren Mitarbeitern, die sie freilich dafür ertüchtigen müssen, sollten sie selbst überlassen, wie sie entsprechend den Zielen und Bewertungsmaßstäben, im Rahmen dieser Spielregeln und eingebunden in das Informationsnetz ihre Aufgaben erfüllen.

- Normen, Werte und die Vermittlung von Sinn

Die Kommunikation im Rahmen von Führungssystemen vermittelt nicht nur Informationen zur Koordinierung und Lenkung der Zusammenarbeit in der Organisation. Neben dieser Funktion dient sie auch der Vermittlung sozio-emotioneller und normativ-kultureller Inhalte. Alle drei Ebenen der Führungskommunikation interagieren miteinander und beeinflussen sich gegenseitig, wie die Abbildung 20 zeigt. Das entspricht der Ganzheitlichkeit menschlicher Kommunikation, in der auch stets alle drei Daseins-Ebenen aktualisiert werden, wenn auch die Aufmerksamkeit der Beteiligten oft nur auf das Geschehen in einer der drei Ebenen gerichtet ist.

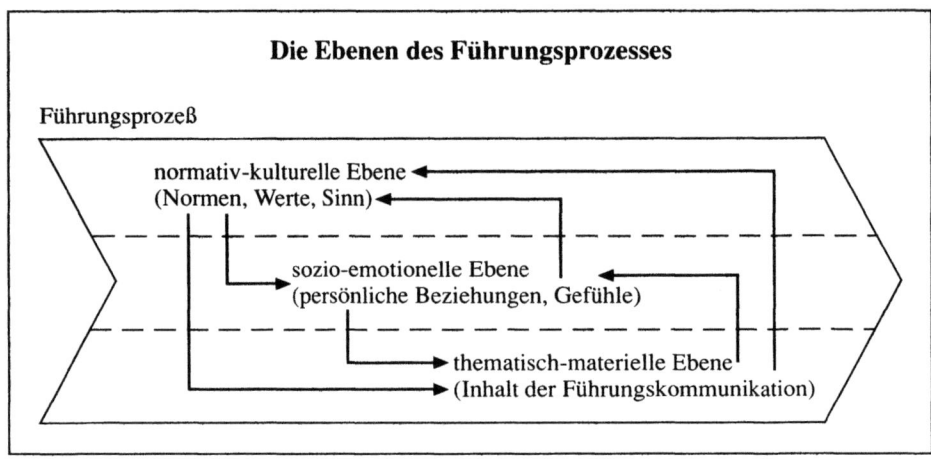

Abb. 20

Aus eigener Erfahrung wissen wir, daß in der Führungskommunikation neben den inhaltlichen Aspekten immer auch die persönlichen Beziehungen (formell und informell) und Gefühle der Beteiligten eine Rolle spielen, und daß letztere nicht selten – wie eines der fünf Kommunikations-Axiome besagt – die Inhalte bestimmen. Und wir wissen auch, daß Fragen der Ethik und Moral sowie der persönlichen Auffassungen von Würde, Gerechtigkeit und Anstand das menschliche Miteinander – nicht nur am Rande – tangieren. Schließlich vermittelt die Führungskommunikation auch Sinn und kann dadurch entscheidend zur persönlichen Integration der Mitarbeiter in die Organisation beitragen.

Die Bedeutung der sozio-emotionellen und normativ-kulturellen Aspekte der Führungskommunikation für die Integration der Mitarbeiter in die Organisation kann kaum überschätzt werden. Denn es ist unstrittig, daß angenehme menschliche Beziehungen und ein gutes Organisationsklima sich günstig auf das Engagement der Mitarbeiter für ihre Aufgabe und die Organisation auswirken. Mindestens ebenso wichtig wie eine positive emotionale Grundstimmung ist aber die Überzeugung der Mitarbeiter, für eine wichtige und gute Sache zu arbeiten. Die Tatsache, daß in der Führungskommunikation Sinn (aber auch Unsinn oder Sinnlosigkeit) vermittelt wird, ist anscheinend vielen Führungskräften nicht bewußt. Denn wäre sie es, würden sie die darin liegende Chance zur Motivation der Mitarbeiter besser nutzen.

Nachhaltige Einflußnahme auf Normen und Werte einer Organisation ist kurzfristig nicht möglich. Erweisen sie sich aber als Hindernisse bei der Weiterentwicklung des Führungssystems, bleibt nichts anderes übrig, als den mühsamen Weg langfristiger Veränderung anzutreten. Denn Fachleute der Personal- und Organisationsentwicklung wissen, daß sich gegen die herrschenden Werte und Normen der Führung Führungssysteme nicht entwickeln lassen.

Da Führungskräften die Normen, nach denen sie führen, häufig gar nicht bewußt sind, muß der erste Schritt angestrebter Veränderungen die Bewußtmachung der Führungsnormen sein. Diese entstehen aus persönlichen Bedürfnissen, persönlicher Ethik, dem Menschenbild und den Erfahrungen, die die Führungskräfte im Umgang mit Menschen, insbesondere mit ihren Vorgesetzten, Kollegen und Mitarbeitern gemacht haben. Die Reflexion dieser Normen, die in manchen Organisationen im Rahmen eines Personal- und Organisationsentwicklungsprojekts von allen Führungskräften gemeinsam vorgenommen wird, mündet häufig in die Formulierung von Führungsgrundsätzen oder einer Führungsphilosophie der Organisation, die dann der gesamten Führung eine verpflichtende Orientierung gibt. Es braucht wohl nicht betont zu werden, daß ein solches schriftliches Ergebnis der gemeinsamen Arbeit nur ein erster Meilenstein auf dem Wege zu verändertem Führungsverhalten ist. Der längste Teil des Weges muß dann – in Form des Einübens neuer Verhaltensweisen – erst noch gegangen werden.

- Ganzheitlichkeit

Wenn wir Führungssysteme verändern wollen, können und sollten wir alle ihre Elemente beziehungsweise Subsysteme in unsere Überlegungen mit einbeziehen. Denn nur dann dürfen wir einigermaßen sicher sein, auch die Wechselwirkungen zwischen den Elementen und Subsystemen mitzuerfassen. So z. B. die Auswirkungen der personalen Bedürfnisse und der Triebimpulse auf das (Führungs-)Verhalten der Organisationsmitglieder, ihre Arbeitsleistung und die Kooperation, die Vorbildwirkung der Führungskräfte hierarchisch höherer Ebenen auf die niedrigerer Ebenen, oder die Herausforderungen beziehungsweise Begrenzungen der Führungstätigkeit, die von der Bemessung der Kompetenzen und den Führungszielen ausgehen. Personalentwicklung, insbesondere Führungskräfteentwicklung muß deshalb immer auch Organisationsentwicklung sein, und sie muß sämtliche Mitarbeiter beziehungsweise Führungskräfte auf allen Entscheidungsebenen einbeziehen. Denn was hätte es für einen Sinn, wenn die Weiterbildung beispielsweise in bestimmten Hinsichten langfristig orientiertes Denken und Handeln vermittelte und verlangte, während einzelne Vorgesetzten die Leistungen ihrer Mitarbeiter weiterhin anhand kurzfristig orientierter Maßstäbe beurteilen würden?

Führungskräfte haben zwar Zentralpositionen im Führungssystem. Ihre Macht wird aber zunehmend dadurch relativiert, daß sie zur Erreichung ihrer Führungsziele auf die Leistungen ihrer Mitarbeiter angewiesen sind. Mit weiter voranschreitender Funktionendifferenzierung der Organisationen und dadurch notwendig werdender weiterer Spezialisierung ihrer Subsysteme (Abteilungen und Mitarbeiter) werden Führungskräfte immer häufiger mit Mitarbeitern zusammenarbeiten müssen, denen sie auf ihrem Spezialgebiet nicht mehr gewachsen sind – und auch gar nicht gewachsen sein sollen. Spätestens dann, wenn ein Vorgesetzter Spezialisten unterschiedlicher, ihm fremder Fachrichtungen zu führen hat, sind Führungsfähigkeiten gefragt, spätestens dann wird aber auch deutlich, daß die Führungskräfte für die Befähigung ihrer Mitarbeiter zur gemeinsamen Leistung im Sinne der vorgegebenen Ziele verantwortlich sind. Führungskräfte von morgen werden kaum noch auf ihre fachliche Autorität bauen können, sondern nur noch auf ihre funktionelle Autorität als Spezialisten für die Katalyse und Lenkung von zielgerichteten kooperativen Prozessen.

- Führung muß optimale Ausführung ermöglichen

Führungskräfte und Mitarbeiter sind natürliche Partner. Die Führungskräfte haben dafür zu sorgen, daß die Mitarbeiter leisten können, was sie leisten sollen, und die Mitarbeiter haben die gegebenen Möglichkeiten nach besten Kräften zu nutzen. So wird ihre Kooperation zum gemeinsamen Erfolg.

Führungssysteme haben die Aufgabe, überlebensfähige Zustände und zielgerichtete Entwicklungen der Organisation sicherzustellen, indem sie

– die dazu erforderlichen Ausführungssysteme schaffen,

– ihnen bestimmte Aufgaben im Hinblick auf die erwünschten Austauschbeziehungen der Organisation mit ihrer Umwelt zuweisen,

– Ziele mit ihnen vereinbaren,

– ihre Aktivitäten steuern und koordinieren,

– die Voraussetzungen für den Erfolg ihrer Tätigkeiten schaffen,

– sowie sicherstellen, daß ihre Tätigkeiten und Leistungsergebnisse den gesetzten Standards entsprechen.

Im Führungsalltag geschieht das z. B. durch Zielsetzung, Planen und Organisieren, durch den Einsatz von Mitarbeitern, durch Informationsvermittlung, durch Anweisen und Delegieren, Entscheiden, Strukturieren und Qualifizieren, sowie durch Beurteilen und Korrigieren. Die vielen einzelnen Tätigkeiten lassen sich sinnvoll zu Komplexen verwandter Tätigkeiten verdichten, die wir Führungsfunktionen nennen wollen. Sie werden im nächsten Kapitel eingehend dargestellt.

Die organisatorischen Subsysteme benötigen optimale Verhaltensspielräume, wenn sie ihre Aufgaben für die Organisation so selbständig, aber auch so effizient und effektiv wie möglich ausführen sollen. Eine Tätigkeit ist effektiv oder zielwirksam, wenn sie ihre Ziele erreicht. Dabei ist vorausgesetzt, daß die Ziele realistisch und angemessen sind. Effizient oder leistungswirksam ist sie, wenn der Mitteleinsatz bei gegebenen Zielen mindestens gesetzten (ökonomischen, physikalischen, ethischen, sozialen, oder politischen) Standards entspricht. Zu geringe Verhaltensspielräume organisatorischer

Subsysteme lassen wertvolle Potentiale ungenutzt (die Subsysteme dürfen nicht, was sie könnten), zu große Spielräume bergen die Gefahr des Chaos (die Subsysteme tun mehr als sie dürften). In beiden Fällen wird nicht nur die Organisation geschädigt, sondern es kommt auch zu einer dauernden Überlastung des Führungssystems; im ersten Fall, weil die Führungskräfte sich ständig in die Ausführungsaufgaben einmischen, im zweiten Fall, weil sie dauernd Feuerwehr spielen müssen. Die Kunst der Führung besteht darin, das sich im Zeitablauf verändernde Optimum der organisatorischen Freiheitsgrade immer wieder aufs neue herzustellen. Dafür gibt es zwar keine Patentrezepte, aber immerhin einige Hilfen, die weiter hinten im Zusammenhang mit den Führungsfunktionen vorgestellt werden.

- Kybernetik zweiter Ordnung

Die Ausführungssysteme besorgen – angewiesen, informiert, qualifiziert, motiviert, koordiniert und kontrolliert durch das Führungssystem – die unmittelbar auf die Objekte des Leistungsprozesses der Organisation bezogenen Verrichtungen. Der Leistungsprozeß umfaßt sämtliche Austauschvorgänge zwischen den Subsystemen innerhalb der Organisation und mit der Organisations-Umwelt; die Objekte sind die geistigen oder realen Tausch-„Güter". Dabei kann es sich beispielsweise um Warenlieferungen, Informationen, Geldzahlungen, die Einstellung oder Entlassung von Personal, betriebliche Weiterbildung, Werbung oder die Entsorgung von Abwässern handeln. Ausführungssysteme werden eingesetzt, um der Organisation geistige (z. B. Informationen) oder reale (z. B. Menschen oder Werkzeuge) Mittel zu beschaffen, um solche Mittel zu transformieren (z. B. durch Be- oder Verarbeitung und Weiterbildung), um sie innerhalb der Organisation an andere Subsysteme weiterzugeben, oder um sie an die Umwelt abzugeben.

In der Zusammenarbeit von Führungs- und Ausführungssystemen geht es im Kern darum, Ziele zu definieren und die Zielerreichung zu ermöglichen. Im Abschnitt über das Wesen der Führung wurden Steuerung und Regelung als Elemente des Führungsprozesses mit ihren Stärken und Schwächen vorgestellt. Als ein Nachteil der Regelung wurde angeführt, daß der Vorgesetzte nicht sicher sein kann, ob der Mitarbeiter seine Tätigkeit wirklich im Sinne der Vorgaben ausführt, sich also effektiv selbst überwacht. Kontrollen des Vorgesetzten offenbaren meist schon vollendete Fehler und kommen deshalb zu spät. Abhilfe kann von Foersters „Kybernetik zweiter Ordnung" in Form eines noologischen Regelkreises (Grote) schaffen, wie in Abbildung 21 zu sehen ist.

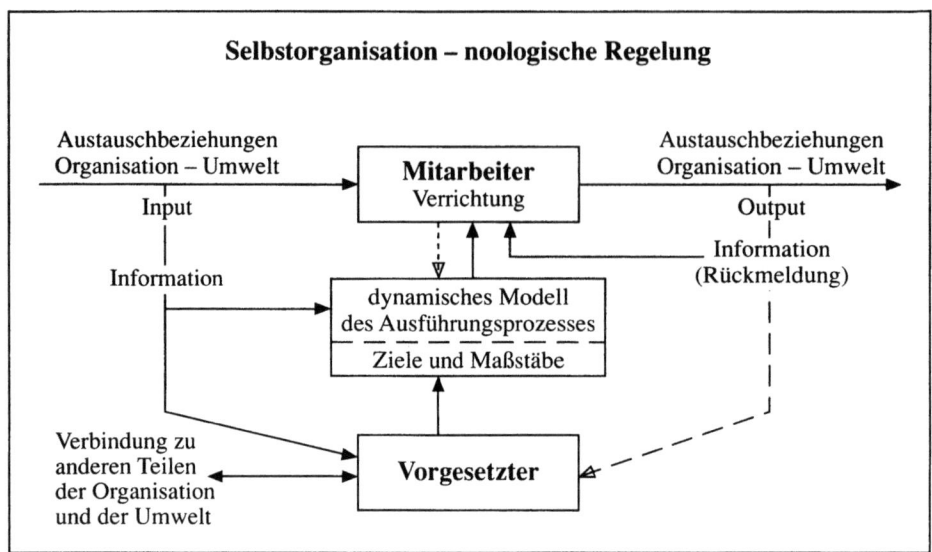

Abb. 21

Noologisch bedeutet (nach Eucken): den Geist betreffend; der noologische Regler ist nur geistig, nicht materiell realisiert, was materielle Hilfsmittel, wie z. B. Computer allerdings nicht ausschließt. Anders als beim herkömmlichen kybernetischen Regelkreis (Kybernetik erster Ordnung) wird die Regelung nicht vom Output des zu regelnden Prozesses bestimmt, sondern von diesem selbst. Dadurch wird erreicht, daß Abweichungen der Ausführungstätigkeiten bereits in der Entwicklung erkannt werden können, so daß Korrekturen möglich sind, bevor das Kind im Brunnen liegt. Die entscheidende Neuerung gegenüber dem Regelkreis erster Ordnung ist ein dynamisches Modell des zu regelnden Prozesses, das nicht nur einen permanenten Soll-Ist-Vergleich des Prozeß-Outputs ermöglicht, sondern die laufende Beobachtung des Prozesses selbst, und das auch sagt, was genau im Falle einer Abweichung des Ist-Prozesses vom Soll-Prozeß zu tun ist.

Das dynamische Modell des zu regelnden Prozesses ist ein (in der Regel homomorphes) Abbild des Ausführungsverlaufs. Es enthält außer den Zielen und Maßstäben der Ausführungstätigkeit sowie den Spielregeln, denen sie unterliegt, je nach Bedarf u. a. auch Angaben über Sachmittel, Funktionsverläufe, Zeitbedarfe, Kostenaufwände, Wirkungszusammenhänge, und ist insofern eine qualitative Weiterentwicklung des bereits gezeigten Regelungsmodells der Delegation. Der entscheidende Unterschied liegt darin, daß Mitarbeiter mit Hilfe des noologischen Regelungsmodells in die Lage versetzt werden, auch komplexere Ausführungsprozesse selbständig und eigenverantwortlich zu lenken. Das ist im Sinne der Selbstorganisation sehr erwünscht. Außerdem ist es geeignet, die Leistungsmotivation der Mitarbeiter sowie ihre Identifikation mit ihrer Tätigkeit zu steigern.

Der Architekt Heinz Grote wendet seine auf dem noologischen Regelkreis basierende Kybernetische Organisation, Planung, Führung – KOPF seit über 15 Jahren erfolgreich bei der Abwicklung von Bauvorhaben an. Die noologische Regelung scheint aber durchaus im Führungsprozeß allgemein anwendbar zu sein, soweit die Möglichkeit der modellhaften Abbildung des zu regelnden Ausführungsprozesses besteht. Das sollte unbedingt genauer untersucht werden, um die Chancen dieser Methodik – z. B. auch bei der Führung von Führungskräften – so gut wie nur möglich nutzen zu können. Den Führungskräften ist damit auf jeden Fall schon ein Weg zur Verwirklichung einer partnerschaftlich-funktionellen Führung gewiesen, die den neuen personalen Bedürfnissen ihrer Mitarbeiter ebenso Rechnung trägt wie den zukünftigen Anforderungen der Organisationen.

Die noologische Regelung verlangt, den bereits aufgezeigten Zusammenhang von Funktion, Verhaltensspielraum und Qualifikation zu beachten. Sie kann nämlich nur nützlich sein, wenn die Mitarbeiter einen Verhaltensspielraum haben, der ihnen die selbständige Erfüllung ihrer Aufgaben gestattet, und wenn sie über alle dazu erforderlichen Informationen und Qualifikationen verfügen. Es zeigt sich, daß die Führungskräfte bei dieser Konzeption der Führung kaum noch als Anweisende und Kontrollierende gefragt sind, jedoch viel stärker als bisher als Ermöglicher, Ertüchtiger, Berater und Begleiter.

- Führung muß Fähigkeit zum Wandel fördern

Nach allem bisher Gesagten erübrigt es sich eigentlich, zu betonen, daß Führungssysteme Prozesse sind und ihre Strukturen nur geronnene – häufig zu Unrecht verfestigte – Erscheinungsformen davon sind. Angesichts der zunehmenden Dynamik des evolutionären Weltprozesses und der damit einhergehenden schnellen Veränderungen in Technik, Wirtschaft und Gesellschaft wird aber künftig die Fähigkeit zum Wandel eine noch weit größere Bedeutung für die Überlebens- und Leistungsfähigkeit der Organisationen haben, als es gegenwärtig der Fall ist. Unter diesen Umständen sollte der Prozeßcharakter der Führungssysteme stärker betont und zum Leitbild zukunftsweisender Führung werden.

In diesem Zusammenhang ist es denkbar, daß die Führungsaufgaben langfristig einen völlig neuen, nämlich rein funktionellen Charakter erhalten, statt wie bisher mit Rang und Status verknüpft zu sein. Dann könnten Mitarbeiter abwechselnd Führungs- und Ausführungsaufgaben wahrnehmen und ihre Fähigkeiten dabei optimal einsetzen und ergänzen. Zwar wäre nicht ausgeschlossen, daß besonders befähigte Mitarbeiter ausschließlich mit Führungsaufgaben betraut würden, doch wäre das dann die Ausnahme.

Die weniger befähigten, aber als solche zu spät erkannten Mitarbeiter wären dann aber nicht zu ihrem eigenen Unglück und zum Schaden ihrer Mitarbeiter und der Organisation an Führungspositionen „gefesselt", sondern könnten ohne weiteres eine Ausführungsaufgabe übernehmen, die ihnen besser liegt.

Wenn dieser Zustand auch heute noch reine Phantasie ist, weil zu seiner Verwirklichung noch erhebliche Veränderungen in unserem Denken und Fühlen erforderlich sind, so ist Flexibilität in anderer Weise doch heute schon möglich. Beispielsweise könnte die Möglichkeit der Job-Rotation stärker genutzt werden und Führungsaufgaben könnten nach dem Beispiel des Projekt-Managements in größerem Ausmaß entsprechend den Anforderungen an die Organisation von Fall zu Fall an Mitarbeiter übertragen werden, die die erforderlichen Qualifikationen haben. Damit würde nicht nur die Flexibilität der Organisationen erhöht, weil Führungssysteme nicht strukturell „festgezurrt", sondern problembezogen gebildet und nach der Problemlösung wieder aufgelöst würden, sondern es würde auch die Qualifikation der Führungskräfte als Generalisten gefördert, die nicht nur ihrer jeweiligen Organisationseinheit verpflichtet sind, sondern auch der Gesamtorganisation.

Diese Gedanken unterstreichen den Prozeßcharakter der Führung und heben zugleich den funktionalen Charakter der Hierarchie hervor: Führungskräfte sind Mitarbeitern übergeordnet, weil sie innerhalb des organisatorischen Prozesses Integrations- und Lenkungsfunktionen zu erfüllen haben, nicht weil sie – aus welchen Gründen auch immer – in der Hierarchie „oben" eingeordnet sind.

4.3.3 Dimensionen des Führungshandelns

Immer häufiger geschieht es heutzutage, daß Führungskräfte, die einseitig auf Kostenreduzierungen fixiert sind, Chancen zur Effizienzsteigerung und zum Wachstum übersehen, oder mit ihren Maßnahmen gar unbeabsichtigt Kostensteigerungen hervorrufen. Sparen, koste es was es wolle, scheint ihre Devise zu sein. Doch tut man ihnen mit dieser Feststellung Unrecht. Sie wollen das Beste für die Organisation, haben aber aufgrund eines infolge kurzfristiger und eindimensionaler Zielvorgaben stark eingeengten Blickwinkels nicht die Möglichkeit dazu. Ihre Situation ist vergleichbar mit der eines Arztes, der als einzige Therapie gelernt hat, seine Patienten zur Ader zu lassen.

Führungshandeln ist Handeln in zahlreichen Dimensionen zugleich. Deshalb hat es so gut wie immer außer der erwünschten Hauptwirkung auch Neben- und Rückwirkungen. Die durch Ziele, bisherige Erfahrungen, eingefahrene Denkschemata, vorgefaßte Meinungen und den Druck der jeweiligen Situation eingeschränkte, weil gerichtete, Wahrnehmung erschwert regelmäßig die vollständige Erfassung des gesamten Wirkungsspektrums einer Führungshandlung. Die Folge sind mehr oder weniger unangenehme Überraschungen, die man sich bei sorgfältigerer Überlegung hätte ersparen können.

Führung ist stets auf die Gesamtheit aller (möglichen) Beziehungen der Organisation zu ihrer Umwelt gerichtet und hat es gleichzeitig mit den Beziehungen aller innerorganisatorischen Elemente und Subsysteme zueinander zu tun. Die Zahlung einer Leistungsprämie kann sich beispielsweise auf die Lohnkosten, den Arbeitsaufwand in der Betriebsbuchhaltung, die Motivation der betroffenen Mitarbeiter, das Betriebsklima, die Leistung gegenüber Kunden, das Image der Organisation, das Verhalten der Wettbewerber auswirken, um nur einige der Möglichkeiten zu nennen. Daß eine Führungskraft überhaupt auf den Gedanken an eine Leistungsprämie kommt, ist auf Einwirkungen zurückzuführen, die aus zahlreichen verschiedenen inner- oder außerorganisatorischen Quellen stammen können. Sowohl der Input wie auch der Output von Führungssystemen sind also auf vielerlei Weise mit den organisatorischen Prozessen verflochten.

Viel zu wissen und stets gründlich nachzudenken, ist deshalb für Führungskräfte lebenswichtig. Der amerikanische Bankier, Wirtschaftsfachmann und Berater mehrerer Präsidenten, Bernard Baruch, bekannte einmal: „Alle Fehlschläge, die ich kenne, alle Fehler, die ich begangen habe, alle Dummheiten, die ich im Privat- und öffentlichen Leben beobachtet habe, waren auf Handeln ohne Nachdenken zurückzuführen." Darüber hinaus kann man allen, die an der Spitze von Organisationen stehen oder dort hin wollen, nur raten, sich zum Generalisten zu entwickeln. Denn nur so haben sie die Chance, die Mitteilungen aus den zahlreichen Umweltsphären ihrer Organisationen, die alle in verschiedenen Sprachen kommen, einigermaßen richtig aufzufassen, miteinander zu verknüpfen und in brauchbare Handlungsprämissen umzusetzen. Ein Stab spezialisierter Berater ist dazu keine Alternative; auch wenn sie alle hervorragend sind, ergibt sich aus zahlreichen isolierten Perspektiven noch kein Panorama. Das kann nur die verantwortliche Führungskraft in ihrem Kopf selbst schaffen.

- Führungs-Dimensionen – Teile des Panoramas „Führungswirklichkeit"

Sehr grob, aber für unsere Zwecke ausreichend, können wir eine inhaltliche (materielle und geistige), eine zeitliche und eine kommunikative (mediale und methodische) Dimension des Führungshandelns unterscheiden. Das sind sozusagen die „Adern", mit denen das Führungssystem mit den anderen Systemen der Organisation und mit Umweltsystemen verkabelt ist. Abbildung 22 gibt einen Überblick. Die Führungsaktivitäten müssen als integrierte Bestandteile eines umfassenden Führungsprozesses betrachtet werden, der über diese „Adern" Impulse empfängt und sendet.

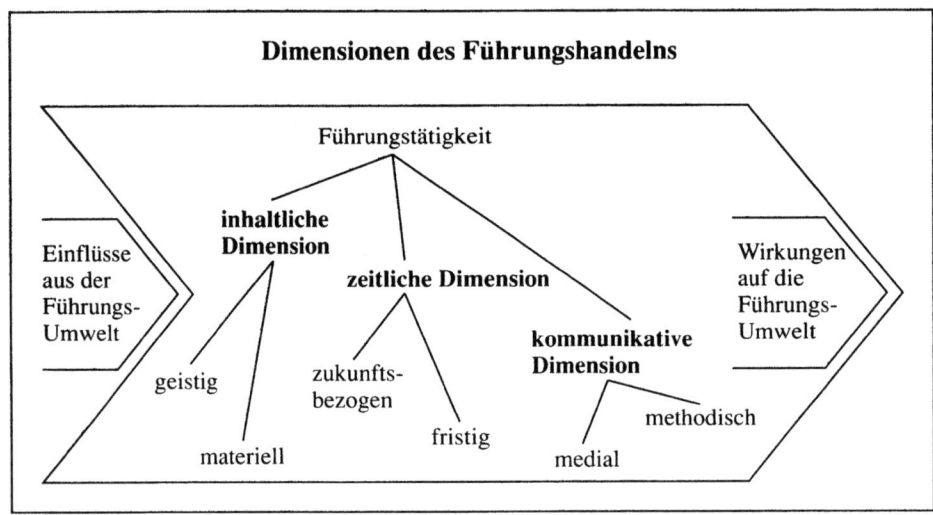

Abb. 22

- Führung hat es mit der ganzen Umwelt zu tun

Inhaltlich ist Führung auf die fünf Sphären bezogen, die wir als Subsysteme der Organisations-Umwelt bereits unterschieden hatten. Die Tatsache, daß sich Organisationen entsprechend der Wahl ihrer transzendenten Ziele auf bestimmte Umweltsphären spezialisieren, ist dazu kein Widerspruch. Organisationen stehen potentiell mit ihrer gesamten Umwelt in Austauschbeziehungen, wobei allerdings nicht alle Beziehungen stets gleichermaßen aktuell oder bedeutsam sind. Die Führung muß die fünf Sphären der Umwelt stets in ihr Kalkül einbeziehen, wenn sie keine unliebsamen Überraschungen provozieren möchte. Diese sind:

- die *natürlich-physikalische Dimension* mit Aspekten wie Klima, Bodenschätze, Beschaffenheit von Boden, Luft und Gewässern;
- die *soziale Dimension* mit Aspekten wie Bevölkerung, Sozialstruktur, Für- und Vorsorgesysteme, Zeitgeist;
- die *wirtschaftlich-technische Dimension* mit Aspekten wie Infrastruktur, Güter- und Geldmärkte, Energieversorgung;
- die *politische Dimension* mit Aspekten wie Rechtsordnung und Rechtssicherheit, Parteien, Presse;
- die *ethisch-kulturelle Dimension* mit Aspekten wie Moral, Religion, Wissenschaft.

Die Austauschbeziehungen der Organisation mit ihrer Umwelt sind ebenso wie die innerorganisatorischen Beziehungen zwischen den einzelnen Elementen und Subsystemen materieller und geistiger Art. Materiell werden Stoffe (z. B. Rohstoffe, Vor- und Fertigprodukte, Abfälle, Geld) vermittelt und manipuliert, geistig sind es Daten, Ideen, Informationen. Materielle und geistige Austauschprozesse sind in der Regel miteinander verwoben. Führung vollzieht sich aber fast ausschließlich über geistige Austauschbeziehungen. In der Kommunikation zwischen Führern und Geführten werden Gedanken ausgetauscht, die das Bewußtsein, das Denken und das Handeln der Beteiligten so strukturieren, daß eine Organisation (im Sinne einer Kooperationseinheit) entsteht, die in ihrer Umwelt überleben und sich zielgerichtet entwickeln kann.

Die Verantwortung der Führungskräfte für die Wirkungen ihres Führungshandelns gebietet mehrdimensionales Denken bei der vorbereitung und Durchführung von Entscheidungen. Dabei muß die koevolutionäre Balance zwischen Selbstbehauptung beziehungsweise Selbstentfaltung der Organisation und Integration als nützlicher Teil in ihre Umwelt aufrechterhalten werden. Denn nur so können langfristig Organisation und Umwelt gemeinsam überleben. Wir werden auf Dauer in Schwierigkeiten kommen, wenn einzelne Menschen oder Organisationen exzessive Selbstbehauptung betreiben (indem sie z. B. aus kurzfristigen Gewinnüberlegungen heraus Produkte mit gefährlichen Nebenwirkungen weiterproduzieren oder verkaufen, obwohl das weder technisch noch volkswirtschaftlich notwendig wäre) und die soziale Umwelt (hier der Staat) erst mit dem gesetzlichen Knüppel kommen muß, um den Überlebensbedürfnissen des Gesamtsystems zu ihrem Recht zu verhelfen. Wenn nicht jeder Mensch selbst ein Gespür für die notwendige Balance von individueller beziehungsweise organisatorischer Selbstbehauptung und Integration in das Gesamtsystem Umwelt in sich entwickelt (altmodisch formuliert: wenn nicht jeder gewissenhaft handelt), dann werden immer mehr Vorschriften und Überwachungsmechanismen notwendig werden, um den individuellen Egoismus im Interesse des kollektiven Überlebens zu zähmen. Ob aber Gesetze langfristig das menschliche Gewissen ersetzen können, erscheint angesichts der Flut von Vorschriften, die nicht einmal mehr für die Fachleute ganz verständlich und sicher anwendbar sind, sowie angesichts des Verfalls der Rechtsmoral aufgrund mangelnder Einsicht in die Notwendigkeit einer umfassenden Regulierung des menschlichen Daseins und zahlreicher negativer Vorbilder sehr zweifelhaft.

Das Thema „Ethik" ist also im Zusammenhang mit der organisatorischen Führung durchaus angesagt. Mehr als eine Episode wird die Beschäftigung mit ethischen Fragen der Führung allerdings nur dann sein, wenn sie umfassend erfolgt: wenn wir damit schon im Elternahus und in der Schule beginnen: bei der Erziehung der Kinder, denen wir ein gutes Vorbild sein müssen, und wenn die Politiker und die Medien diese Erziehung mit Worten und Taten unterstützen.

- Führungshandeln ist zukunftsbezogen

Alle Führungshandlungen sind zukunftsbezogen; sie werden zwar in der Gegenwart ausgeführt, zielen aber auf die zukünftige Gestaltung der Organisation und ihrer Austauschbeziehungen mit der Umwelt ab. Das ist die zeitliche Dimension der Führung. Die Zukunftsbezogenheit des Führungshandelns verlangt von den Führungskräften, daß sie auf der Grundlage von Wünschen, Absichten, Hoffnungen, Prognosen oder Spekulationen über die mögliche Weiterentwicklung der Organisationsumwelt entscheiden. Das damit verbundene Moment der Ungewißheit kann weder durch Zukunftsforschung noch durch Geisterbeschwörung beseitigt werden.

Da die Evolution Vergangenes aber nicht über Bord wirft, sondern alles bewahrt (wenn es auch mit zunehmendem Alter immer tiefer im Laderaum verstaut wird und kaum noch zugänglich ist), ist der Übergang von heute nach morgen kontinuierlich. Solange der Umwelt-Prozeß ohne größere Fluktuationen abläuft, kann deshalb mit Trendfortschreibungen erfolgreich gearbeitet werden: Man nimmt einfach an, daß alles ungefähr so weitergehen wird wie bisher. Höhere Anforderungen werden an die Führungskräfte im Falle größerer Fluktuationen gestellt, wenn Trends brechen oder sich sogar umkehren, und wenn völlig neue Ereignisse eintreten. Dann sind eine „gute Nase" und das „Glück des Tüchtigen" gefragt.

Die Zukunftsbezogenheit der Führung erfordert gedankliches Vorwegnehmen der Zukunft in Form von Zielsetzung und Planung; Ziele sind die erwünschten Zustände, die Planung zeigt den Weg dorthin auf und gibt Auskunft über die benötigten Mittel und ihre möglichen Quellen. Zielsetzung und Planung schaffen die Grundlagen für das spätere Handeln, mit dem die Vorstellungen in die Realität umgesetzt werden sollen. Man könnte Zielsetzung und Planung als geistige Konstruktion des zukünftigen organisatorischen Prozesses ansehen, als einen gedanklich vorweggenommenen wünschenswerten Teil des organisatorischen Daseins. Dementsprechend sind sie mit der ganzen Komplexität und Varietät der Organisation und ihrer Umwelt konfrontiert, die sie niemals ganz zu erfassen vermögen. Die Nützlichkeit des Planens zeigt sich deshalb nicht zuletzt auch darin, daß sie der Organisation genügend Spielraum läßt, auf die unvorhergesehenen Ereignisse angemessen zu reagieren.

Ein wichtiger Aspekt der zeitlichen Dimension der Führung ist der der Fristigkeit. Die Zukunft, mit der es die Führung zu tun hat, ist nämlich kein Kontinuum, sondern sie ist von den Entwicklungen in der Führungsumwelt in bedeutungshaltige Abschnitte eingeteilt. Es gibt daher nicht nur ein Früher oder später, Vorher oder Nachher, sondern auch ein Rechtzeitig, Im-geeigneten-Moment oder Zu-Spät. Die Wirkung des Führungshandelns auf den Führungsprozeß und die organisatorischen Gegebenheiten und Abläufe ist deshalb auch davon abhängig, zu welchem Zeitpunkt bestimmte Entscheidungen und Maßnahmen getroffen werden und wie lange sie zu ihrer Verwirklichung benötigen. Schon manche Führungskraft, die das Richtige tat, ist trotzdem gescheitert, weil sie es nicht im geeigneten Zeitpunkt oder nicht schnell genug getan hat. Andere Führungskräfte, die mehr Glück hatten, waren allerdings oft nur deshalb erfolgreich, weil sie im Wissen um diese Problematik ihr Handeln von vornherein darauf abgestellt und kurzfristige Erfolge längerfristigen Vorteilen vorgezogen hatten.

- Kommunikation

Die dritte Dimension des Führungshandelns ist die kommunikative. Sie hat mediale und methodische Aspekte. Bei den medialen Aspekten geht es darum, mit welchen Mitteln Führung ausgeübt wird. Hauptmedium der Führung ist zwar die Führungskraft selbst, sie kann sich aber zur Ausübung ihrer Führungstätigkeit anderer Personen und technischer Hilfsmittel bedienen. Das kann so weit gehen, daß persönliche Führung in unpersönliche Leitung übergeht. Bei den methodischen Aspekten geht es um das Wie des Führungshandelns, also um Führungsstile und Führungsformen. Die kommunikative Dimension des Führungshandelns lenkt den Blick auf die psychologischen Gesichtspunkte der Führung.

Durch Kommunikation tauschen die Mitglieder der Organisation Weltbildinhalte aus und konstruieren gemeinsame Weltbilder als gedankliche Basis für ihre Kooperation. Dadurch erarbeiten sie sich die Informationen, die sie für die Behauptung ihrer Position und die Bewältigung der Anforderungen im organisatorischen Prozeß benötigen. Kommunikation ist aber nicht nur logisch, sie hat immer auch eine emotionale und affektive Seite. Sympathie und Antipathie spielen eine gewichtige Rolle, die gegenseitigen persönlichen Beziehungen werden geregelt, Konflikte werden ausgetragen. Und nicht zuletzt wird durch Kommunikation auch Sinn vermittelt. Der große Einfluß, den Führungskräfte gerade auf die kommunikative Dimension ihres Handelns haben, gibt ihnen die Chance, ihren Mitarbeitern den Wert und die Bedeutung zu geben, die sie brauchen, um ihre Mitarbeit als sinnvollen Ausdruck ihrer Persönlichkeit empfinden zu können.

In der Abbildung 23 wird die Vieldimensionalität des Führungshandelns vereinfacht im Zusammenhang dargestellt. Die Pfeile stellen die Wechselwirkungen zwischen den einzelnen Dimensionen dar. Der gedankliche Horizont gibt an, daß die Zukunftsbezogenheit des Führungshandelns an bestimmte Vorstellungen über eine Zukunft gebunden ist, die auf das gegenwärtige Denken und Handeln der Führungskräfte zurückwirken.

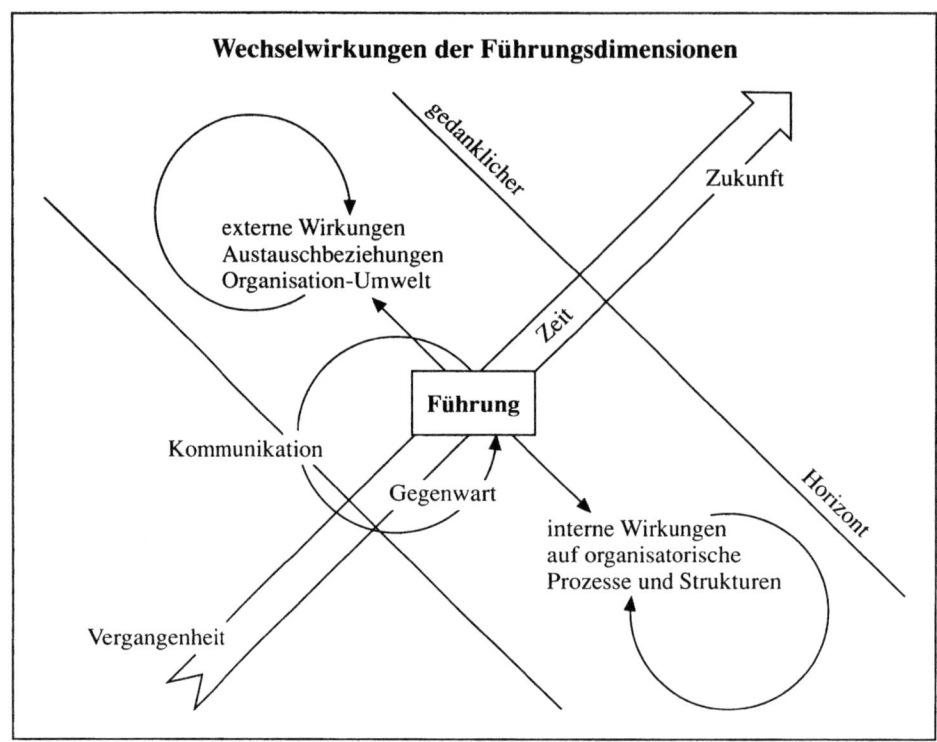

Abb. 23

- Vieldimensionale Führung – ein frommer Wunsch?

Die Führungspraxis tut sich nicht leicht damit, stets die ganze Komplexität des Führungsgeschehens im Auge zu behalten. Führungshandeln finden wir regelmäßig auf einzelne Dimensionen oder sogar einzelne Aspekte einer Führungsdimension reduziert, weil den Führungskräften in der jeweiligen Situation nur diese relevant erscheinen. So mag es im konkreten Fall z. B. um die Versetzung eines Mitarbeiters gehen, der den Anforderungen auf seiner alten Position nicht (mehr) gewachsen ist. Da stehen auf den ersten Blick die wirtschaftlich-technische und die politische (rechtliche) Dimension der Führung mit diversen Aspekten im Vordergrund, möglicherweise auch noch die soziale Dimension. Das Problem muß schnell, kostengünstig und möglichst ohne arbeitsrechtliche Auseinandersetzungen gelöst werden. Eine genauere Analyse unter Einbeziehung zusätzlicher Dimensionen und Aspekte würde jedoch wertvolle Erkenntnisse gewinnen, aus denen die Führung für die Zukunft lernen könnte (z. B.: Wie ist diese Situation überhaupt entstanden? Was sind die möglichen Ursachen und Zusammenhänge? Wie wird sich die zu treffende Entscheidung für die Organisation insgesamt auswirken? Was müßte getan werden, um ähnliche Fehlentwicklungen künftig zu vermeiden?)

Die Vieldimensionalität des Führungshandelns und damit seine weitreichenden Auswirkungsmöglichkeiten ist den Führungskräften häufig nicht ausreichend bewußt. Fachblindheit, Vorurteile, einseitige Zielsetzungen, aber auch unterdrückte Konflikte und verschobene Probleme können dafür die Ursache sein. Abhilfe ist nur durch eine Ausweitung der Wahrnehmung zu erreichen, was meist eines Anstoßes von außen bedarf. Macht man sich dann aber die Mühe, die Auswirkungen von Führungshandlungen zu verfolgen, wird meist rasch deutlich, welche weitverzweigten Konsequenzen sie haben.

Im Unternehmen des uns schon bekannten Herrn S. hat die Geschäftsleitung z. B. eine Revisionsabteilung eingerichtet. Deren Mitarbeiter haben sich, vom Elan ihres Vorgesetzten angetrieben, mit großem Eifer darangemacht, den gesamten Betriebsprozeß vom Einkauf bis zum Verkauf auf mögliche vermeidbare Kostenrisiken zu durchleuchten und diese gegebenenfalls auch zu beseitigen. Das ist ihnen auch weitgehend gelungen, allerdings um den Preis zahlreicher bürokratischer Regelungen und schwer praktizierbarer Vorgaben für die Fachabteilungen. Dadurch entstanden diesen zusätzliche Kosten durch Mehrarbeit und erheblicher Unmut bei nicht wenigen Mitarbeitern, die den Sinn der neuen Reglungen nicht einsahen. Betroffene Lieferanten, die sich über kleinliche Reglementierungen beklagten, deren Nutzen sie nicht erkennen konnten, deren Kosten sie aber zu tragen hatten, zeigten in der Folgezeit weniger Entgegenkommen, was schon manchmal zu Engpässen geführt hat. Die wiederum haben innerbetrieblich zu menschlichen Spannungen geführt. Unterm Strich dürfte materiell bei der Maßnahme weniger als nichts herausgekommen sein, weil positive Effekte durch negative überkompensiert wurden, und hinsichtlich des Betriebsklimas und der Motivation der Mitarbeiter wurde sogar ein erheblicher Schaden angerichtet. „Spezialist ist (eben) jemand, der sich auf eine von ihm gewählte Form der Unwissenheit beschränkt hat", gibt uns der amerikanische Essayist Elbert Hubbard zu bedenken. Führung muß vermeiden, daß sich solche Unwissenheit in den Organisationen ausbreitet.

Um der Vieldimensionalität ihrer Aufgabe gerecht werden zu können, müssen Führungskräfte die Organisation mit allen ihren Beziehungen zur Umwelt als organisches Ganzes betrachten, das durch ihre Führungsaktivitäten auch als Ganzes Impulse erhält. In jedem Einzelfall müssen sie dann die Auswirkungen hinsichtlich aller Dimensionen kalkulieren beziehungsweise ihr Handeln mittels Vorbedenkens der möglichen Auswirkungen so abstimmen, daß der Erfolg ohne oder wenigstens mit geringstmöglichen negativen Nebenwirkungen eintritt. In kleinen Organisationen können sie dieser höchst verantwortungsvollen Aufgabe noch relativ leicht gerecht werden, weil die Verhältnisse überschaubar sind und sie die Wirkungen ihres Tuns oder Unterlassens in allen Führungsdimensionen noch einigermaßen zuverlässig abzuschätzen vermögen. In großen Organisationen ist das mitunter sehr schwierig. Deshalb ist es da besonders wichtig, Entscheidungskompetenzen einerseits so weit wie möglich an dezentralisierte

Organisationseinheiten zu delegieren, um die Komplexität der Führungssituation für die Entscheidungsträger zu verringern, und sie andererseits strikt an die Ziele und Spielregeln der Gesamtorganisation zu binden.

Wie wichtig gerade die letzte Forderung ist, zeigt der Führungsalltag in vielen Großorganisationen. Dort wird überwiegend anhand eindimensionaler Ziele und Kriterien geführt, wobei alles, was nicht quantifizierbar ist, allenfalls am Rande berücksichtigt wird. Führungskräfte, die z. B. eine Organisationseinheit leiten und allein an gegenwärtigen Ertragskennziffern gemessen werden, denken verständlicherweise auch in erster Linie einseitig und sind nur daran interessiert, den gesetzten Maßstäben zu genügen. Über die (langfristigen) Auswirkungen ihrer Führungshandlungen in den anderen Dimensionen, z. B. der sozialen (Betriebsklima, Leistungsbereitschaft der Mitarbeiter, Attraktivität des Unternehmens für qualifizierte Fachkräfte), der politischen (Öffentlichkeitswirkung, Einfluß auf gesetzgeberisches Handeln), der ethisch-kulturellen (Achtung von gesellschaftlichen Werten und Normen, Erfüllung humaner Ziele) oder der natürlich-physikalischen (Umweltbelastung, somatische und psychische Verträglichkeit der Produkte) machen sie sich kaum Gedanken. Erst wenn infolge der unbedachten Nebenwirkungen Schwierigkeiten auftreten, nehmen sie plötzlich wieder wahr, daß die Führung auch noch andere Dimensionen hat, und versuchen manchmal, deren Anforderungen in einer Art Feuerwehraktion doch noch gerecht zu werden. Engpaßorientierte Führung wird das dann genannt. Der Schaden für die Organisation ist jedoch kaum wieder gutzumachen.

Wenn unnötige Reibungsverluste, z. B. in Gestalt interner Spannungen, Leistungsschwächen oder gestörter Austauschbeziehungen mit der Umwelt vermieden werden sollen, muß die Führung jederzeit der Vieldimensionalität ihrer Aufgabe gerecht werden. Persönliche Umsicht reicht dazu allein nicht aus. Vielmehr bedarf es dazu ausreichender Informationen, die den Führungskräften eine mehrdimensionale Orientierung ihres Denkens und Handelns ermöglichen. Um daraus brauchbare mehrdimensionale Ziele und Spielregeln für die Zusammenarbeit der einzelnen Organisationseinheiten ableiten zu können, bedarf es außerdem einer funktionierenden Kommunikation innerhalb der Organisation sowie mit der Organisationsumwelt. Die Bedeutung von Information und Kommunikation steigt mit zunehmender Größe der Organisation und wachsender Systemdifferenzierung, weil dann die Gefahr wächst, daß die Führungskräfte den Gesamtzusammenhang der Organisation aus den Augen verlieren und ihre Entscheidungen anhand so spezieller (eindimensionaler) Kriterien treffen, daß die Erfordernisse der (vieldimensionalen) Austauschbeziehungen der organisatorischen Subsysteme untereinander und die mit der Umwelt erheblich verletzt werden. Das beste Beispiel dafür sind die gesetzgeberischen Maßnahmen des Staates, die – aufgrund eindimensionaler politischer Wunschvorstellungen getroffen – in der vieldimensionalen Wirklichkeit unserer Welt immer häufiger zu Ungereimtheiten, unerwünschten Nebenfolgen und Widersprüchen führen.

- Informationsverarbeitung verbessern

Um der zunehmenden Komplexität der Führungsaufgabe gerecht werden zu können, muß die Informationsverarbeitungskapazität der Führungskräfte erheblich gesteigert und die Qualität der Informationsverarbeitung verbessert werden. Elektronische Datenverarbeitung wird dabei zwar eine wichtige Rolle spielen, entscheidender wird jedoch der Effekt einer engeren Kopplung der Gehirne aller Mitarbeiter zu Buche schlagen, der in Form von intensivierter Zusammenarbeit von den Führungskräften geschaffen werden muß.

Die Gestalt der Führungssysteme muß sich deshalb in Richtung auf Teamstrukturen wandeln, die zwar sachlich und hierarchisch differenziert sind, aber permanent und offen miteinander kommunizieren. Dadurch soll dreierlei gewährleistet werden:

1. ständige ausreichende Information aller Beteiligten über das Gesamtsystem der Organisation und seine Austauschbeziehungen zur Umwelt,

2. gemeinsame und an den Erfordernissen des Gesamtsystems orientierte Entscheidungen und Beschlußfassung über die zu treffenden Führungsmaßnahmen, sowie

3. die jeweils aktuelle Definition der Aufgaben aller Beteiligten im Rahmen des gemeinschaftlichen Führungshandelns.

Die einzelne Führungskraft ist für ihren Aufgabenbereich allein entscheidungsbefugt und verantwortlich. Sie wird ihre Tätigkeit in einem solchen kommunikativen Führungssystem aber weniger an ihrer Stellenbeschreibung orientieren als an den Aufgaben, die sie in regelmäßigen Gesprächen mit Vorgesetzten und Kollegen auf der Grundlage gemeinsamer und der Komplexität der Führungsaufgabe entsprechender Analysen und Problemlösungen definiert.

Damit sind wir wieder beim Menschen, der Hauptperson des Führungsgeschehens, angelangt. Welche Qualifikations-Anforderungen müssen wir an ihn stellen, damit er seinen Führungsaufgaben in Zukunft gewachsen ist? Diese Anforderungen sollen vor dem Hintergrund der bisherigen Erörterungen im nächsten Abschnitt dargestellt werden.

4.3.4 Die Führungskräfte der Zukunft

„Ein Führer, das ist einer, der die anderen unendlich nötig hat." In dieser Charakterisierung der Führungskraft von Antoine de Saint-Exupéry steckt die ganze Wahrheit der Führungssituation: Die Führungskraft bewirkt Leistungen nur durch ihre Mitarbeiter, und nur indem sie dies tut, ist sie Führungskraft. Mitarbeiter können ohne Führung Leistungen für die Organisation erbringen, eine Führungskraft kann ohne Mitarbeiter nichts für die Organisation leisten (es sei denn selbst als Mitarbeiter ohne Führungsaufgabe). Damit ist die Stellung der Führungskräfte in Organisationen als ausschließlich funktionsbedingt definiert: Führungskraft ist, wer Führungsfunktionen wahrnimmt.

Führungskräfte sehen sich bei der Ausführung ihrer Aufgaben zugleich menschlichen und sachlichen Anforderungen gegenüber. Die menschliche Seite ihrer Aufgabe besteht darin, daß sie ihre Mitarbeiter fachlich und emotional in die Organisation integrieren und zur Leistung motivieren müssen. Die sachliche Seite besteht in der Schaffung, Steuerung und Regelung aller für das Überleben und die Weiterentwicklung der Organisation notwendigen Strukturen und Prozesse. Führungskräfte von Subsystemen (Organisationseinheiten) sind dafür verantwortlich, daß diese ihre Aufgaben für das Gesamtsystem optimal erfüllen. Die Aufgabe der Führungskräfte besteht dabei im Informieren, Anstoßgeben, Richtungweisen, Ermutigen, Fördern, Qualifizieren, Lenken ihrer Mitarbeiter, um diesen zu ermöglichen, die erforderlichen Leistungsbeiträge zu erbringen. Da Führung zukunftsbezogen ist, müssen Führungskräfte in der Lage sein, auch potentielle Probleme zu erkennen und ihre Mitarbeiter zu vorausschauenden, kreativen Lösungen zu führen. Beide Seiten der Führungsaufgabe sind untrennbar miteinander verflochten, weil organisatorisches Handeln nur mit und durch Menschen verwirklicht werden kann.

Von der menschlichen Seite her wird die Führungsaufgabe zunehmend anspruchsvoller, weil heute immer mehr Menschen an ihrem Arbeitsplatz mehr suchen als nur die Befriedigung ihrer materiellen Bedürfnisse. In dem Maße, in dem die materielle Versorgung gesichert und materieller Wohlstand selbstverständlich geworden ist, sind personale Bedürfnisse in den Vordergrund getreten. Die Gründe dafür wurden bereits dargelegt. Führungskräfte haben es deshalb heute mit Mitarbeitern zu tun, die nicht mehr nur nach Arbeit fragen, sondern auch nach dem Warum, dem Wozu und dem Für-Wen. Bessere Ausbildung, emanzipatorische Erziehung und ein umfassender rechtlicher und sozialer Schutz haben diese Mitarbeiter überdies selbstbewußter gemacht. Die Beziehung zum Vorgesetzten wird nicht mehr als persönliches Über- beziehungsweise Unterordnungsverhältnis verstanden (womöglich noch wertend), sondern ausschließlich als funktionale Beziehung aufgefaßt, in der die Beteiligten unter Respektierung ihrer jeweiligen Aufgaben partnerschaftlich miteinander umgehen. Persönliche Autorität des Vorgesetzten ist dadurch natürlich nicht ausgeschlossen.

- Führungskräfte müssen optimale Leistungsbedingungen schaffen

Führungskräfte müssen Bedingungen schaffen, unter denen ihre Mitarbeiter das leisten, was im Interesse der Gesamtorganisation von ihnen erwartet werden muß. Dazu müssen sie deren Bedürfnisse, Neigungen und Fähigkeiten erkennen können und in der Lage sein, sie in eine Synthese zu den Erfordernissen der Organisation zu bringen, so daß die Mitarbeiter ihre Bedürfnisse am besten befriedigen können, wenn sie der Organisation nützlich sind. In der Terminologie der Systemtheorie ausgedrückt, besteht die Aufgabe der Führungskräfte darin, gemeinsam mit den Mitarbeitern deren Austauschbeziehungen mit der Organisation zur beiderseitigen Zufriedenheit zu regeln. Oder in evolutionsbiologischer Sprache: Führungskräfte müssen (gemeinsam mit ihren Mitarbeitern) Spielregeln definieren, die den Mitarbeitern eine befriedigende Balance zwischen individueller Selbstbehauptung und nützlicher Integration in die Organisation ermöglichen.

Um ihre Mitarbeiter zu Leistungsträgern der Organisation machen zu können, benötigen Führungskräfte auf der einen Seite Sensibilität für menschliche Bedürfnisse und soziale Prozesse, ein Gespür für das, was Mitarbeiter können und was sie nicht können, und auf der anderen Seite persönliche Überzeugungskraft. Mit Aufrichtigkeit und Zuverlässigkeit, mit Verständnis für die Belange anderer, aber auch deutlicher Artikulation der eigenen Forderungen erwirbt sich die Führungskraft Glaubwürdigkeit und Vertrauen als Basis eines partnerschaftlichen Führungsstils.

Die Zeiten, da Führungskräfte ihre Mitarbeiter vom Sockel ihrer Positionsautorität mit Zuckerbrot und Peitsche motivieren konnten, sind endgültig vorbei. Auch mit fachlicher Autorität können Führungskräfte immer weniger Eindruck machen, weil ihre Mitarbeiter infolge zunehmender Spezialisierung auf ihren jeweiligen Arbeitsgebieten in der Regel mehr Fachleute sind als sie. Die Autorität der Führungskräfte von morgen erwächst – wenn man von persönlicher Autorität einmal absieht – allein aus ihrer nachgewiesenen Führungsfähigkeit. Sie müssen hinsichtlich der Leistungsprozesse ihrer Organisationen Generalisten sein, nämlich diejenigen, die aus ihrer Kenntnis der Zusammenhänge dafür sorgen, daß ihre spezialisierten Mitarbeiter optimal zum Gesamterfolg der Organisation beitragen. Spezialisten sollten sie allein hinsichtlich der Führungsaufgabe selbst sein, nämlich hinsichtlich der Wahrnehmung ihrer Führungsfunktionen.

Nachhaltige Leistungsmotivation ist heute (und erst recht morgen) nicht mehr mit vereinzelten Anreizen zu erreichen, sondern nur noch durch Führungs- und Arbeitsbedingungen, die den Mitarbeitern ermöglichen, ihre Tätigkeit als sinnvollen Ausdruck ihrer Persönlichkeit zu begreifen. Das erfordert einerseits Organisationsstrukturen, die den Mitarbeitern einen möglichst großen und sinnvoll und einsehbar begrenzten Freiraum zur Selbstentfaltung lassen, und andererseits ein Führungsverhalten, das den Mitarbeiter fachlich und menschlich fordert und fördert. Eine permanente Personal- und Organisationsentwicklung kann zusätzlich helfen, die Grundlinien der Austauschbeziehungen von Mitarbeitern und Organisation im Wandel der Zeiten immer wieder neu zu definieren. Denn die Bedürfnisse der Mitarbeiter verändern sich mit der Zeit ebenso wie die Anforderungen der Organisation; beide müssen immer wieder aufeinander abgestimmt, wieder ins Gleichgewicht gebracht werden (genauso wie die Beziehungen der Organisation zur Umwelt ständig neu justiert werden müssen).

- Kommunikations- und Kooperationsprozesse anstoßen und lenken

Schnellerer Wandel der Umwelt und Zunahme ihrer Komplexität bewirken bei der koevolutionierenden (nicht der sich anpassenden!) Organisation wachsende Funktionendifferenzierung. Dadurch werden die Mitarbeiter immer mehr zu Spezialisten, die sich für ihre Position eine besondere Befähigung angeeignet haben. Das wertet sie auf und macht sie für die Führungskräfte, die meist kein Spezialwissen und haben, weil sie andere Aufgaben haben, zu unverzichtbaren Partnern bei der gemeinsamen Aufgabenerfüllung. Erfolgreiche Führungskräfte machen sich die Kenntnisse und Fertigkeiten ihrer Mitarbeiter zunutze, indem sie viel delegieren, die Mitarbeiter an Entscheidungen beteiligen, ihnen Mut machen, auch einmal Neues zu probieren und zu experimentieren, sie zum Lernen anspornen und ihnen dabei helfen, und indem sie in jeder Hinsicht hohe Anforderungen an sie stellen.

Die Führungskräfte der Zukunft werden mehr als ihre heutigen Kollegen auf die Arbeitsleistung ihrer hochqualifizierten und spezialisierten Mitarbeiter angewiesen sein. Darin liegt die Chance, daß sie ihren Mitarbeitern Gelegenheit zu selbständiger Tätigkeit geben, ihnen ermöglichen, sich in ihrer Arbeit selbst zu entfalten, und sie damit stark motivieren. Die Führungskräfte müssen sich künftig mehr auf die Katalyse und die Lenkung der kommunikativen und kooperativen Prozesse konzentrieren, die die organisatorischen Leistungs- und Austauschprozesse steuern und regeln. Dabei haben sie zwischen den unterschiedlichen fachlichen Perspektiven und persönlichen Anschauungen ihrer Mitarbeiter und Kollegen zu vermitteln und allgemeinverbindliche Spielregeln für die Kooperation zu definieren und durchzusetzen.

Die wachsende Bedeutung der menschlichen Zusammenarbeit in komplexen Organisationen fordert von den Führungskräften sehr viel Geschick im Umgang mit Menschen. Die Kunst besteht darin, eine Anzahl von fachlich hochqualifizierten Individualisten zur gemeinsamen Aufgabenerfüllung zu führen, die sowohl sachlich wie auch menschlich befriedigt. Wenn Menschen zusammentreffen, um gemeinsam Probleme zu lösen, verquicken sie immer sachliche mit persönlichen Fragen. Führungskräfte müssen deshalb lernen, solche Gespräche zugleich auf der thematischen (sachlichen) und der sozio-emotionalen (menschlichen) Ebene zu führen, um im Interesse eines guten Ergebnisses und einer guten Motivation ihrer Mitarbeiter beiden Aspekten gerecht zu werden. Teilnehmer meiner SEMINARE FÜR KOMMUNIKATION UND FÜHRUNG sind z. B. immer wieder erstaunt, wie blind Vorgesetzte häufig für die Mitteilungen ihrer Mitarbeiter (und anderer Gesprächspartner) sind und wie leicht sich mit verbesserter Wahrnehmung Störungen und Konflikte rechtzeitig erkennen und dann auch leichter bearbeiten lassen.

Gute menschliche Beziehungen sind der Humus, auf dem persönliches Engagement, Einsatz- und Leistungsbereitschaft am besten gedeihen. Die Identifikation der Mitarbeiter mit der Organisation und ihre langfristige Bindung sind mit ausschließlich materiellen Anreizen nicht zu sichern. Führungskräfte, die möchten, daß ihre Mitarbeiter ihre Tätigkeit nicht nur als Mittel zum Zweck betrachten, müssen deshalb darauf bedacht sein, daß sich ihre Mitarbeiter auch emotional von der Organisation und von ihrem Platz dort angezogen fühlen. Aber auch hinsichtlich der Zusammenarbeit mit Kunden, Lieferanten, Behörden und den Repräsentanten der Öffentlichkeit sollte die Bedeutung menschlicher Beziehungen nicht unterschätzt werden. Das gilt auch – und gerade – in einer Zeit frostiger werdenden sozialen Klimas.

- Permanentes Lernen

Lernen ist die andere Seite des Wandels. Die Organisation der Zukunft muß lernfähig sein, um unter sich schnell verändernden Anforderungen überleben zu können. Wissen veraltet schnell, bestimmte Fertigkeiten sind auf einmal nicht mehr gefragt, die vertrauten Verhältnisse im Beruf und am Arbeitsplatz können ganz rasch anders werden, und gewohntes Verhalten paßt plötzlich nicht mehr. Führungskräfte sind deshalb besonders gefordert, Lernen in jeder Beziehung herauszufordern, zu ermöglichen und zu unterstützen. Das beinhaltet, daß sie die damit untrennbar verbundenen zeitweiligen Unsicherheiten, Fehler und Mißerfolge tolerieren können. Sie müssen aber auch selbst lernen wollen und am gemeinsamen Lernprozeß mit ihren Mitarbeitern, Vorgesetzten und Kollegen teilnehmen. Das mutet ihnen zu, sich in Frage zu stellen und von anderen in Frage stellen zu lassen.

Permanentes Lernen ist eine wichtige Voraussetzung für die Erhöhung der organisatorischen Varietät und Innovationskraft. Um veränderten Anforderungen der Umwelt genügen und selbst kreativ auf die Umwelt einwirken zu können, müssen alle Mitglieder der Organisation ständig neues Wissen aufnehmen, neue Fertigkeiten erwerben, neue Zusammenhänge erkennen und in ihrem Handeln berücksichtigen, Gewohnheiten verändern, Ziele erneuern, Spielregeln aktualisieren, mit Neuem experimentieren u.v.a.m.

Führungskräften kommt dabei die Rolle eines Lernpartners, Lehrers, Beraters, Trainers und Förderers zu. Aber auch als Vorbild sind sie gefordert! „Die Menschen glauben den Augen mehr als den Ohren. Lehren sind ein langweiliger Weg, Vorbilder ein kurzer, der schnell zum Ziele führt." (Seneca)

- Größeres Konfliktpotential bewältigen

Die wachsende Komplexität der Organisationen, verbunden mit größerer Autonomie der organisatorischen Subsysteme ist geeignet, das innerorganisatorische Konfliktpotential zu steigern. Das stellt höhere Anforderungen an die Fähigkeit der Führungskräfte, menschliche und sachliche Konflikte produktiv zu bewältigen. Sie müssen dazu unterschiedliche Weltbilder, Wahrnehmungs- und Denkweisen miteinander in Beziehung setzen, voneinander abweichenden Wert- und Normensystemen die Koexistenz ermöglichen und divergierende Wünsche und Forderungen auf einen gemeinsamen Nenner bringen können. Das mutet wie eine politische Aufgabe an und ist es auch. Führen wird künftig eine wesentlich politischere Aufgabe werden.

Die Konfliktgefahr wird aber umso geringer sein, je besser es eine Führungskraft versteht, die Organisation beziehungsweise ihre Subsysteme mit ihren Austauschbeziehungen zur Umwelt für die Mitarbeiter transparent, verstehbar und sinnvoll zu machen. Denn Mitarbeiter, die sich als integrierten Teil der Organisation begreifen und ihr Verhalten als wesentlichen Teil des organisatorischen Prozesses verstehen können, sind von sich aus schon gut gerüstet, die notwendige Balance zwischen individueller Selbstbehauptung und Integration in das Beziehungsgefüge der Organisation zu halten. Als Konfliktbeteiligte sind sie daher viel eher konstruktiv und kompromißbereit, auf jeden Fall aber eher in der Lage, die sachliche von der emotionalen Dimension eines Konflikts zu unterscheiden.

Letzteres ist deshalb so wichtig, weil Konflikte auch Antrieb zur Innovation und deshalb nützlich sein können. Sie sollten daher von den Führungskräften nicht gemieden oder geleugnet (aber auch nicht provoziert) werden. Denn Führen heißt u. a. Ziele anstreben, Wegweisen, in Marsch setzen, Vorantreiben, Herausfordern; Führungskräfte müssen ihre Aufgaben also offensiv angehen. Da sind Konflikte kaum zu vermeiden. Um sie für die Zusammenarbeit konstruktiv und für die Organisation produktiv bewältigen zu können, brauchen die Führungskräfte Mut, Entschlußkraft und Durchsetzungsvermögen, aber auch Einfühlungsvermögen und diplomatisches Geschick. Nur unfähige Führungskräfte sind so sehr damit beschäftigt, Probleme und Konflikte zu vermeiden, daß sie keine Zeit mehr haben, Probleme zu lösen und Konflikte gemeinsam mit ihren Mitarbeitern zu lösen.

Führung kann und darf nicht heißen, es allen recht machen zu wollen, sondern sie muß darauf angelegt sein, der Gesamtorganisation und allen ihren Mitarbeitern ein befriedigendes Dasein auf Dauer zu sichern. Das kann auch einmal unbequeme Maßnahmen und persönliche Opfer erfordern. Führungskräfte dürfen und müssen deshalb von ihren Mitarbeitern ungeachtet eines immer wünschenswerten partnerschaftlichen Umgangs miteinander auch die Bereitschaft verlangen, im Interesse des Ganzen an einem Strang zu ziehen und hinsichtlich der eigenen Bedürfnisse und Interessen Kompromisse zu akzeptieren. Das wird ihnen um so leichter gelingen, je positiver die Mitarbeiter ihre Tätigkeit in der Organisation sehen und je sinnvoller ihnen die in Frage stehende Maßnahme erscheint.

Die Führungskräfte der Zukunft sind sich der Vieldimensionalität ihrer Aufgabe und der Komplexität des Führungsgeschehens bewußt, und sie wissen, daß sie Schlüsselpositionen in den Organisationen besetzen. Daraus leiten sie eine hohe Verantwortung in bezug auf die Erfüllung ihrer Führungsaufgaben ab. Sie sehen die Organisation über die Grenzen ihres eigenen Ressorts hinweg als Ganzes mit vielgestaltigen Beziehungen zur Umwelt. Dementsprechend urteilen sie aufgrund mehrdimensionaler Kriterien und handeln stets so, daß es der ganzen Organisation langfristig zum Vorteil gereicht. Ihre eigene Aufgabe sehen sie darin, mitzuwirken, daß sich die Organisation im Einklang mit ihrer Umwelt den gesetzten Zielen entsprechend weiterentwickeln kann. Dazu leisten sie ihren Beitrag, indem sie ihre Mitarbeiter zu den Leistungen führen, die die Organisation im Rahmen ihres permanenten Austausches mit der Umwelt benötigt.

Wie gut sie ihre Aufgabe wahrnehmen können, hängt natürlich auch entscheidend davon ab, wie gut es ihnen selbst gelingt, Austauschbeziehungen mit ihrer Umwelt zu pflegen, die von einer Balance von selbstbehauptenden und integrativen Tendenzen bestimmt sind. Während gleichgewichtige Tendenzen vorbildhaft auf die Mitarbeiter ausstrahlen und die Durchsetzung ausbalancierten Verhaltens in der Organisation erleichtern, erzeugen ungleichgewichtige Tendenzen Fluktuationen, die auch bei den anderen Mitgliedern der Organisation mit großer Wahrscheinlichkeit einen Balanceverlust zur Folge haben. Übersteigert selbstbehauptendes autoritäres Führungsverhalten begünstigt beispielsweise bei den Mitarbeitern übersteigert integrative Liebedienerei und Jasagerei oder provoziert übersteigert selbstbehauptenden Widerstand; überzogene Selbstbehauptung einzelner Führungskräfte in Form von Zuständigkeitsdenken, Ressortegoismus und innerorganisatorischer Rivalität wirkt ansteckend und kann eine Organisation schnell in ein Schlachtfeld individueller Egoismen verwandeln.

Bei der Auswahl und Qualifizierung von Führungskräften muß deshalb mehr als bisher darauf geachtet werden, daß sie außer selbstbehauptenden Fähigkeiten auch integrative Fähigkeiten besitzen und verhaltenswirksam machen können. Daß dieser Gesichtspunkt bisher zu kurz gekommen ist, erklärt sicherlich zum Teil auch die gegenwärtigen Führungsprobleme.

Fünftes Kapitel

Die Führungsfunktionen effektiv wahrnehmen

Die Betrachtung und Analyse des Führungsgeschehens in Organisationen durch die Brille systemtheoretischer, kybernetischer und evolutionsbiologischer Erkenntnisse hat ergeben, daß Führung nur aus ganzheitlicher, prozeßorientierter Sicht angemessen zu verstehen ist. Dem haben wir durch die Entwicklung eines ökologischen Führungskonzepts Rechnung getragen, das uns ermöglicht, das Führungsgeschehen im organisatorischen Zusammenhang als evolutionären Kooperationsprozeß zu begreifen und die Einflußgrößen des Führungsprozesses in ihren vielgestaltigen Wechselbeziehungen klarer zu erkennen. Im Hinblick auf die sich wandelnden Bedingungen und Anforderungen der Führung konnten schon einige Forderungen an die Gestaltung von Führungsprozessen und das Verhalten von Führungskräften abgeleitet werden. Daran sollen die folgenden Ausführungen anknüpfen.

Führung vollzieht sich durch Kommunikation. Im Rahmen von Kommunikationsprozessen üben Führungskräfte Einfluß auf Mitarbeiter aus, der bewirken soll, daß diese die für die Erhaltung und Entwicklung der Organisations-Umwelt-Beziehungen notwendigen Handlungen ausführen. Aber welche Handlungen sind das genau, und wie müssen sie bewirkt werden, wenn der ökologischen Auffassung von Führung entsprechend die Bedürfnisse von Mitarbeitern, Organisation und Umwelt dabei gleichermaßen zu ihrem Recht kommen sollen? Im folgenden sollen aus dem ökologischen Führungskonzept Schlüsselfunktionen herausdestilliert und unter kommunikativem Aspekt dargestellt werden. Die Zusammenfassung und gleichzeitige Aufgliederung der Führungsaufgabe in mehrere Führungsfunktionen bringt der Führungspraxis mehrere Vorteile:

– sie macht das komplexe Führungsgeschehen transparenter,
– sie erleichtert die Führungskommunikation,
– sie verdeutlicht die Führungsaufgaben im Detail,
– sie schärft den Blick für Probleme, Möglichkeiten und Chancen,
– sie erleichtert gezielte Verbesserungen,
– sie bietet eine Grundlage für systematisches Lernen,
– sie ist ein Referenzschema für die Führung von Führungskräften.

In der ganzheitlich orientierten ökologischen Führung kann es natürlicherweise keine isoliert zu betrachtenden Handlungsempfehlungen geben. Demzufolge sind auch die Führungsfunktionen als System aufzufassen; sie sind Aspekte des ganzheitlichen Führungshandelns und keine voneinander isolierten Aufgaben, und sie stehen deshalb in Wechselbeziehung zueinander. Da wir aber keine andere Möglichkeit als die der sequentiellen Darstellung haben, wird zuerst der Gesamtzusammenhang aufgezeigt, bevor die Führungsfunktionen nacheinander im einzelnen erörtert werden.

5.1 Ökologische Führung in der Praxis

Die organisch-ökologische Betrachtungsweise der Führung ist auf dem gegenwärtigen Stand der evolutionären Entwicklung unserer Gesellschaft naheliegend. Das zeigt die wachsende Zahl einschlägiger Veröffentlichungen. Auch die Führungspraxis hat schon einiges von dem in Angriff genommen, was aus führungsökologischer Sicht sinnvoll und nützlich ist, wenn auch eher sporadisch, unbewußt und unsystematisch. Es läßt sich sogar nachweisen, daß erfolgreiche Führungskräfte bewußt oder unbewußt den Anforderungen des ökologischen Führungskonzepts entsprechen. Insofern ist das hier vorgestellte Konzept empirisch. Deshalb werden die Anforderungen an die Gestaltung von Führungsprozessen und die Handlungsempfehlungen für die Führungskräfte, die jetzt aus den vorangegangenen Darlegungen abzuleiten sind, je einzeln für sich betrachtet nicht völlig neu und umwälzend erscheinen. Neu ist die Einbettung der Führungsfunktionen und -aktivitäten in ein ökologisches System. Das ermöglicht eine tiefere gedankliche Durchdringung des Führungsgeschehens und läßt die Bedeutung und das Zusammenspiel der einzelnen Führungsfunktionen und -aktivitäten klarer ins Bewußtsein treten.

Wir legen Wert darauf, daß die Führungskräfte unter den Lesern möglichst viele Ähnlichkeiten mit ihren Führungssituationen erkennen, und wollen sie dadurch zu einem kritischen Durchdenken ihrer Führungspraxis anregen. Auch wenn es keine Patentrezepte gibt, so dürften die Ausführungen dieses Kapitels doch dazu beitragen, einige Fortschritte in Richtung auf eine nach ökologischen Gesichtspunkten optimierte Führung zu vollbringen.

5.1.1 Anforderungen und Leitlinien

Zur Erinnerung sei wiederholt: Führung verstehen wir als einen Prozeß, in dem Führungskräfte Leistungen durch ihre Mitarbeiter bewirken. Die zu bewirkenden Leistungen bestehen in der Schaffung und Unterhaltung bestimmter Austauschbeziehungen zwischen den Subsystemen der Organisation (Mitarbeiter und Sachmittel) sowie zwischen diesen und der Umwelt, so daß die Organisation als zielgerichteter kooperativer Prozeß überdauern und wachsen kann. Zu erreichen und zu erhalten ist eine Balance von selbstbehauptenden und integrativen Tendenzen im Verhältnis der Subsysteme zur Gesamtorganisation und gleichzeitig im Verhältnis der Organisation zu ihrer Umwelt. Anders ausgedrückt soll Führung einen kooperativen Prozeß der Mitarbeiter bewirken, der nach außen der Organisation als Teil der Umwelt Überleben und Wachstum sichert, während er nach innen die Bedürfnisse der Organisationsmitglieder befriedigt.

Um diese Auffassung von Führung praktizieren und lehren zu können, sind aus dem ökologischen Führungskonzept Leitlinien und Handlungsempfehlungen für den Führungsalltag abzuleiten, die einerseits konkret genug sind, um handhabbar zu sein, und andererseits allgemein genug, um auf die Vielfalt der Erscheinungsformen der Führungspraxis anwendbar zu sein. Zu diesem Zwecke leiten wir aus den im vorigen Kapitel vorgestellten Grundlagen und Elementen eines ökologischen Führungskonzepts zunächst Handlungs- beziehungsweise Verhaltensmaximen ab, an denen sich die Führungsarbeit orientieren sollte. Diese decken sich in vielen Teilen mit den Anforderungen einer zukunftsweisenden Führung, die auf Grund der zu Beginn dargestellten praktischen Führungsprobleme formuliert wurden. Das bestätigt unsere Hypothese, daß der hier vorgestellte organisch-ökologische Denkrahmen geeignet ist, die zukunftsweisende Weiterentwicklung organisatorischer Führungssysteme und Führungsprozesse zu leiten.

Übersicht über die Handlungs- und Verhaltensmaximen im ökologischen Führungskonzept

(1) Die erwünschte persönliche Orientierung der Führungskräfte
- Pluralität menschlicher Wirklichkeiten, Werte und Strebungen akzeptieren
- Die Wirkung archaischer Antriebe im Menschen akzeptieren und für die Zusammenarbeit zu nutzen versuchen
- Ungewißheit als unvermeidlich hinnehmen
- Prozeßorientiert denken; Zustände sind nur Prozeßmomente
- Vieldimensional denken, um möglichst viele Auswirkungen geplanter Handlungen vorauszusehen
- Zirkuläre Zusammenhänge berücksichtigen
- Primär erfolgsuchend (in Chancen und Möglichkeiten) statt mißerfolgsvermeidend (in Risiken und Gefahren) denken und handeln

(2) Selbstorganisation ermöglichen
- Für eine optimale horizontale und vertikale Funktionendifferenzierung der Organisation sorgen
- Relativ autonome Organisationseinheiten (auch in Form von Projektgruppen) schaffen
- Verhaltensspielräume der Mitarbeiter und Organisationseinheiten erweitern
- Entscheidungen so weit wie möglich an die Mitarbeiter „vor Ort" verlagern (Subsidiarität)
- Wissen und Fertigkeiten der Mitarbeiter durch herausfordernde Aufgabenstellungen mobilisieren
- Aufgaben (auch Führungsaufgaben) flexibel zuweisen
- Fachliche und menschliche Potentiale der Mitarbeiter fördern
- Gemeinsame Lernprozesse ermöglichen und fördern

(3) Kreativität und Innovativität fördern

- Strukturen von Zeit zu Zeit in Frage stellen; sie sind schließlich nur Mittel, nicht Zwecke des organisatorischen Prozesses
- Offenheit gegenüber Veränderungen, Problemen und Konflikten fördern
- Freiräume für Phantasien und Experimente schaffen
- So wenig reglementieren wie möglich
- Mitarbeiter permanent weiterqualifizieren und praxisintegriertes Lernen ermöglichen
- Kommunikationsprozesse gezielt zur Suche und zur Nutzung von Synergieeffekten einsetzen
- Organisatorische Vielfalt und Subkulturen akzeptieren
- Offenheit für neue Ideen fördern
- Selbstorganisation zulassen
- Fehler als Chance zum Lernen nutzen

(4) Informationsfluß sichern, lenken und integrieren

- Für einen reibungslosen Informationsfluß zwischen allen Mitarbeitern und Organisationseinheiten sorgen
- Informationsfluß über Zustände und Prozesse innerhalb der Organisation und in der relevanten Umwelt institutionalisieren
- Ziele, Leitbilder und Spielregeln der gemeinsamen Arbeit klar definieren und bekanntmachen
- Interne Varietät (Entropie) durch Spielregeln kanalisieren und den Austauschbeziehungen mit der Umwelt dienstbar machen
- Um Konsens bemühen, aber Grundsätze und grundlegende Spielregeln auch durchsetzen
- Konflikte als Chance begreifen und zu ihrer produktiven Bewältigung beitragen
- Selbstregulierende Subsysteme installieren
- Redundanzen schaffen
- Die Geschichte der Organisation bewußtmachen und Lehren daraus für die Zukunftsbewältigung nutzbar machen
- Offen und auf kurzen Wegen miteinander kommunizieren

(5) Redundanz schaffen

- Flexible Einsatzmöglichkeit von Mitarbeitern und Sachmitteln sicherstellen
- Wichtige Funktionen über die gesamte Organisation verteilen
- Informationskanäle als Netz aufbauen

- Wichtige Informationen dezentral sammeln, aufbereiten, verarbeiten und speichern
- Mitarbeiter in Führungs- und Entscheidungsprozesse einbeziehen

(6) Die Organisation für die Mitarbeiter attraktiver machen

- Überschaubare Organisationseinheiten schaffen
- Mitarbeitern helfen, Leistungen zu erbringen
- Mitarbeiter am Führungs- und Entscheidungsprozeß beteiligen
- Durch wechselnde und vielseitige Aufgabenzuweisung eine Entspezialisierung herbeiführen
- Freiräume für selbständiges und eigenverantwortliches Arbeiten schaffen
- Persönliche Bedürfnisse und Interessen der Mitarbeiter berücksichtigen; Stärken nutzen, Schwächen ausgleichen
- Rivalität und Wettbewerb im Rahmen kooperativer Spielregeln akzeptieren und nutzen
- Über Grundlagen, Ziele, Spielregeln und Ergebnisse der Zusammenarbeit stets gründlich informieren
- Fair zusammenarbeiten und die persönliche Würde des je anderen achten

(7) Energie-Ökonomie sichern

- Verhaltensprogramme (Routinen) zur Entlastung schaffen, aber von Zeit zu Zeit auf Zweckmäßigkeit hin überprüfen
- Kurze Informationswege schaffen
- Bei der Weiterentwicklung der organisatorischen Austauschbeziehungen zuerst auf die vorhandenen Potentiale zurückgreifen
- Nach dem Prinzip der Subsidiarität handeln

(8) Individuelles und organisatorisches Lernen ermöglichen

- Lernprozesse als Teil des Führungsprozesses begreifen
- Eine günstige Lernatmosphäre schaffen
- Organisatorische Lernprozesse mittels Regelungssystemen institutionalisieren
- In Chancen und Möglichkeiten denken
- Probleme mehrdimensional und auch unter Einbeziehung ungewöhnlicher Perspektiven erfassen und bearbeiten
- Routinen und Automatismen von Zeit zu Zeit auf ihre Zweckmäßigkeit hinterfragen
- Leitidee: praxisintegriertes Lernen
- Lernprozesse als permanente Vorgänge begreifen

Diese Leitlinien geben einen Orientierungsrahmen für die Führung nach dem ökologischen Konzept. Mit ihrer Hilfe können Führungshandlungen daraufhin untersucht werden, ob sie den Anforderungen ökologischer Führung genügen, also ob sie passen oder nicht passen. Die Frage nach den Handlungsempfehlungen, nämlich was Führungskräfte im Alltag tun sollten, ist damit aber noch nicht beantwortet. Dazu müssen wir aus dem Gesamt der im Führungsprozeß anfallenden Aufgaben diejenigen Funktionen extrahieren, die nach dem Konzept der Führungs-Ökologie Schlüsselfunktionen sind. Erst dadurch, daß wir diese Schlüsselfunktionen dann in selbständige Teilaufgaben zerlegen und einzeln erörtern, erfährt die Führungskraft konkret, was sie im Rahmen des ökologischen Führungskonzepts zu tun hat. Auf Grund der vorausgegangenen Informationen über die Zusammenhänge weiß sie dann aber gleichzeitig auch, warum sie so handeln sollte.

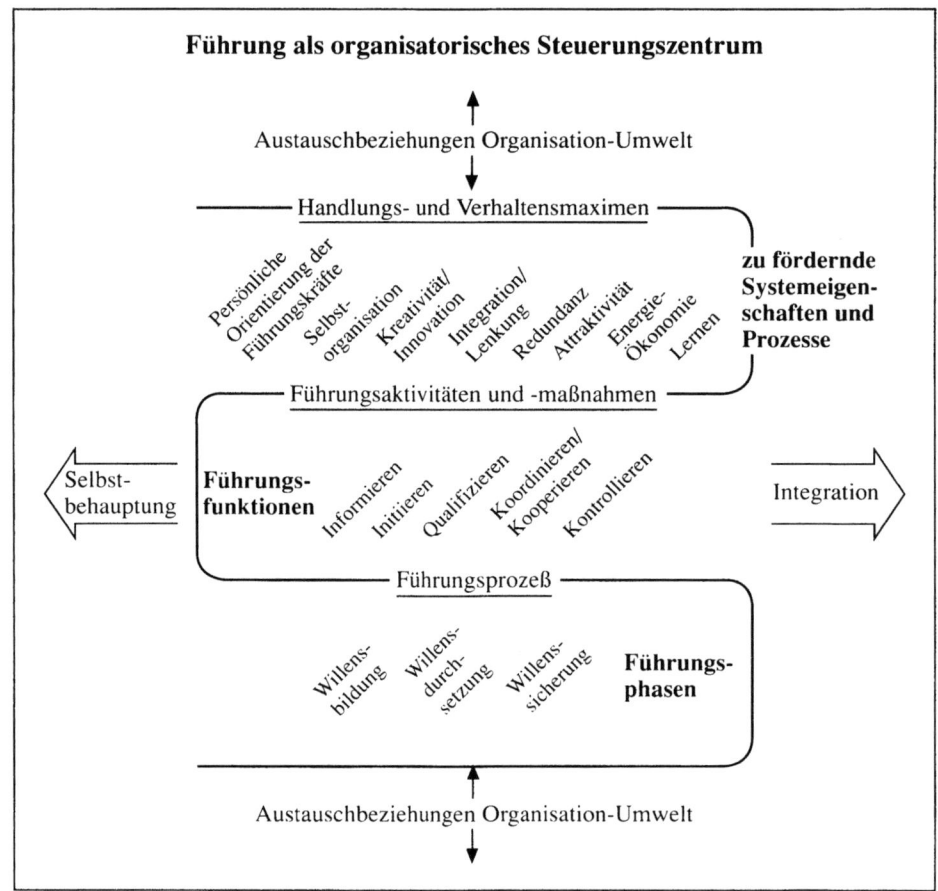

Abb. 24

Abbildung 24 soll veranschaulichen, daß der Führungsprozeß – das zielgerichtete organische Gesamt aller Führungsaktivitäten in einer Organisation – sich im ökologischen Konzept an den vorgenannten Handlungs- und Verhaltensmaximen orientiert. Im Rahmen des Führungsprozesses lösen die Führungskräfte der Organisation – indem sie die Führungsfunktionen wahrnehmen – gleichzeitig die Aufgabe der Schaffung und Unterhaltung optimaler Austauschbeziehungen zwischen Organisation und Umwelt sowie die Aufgabe der Ausbalancierung der selbstbehauptenden und der integrativen Tendenzen der Organisation.

5.1.2 Der Zusammenhang

Um ihre Führungsziele (das, was in oder durch die Organisation erreicht werden soll; zum Beispiel die Herstellung und der Verkauf von Waren oder Dienstleistungen, die Erschließung eines neuen Marktes, die Senkung der Ausschußquote, die Verbesserung der Führungsfähigkeiten einiger Mitarbeiter) zu erreichen, müssen die Führungskräfte in jeder Phase des Führungsprozesses eine oder mehrere Führungsfunktionen wahrnehmen. Unter welchen Bedingungen und Einflüssen sie das tun, wurde im vorigen Kapitel dargestellt. Hier geht es jetzt um die Führungsfunktionen selber, um die Aufgaben, die eine Führungskraft als Katalysator, Koordinator und Lenker des Führungsprozesses zu lösen, und um die Tätigkeiten, die sie auszuführen hat. Die nachstehende Abbildung 25 zeigt die unter führungsökologischen Gesichtspunkten definierten

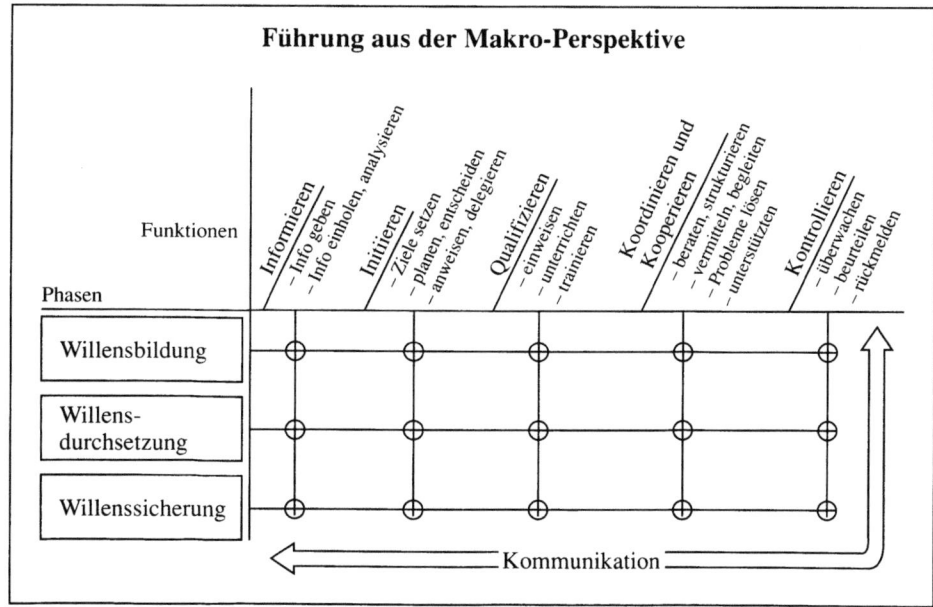

Abb. 25

Führungsfunktionen mit ihren wichtigsten Unterfunktionen in Zusammenstellung mit dem dreiphasigen Führungsprozeß.

Die aus dem ökologischen Führungskonzept abgeleiteten Leitlinien der Führung liegen im Verhältnis zum Führungsprozeß auf einer Meta-Ebene. Sie geben dem Führungshandeln die Orientierung und werden gleichzeitig durch das Führungshandeln konkretisiert. Auf der Ebene des Führungsprozesses wird das Führungshandeln durch die Führungsziele und die wahrzunehmenden Führungsfunktionen bestimmt. Die Führungsziele repräsentieren die häufig wechselnden inhaltlichen Aufgabenstellungen der Führung (zum Beispiel Steigerung bestimmter Erträge, Gewinnung von Mitarbeitern, Beseitigung von Produktionsengpässen), die Führungsfunktionen entsprechen den formalen Aufgabenstellungen (zum Beispiel Informieren, Planen, Problemlösen, Beurteilen), und die Leitlinien der Führung dienen der allgemeinen Orientierung des Führungshandelns. Das Führungshandeln schließlich besteht in einer geeigneten (im Sinne des Konzepts der Führungs-Ökologie) Einwirkung auf Mitarbeiter, mit dem Ziel, die der Organisation und ihren Subsystemen gestellten Aufgaben zu bewältigen.

Das einfache Schema dieser Zusammenhänge, wie es Abbildung 26 zeigt, sollte nicht über die Komplexität der Zusammenhänge hinwegtäuschen. Das Führungshandeln und

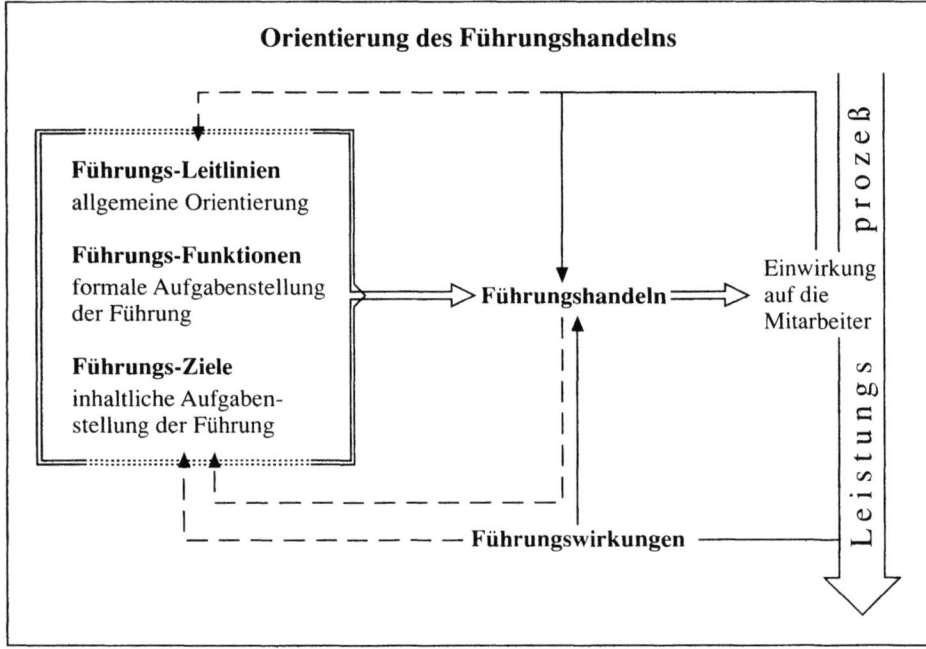

Abb. 26

damit die Art der Einwirkung der Führungskräfte auf ihre Mitarbeiter orientiert sich nicht nur an den Führungsleitlinien, den Führungsfunktionen und den Führungszielen, sondern auch an seinen eigenen Wirkungen, die an der Reaktion der Mitarbeiter und an den Ergebnissen des Leistungsprozesses sichtbar werden. Zudem prägt das Führungsverhalten längerfristig auch seine eigenen Orientierungsgrößen, und auch das Mitarbeiterverhalten übt mittelbaren Einfluß auf die Orientierungsgrößen des Führungshandelns aus. Wir haben es dabei mit dreifachen zirkulären, koevolutionären Beziehungen zu tun, die auch untereinander in Wechselwirkung stehen: erstens mit de-

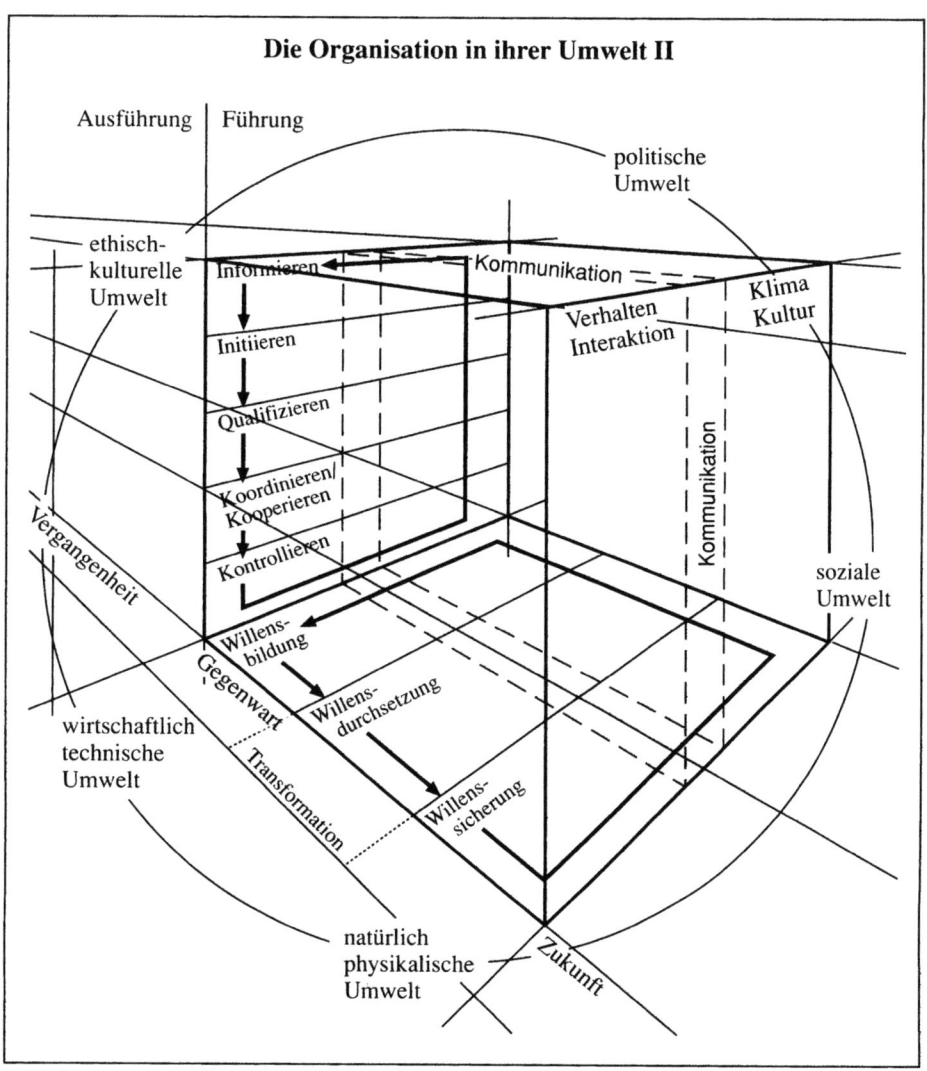

Abb. 27

nen zwischen Führungskräften und Mitarbeitern, zweitens mit denen zwischen dem tatsächlichen Führungshandeln und normativen Elementen des Führungssystems, sowie drittens mit den Beziehungen zwischen dem Führungsprozeß und dem Leistungsprozeß. Es sei an die vorangegangenen Erläuterungen des ökologischen Führungskonzepts erinnert, aus denen der komplexe Hintergrund dieses Schemas hervorgeht. Eingeordnet in die Umwelt- und Zeitbezüge kann das Führungssystem einer Organisation so wie in Abbildung 27 gezeigt dargestellt werden.

Im folgenden wird auf die Führungsfunktionen näher eingegangen. Es wird ihre Bedeutung für den Führungsprozeß dargestellt und gezeigt, welche Anforderungen an das Verhalten der Führungskräfte sich aus ihnen ergeben.

5.2 Informieren – Information geben und einholen, analysieren

Grundlegend für die Funktionsfähigkeit einer Organisation und die Sicherung ihrer Existenz im Austausch mit der Umwelt ist die Gewährleistung eines ausreichenden Nachrichtenflusses zwischen den Elementen und Subsystemen innerhalb der Organisation sowie zwischen der Gesamtorganisation und ihrer Umwelt. Nachrichten werden in Form von Signalen unterschiedlichster Art (zum Beispiel optisch, akustisch, taktil) gesendet. Sie werden in dem Augenblick zu Informationen, in dem sie für den Empfänger etwas bedeuten, für sein Weltbild in irgendeiner Weise relevant werden.

Bedeutungshaltige Nachrichten, also Informationen sind die Nervenimpulse der Organisation. Sie liefern ihr und ihren Elementen und Subsystemen die Bausteine für deren interne Abbilder von der Umwelt, sie lenken deren „Aufmerksamkeit" und liefern ihnen Aktionsprämissen. Informationen sind die Voraussetzung dafür, daß eine Organisation überhaupt als strukturiertes Ganzes entstehen und sich zielgerichtet in ihrer Umwelt behaupten und entwickeln kann.

Nachrichten sind unsichtbar, rein geistiger Natur, nur das Medium, das sie transportiert, macht sie sichtbar oder hörbar. Das verleitet uns nicht selten dazu, mehr auf das Medium zu reagieren als auf die Botschaft, die es vermittelt. Dadurch wird das Medium häufig selbst zur Botschaft (McLuhan): Entscheidend für die Wirkung beim Empfänger ist oft, woher eine Nachricht kommt, weniger, was sie beinhaltet.

Ob ein Signal oder eine Nachricht Information darstellt, entscheidet der Empfänger: vermehrt sich durch das Signal oder die Nachricht sein Wissen über die Umwelt (oder könnte es sich bei richtiger Auffassung vermehren), dann liegt für ihn eine Information vor. Informationen sind also wissensmehrende Signale oder Nachrichten. Sie sind geeignet, das Weltbild des Empfängers zu verändern. Da aber nicht die wissensmehrende Nachricht an sich, sondern allein der affektiv-kognitive Prozeß, den sie im Weltbild des Empfängers auslöst, darüber entscheidet, ob sie letztendlich eine Veränderung des Weltbildes bewirkt, definieren wir Information besser als bedeutungshaltige Nachricht. Dabei bleibt dann offen, ob der Empfänger die Nachricht tatsächlich zu einer entsprechenden Veränderung seines Weltbildes nutzt.

5.2.1 Was Informationen in Organisationen bewirken

Organisationen beziehungsweise ihre Mitglieder sind darauf angewiesen, die innerhalb und außerhalb der Organisation ablaufenden Prozesse mit ihren Wechselbeziehungen zu erkennen und sie im Interesse der Erhaltung und Weiterentwicklung der Austauschbeziehungen zwischen Organisation und Umwelt zu nutzen. Die Kunst der Informationsgewinnung besteht darin, aus der Fülle der Vorgänge in der Organisation und um die Organisation herum diejenigen herauszufiltern, die für das langfristige Gedeihen der Organisation relevant sind. Dabei darf der Blick nicht zu sehr auf Zustände gerichtet werden, sondern er muß die Prozesse erfassen, die diese Zustände erzeugt haben. Erhaltung oder Veränderung von Zuständen kann nämlich nur durch Einflußnahme auf Prozesse erreicht werden.

Informationen können sich entweder unmittelbar aus Nachrichten oder Signalen der physikalischen Umwelt ergeben (zum Beispiel nimmt jemand wahr, daß der Schmiermittelstand in einer Maschine sinkt, was für ihn bedeutet, daß er nachfüllen muß, wenn die Maschine nicht trockenlaufen soll) oder sie entstehen aus Nachrichten und Signalen des geistigen Überbaus der physikalischen Umwelt (zum Beispiel wenn jemand hört, daß jemand ein neues Produkt oder eine neue Dienstleistung auf den Markt bringen will, und er sich daraufhin die möglichen Folgen für sein eigenes Geschäft ausdenkt). Die Informationen, die ihre Grundlage allein in der geistigen Welt (den abstrakten Vorstellungen der Menschen) haben, nehmen im Verhältnis zu den Informationen aus der physikalischen Umwelt ständig zu und werden für das Geschehen in der Welt immer bestimmender. Nicht von ungefähr wurde unsere Gegenwart schon als das Informationszeitalter bezeichnet.

In Organisationen ergänzen sich stoffliche (zum Beispiel menschliche und technische Elemente beziehungsweise Subsysteme) und ideelle Elemente und Subsysteme. Letztere existieren in Gestalt von Gedanken nur in den Köpfen der Menschen, haben aber erheblichen Einfluß auf die Funktionsabläufe, das „Verhalten" und die Entwicklung der Organisation. Bei den ideellen Elementen und Subsystemen kann es sich beispielsweise um individuelle Vorstellungen, Pläne und Programme handeln, um Erfahrungen, Theorien, Werturteile, Ideologien und Kulturen, oder auch um Pläne, Regeln, Programme, Werte und Normen der Organisation. Die ideellen Elemente und Subsysteme erhöhen die Komplexität einer Organisation erheblich. Sie stellen ein unsichtbares und mitunter schwer faßbares Wirkungsgefüge dar, das beträchtlichen Einfluß auf die organisatorischen Prozesse und insbesondere die Kooperation der Organisationsmitglieder hat.

- Wachsende Bedeutung symbolischer Wirklichkeit

Seit der Mensch die evolutionäre Ebene der Selbstreflexion erreicht hat, gewinnen Zeichen und Symbole, mit denen er seine sinnlichen Erfahrungen (und die daraus entwickelten gedanklichen Systeme) codiert, gegenüber den sinnlichen Erfahrungen selbst immer mehr an Bedeutung. Das Weltbild des modernen Menschen erwächst zu einem immer kleiner werdenden Teil auf der Grundlage seiner persönlichen und sinnlichen Erfahrungen und baut in wachsendem Umfang auf Informationen auf, die ihm aus zweiter Hand durch elektronische oder Print-Medien vermittelt werden. Wirklichkeit wird zunehmend durch ihre symbolischen Abbildungen (vorzugsweise Zahlen) ersetzt, und Information – verstanden als bedeutungshaltige Nachricht, die Wissen vermehrt und Ungewißheit vermindert – erwächst mehr und mehr aus den Abbildungen der Realität als aus ihr selbst.

Einerseits sind die Vorteile dieser Entwicklung offensichtlich. Wie sollten beispielsweise große, für den einzelnen unüberschaubare Organisationen gesteuert werden, wenn ihre Führungskräfte sich nicht auf der Grundlage von Informationen Bilder (in Form von Statistiken, Kennziffern) machen könnten, die ihnen als Entscheidungsgrundlage dienen und aus denen sie Informationen für ihre Mitarbeiter ableiten könnten, die wiederum diesen als Entscheidungsgrundlagen dienen? Seine Fähigkeit zur symbolischen Repräsentation der Wirklichkeit ermöglicht dem Menschen die Beherrschung äußerst komplexer und raum-zeitlich verteilter Zusammenhänge, was auf der Basis sinnlicher Erfahrung überhaupt nicht möglich wäre.

Andererseits dürfen die Gefahren nicht übersehen werden. Die eine große Gefahr der fortschreitenden Verlagerung des menschlichen Daseins aus der wirklichen in die symbolische Welt liegt im Auseinanderklaffen der beiden Welten, liegt darin, daß die symbolische Welt in der Regel kein isomorphes Abbild physischer Gegebenheiten ist, sondern das Ergebnis von Kommunikationsprozessen und damit ein individuelles oder kollektives abstraktes Produkt. Anders gesagt: Das geistige Bild des Menschen von der Welt ist ein zur Daseinsbewältigung mehr oder weniger brauchbares Kunstprodukt. Das bekommen die Führungskräfte in wachsendem Maße zu spüren, die ihre Entscheidungen nur an Hand von – häufig noch sehr unvollkommenen – zahlenmäßigen Abbildern ihrer organisatorischen Wirklichkeit treffen. Alles, was die Zahlen nicht repräsentieren (können), existiert für die Entscheider nicht und kann deshalb ihre Überlegungen auch nicht beeinflussen. Für Dale Zand ist es „eine der größten Gefahren, denen ein Manager ... gegenübersteht, ... daß er kritische Entscheidungen auf

Grund erhaltener Informationen treffen muß, ohne zu wissen, welche Prämissen und welches Unwissen darin stecken." Da ist es dann weder selten noch verwunderlich, daß der vordergründige und kurzfristige Nutzen so mancher Entscheidung durch ihren verdeckten und langfristigen Schaden weit übertroffen wird.

Die andere große Gefahr liegt in der beliebigen Vermehrbarkeit von Nachrichten, die dazu führt, daß wir in Nachrichten ertrinken und nicht mehr in der Lage sind, sie zur Wissensmehrung zu nutzen. Die schnell wachsende Zahl von Nachrichten, die von einer ebenso rasch zunehmenden Zahl von Sendern in die Welt gesetzt werden, informiert uns nicht mehr, sondern verwirrt uns eher, weil wir sie in ihrer Menge, Unübersichtlichkeit, Bruchstückhaftigkeit und teilweisen Widersprüchlichkeit nicht mehr in Beziehung zu unserem Weltbild setzen können. Die Folge ist, daß wir Nachrichten immer häufiger als sinnlos, als bedeutungslos für uns empfinden und angesichts der zunehmenden Entropie unserer symbolischen Welt entweder völlig die Orientierung verlieren oder zum Selbstschutz allmählich abstumpfen.

Aus diesen beiden Gefahren ergibt sich die ungeheuer große Verantwortung derer, die Nachrichten produzieren und verbreiten. Wir wissen zwar längst, daß die Verfügungsgewalt über Informationen ein Herrschaftsmittel ist, weil Informationen das Bewußtsein und die Weltbilder der Menschen formen und damit ihre Denk- und Handlungsprämissen beeinflussen. Wir machen uns aber noch viel zu wenig bewußt, wie ungünstig sich die fast ausschließlich an den Bedürfnissen der Sender orientierte tagtägliche Nachrichtenflut auf unsere Fähigkeit auswirkt, uns in der Welt zurechtzufinden und sinnvolle wie auch sachlich angemessene Antworten auf die Fragen des Daseins zu geben. An die Beiträge von Neil Postman und Hermann Glaser (dieser hat den Begriff der Informationsverschmutzung geprägt, um damit auf die Gefahr der Informationsentropie hinzuweisen) sei in diesem Zusammenhang erinnert.

- Informationen integrieren und lenken die Organisationsmitglieder

Die Funktionsfähigkeit von Organisationen erfordert einen ständigen Fluß von bedeutungshaltigen Nachrichten innerhalb der Organisation und zwischen ihr und der Umwelt. Informationen ermöglichen den zahlreichen Subsystemen und Elementen der Organisation, sich so zu verhalten, wie es in ihrem eigenen Überlebensinteresse und im Überlebensinteresse der Gesamtorganisation geboten ist.

Die inhaltliche Qualität der Informationen entscheidet ebenso wie ihre zweckmäßige Beschaffung, Aufbereitung, Verarbeitung und Verteilung über die Fähigkeit der Organisation und ihrer Subsysteme, in der Umwelt zu bestehen und zu wachsen. Da Organisationen offene Systeme und deshalb den ständigen Einflüssen ihrer Umwelt ausgesetzt sind, drohen ihnen auch Gefahren durch die Informationsentropie. Die Führungskräfte der Organisationen können nicht verhindern, daß durch die zahlreichen Austauschprozesse zwischen Organisation und Umwelt Informationsentropie in die Organisation eindringt, sie können dieser jedoch durch eigene Information entgegenwirken. Sieht man sich jedoch die Anstrengungen an, die beispielsweise Unternehmen machen, um ihre Mitarbeiter und die Öffentlichkeit über ihre wirtschaftliche Situation und über ökonomische Zusammenhänge aufzuklären, hat man den Eindruck, daß diese Möglichkeit entweder bisher nicht bekannt ist oder aber nicht geschätzt wird.

Der Informationsfluß ist aber auch deshalb ein neuralgischer Punkt in Organisationen, weil die Verfügungsgewalt über Informationen einzelnen Mitgliedern und Subsystemen der Organisation besondere (Über-)Lebens- und Entwicklungschancen verleiht. Im Zusammenhang mit der Frage der Macht von Vorgesetzten und Mitarbeitern wurde dargelegt, daß ein System dem anderen überlegen ist, wenn es ein umfangreicheres Verhaltensrepertoire realisieren kann als dieses. Informationen sind ein Hilfsmittel dazu, weil sie das Wissen über die Umwelt (Mitarbeiter, Kollegen, andere Abteilungen, Wettbewerber, Märkte usw.) vergrößern und dadurch die Handlungsgrundlagen verbessern. Daß Organisationsmitglieder mitunter durch Informationsmanipulation (zum Beispiel Verschweigen, Entstellen, Verzögern, Fehlleiten wichtiger Nachrichten) auch egoistische Ziele auf Kosten der Organisation oder einzelner ihrer Subsysteme verfolgen, bedarf unter Praktikern keiner Hervorhebung. Die Chance, auf diese Weise den individuellen Erfolg zu mehren, ist um so größer, je schlechter es im allgemeinen mit der Information in einer Organisation bestellt ist.

Informationen liefern die Prämissen für das Denken und Handeln der Organisationsmitglieder, sie stellen ihnen die Daten zur Verfügung, die sie benötigen, um sich in ihrer inner- und außerorganisatorischen Umwelt zurechtzufinden, zielgerichtet zu handeln und die Kontrolle über sich und ihre Beziehungen zur Umwelt aufrechtzuerhalten. Informationen wirken auch integrativ, halten die Organisationsmitglieder zusammen und verwandeln eine Anzahl selbständiger Individuen erst zu einer leistungsfähigen Handlungseinheit. Informationen ermöglichen dieser Handlungseinheit, sich in ihrer Umwelt zu orientieren und zielgerichtete Aktivitäten zu entwickeln. Sie schaffen auch die Voraussetzungen dafür, daß die Organisationsmitglieder ihre Kenntnisse und Fertigkeiten optimal in den gemeinsamen Leistungsprozeß einbringen können, helfen ihnen, ihre Tätigkeiten technisch und ökonomisch optimal zu koordinieren, und sie ermöglichen dem einzelnen Organisationsmitglied, in seiner Tätigkeit für die Organisation Sinn zu finden.

5.2.2 Information als Führungsmittel

Wenn Mitarbeiter anderes tun, als sie tun sollten, wird in der Regel der Fehler zuerst bei ihnen selbst gesucht. „Wie kommt der oder die auf die (blödsinnige) Idee …?" Auf den Gedanken, daß die Mitarbeiter sich aus ihrer eigenen Sicht vollkommen richtig verhalten haben könnten, ihrem Verhalten – aus der Sicht ihres Vorgesetzten – jedoch falsche Voraussetzungen zugrunde lagen, kommt man nicht so leicht. Die genauere Beobachtung und Hinterfragung des Mitarbeiterverhaltens in Organisationen offenbart aber in vielen Fällen ein Handeln auf der Grundlage falscher Vorstellungen, weil zur Bildung richtiger Vorstellungen die Informationen fehlen.

Sind Sie zum Beispiel sicher, daß

– Ihre Mitarbeiter über die Ziele und Aufgaben ihrer Stelle sowie über Arbeitsanweisungen und -richtlinien eindeutig Bescheid wissen?
– Ihre Mitarbeiter die Ziele und Aufgaben ihrer Organisationseinheit formulieren können?
– Sie wissen, wie Ihre Mitarbeiter über Sie, über die Organisation und über ihre Arbeit denken?
– Ihre Mitarbeiter die Ziele und langfristigen Pläne der Organisation kennen und verstehen?
– Ihre Mitarbeiter die besonderen Stärken und Leistungen der Organisation kennen?
– Sie genau wissen, ob Ihre Mitarbeiter effiziente Arbeitsmethoden anwenden?
– Sie die Qualifikationen, Stärken und Schwächen aller Ihrer Mitarbeiter genau kennen?
– Ihre Mitarbeiter wissen, was Sie von Ihnen erwarten und an welchen Maßstäben Sie sie messen?

Organisationen existieren in einer komplexen, vieldimensionalen und wechselhaften Umwelt. Deshalb benötigen ihre Mitglieder zur Orientierung ihres Denkens und Handelns eine umfassende und verläßliche Wissensbasis. Um ihre Kooperationsaufgabe optimal wahrnehmen und den bestmöglichen Beitrag zum Leistungsergebnis der Organisation erbringen zu können, müssen die Mitglieder ihre Aufgaben ebenso genau kennen wie die Spielregeln der Zusammenarbeit, müssen sie über die Zusammenhänge ihrer eigenen Tätigkeiten mit den Tätigkeiten ihrer Kooperationspartner im Bilde sein und über die Auswirkungen ihres (Arbeits-)Verhaltens auf das Leistungsergebnis der Organisation Bescheid wissen. Auch sollten sie über Art, Umfang und Funktionieren der Austauschbeziehungen zwischen Organisation und Umwelt informiert sein, sowie über deren Auswirkungen innerhalb der Organisation. Je besser die Mitglieder über ihre Organisation und deren Umwelt informiert sind, desto wirksamer können sie sich für die Belange der Organisation einsetzen. Die Synergieeffekte, die sich durch eine Verbesserung der Information erzielen lassen, können kaum überschätzt werden.

Umgekehrt profitieren auch Vorgesetzte von Informationen ihrer Mitarbeiter – wenn sie sich nur dazu bequemen würden, diese einzuholen. „Mein Chef ist mit meiner Arbeit sehr zufrieden. Aber er interessiert sich nicht dafür, wie ich zu meinen Leistungen komme. Daß andere davon lernen könnten, scheint ihm entweder gar nicht einzufallen oder es ist ihm gleichgültig." „Unser Vorgesetzter kümmert sich nur am Rande um unsere Arbeitsmethoden. Wir könnten unsere Leistungen noch erheblich steigern, aber warum sollen wir uns aufdrängen, wenn das offensichtlich niemanden interessiert?" – Zwei Aussagen von Mitarbeitern, die symptomatisch sind für die Ignoranz vieler Führungskräfte gegenüber den Leistungspotentialen ihrer Mitarbeiter.

- Informations-Management erforderlich

Führungskräfte müssen ein regelrechtes Informations-Management betreiben. Das bedeutet systematisches Beschaffen, Verarbeiten und Weiterleiten von Informationen. Wo könnten wichtige Informationen stecken? Wo könnte ich notwendige Informationen herbekommen? Wer könnte mir bei der Informationsbeschaffung helfen? Wer braucht welche Informationen? Wem könnten welche Informationen helfen? Antworten auf solche und ähnliche Fragen bilden die Grundlage eines nützlichen Informations-Managements.

Führungskräfte und ihre Mitarbeiter dürfen sich nicht den Zufälligkeiten eines Nachrichten-Wildwuchses ausliefern, sondern müssen dafür sorgen, daß benötigtes Wissen mit geeigneten Mitteln und Methoden gezielt beschafft, aufbereitet, verarbeitet, verteilt und aufbewahrt wird. Effektives Informations-Management schließt notwendigerweise eine Beteiligung der – dafür gegebenenfalls entsprechend zu qualifizierenden – Mitarbeiter ein. Ein umfassender, aber gesteuerter und empfängerorientierter Nachrichtenfluß, der ihnen die für die Organisation jeweils aktuellen relevanten Soll-Vorstellungen und Ist-Zustände vermittelt, versetzt die Mitglieder der Organisation in die Lage, koordiniert und an gemeinsamen Zielen und Spielregeln orientiert zu denken und zu handeln. Abbildung 28 soll veranschaulichen, wie Informationen den Mitgliedern der Organisation ermöglichen, gemäß ihren Zielen, Leitsätzen, Spielregeln und Plänen und auf der Grundlage der jeweiligen Ist-Zustände der Organisation (zum Beispiel Arbeitsmethoden und -verfahren, Produktpalette, Auslastung, Kostensituation), ihrer Umwelt (zum Beispiel Nachfrageentwicklung auf wichtigen Märkten, Wettbewerbssituation, technischer Fortschritt) und der aktuellen Austauschbeziehungen zwischen beiden (zum Beispiel Belastung mit Steuern und Abgaben, Versorgung und Entsorgung, Image) Ideen in Aktionen umzusetzen, Wünsche Wirklichkeit werden zu lassen.

Das Informations-Management einer Organisation(seinheit) beinhaltet die Aufgaben der Beschaffung, erforderlichenfalls der Aufbereitung beziehungsweise Bearbeitung und der internen Verteilung der Information, um dadurch die Informationsgrundlage für die eigenen Aktivitäten zu schaffen. Zum Informations-Management gehört aber auch die Sammlung, gegebenenfalls Aufbereitung und Weitergabe von Nachrichten an andere Stellen innerhalb und außerhalb der Organisation. Und es gehört schließlich die Gestaltung und Regelung des Nachrichtenflusses innerhalb der eigenen Organisationseinheit dazu.

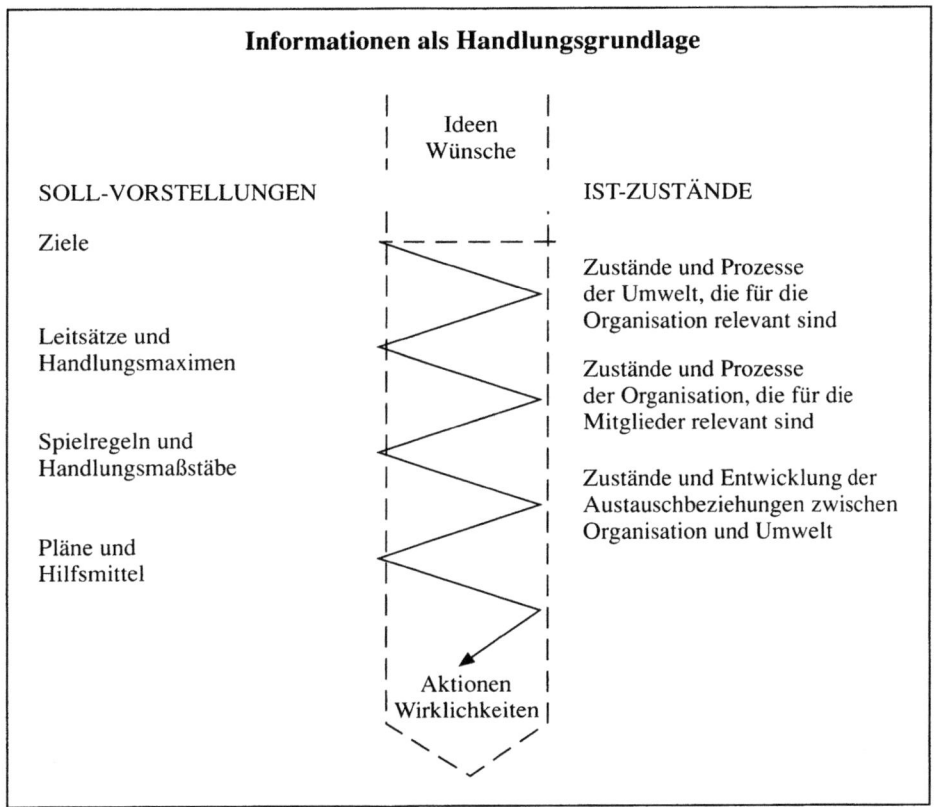

Abb. 28

Effektives Informationsmanagement muß organisationsübergreifend sein, weil nur so einheitliche Regeln und Standards für Beschaffung, Aufbereitung, Verteilung und Aufbewahrung geschaffen und durchgesetzt werden können. Information ist weder Bring- noch Holschuld, sondern eine Gemeinschaftsaufgabe. Wer eine wichtige Nachricht aussendet, ist dafür verantwortlich, daß sie dem Empfänger in einer für ihn verständlichen Form zur Kenntnis gelangt, und wer bestimmte Informationen benötigt, muß sich auch bemühen, in ihren Besitz zu gelangen. Es muß in einer Organisation sichergestellt sein, daß alle Informationen dort hingelangen, wo sie gebraucht werden oder nützlich sein könnten. Niemandem ist aber damit gedient, bergeweise Informationen anzuhäufen (die EDV gestattet's ja), damit sich bedienen kann, wer will.

Teamarbeit kann helfen, die Informationsverarbeitung quantitativ und qualitativ zu verbessern. Die Kopplung der Gehirne mehrerer Mitarbeiter im persönlichen Gespräch ist geeignet, Nachrichtenwege und -zeiten zu verkürzen und durch den größeren gemeinsamen Erfahrungs- und Wissensschatz Analysen zu beschleunigen und nützlichere Ergebnisse zu erzielen. Gleichzeitig wird das Gefühl gestärkt, an einer gemeinsamen Sache zu arbeiten. Teamarbeit verlangt aber von den Beteiligten, daß sie mit den individuell-affektiven Einflüssen umgehen können, die bei intensiver menschlicher Zusammenarbeit nicht ausbleiben und sich nicht selten kontraproduktiv auswirken.

- Die Integrationsfunktion der Information

Die ausreichende Versorgung mit Daten und Fakten über die Organisation und ihre Umwelt – so wichtig diese auch sind – genügt aber nicht. Denn damit würde nur die Ratio angesprochen. Wir wissen, daß die Umweltbezüge des Menschen sehr stark emotional bestimmt sind und seine Integration in eine Organisation deshalb immer auch eine Frage der in der Organisation herrschenden Ideale, ihrer Kultur und der menschlichen Atmosphäre sind. Die Information der Organisationsmitglieder muß deshalb mehr sein als nur Wissensvermittlung, sie muß auch Sinn vermitteln. Das ist mit nackten Zahlen und trockenen Berichten erfahrungsgemäß nicht zu erreichen.

Führungskräfte, die ihre Mitarbeiter richtig informieren, liefern ihnen dadurch eine kognitive und emotionale „Landkarte", die ihnen nicht nur hilft, sich im Gelände des organisatorischen Geschehens zurechtzufinden und sich zielgerichtet vorwärts zu bewegen, sondern ihnen darüber hinaus das Gefühl gibt, mit der „Landschaft" vertraut zu sein und sich in ihr auszukennen, in sie hinein zu gehören und ein wichtiger Teil von ihr zu sein.

Da die vieldimensionale organisatorische „Landkarte" erklärungsbedürftig ist, müssen die Führungskräfte sich auf das Auffassungsvermögen ihrer Mitarbeiter einstellen, weshalb auch sie der Information über das Denken und Fühlen ihrer Mitarbeiter bedürfen. Die Information muß deshalb wechselseitig sein, wie ja auch der Nachrichtenfluß in der ökologisch ausgerichteten Organisation generell ein wechselseitiger ist. Die Führungskräfte informieren die Mitarbeiter über Ziele, Spielregeln und Zusammenhänge der organisatorischen Prozesse und verschaffen sich durch die Mitarbeiter Informationen über die aktuellen Prozeßzustände; gemeinsam sorgen sie auf Initiative der Führungskräfte dafür, daß sämtliche erforderlichen Informationen rechtzeitig und brauchbar aufbereitet dort ankommen, wo sie gebraucht werden.

Es scheint so zu sein, daß der Vorgang der gegenseitigen Information das Gemeinschaftsbewußtsein der Organisationsmitglieder fördert und deshalb an sich schon integrierend wirkt. Deshalb sind Führungskräfte gut beraten, wenn sie ihre Mitarbeiter auch zur Beratung grundlegender Fragen sowie taktischer und strategischer Überlegungen hinzuziehen. Im besonderen Einzelfall wird es zwar ab und zu einmal notwendig sein, Informationen geheim zu halten. Über solche Ausnahmefälle hinaus erweist sich Geheimniskrämerei aber als schädlich und sollte darum unterbleiben.

Schließlich wollen Mitarbeiter auch wissen, woran sie mit ihrem Vorgesetzten sind. Seine Unberechenbarkeit kann zwar ein Selbstschutz sein, sie geht aber auf Kosten des menschlichen Klimas und der Leistung der Organisation. Klare Verhältnisse, was die Erwartungen an die Mitarbeiter und die an ihre Leistung gelegten Maßstäbe betrifft, sind also ebenso vorteilhaft wie angenehm für alle Beteiligten. „Unser Chef", weihte deshalb ein Büroleiter einen neuen Mitarbeiter ein, „erzählt ab und zu mal Witze. Lautes Lachen hält er für plumpe Vertraulichkeit, leises Lächeln für Arroganz und Ernstbleiben für Begriffsstuzigkeit. Richten Sie sich danach."

- Nachholbedarf bei Integration und Sinnvermittlung

Die Praxis in Betrieben, Verwaltungen und Verbänden zeigt, daß sowohl Wissens- wie auch Sinnvermittlung im argen liegen. Allzu viele Mitarbeiter wissen gerade soviel, daß sie als Rädchen im Getriebe des Organisationsgeschehens funktionieren können. Manchen genügt das zwar, aber viele wüßten gern mehr, über die Organisation als Ganzes, über andere Organisationsbereiche, über Zusammenhänge sowie über Pläne und Strategien. Sie hätten dann das Gefühl, für die Organisation größere Bedeutung zu haben. Aber wie sollte sich jemand mit einer Organisation identifizieren, die ihm weitgehend fremd ist? Wie sollte er seine Tätigkeit für die Organisation als sinnvoll begreifen können, wenn er sich nicht als integraler Teil und Miturheber, sondern nur als (überraschter) Betroffener des organisatorischen Geschehens erlebt? Weil allzu viele Mitarbeiter (auch Führungskräfte!) nur auf dem Papier, aber nicht mit Herz und Verstand Mitglieder ihrer Organisationen sind, kommt es zum Beispiel im Zusammenhang mit Führungsentscheidungen, insbesondere bei beabsichtigten Reorganisationsmaßnahmen, immer wieder zu großen Verunsicherungen. Die Folgen sind energiezehrende und den Entscheidungsprozeß lähmende Gerüchte und Spekulationen. Die ganze Hierarchie hindurch verwenden die Mitarbeiter mehr Zeit und geistige Kraft mit der Sorge um ihre persönliche Zukunft in (oder außerhalb) der Organisation als mit der Erledigung ihrer eigentlichen Aufgaben.

Hauszeitschriften, Mitteilungsblätter und Informationsveranstaltungen sind sicherlich geeignete Medien, um die Organisationsmitglieder mit integrierenden Informationen zu versorgen. Sie können aber immer nur so gut wie ihr Inhalt sein. Und für den haben die Führungskräfte, allen voran die obersten Führer der Organisation, zu sorgen. Sie müssen für die Organisation und ihre Mitglieder beispielsweise immer wieder Antworten auf Fragen wie diese geben: Wer sind wir? Was wollen wir? Was erwartet man von uns? Was zeichnet uns vor anderen aus? Was tun wir zum Nutzen unserer Organisation? Welchen Beitrag leisten wir für die Erreichung gesellschaftlich erwünschter Ziele? Von der Qualität ihrer Antworten hängt es ab, inwieweit sich die Mitarbeiter mit der Organisation identifizieren und ihre Tätigkeit für die Organisation als sinnvoll erleben können.

Praktische Erfahrungen zeigen, daß es kein besseres Mittel zur integrierenden Information gibt als das persönliche Gespräch zwischen Vorgesetzten und Mitarbeitern. Die obengenannten Medien können zwar ein günstiges Informations-Umfeld schaffen, die unmittelbare Kommunikation zwischen den Führungskräften und den Mitarbeitern der einzelnen Organisationseinheiten allein vermag aber die für eine starke Identifikation notwendigen emotionalen Bezüge zu schaffen. Denn im Gespräch findet wechselseitige Information statt. Jeder lernt etwas vom Weltbild des anderen kennen, erhält Einblick in die Anschauungsweise des anderen. Jeder Beteiligte kann im Gespräch seine Ziele und Erwartungen, Bedenken und Ängste äußern, Mißverständnisse können geklärt, Absichten erläutert und Gefühle ausgesprochen werden. Da sind die Führungskräfte freilich menschlich und zeitlich gefordert – und offensichtlich nicht selten überfordert. Mitarbeiterbefragungen offenbaren jedenfalls in dieser Beziehung beträchtliche Defizite.

Die Informationsdefizite gehen in nicht wenigen Organisationen so weit, daß Mitarbeiter nicht einmal genau wissen, warum sie bestimmte Tätigkeiten verrichten oder nach bestimmten Regeln arbeiten. Auch gibt es Organisationen, in denen selbst über reine Fachfragen keine offene Diskussion möglich ist, in der gemeinsam die beste Lösung gefunden werden könnte. Mitarbeiter-Qualifikationen können sich deshalb häufig gar nicht zum Nutzen der Organisation auswirken. Wie ihre Mitarbeiter arbeiten, welche Methoden sie anwenden und welches Fachwissen sie nutzen, bleibt einem großen Teil der Vorgesetzten verborgen, weil sie sich nicht genug darum kümmern. Zur Identifikations- und Motivationsschwäche der Mitarbeiter aufgrund fehlender integrierender Informationen gesellt sich die Leistungsschwäche infolge mangelhaften Informationsaustauschs.

Der Wert von Informationen, die den Organisationsmitgliedern die Identifikation mit der Organisation und die persönliche wie fachliche Integration in die Organisation ermöglichen, kann kaum quantifiziert, sondern allenfalls grob geschätzt werden. Der Schaden, der durch ihr Fehlen entsteht, ist zwar deutlich spürbar, kann aber keinem Kostenverantwortlichen auf Heller und Pfennig vorgerechnet werden. Dennoch sollte es nicht schwerfallen zu erkennen, daß der organisatorische Kooperations- und Leistungsprozeß durch Informationen angeregt und gesteuert wird und daß deshalb richtige und ausreichende Information der Mitarbeiter eine erstrangige Führungsaufgabe ist. Bei der Wahrnehmung dieser Führungsaufgabe stellen Führungskräfte dann oft fest, daß auch sie mehr Informationen benötigen, als sie haben.

Diese Grundfragen können helfen, die Qualität des Informationsflusses in Organisationen zu verbessern:

- Welche Informationen brauchen die Mitarbeiter, um ihre Aufgaben so selbständig wie möglich sach- und fachgerecht erledigen zu können?
- Wie müssen diese Informationen aufbereitet sein, damit sie den Mitarbeitern bei der Aufgabenerfüllung helfen?
- Was müssen die Mitarbeiter wissen, um die Bedeutung ihrer Tätigkeiten und die Auswirkungen ihres Handelns im organisatorischen Zusammenhang begreifen zu können?
- Wie kann das über die gesamte Organisation verteilte Wissen allen Mitarbeitern zur Nutzung zugänglich gemacht werden?
- Was müssen die Mitarbeiter wissen, um die Stellung und die Beziehungen der Organisation zu ihrer Umwelt (zum Beispiel im Markt, in der Volks- oder Weltwirtschaft, im Sozialsystem) richtig erfassen und beurteilen zu können?
- Welche Informationen benötigen die Mitarbeiter, um den Sinn von Führungsentscheidungen und organisatorischen Spielregeln einsehen zu können?
- Wie kann den Mitarbeitern der gesellschaftliche Wert der organisatorischen Leistungen und damit auch der ihrer eigenen Tätigkeit vermittelt werden?

Die Beantwortung dieser Fragen erfordert Zeit. Auch die Nutzung der Antworten und ihre Umsetzung im Führungalltag kostet Zeit. Zeit zum Nachdenken und Zeit für Gespräche mit den Mitarbeitern sind unumgänglicher Aufwand, wenn bessere Informationen zur Steigerung der organisatorischen Leistung beitragen sollen. Führungskräfte, die unter Zeitmangel leiden, müssen sich entscheiden, ob sie diesen Aufwand treiben oder die Folgen mangelhafter Information in Kauf nehmen wollen. Wenn ihnen aber erst klar wird, daß ihre Zeitnot teilweise auch durch mangelhafte Information der Mitarbeiter und die daraus resultierenden Mängel im Arbeitsablauf verursacht wird, dürfte ihnen die Entscheidung leichter fallen.

- Analyse

Wenn eine Führungskraft hört, daß es Möglichkeiten gäbe, die Produktivität in ihrer Organisation zu erhöhen oder die Attraktivität der Leistungen für die Abnehmer zu steigern, ist das sicherlich eine bedeutungshaltige Nachricht. Anfangen kann sie damit aber vorläufig noch nichts. Um die Nachricht nutzen zu können, muß sie sehr viel mehr wissen: Was mit „Möglichkeiten" gemeint ist, unter welchen Voraussetzungen sie gegeben sind, wie die Ist-Situation beschaffen ist, welche Veränderungen wünschenswert und welche möglich sind, usw.

Informationen sind häufig nicht mehr als Anstöße und Anregungen zur weitergehenden und vertiefenden Nachforschung. Die Nachricht zum Beispiel, daß die Verkaufszahlen eines Produkts sinken, bedarf der genaueren Erforschung der möglichen Ursachen. Anders könnte nicht zweckmäßig darauf reagiert werden. Empfangene Nachrichten erfordern deshalb in vielen Fällen Analysen, um ihre genaue Bedeutung zu erfahren. Das heißt, es müssen systematisch die in den Nachrichten verborgenen Informationen gesucht werden, um diese dann als tragfähige Denk- oder Handlungsprämissen nutzen zu können. Viele Nachrichten haben erst durch eine gründliche Analyse Aussicht, zur Information zu werden, weil erst die Analyse ihre Bedeutung für den Empfänger erhellt.

Die Führungsfunktion 'Informieren' beinhaltet deshalb auch das Analysieren. Je mehr Freiheitsgrade die inhaltliche Führungsaufgabe hat, je mehr Handlungsspielraum sie zuläßt, desto wichtiger ist die Tätigkeit der Analyse. Bei der Bestimmung von Zielen ist es beispielsweise äußerst wichtig, möglichen Nebenwirkungen auf die Spur zu kommen, um von vornherein auszuschließen, daß mit dem erstrebten Ziel auch unerwünschte Nachteile eintreten. Erst eine gründliche Analyse ermöglicht es häufig, aus den Bausteinen diverser Nachrichten die relevante Wirklichkeit in allen Einzelheiten und mit allen ihren Wechselbeziehungen zu erkennen (konstruieren). Wie wichtig das als Voraussetzung für zielführendes Handeln ist und wie schwierig zugleich, haben die Computer-Simulations-Experimente „Tanaland" und „Lohhausen" von Dietrich Dörner hinreichend deutlich gemacht. Führungskräfte müssen dafür sorgen, daß die in ihrem Zuständigkeitsbereich notwendigen Analysen mit geeigneten Mitteln, Methoden und Verfahren zeitgerecht vorgenommen werden und daß ihre Mitarbeiter dazu qualifiziert sind. Eine der wichtigsten dazu benötigten Qualifikationen ist die Fähigkeit zur Kommunikation.

5.2.3 Information und Kommunikation

Die Beziehungen der wechselseitigen Informationsvermittlung nennen wir Kommunikation. Störungsfreie Kommunikation liegt vor, wenn eine Nachricht von Sender und Empfänger mit der identischen Bedeutung versehen wird. Seit mindestens zweieinhalb Jahrtausenden wissen wir, daß völlig störungsfreie Kommunikation unter Menschen nicht eben häufig ist, weil Encodierung und Decodierung der Nachrichten infolge der subjektiven „Färbung" des Sprachcodes so gut wie nie reversible Prozesse sind. Wenn A. auf der Grundlage seines Weltbildes (seiner Erfahrungen, Urteile, Gefühle, Motive usw.) beispielsweise zu B. sagt: „Ich wünschte mir, die Menschen wären rücksichtsvoller", dann verbindet er damit eine bestimmte Bedeutung. Da B.s Weltbild mit an Sicherheit grenzender Wahrscheinlichkeit von dem A.s abweicht, trifft die Aussage bei ihm auch auf ein unterschiedliches Bezugssystem und erhält deshalb eine mehr oder weniger unterschiedliche Bedeutung.

Abbildung 29 zeigt, daß Nachrichten für Sender und Empfänger regelmäßig nur teilweise übereinstimmende Bedeutungen haben. Das macht die Kommunikation unbestimmt, weil der Sender dadurch nicht sicher sein kann, welche Information seine Nachricht beim Empfänger erzeugt. Abzuhelfen ist dem Problem durch präzise Ausdrucksweise, klare Definitionen und – seitens des Empfängers – Rückfragen bei Unklarheiten. Teilnehmer der SEMINARE FÜR KOMMUNIKATION UND FÜHRUNG sind oft erstaunt darüber, wie mühsam es mitunter ist, Gesprächspartner zu verstehen, und wie groß die Gefahr ist, daß wir unbemerkt die Nachrichten des anderen vor dem Hintergrund unseres eigenen Weltbildes interpretieren, statt sie in seinem Sinne zu verstehen.

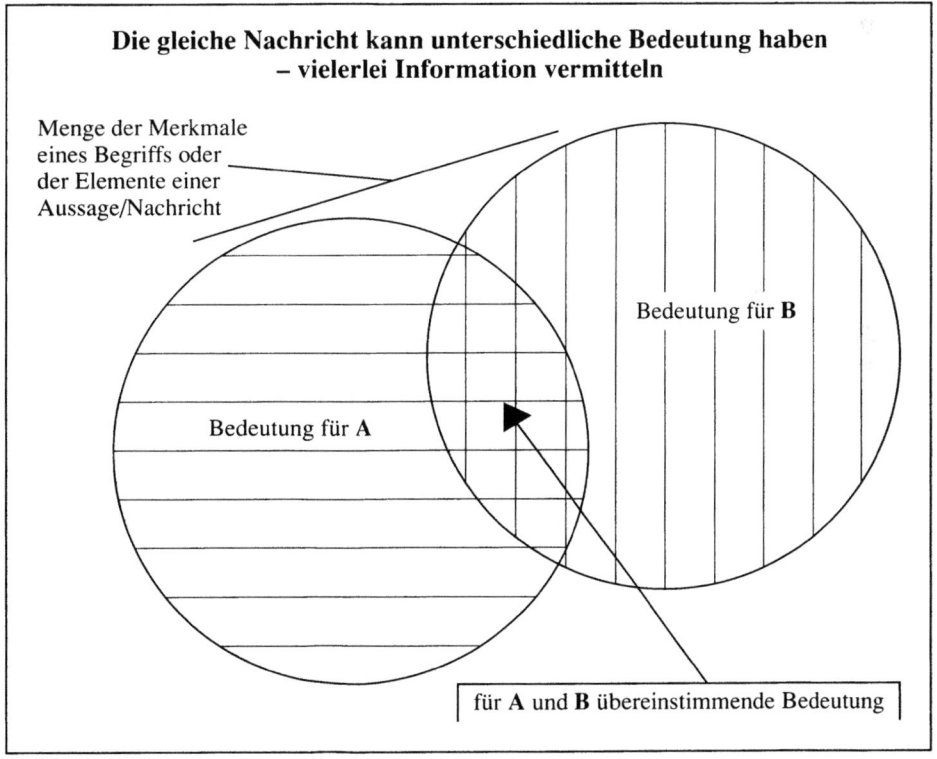

Abb. 29

Der Einsatz von Kommunikationstechnik darf nicht darüber hinwegtäuschen, daß Nachrichten stets auf der Grundlage des Weltbildes des Empfängers decodiert werden müssen, bevor sie Informationen werden können. Je mehr der Sender über die Art und

Weise der Decodierung beim Empfänger weiß, desto besser kann er sich darauf einstellen. Der Empfänger wiederum kann die vom Sender der Nachricht beigelegte Bedeutung um so zutreffender erfassen, je mehr er von dessen Weltbild weiß. Die gegenseitige Kenntnis der Hintergründe und Quellen von Nachrichten erhöht die Chance, einander zu verstehen. Das Mittel dazu ist das Gespräch.

- Nutzen und Probleme der gesprächsweisen Informationsvermittlung

Gespräche sind für die Informationsvermittlung besser geeignet als Vorträge oder schriftliche Darstellungen, weil im Gespräch alle Beteiligten die Doppelrolle von Sendern (Sprechern) und Empfängern (Zuhörern) haben. Das ermöglicht die Rückkopplung der empfangenen Nachrichten, so daß im Prozeß des wechselweisen Sendens und Empfangens Informationen mit viel größerer Sicherheit richtig – d. h. im vom Sender gemeinten Sinne – vermittelt werden können, als das durch einseitiges Senden beziehungsweise Empfangen möglich wäre. Leider scheint diese Tatsache aber immer wieder in Vergessenheit zu geraten. Anders sind die vielen Gespräche, die nichts anderes als Monologe einzelner dominanter Teilnehmer sind, nicht zu erklären.

Da Gespräche der verschiedensten Art für die Kooperation in Organisationen immer wichtiger werden und deshalb zahlenmäßig stark zunehmen, wirken sich auch die Verständigungsprobleme der Teilnehmer immer stärker auf die Effizienz dieses Arbeitsmittels aus. Denn leider sind allzu viele Gespräche, die in Organisationen täglich stattfinden, als Verständigungsmittel und damit als Medium der Kooperation nur sehr bedingt geeignet. Das liegt oft an sozio-emotionalen Barrieren: ein negatives Organisationsklima verhindert den offenen Gedankenaustausch, Vorgesetzte dominieren so sehr, daß ihre (ängstlichen oder demotivierten) Mitarbeiter keine Möglichkeit haben, produktive Beiträge zu leisten, persönliche Animositäten einzelner Teilnehmer werden berührt, oder Machtkämpfe beeinträchtigen die sachgerechte Behandlung des Gesprächsgegenstandes. Dazu kommt häufig, daß die Führungskräfte Kommunikationstechniken und -methoden unzureichend beherrschen und deshalb Gespräche nicht richtig führen können.

Viele Vorgesetzte haben große Schwierigkeiten, ihre Mitarbeiter zur Entfaltung und zum Einsatz ihrer Kenntnisse und Fähigkeiten gelangen zu lassen, weil sie die Informationsgespräche größtenteils selbst bestreiten. Keine Frage, daß dadurch die gegenseitige Information schwer beeinträchtigt wird; die Mitarbeiter erfahren (wenn sie Glück haben), was ihr Vorgesetzter weiß und was er möchte, und der bestätigt sich noch einmal, was er sowieso schon wußte. Das große Potential der Gesprächsrunde an Erfahrungen und Kenntnissen wird kaum genutzt. Mitarbeiter werden so zu Statisten der Selbstdarstellung ihres Vorgesetzten degradiert, statt sie zum zielgerichteten Einsatz ihrer Fähigkeiten herauszufordern. Angesichts der Häufigkeit solcher „Gespräche" meinte der Unternehmer Carl F. Braun, das Problem bestehe nicht darin, die Mitarbeiter zum Sprechen zu bringen, sondern darin, den Vorgesetzten das Zuhören beizubringen.

Eine wichtige Voraussetzung für die effektive Wahrnehmung der Führungsfunktion 'Information' (sowie der anderen Führungsfunktionen) ist eine gut entwickelte Kommunikationsfähigkeit der Führungskräfte. Zuhörenkönnen ist eines ihrer wesentlichen Elemente, es gehören aber auch Einfühlungsvermögen, diplomatisches Geschick sowie Techniken der Exploration, der Lenkung und der Konfliktsteuerung dazu. Je weniger kommunikative Befähigung in der Kindheit und der Jugend herausgebildet wurde, desto gewaltiger ist die Aufgabe der diesbezüglichen Weiterbildung im Erwachsenenalter. Aber Führungskräfte mit erheblichen Defiziten in der Fähigkeit zu kommunizieren, sind ein großes Problem für jede Organisation. Zu Recht gewinnen deshalb Bildungsmaßnahmen an Bedeutung, die auf die Förderung der Kommunikationsfähigkeit gerichtet sind. Sie bilden die Grundlage einer zukunftsweisenden Führungskräfteentwicklung.

5.2.4 Wege, Mittel und Methoden der Information

Im folgenden seien einige Grundpfeiler eines nützlichen Informations-Managements skizziert.

- Persönliche Kontakte nutzen

Wahrscheinlich würde keine Organisation gut funktionieren, wenn es allein die offiziell festgelegten Nachrichtenwege und Übermittlungsverfahren gäbe. Kein Organisator steckt so in den Details einer Organisation, daß er sämtliche Informationsbedürfnisse aller ihrer Funktionseinheiten quantitativ, qualitativ und zeitlich voraussehen und danach eine ausreichende formelle Kommunikationsstruktur schaffen könnte. Von den Störungen, die erfahrungsgemäß in dieser Struktur häufig auftreten, gar nicht zu reden. Gut, daß sich in jeder Organisation nach Bedarf informelle Kommunikationsstrukturen herausbilden und weiterentwickeln, die die Lücken und Schwächen der formellen Strukturen ausgleichen können.

Den Vorteil der informellen Kommunikationsstrukturen gilt es zu nutzen, ohne dadurch störende Informationsentropie zu erzeugen. Das geschieht am besten dadurch, daß die Führungskräfte, angefangen bei der Organisationsleitung, ihre Mitarbeiter umfassend und aufrichtig informieren. Auf dem gepflegten Informationsboden hat Informations-Wildkraut nämlich kaum eine Chance, sich anzusiedeln. Wir wissen doch: Der beste Nährboden für Gerüchte ist das Unwissen.

Der Chef eines größeren mittelständischen Betriebes begeht beispielsweise regelmäßig die verschiedenen Abteilungen und Bereiche, um Kontakt mit den Mitarbeitern vor Ort zu halten. Er nutzt die erhaltenen Informationen aber tunlichst nicht dazu, den Führungskräften in ihre Kompetenzen hineinzuregieren, sondern lediglich als Basiswissen und Anregung für Gespräche mit seinen unmittelbar unterstellten Führungskräften. Nur über diese fließen dann seine Erkenntnisse und Überlegungen als Denkanstöße und Aufgabenstellungen wieder in den Betrieb zurück. Aus seinem distanzierteren und mehr auf das Allgemeine gerichteten Blickwinkel konnte er den Führungskräften im Betrieb schon so manche nützliche Anregung und Hilfe geben. Die Mitarbeiter wissen ihrerseits, daß der Chef sich zwar persönlich über das Betriebsgeschehen informiert, die Lösung von Problemen vor Ort aber stets an die zuständigen Mitarbeiter delegiert.

Eine wichtige weitere Wirkung der Betriebsbegehungen ist psychologischer Natur: dadurch, daß der Chef sich mal mit diesem, mal mit jenem, aber grundsätzlich mit jedem Mitarbeiter ohne Ansehen seines Ranges und seiner Tätigkeit unterhält, entsteht ein Zusammengehörigkeitsgefühl. Obwohl auf den einzelnen Mitarbeiter im ganzen Jahr vielleicht nur 2–3 Minuten unmittelbarer Chef-Kontakt entfallen, wissen sie, für wen sie alle arbeiten, und haben das Gefühl, daß sich der Chef für sie und ihre Tätigkeit interessiert.

Obwohl der Organisationsleiter sich in diesem Beispiel auf direktem Wege zusätzliche Informationen beschafft, die seine Informationen aus den formellen Kanälen ergänzen, achtet er strikt darauf, seinerseits nicht zu einer informellen Informationsquelle für die Mitarbeiter vor Ort zu werden und dadurch bei ihnen Unsicherheit hinsichtlich der Autorität ihrer direkten Vorgesetzten zu erzeugen. Aus diesem Beispiel können wir entnehmen, daß informelle Informationskanäle, insbesondere als persönliche Kontakte, zwar oft sinnvoll und häufig wichtig sind, daß aber unbedingt darauf geachtet werden muß, Nachrichten immer durch die unmittelbar zuständige Stelle zu autorisieren. Nur so können nämlich bei den Empfängern Verwirrung und Konflikte vermieden werden.

- Das formelle Nachrichtennetz immer wieder anpassen

Natürlich ist es notwendig, ein formelles Nachrichtennetz zu institutionalisieren, damit Nachrichten sicher fließen können. Dieses ist das Rückgrat des Informationssystems jeder größeren Organisation. Auf der Grundlage des festgestellten Informationsbedarfs werden Sender beziehungsweise Quelle und Empfänger definiert sowie Inhalt, Form und Zeitpunkt der Nachrichten festgelegt. Schließlich muß auch über eventuell notwendige Bearbeitung oder Aufbereitung der Nachrichten, über die Aufbewahrung der übermittelten Daten und über die einzusetzende Technik entschieden werden. So wichtig das notwendige Mindestmaß an Nachrichten ist, so schädlich ist es, wenn des Guten zuviel getan wird. Auf dem Gebiet der Sach- und Fachinformationen ergießen sich in manchen Organisationen wahre Ströme von Nachrichten auf die Führungskräfte und Mitarbeiter, die nichts anderes mehr tun können, als in Deckung zu gehen. Demgegenüber wird hinsichtlich der die Mitarbeiter integrierenden Informationen meistens viel zu wenig getan.

Da sich Informationsbedürfnisse immer wieder ändern, muß auch der Nachrichtenfluß in der Organisation immer wieder angepaßt werden. Mehr als genug Nachrichten erleiden in den Organisationen das gleiche Schicksal wie Zeitungen, die nur noch angeliefert werden, weil die Bezieher vergessen haben, wo sie das Abonnement kündigen können. Die Eindämmung der Nachrichtenflut auf das nützliche Maß ist deshalb eine wichtige Aufgabe des Informations-Managements. Von Zeit zu Zeit muß gefragt werden: Brauchen wir diese Informationen noch? Wenn die Antwort „ja" lautet, sollte weitergefragt werden: Welche Verbesserungsmöglichkeiten gibt es am Inhalt, in der Form der Übermittlung, am Übermittlungsverfahren usw.?

Kurze Nachrichtenwege, die es erlauben, schnell und direkt an Informationen zu gelangen, vermindern die Notwendigkeit informeller Kommunikation und die Gefahr von Störungen. Mehrere parallele kurze Kanäle sind einem langen, durch viele Organisationseinheiten und Hierarchieebenen verschlungenen Kanal immer vorzuziehen. Nachrichten, die an einer bestimmten Stelle verfügbar sein müssen, aber nicht unmittelbar gebraucht werden, sollten – eventuell zentral – abrufbar gespeichert werden. Erforderliche Kenntnisnahmen können durch an den Empfänger gesandte Kopien in schriftlicher oder elektronischer Form (Mail-Box) einfacher und kostengünstiger bewirkt werden als durch Aktennotizen, Memos oder Hausmitteilungen. Die EDV ist dazu ein hervorragendes Arbeitsmittel, das Papierfluten eindämmen hilft. Außerdem lassen sich mit ihrer Hilfe Nachrichten den Bedürfnissen verschiedener Empfänger entsprechend aufbereiten.

- Empfängerbedürfnisse berücksichtigen

Nachrichten, die nicht an den Bedürfnissen der Empfänger orientiert sind, können ihren Zweck nicht erfüllen. Das beweisen unzählige Raummeter von Aktenordnern, in denen 'Interne Mitteilungen', Statistiken, Memos, Computer-Listen und Aktennotizen ungelesen (oder allenfalls kurz überflogen) abgelegt werden. Solche Wissens-Friedhöfe nützen niemanden, kosten aber beträchtliches Geld. Wichtigste Frage deshalb: Welche Informationen brauchen wir, und in welcher Form benötigen wir sie? Darüber müssen sich Führungskräfte (gemeinsam mit ihren Mitarbeitern) immer wieder Gedanken machen, weil sich Informationsbedürfnisse im Zeitablauf verändern. Sender und Empfänger müssen sich über den Inhalt, die Form, den Umfang und den Zeitpunkt der Nachrichtenübermittlung verständigen.

Eine weitere Frage ist die der Informationsquellen. Innerhalb der Organisation ergeben sie sich größtenteils aus den vertikalen und horizontalen Kooperationsbeziehungen der Mitarbeiter und Organisationseinheiten. Die jeweils unterstellten Mitarbeiter berichten ihren Vorgesetzten regelmäßig über Stand, Fortschritt und gegebenenfalls Schwierigkeiten ihrer Arbeiten; jene vermitteln Ziele, Rahmenbedingungen und Hilfsmittel für die Aufgabenerfüllung. Der Informationsaustausch zwischen den hierarchischen Ebenen vollzieht sich analog dem in Abbildung 28 dargestellten Schema. Die horizontale Information geschieht entsprechend den sich durch die Zusammenarbeit der Mitarbeiter und Organisationseinheiten ergebenden sachlichen Bedürfnissen. Sender und Empfänger müssen sich in jedem Falle über die zweckmäßige Mitteilungsform und Aufbereitung der Nachrichten einigen. Außer der schriftlichen Übermittlung kommen dafür vor allem (Gruppen-)Gespräche (wegen des o.g. Vorteils) in Betracht. Aber auch an Wandtafeln, Schwarze Bretter, Informationsmärkte, papierne oder elektronische Hauszeitschriften ist zu denken, je nach dem Inhalt, dem Zweck und dem Empfängerkreis der Nachrichten.

Informationsquellen außerhalb der Organisation müssen von den Organisationseinheiten angezapft werden, die diese Informationen benötigen. Größere Organisationen haben häufig eigene Abteilungen eingerichtet, die sich ausschließlich mit der Informationsbeschaffung (zum Beispiel über Märkte, Wettbewerber, Patente) befassen. Da externe Nachrichten-Sender oft keinerlei Rücksicht auf die speziellen Bedürfnisse der Nutzer nehmen, haben die Beschaffer zusätzlich die Aufgabe, die Nachrichten für den organisationsinternen Gebrauch aufzubereiten.

Im Kleinen läßt sich Ähnliches auch organisieren. Ein Gruppenleiter in der Konstruktion eines großen Industriebetriebs hat beispielsweise mit seinen Mitarbeitern vereinbart, daß jeder von ihnen regelmäßig eine bestimmte Fachzeitschrift liest und diese auch archiviert. Wöchentlich berichten sie einander kurz über wissenswerte Meldungen und Artikel. Auf Anforderung kann jeder die ihn besonders interessierenden Beiträge selbst lesen und sein Wissen vertiefen. So halten sie sich alle fachlich stets auf dem laufenden.

Das letzte Beispiel weist auch darauf hin, daß es sich meistens lohnt, auf den Sachverstand der Mitarbeiter zu vertrauen. Die Frauen und Männer vor Ort und die Fachspezialisten wissen das, was ihre Tätigkeit betrifft, in der Regel viel besser als ihr Vorgesetzter, der ja Führungskraft und nicht Super-Sachbearbeiter sein soll. Dennoch muß man sich wundern, wie wenig Vorgesetzte ihre Mitarbeiter fordern, wenn es um die Beschaffung und Analyse von Nachrichten als Grundlage der gemeinsamen Aufgabenerfüllung geht.

Breitere Beteiligung der Mitarbeiter am Informations-Management hilft auch, das Problem der notwendigen Redundanz zu lösen. Je mehr Quellen es für eine Information gibt und je mehr Zugänge zu diesen Quellen existieren, desto sicherer kann man darauf zugreifen. Schlüsselinformationen sollten deshalb möglichst nicht an einer einzigen Stelle aufbewahrt werden und nicht nur über einen einzigen Kanal zugänglich sein. So ist es zum Beispiel sinnvoll, bei wichtigen Projekten mindestens einen zweiten Bearbeiter einzusetzen, der so weit eingeweiht ist, daß er beim Ausfall des ersten Bearbeiters einspringen kann, ohne daß das Projekt ernsthaften Schaden nimmt. Redundanz (im Wortsinne: das Überflüssige, weil im Normalbetrieb nicht notwendig) kostet freilich Geld. Deshalb muß von Fall zu Fall abgewogen werden, wieviel die Schadensvermeidung bei Ausfall einer Informationsquelle oder eines Informationskanals wert ist. Von der elektronischen Datenverarbeitung wissen wir, wie wichtige Daten zu sichern sind. Daraus läßt sich auch einiges für die Sicherung des Informationsflusses in Organisationen lernen.

5.2.5 Praxis-Tips

- Betrachten Sie Informationen nicht als Abfallprodukte menschlicher Arbeitstätigkeit, sondern als deren bestimmende Input- und Output-Größen.
- Nehmen Sie sich Zeit für die Information Ihrer Mitarbeiter. Sie sorgen damit für einen effizienteren Arbeitsablauf, steigern die Leistungsfähigkeit Ihrer Mitarbeiter und erhöhen deren Motivation.
- Betreiben Sie Informationsmanagement und beteiligen Sie Ihre Mitarbeiter daran.
- Regelmäßige Informationsgespräche mit Ihren Mitarbeitern, formelle und informelle, sollten Sie sich zur Gewohnheit machen. Damit verbessern Sie den Informationsfluß und stärken gleichzeitig das Gemeinschaftsgefühl in Ihrer Organisationseinheit.
- Spannen Sie Ihre Mitarbeiter in den Informationsprozeß ein, indem Sie Aufgaben der Informationsbeschaffung, -aufbereitung, -verarbeitung, -verteilung und -aufbewahrung delegieren.
- Denken Sie daran, daß ein sicheres Informationssystem nicht ohne Redundanzen auskommt.
- Sorgen Sie für offene Kommunikation und gehen Sie mit gutem Beispiel voran.

5.3 Initiieren – Ziele setzen, Planen, Entscheiden, Anweisen, Delegieren

Wenn davon die Rede war, daß Organisationen zielgerichtete Systeme sind, dann muß auch die Frage beantwortet werden, welche Ziele sie verfolgen und woher diese Ziele kommen. Zweifellos spielen die Führungskräfte bei der Zielsetzung eine herausragende Rolle. Denn zu ihren Aufgaben gehört es, Initiativen zu ergreifen, die die Organisation voranbringen.

Die Führungsfunktion „Initiieren" beinhaltet den unternehmerischen Aspekt der Führung. Sie verlangt von den Führungskräften eigenständiges, kreatives Denken und Handeln. In dieser Herausforderung liegt für viele der besondere Reiz einer Führungstätigkeit. Nicht wenige Führungskräfte tun sich allerdings recht schwer damit, daß ihnen von einer bestimmten Stufe ihrer Karriere an nicht mehr (genau) gesagt wird, was sie zu tun haben. Der ihnen plötzlich eröffnete große Handlungsspielraum macht sie weder glücklich noch beflügelt er ihren Tatendrang, sondern er stürzt sie in Unsicherheit. Um Halt zu finden, klammern sie sich dann an Ausführungsaufgaben und versäumen es, zu führen. Die Mitarbeiter solcher Super-Sachbearbeiter fühlen sich ziemlich allein gelassen und vermissen jegliche Orientierung für ihre Arbeit.

Die richtige Wahrnehmung der Führungsfunktion „Initiieren" bewirkt, daß gemeinsam Ideen entwickelt, Ziele formuliert, Pläne erarbeitet, Entscheidungen getroffen, kalkulierte Risiken eingegangen, Maßnahmen ergriffen, Probleme angegangen, Chancen wahrgenommen, Schwierigkeiten überwunden, Anstöße zur Neuerung gegeben werden, kurz: daß durch die gemeinsame Arbeit ein Fortschritt für die Organisation erreicht wird, bei dem jeder erkennen kann, welchen Beitrag er dazu leisten kann und muß. In der Initiative liegt der große Unterschied zwischen Führung und Verwaltung einer Organisation.

- Leistungsprozesse anstoßen

Initiative entwickeln heißt Leistungsprozesse anstoßen, vorantreiben, lenken, heißt, die evolutionären Wechselbeziehungen zwischen der Organisation und ihrer Umwelt so zu beeinflussen, daß sich der langfristige Nutzen für die Organisation vermehrt. Initiativen orientieren sich an den Antworten auf zwei Kernfragen:

Erstens: Was soll werden? Das ist die Frage nach den Zielen. Dabei sollte der Blick mehr auf Prozesse gerichtet sein als auf Zustände. Denn Zustände sind nichts weiter als Momentaufnahmen von Prozessen, die uns bei schnellen Prozessen kaum auffallen (zum Beispiel die Zustände in einem laufenden Motor) und bei langsamen Prozessen (zum Beispiel der Alterung von Holz) wie Ewigkeiten vorkommen. Wir nutzen Zustände zu Orientierungs- und Kontrollzwecken, wogegen nichts einzuwenden ist.

Strenggenommen gibt es aber kein Sein, sondern nur ein Werden. Wer bestimmte Zustände wünscht oder beseitigen möchte, muß deshalb Prozesse schaffen, die das bewirken.

Zweitens: Wie soll es vorangehen? Das ist die Frage nach den Wegen zu den Zielen, nach den Plänen und Strategien. Der erfahrene Planer weiß, daß sich Pläne nur in ständiger Interaktion mit der Realität verwirklichen lassen, daß sie also gedanklich vorweggenommene zielgerichtete Prozesse sind, die unter wechselnden und großenteils unvorhersehbaren Einflüssen vorangebracht werden müssen. Anders könnte man sagen: Pläne sind geistige Prozesse zur zielgerichteten Beeinflussung von Prozessen.

Prozeßdenken anstelle von Zustandsdenken gewinnt in einer Zeit des sich beschleunigenden Wandels erheblich an Bedeutung. Indem die Wirklichkeit als ein Netzwerk von sich wechselseitig beeinflussenden Prozessen begriffen wird und nicht als bloßes Sammelsurium von Zuständen, entsteht ein völlig neues Bewußtsein vom eigenen Eingebundensein in dieses Prozeß-Netzwerk und von den sich daraus ergebenen Anforderungen an die Inhaber von Führungspositionen.

5.3.1 Ziele und was sie bewirken (können)

Ziele sind erstrebenswerte Güter, Zustände, Prozesse oder Werte. Von bloßen Wunschvorstellungen unterscheiden sie sich dadurch, daß ihnen ein unbedingter Anspruch auf Verwirklichung innewohnt. Ziele können beispielsweise sein, einen bestimmten Beruf zu erlernen, einen Mittelklassewagen zu bauen, der maximal 5 Liter Benzin auf 100 Kilometer Fahrstrecke verbraucht, den Gewinn eines Unternehmens in einem bestimmten Zeitraum zu verdoppeln, die eigene Gesundheit zu erhalten, oder ein freundschaftliches Arbeitsklima im Betrieb zu schaffen. Menschliche Ziele beziehen sich auf die Qualität der Austauschbeziehungen der Menschen mit der Umwelt und gründen auf seinen Bedürfnissen. Man kann sie als in die Umwelt projizierte Bedürfnisse bezeichnen. Wer zum Beispiel ein starkes Anerkennungsbedürfnis hat, wird danach streben, die Aufmerksamkeit seiner Mitmenschen auf sich zu lenken und in der Sozialgemeinschaft beachtete Positionen zu erlangen.

Organisationsziele wiederum sind Projektionen individueller Ziele, so daß auch sie letztlich der Befriedigung menschlicher Bedürfnisse dienen. Auch sie beziehen sich auf Austauschbeziehungen, nämlich auf die zwischen der Organisation und ihrer Umwelt. Im Unterschied zu den individuellen Zielen, die vom einzelnen grundsätzlich frei gewählt werden können, bedarf die Bestimmung von Organisationszielen der Vereinbarung unter allen Beteiligten. Diese Vereinbarung wird in der Regel ohne explizite Diskussion dadurch getroffen, daß die Organisationsmitglieder in der Organisation mitarbeiten. Abbildung 30 zeigt exemplarisch die Beziehungen zwischen individuellen Bedürfnissen, beziehungsweise Zielen der Organisationsmitglieder und Zielen der Organisation.

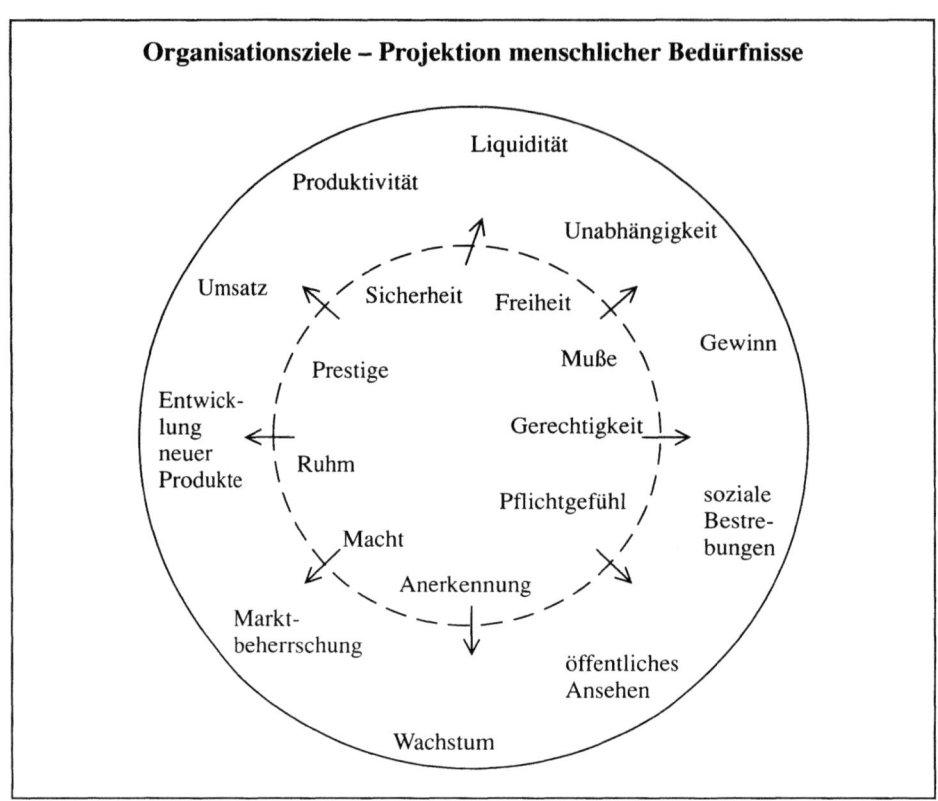

Abb. 30

Ziele haben für den einzelnen und für die Organisation eine vierfache Funktion:

- Als explizierte und in die Umwelt projizierte Bedürfnisse motivieren Ziele den Menschen, ihre Verwirklichung anzustreben. Je verlockender die Ziele sind, desto stärker aktivieren sie zum Handeln und um so mehr Kräfte mobilisieren sie. (Motivierungsfunktion)

- Die Erkenntnis der Organisationsmitglieder, daß die Ziele der Organisation auch einige ihrer wichtigen individuellen Ziele repräsentieren, ermöglicht ihnen die Identifikation mit der Organisation und bringen sie dazu, sich für ihre Belange einzusetzen. (Integrationsfunktion)

- Ziele weisen dem Denken und Handeln die Richtung. Erst dadurch werden die Konzentration der Kräfte auf das Wesentliche, die zweckgerichtete Koordination verschiedener Aktivitäten, und die Kooperation unabhängiger Individuen möglich. (Orientierungsfunktion)

– Während der Zielverwirklichung dienen die Ziele als Maßstäbe der Kontrolle. An ihnen kann festgestellt werden, ob die getroffenen Maßnahmen in die gewünschte Richtung führen. Das objektiviert den Erfolg. (Kontrollfunktion)

Die von den Organisationsmitgliedern im Alltag erlebten organisatorischen Zielsetzungen spiegeln keineswegs immer alle individuellen Ziele wider. Darum kommt die Befriedigung individueller Bedürfnisse im Arbeitsleben häufig zu kurz und wird deshalb in die Freizeit verlagert. Bedauerlicherweise liegt das oft nicht an der tatsächlichen Unmöglichkeit der Bedürfnisbefriedigung, sondern daran, daß sich die Führungskräfte der Organisationen zu wenig Mühe machen, Ziele der Organisation oder einzelner ihrer Einheiten zu explizieren und dabei ihren Wert für die individuelle Bedürfnisbefriedigung zu verdeutlichen. Auch werden die Mitarbeiter viel zu wenig an der Zielfindung der Organisation(seinheiten) beteiligt, so daß auch diese Chance zur Identifikation mit organisatorischen Zielen meist ungenutzt bleibt.

Das Problem scheint in der Wirtschaft allmählich erkannt zu werden. In den letzten Jahren ist es regelrecht Mode geworden, sich über Unternehmensziele oder Unternehmensgrundsätze Gedanken zu machen und diese in einem mitunter sehr aufwendigen Verfahren schriftlich niederzulegen. Leider ist es häufig so, daß die schließlich formulierten Ziele eher über der Organisation schweben, als daß sie in ihr verwurzelt sind. Zwar ist es sicherlich richtig, sich hohe Ziele zu setzen. Will man aber vermeiden, daß diese nur auf dem Papier stehen und ansonsten niemanden weiter kümmern, dann ist es unabdingbar, Ziele zu finden, die infolge ihrer erkennbaren Beziehung zu individuellen Bedürfnissen auch alle Mitarbeiter anreizen, sie nach besten Kräften zu verfolgen.

- Mittelcharakter der Organisation

Der gesunde Organismus „Mensch" „verfolgt" wie alles Lebendige das immanente Ziel des Überlebens und des Wachstums. Solange er lebt, kann er gar nicht anders, als dieses (primäre) Ziel zu „verfolgen". Da Organisationen von ihm geschaffen werden, damit sie seinen Zwecken dienen, dürfen wir auch für die Organisationen das immanente Ziel des Überlebens unterstellen. Das bedeutet, Organisationen beziehungsweise die in ihnen tätigen Menschen tendieren dazu, solche (stofflichen und geistigen) Austauschbeziehungen mit der Umwelt herzustellen und zu unterhalten, die der Organisation Überleben und Wachstum ermöglichen. Eine Organisation muß sich deshalb mit ihrer Umwelt (zum Beispiel ihren Mitgliedern, ihren Kunden und Lieferanten oder dem Staat) ständig so arrangieren, daß sie die zum Überleben und zum Wachstum benötigten Mittel auf Dauer erhält.

Organisationen werden von Menschen geschaffen, weil sie deren Überlebens- und Wachstumschancen vergrößern. Sie sind deshalb für den Menschen Mittel seiner Daseinsbewältigung und keine Zwecke. Die Schaffung der Organisation kann – zeitlich gesehen – als die erste Führungstätigkeit betrachtet werden. Sie besteht darin, daß Menschen und Sachmittel zu einer Wirkungseinheit kombiniert werden, um damit unter gegebenen Umweltbedingungen bestimmte Ziele zu erreichen. Ob die Organisation nur einen einzigen Menschen mit Aktenkoffer und Schreibutensilien umfaßt, der beispielsweise Versicherungen verkaufen möchte, oder ob sie aus vielen tausend Mitarbeitern und Sachmitteln im Werte von mehreren Milliarden Mark besteht, ist einerlei. Entscheidend ist, daß durch die Ausrichtung von Menschen und Sachmitteln auf ein gemeinsames Ziel Zweckbeziehungen zwischen ihnen geschaffen werden, die sie als organisatorische Einheit von ihrer Umwelt abgrenzen. Die so geschaffene Organisation steht zwar mit ihrer Umwelt in vielerlei Abhängigkeitsbeziehungen, aber sie besitzt andererseits auch ein gewisses Maß an Autonomie, das ihr erlaubt, auf ihre Umwelt einzuwirken, ihr(e) Ziel(e) zu verfolgen, sich weiterzuentwickeln und zu wachsen.

Menschen nutzen ihre inzwischen beträchtlich gewordene Autonomie, um ihre Existenzbedingungen weit über das für bloßes Überleben erforderliche Maß hinaus zu verbessern. Dementsprechend sind ihre Ziele – und damit auch die Ziele von Organisationen – sehr vielfältig geworden. Das immanente Überlebensziel besteht natürlich trotzdem weiter, nur bedeutet es heute nicht mehr nur physisches Überleben, sondern auch soziales Überleben und Überleben als Individuum. Dazu kommen transzendente Ziele, mit denen über das Überleben hinaus bestimmte Daseinszustände angestrebt werden. Zwecks Zielerreichung muß der Mensch, wie jeder Organismus, Austauschbeziehungen mit seiner Umwelt schaffen und unterhalten, die ihm das Überleben in seinem Sinne ermöglichen.

Das Überlebensziel hat bei gesunden Organismen absolute Priorität. Um seinetwillen werden erforderlichenfalls weitergehende (transzendente) Ziele vorübergehend eingeschränkt oder ganz aufgegeben, werden sogar Teile des Organismus geopfert. Der menschliche Körper gibt zum Beispiel im Falle zu kalter Umgebung periphere Körperteile wie Ohrläppchen, Nasenspitze, Finger und Zehen auf, um seine zum Überleben wichtige Kerntemperatur halten zu können. Tiere, wie beispielsweise Echsen und Spinnen, können bestimmte Körperteile bei Verlust sogar regenerieren. Mit Organisationen verhält es sich nicht anders. Ein um sein wirtschaftliches Überleben kämpfendes Unternehmen wird zum Beispiel zugunsten dringend benötigter Liquidität auf Rendite verzichten, es wird Mitarbeiter entlassen und es wird verlustbringende Betriebsteile stillegen oder abgeben. Ist die Krise überstanden, wird wieder an- und ausgebaut.

Während das allen Organismen immanente Ziel des Überlebens normalerweise unbewußt „verfolgt" wird (wir können es dehalb auch als implizites Ziel bezeichnen), entstehen transzendente Zielsetzungen auf der Ebene des reflexiven Bewußtseins. Sie sind deshalb nur Menschen eigen. Transzendente Ziele sind mehr oder weniger konkrete Wunschvorstellungen, also explizit erstrebte Dinge und Beziehungen. Organisationen verfolgen die transzendenten Ziele, die ihnen von ihren Mitgliedern vorgegeben werden. Das können im Zeitablauf wechselnde Ziele sein. Die Umwelt setzt ihnen bei der Zielsetzung allerdings insofern Grenzen, als nur solche Ziele verfolgt (d. h. die dazu erforderlichen Austauschbeziehungen aufgenommen) werden können, die im Einklang mit den jeweiligen Gegebenheiten und Anforderungen der Umwelt stehen (zum Beispiel mit den Naturgesetzen, mit der Rechtsordnung, mit den jeweiligen Markt- und Wettbewerbssituationen). Die zum langfristigen Gedeihen der Organisation unumgängliche Balance zwischen selbstbehauptendem und integrativem Verhalten muß also bereits bei der Zielsetzung berücksichtigt werden.

- Zielkonflikte

Die an der Organisation Beteiligten oder auf sie Einfluß nehmenden Menschen tragen in der Regel unterschiedliche transzendente Ziele an die Organisation heran, weil sie voneinander abweichende Bedürfnisse und Interessen haben. Führungskräfte sehen sich deshalb häufig Zielkonflikten gegenüber. So strebt die Organisationsleitung vielleicht nach Wachstum (Umsatz) als Mittel für Macht und Ansehen, die Eigentümer und Finanziers wollen eine möglichst hohe und sichere Rendite, die Arbeitnehmer wünschen sich sichere Arbeitsplätze, an denen sie gerne arbeiten, vielleicht auch kurze Arbeitszeiten und möglichst hohe Einkommen, der Staat will soviel Steuern kassieren wie nur möglich, die Kunden möchten erstklassige Produkte und Dienstleistungen kostengünstig einkaufen, und die Lieferanten suchen einen Abnehmer, der ihnen gute Preise zahlt. Jede Organisation befindet sich ständig im Spannungsfeld der mannigfachen Ansprüche, die einzelne ihrer Elemente und Subsysteme ebenso wie die Umwelt an sie stellen und durchzusetzen versuchen. I.d.R reichen die Mittel und Möglichkeiten der Organisationen nicht aus, um alle Beteiligten gleichermaßen zufrieden zu stellen. Aufgabe der Führungskräfte ist es, die daraus entstehenden Konflikte einer für die Organisation produktiven Bewältigung zuzuführen.

Welche Ziele eine Organisation verfolgt beziehungsweise nach Ansicht ihrer Mitglieder verfolgen sollte, liegt häufig im Halbdunkel. Einigermaßen klar sind meist nur die quantifizierbaren ökonomischen Ziele. Folglich hapert es auch mit der einheitlichen Orientierung der Organisationsmitglieder, was dazu führt, daß sie nicht immer an einem Strang ziehen. Und wenn sie es tun, ziehen sie nicht selten an den entgegengesetzten Enden. Deshalb ist es von größter Bedeutung für die Leistungsfähigkeit einer Organisation, daß bei den Mitgliedern Klarheit und Übereinstimmung hinsichtlich der zu verfolgenden Ziele besteht.

- Zielfindung und Zielklarheit

Menschen verfolgen immer Ziele, und ebenso ihre Organisationen. Das ist ihnen nur nicht immer bewußt. „Was will ich eigentlich?" ist für viele eine der am schwierigsten zu beantwortenden Fragen, weil sie sich viel zu wenig Gedanken darüber machen. Auch in Organisationen sind die Ziele keineswegs immer klar und eindeutig. Ohne eindeutige Ziele können aber auch keine Wege (Pläne, Strategien) bestimmt werden, die zu gehen sind, um die Ziele zu erreichen. Die Folge ist ein orientierungsloses Herumtreiben. Der Mensch oder die Organisation ist den Einflüssen des Umweltgeschehens ausgeliefert, kann nur reagieren, anstatt zu agieren.

Unabdingbare Voraussetzung für effektives kooperatives Handeln ist, daß die gemeinsamen Ziele allen Mitgliedern der Organisation stets bewußt sind. Deshalb ist es wichtig, diese Ziele eingängig (d. h. klar, eindeutig, plastisch) und schriftlich zu formulieren. Die Oberziele der Organisation(seinheit) sollten allen Mitgliedern immer wieder vor Augen geführt werden. Das darf aber nicht nur durch Wiederholung oder andauernde optische Präsentation geschehen, sondern muß vor allem auch dadurch praktiziert werden, daß die Ziele erkennbar die tägliche Arbeit beeinflussen. Führungskräfte sind dazu als Vorbilder gefordert.

Die Anzahl der grundlegenden Ziele (Organisationsziele oder Organisationsgrundsätze) sollte beschränkt werden. Mehr als drei bis fünf Organisationsziele sind nicht erforderlich. Die Ziele müssen aber unter Beteiligung aller Organisationsmitglieder gemeinsam erarbeitet werden und dürfen auf gar keinen Fall von „oben" verordnet werden. Denn die Ziele, die sich der einzelne aus innerem Antrieb selbst gesetzt hat oder an deren Formulierung er wenigstens in freier Diskussion hat teilnehmen können, entwickeln die stärkste motivationale Kraft. Müssen Führungskräfte Ziele vorgeben, statt sie mit ihren Mitarbeitern zu vereinbaren, dann sollten sie sicherstellen, daß den Mitarbeitern deren Sinn einsichtig ist. Aus den Zielen für die ganze Organisation müssen sich die Mitglieder der einzelnen Organisationseinheiten dann eigene individuelle und gemeinsame Ziele ableiten, die ihre Beiträge im Rahmen des gemeinsamen Leistungsprozesses betreffen. Jedes Organisationsmitglied muß in der Lage sein, seinen eigenen Zielbeitrag anhand eigener, von den Organisationszielen abgeleiteter Bewertungsmaßstäbe zu beurteilen.

Zielklarheit ist durch richtiges Fragen zu gewinnen. Anregungen zur Findung der grundlegenden Organisationsziele können zum Beispiel diese Fragen geben:

– Wer sind wir?
– Woher kommen wir?
– Wo stehen wir?
– Was ist das Besondere an uns?

- Was ist uns wichtig?
- Wo wollen wir hin?

Speziellere Fragen können zur Klarheit hinsichtlich einzelner erstrebenswerter organisatorischer Grundwerte, Leistungen, Prozesse oder Aktivitäten führen:

- Welchen Nutzen wollen wir unserer Umwelt bieten (zum Beispiel in Form von Produkten, Dienstleistungen, Beschaffungs- und Entsorgungskonzepten, sozialen Einrichtungen, attraktiven Arbeitsplätzen)?
- Wie können wir diesen Nutzen dauerhaft und effizient erbringen (zum Beispiel durch die Förderung qualifizierender und kreativer Prozesse, Verbesserung von Kommunikation und Kooperation, Sicherung der Leistungsmotivation der Mitarbeiter)?

Bei der Beantwortung solcher Fragen sollte stets an die Balance von Selbstbehauptung der Organisation und ihrer Integration in die Umwelt gedacht werden: Wie (mit welchen Maßnahmen, Mitteln und Methoden) kann die Organisation ihrer Umwelt (in erster Linie ihren Kunden, Klienten usw.) und dadurch zugleich sich selber (also auch ihren Mitgliedern) nützlich sein? Oder anders formuliert: Wie kann die Organisation zum Gedeihen ihrer Umwelt und damit zur Verbesserung ihrer eigenen Existenzbedingungen beitragen? Diese Fragen sind auf jeder Systemebene zu stellen, um das Verhalten aller Subsysteme zum Nutzen des Gesamtsystems zu koordinieren. Auf der Ebene der Organisationseinheiten und der einzelnen Mitglieder der Organisation muß zum Beispiel gefragt werden: Wie kann ich/können wir zum langfristigen Erfolg (sprich: Balance von Selbstbehauptung der Organisation und ihrer Integration in die Umwelt) der Organisation beitragen?

Um ihre Orientierungs- und Kontrollfunktion erfüllen zu können, müssen die Ziele angemessen konkretisiert werden. Das bedeutet für die grundlegenden Ziele der gesamten Organisation allgemeinere Formulierungen. Ziele für die Organisationseinheiten sind um so spezieller zu fassen, je niedriger die Führungsebene ist, für die sie gelten, und die Ziele für einzelne Mitarbeiter müssen sehr präzis und detailliert beschrieben sein. Erforderlich sind in jedem Falle eine eindeutig qualifizierte oder quantifizierte inhaltliche Bestimmung des Ziels sowie die Vorgabe eines Zeitpunktes beziehungsweise Zeitraumes für die Zielerreichung. Zielklarheit fördert den effizienten Einsatz der Kräfte. Bei der Formulierung selbst muß auf positiven Ausdruck (das zu Erreichende, nicht das zu Vermeidende ansprechen) und operationale Formulierung (das Ziel muß sich als Maßstab für die Zielerreichung eignen) Wert gelegt werden.

Wichtig ist zu erkennen, daß erstrebte Zustände nicht an sich, sondern nur über einen Veränderungsprozeß erreicht werden können. Diese Tatsache wird meist durch unser gewohntes Denken in Gegenständen, Zuständen und Ergebnissen verdeckt. Der Alltag fördert dieses Denken, das die zu den Gegenständen, Zuständen und Ergebnissen führenden Prozesse verdrängt, auf mannigfache Art und entwickelt dadurch in vielen von uns eine Knopfdruck-Mentalität. Wir brauchen Licht, also schalten wir mit einem Druck die Leuchte ein. Wir haben Hunger, also greifen wir zu einem Nahrungsmittel. Wir wollen jemanden sprechen, also wählen wir seine Telefonnummer. Wenn etwas nicht klappt, was auf Anhieb klappen könnte (und sollte!), sind wir frustriert. Zu unserem Leidwesen enthält die Realität unserer Welt aber viele komplexe Strukturen, die sich nicht auf Knopfdruck verändern lassen. Die Beseitigung des Hungers in manchen Ländern, die Transformation der chronisch ineffektiven Zentralverwaltungswirtschaften in leistungsfähige Marktwirtschaften oder die Verbesserung der organisatorischen Führung sind Ziele, die sich nur über komplexe Prozesse verwirklichen lassen.

Entsprechend der Vieldimensionalität organisatorischen Handelns kommen in der organisatorischen Wirklichkeit häufig keine Einzelziele, sondern Zielbündel oder (hierarchisch gegliederte) Zielsysteme vor. Ein einfaches Beispiel, bei dem die Ziele nur genannt, aber nicht ausformuliert sind, zeigt Abbildung 31. Im Falle von Zielbündeln oder Zielhierarchien ist darauf zu achten, daß die Beziehungen zwischen den Zielen bekannt und konsistent sind. Grundsätzlich lassen sich Unverbundenheit (keine Beziehungen existieren), Konkurrenz (die Verfolgung des einen Ziels erschwert oder verhindert die des anderen) und Komplementarität (die Verfolgung des einen Ziels erleichtert oder fördert die des anderen) unterscheiden. Sehr wichtig ist es darüber hinaus, die möglichen Nebenwirkungen der Zielverfolgung und -erreichung zu ergründen, damit man sich keine unverhofften Nachteile einhandelt.

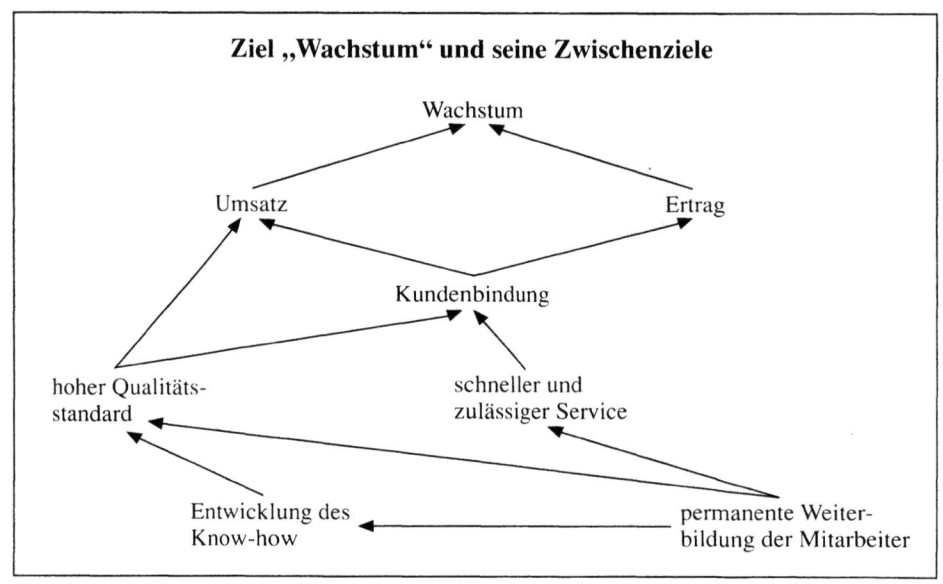

Abb. 31

Ein guter Grundsatz der Zielbestimmung scheint folgender zu sein: Man wähle seine Ziele stets so, daß dadurch vorhandener Handlungsspielraum erhalten bleibt oder zusätzliche erfolgversprechende Handlungsmöglichkeiten geschaffen werden. Das ist die Zielsetzung nach dem Kriterium der maximalen Effizienz-Divergenz (Oesterreich) oder dem Kriterium der maximalen potentiellen Verhaltensvarietät. Im Zusammenhang mit der Frage der Macht von Menschen oder Organisationen wurde das Kriterium bereits erwähnt. Die Zielfindung entsprechend diesem Grundsatz kommt auch dem Prozeßdenken entgegen, weil sie Ziele nicht als endgültige oder End-Zustände betrachtet, sondern als willkürlich (doch wohlüberlegt) gewählte Punkte in einem Kontinuum des Werdens.

Die Verantwortung für die Findung, Formulierung und Erreichung ihrer Ziele tragen die Führungskräfte in erster Linie selbst. Sie müssen (gemeinsam mit ihren Mitarbeitern) wohlüberlegte, sinnvolle und motivierende Ziele bestimmen und erforderlichenfalls dafür bei ihren Vorgesetzten um Unterstützung und Förderung werben. Die Vorgesetzten haben dafür zu sorgen, daß auch den Zielen der übergeordneten Führungsebenen Rechnung getragen wird beziehungsweise daß diese übergeordneten Ziele von den untergeordneten (Führungs-)Ebenen zu eigenen Zielen gemacht werden.

Organisationen, denen Ziele als geeignete Maßstäbe für die Zielerreichung fehlen, leiden unter chronischer Ineffizienz. Der Öffentliche Dienst ist dafür ein Paradebeispiel. Woran werden Lehrer, Postbeamte, Richter, Professoren, Polizisten, Theaterintendanten und Behördenchefs gemessen? Sie sind da und tun etwas. Und sie brauchen dazu von Jahr zu Jahr mehr Geld. Der immer stärker belastete Steuer- und Beitragszahler kann aber nicht erkennen, daß dafür auch mehr geleistet würde. Damit sind die Austauschbeziehungen des Staates mit der gesellschaftlichen Umwelt ständig im Ungleichgewicht: Der Staat beutet die Gesellschaft der Bürger aus; seine Selbstbehauptung und Selbstexpansion sind ihm wichtiger als Integration in die bürgerliche Gesellschaft.

Falsche Ziele führen zu Fehlentwicklungen, die die Existenz einer Organisation gefährden können. Ziele, die wichtige Umweltgegebenheiten außer acht lassen (zum Beispiel den Wandel der gesellschaftlichen Werthaltungen), weisen dem Denken und Handeln die Richtung ins Abseits. Ziele, die innerhalb einer Organisation unnötige Konflikte provozieren (zum Beispiel weil sie unklar oder unvereinbar sind), kosten Energien, die nützlicher eingesetzt werden könnten. Zu kurzfristige Ziele bewirken, daß eine Organisation auf Kosten ihrer möglichen Zukunft lebt, daß sie das Huhn lieber verspeist, statt es Eier legen zu lassen. Eindimensionale Ziele (zum Beispiel Kostenziele) bergen stets die Gefahr, daß in den nicht berücksichtigten Dimensionen erhebliche negative Nebenwirkungen auftreten. So kann zum Beispiel der Leiter der Instandsetzung versucht sein, seine Kosten zu Lasten seiner „Kunden", der Produktion oder des Fuhrparks zu senken, indem er durch Minderleistung Ausfälle und Stillstände in Kauf nimmt, die nicht auf seine Rechnung gesetzt werden.

Brauchbare Ziele zu setzen, die das organisatorische Geschehen mit möglichst wenigen unangenehmen Nebenwirkungen in die richtige Richtung lenken, erfordert sehr gründliche Überlegungen. Das gilt noch mehr, wenn außer sachlogischen Aspekten auch noch motivationale Gesichtspunkte berücksichtigt werden müssen.

- Integration und Motivation durch Ziele

Neben der kognitiven Wirkung der Orientierungs- und Kontrollfunktion von Zielen ist ihre Integrations- und Motivationsfunktion von besonderer Bedeutung. Attraktive Ziele, die wichtige Bedürfnisse der Menschen ansprechen, können beträchtliche Energien mobilisieren und äußerst wirksame koordinierte Anstrengungen in Gang setzen. Ein historisches Beispiel dafür ist die von US-Präsident Kennedy 1961 an die NASA gestellte Aufgabe, noch vor Ende des Jahrzehnts müsse ein Amerikaner auf dem Mond landen und unversehrt zur Erde zurückkehren. Das unter dem Eindruck des von den Sowjets durchgeführten ersten bemannten Weltraumflugs aufgestellte Ziel wurde im Juli 1969 tatsächlich erreicht.

Zu solchen Leistungen motivieren keine trockenen Zahlenvorgaben. Da müssen schon starke Gefühle angesprochen werden. Und die Aufgabe muß vor allem Sinn haben, wenn sie Einsatz- und Leistungsbereitschaft von Menschen mobilisieren soll. Dabei spielt es grundsätzlich keine Rolle, um welche Art von Aufgabe es sich handelt. Die Beobachtung, daß ein und dieselbe Tätigkeit von dem einen mit Hingabe und von dem anderen nur widerstrebend ausgeführt wird, zeigt, daß jede Aufgabe sinnvoll sein kann. Es kommt einzig und allein darauf an, wie sie subjektiv in das jeweilige Weltbild des Menschen eingeordnet wird.

Die Einordnung ist beeinflußbar, wenn auch nicht beliebig. Nicht der Vorgesetzte, sondern die Mitarbeiter entscheiden letztlich darüber, welche Ziele und Aufgaben sinnvoll sind und welche nicht. Eine gute Chance zur Beeinflussung besteht aber, wenn die personalen Bedürfnisse der Mitarbeiter angesprochen werden, die weiter vorn bereits erörtert wurden. Je mehr die Vorgesetzten über ihre Mitarbeiter wissen, desto gezielter können sie ihnen Ziele und Aufgaben als sinnvoll vermitteln. Eine Gestaltung der Arbeits- und Führungsbedingungen, die den Mitarbeitern Raum für Eigeninitiative und zur Selbstentfaltung läßt und ihnen ermöglicht, ihre Aufgaben und Tätigkeiten auch selbst mit Sinn zu erfüllen, ist darüber hinaus eine gute Grundlage für motivierende und integrierende Zielsetzungen.

Nur Ziele, die von den Mitarbeitern für wichtig und wertvoll gehalten werden, vermögen sie dauerhaft zum optimalen Einsatz ihrer Qualifikationen zu motivieren und sie als Leistungsträger in den organisatorischen Kooperationsprozeß zu integrieren. Die richtige Wahl der Ziele sowie ihre attraktive Formulierung und Präsentation – beides nach Möglichkeit unter partnerschaftlicher Beteiligung der Mitarbeiter – durch die Führungskräfte ist deshalb von größter Bedeutung für die Einsatz- und Leistungsbereitschaft der Mitarbeiter. Es deutet sich an, daß Führungskräfte in Zukunft den Mitarbeitern Ziele viel öfter erst „verkaufen" müssen, bevor sie ihre orientierende, motivierende und integrierende Funktion zum Nutzen der Organisation entfalten können.

Damit Ziele Anreiz auf die Mitarbeiter ausüben können, müssen sie auch realistisch und gerecht sein. Realistisch ist ein Ziel dann, wenn es unter normalen Umständen von einem mit den notwendigen Qualifikationen und Sachmitteln ausgestatteten Mitarbeiter erreicht werden kann. Zu hohe Ziele demotivieren, zu niedrig angesetzte stellen keine Herausforderung dar. Gerecht ist ein Ziel, wenn derjenige, dem es gesetzt ist, auch über alle Kompetenzen verfügt, die zur Zielerreichung erforderlich sind. So kann ein Mitarbeiter beispielsweise nicht für Kostensteigerungen in seinem Zuständigkeitsbereich verantwortlich gemacht werden, die er nicht zu vertreten hat, solange er nicht berechtigt ist, die zugrundeliegenden Leistungen von woanders zu beziehen oder auf sie zu verzichten.

Die schließlich immer dienende Funktion von Zielen sollte sich darin ausdrücken, daß Ziele von Zeit zu Zeit daraufhin überprüft werden, ob sie noch richtig, brauchbar und sinnvoll sind. Stellt man fest, daß dies nicht mehr der Fall ist, müssen sie unverzüglich annuliert oder revidiert werden. In vielen Fällen ist es zweckmäßig, Ziele von vornherein flexibel zu definieren, um unvorhersehbaren Entwicklungen Rechnung tragen zu können. Ein Verkaufsleiter würde es zum Beispiel kaum verstehen, wenn sein infolge unvorhergesehener Verkaufserfolge frühzeitig erschöpftes Reisekosten-Budget nicht unbürokratisch aufgestockt werden könnte.

5.3.2 Generelle und fallweise Initiativen

Mitarbeiter müssen genau wissen, was sie zu tun haben. Ob und wie sie das erfahren, ist eine Kernfrage der Führung. Die Vorgabe oder (besser) Vereinbarung von Zielen für ihre Tätigkeit in der Organisation ist das probate Mittel, es ihnen so zu sagen, daß sie ihre Kenntnisse und Fertigkeiten optimal im gemeinsamen Leistungsprozeß einsetzen können. Darauf kommen wir gleich wieder zurück. Zunächst aber einige Bemerkungen zu zwei anderen Formen der Initiative.

- Aufträge und Anweisungen

Im Rahmen ihrer Zuständigkeiten treffen sowohl Führungskräfte wie auch Mitarbeiter Entscheidungen. Die Entscheidungen der Mitarbeiter beziehen sich in der Regel auf den Ausführungsprozeß und betreffen die Sachaufgabe (zum Beispiel entscheidet sich der Mitarbeiter, ein bestimmtes Werkzeug zu benutzen oder ein bestimmtes Bearbeitungsverfahren anzuwenden). Entscheidungen der Führungskräfte beziehen sich in der Regel auf den Führungsprozeß und betreffen zum Beispiel die Spielregeln der Zusammenarbeit, die Verteilung von Aufgaben oder den Start eines neuen Arbeitsprojekts. Von diesen Führungsentscheidungen sind die Mitarbeiter insofern betroffen, als sich daraus für sie Aufgaben ergeben.

Die Erledigung der Aufgaben durch die Mitarbeiter kann von den Führungskräften durch Aufträge oder Anweisungen initiiert werden. Dabei handelt es sich um mehr oder weniger detaillierte Informationen über die vom Vorgesetzten gewünschten Tätigkeiten und Ergebnisse (zum Beispiel einen Brief nach Diktat schreiben, eine Kupplung auswechseln). Aufträge und Anweisungen beziehen sich meistens auf Einzelfälle; nach Erledigung ist der Mitarbeiter für neue Aufgaben frei. Die Vorgaben des Vorgesetzten lassen ihm in der Regel sehr wenig Spielraum bei der Aufgabenerfüllung.

Aufträge und Anweisungen haben in vielen Fällen sicherlich ihre Berechtigung und sind oft auch notwendig. Qualifizierte Mitarbeiter, die selbständig und eigenverantwortlich arbeiten möchten, und Vorgesetzte, die die fachlichen und menschlichen Potentiale ihrer Mitarbeiter weitgehender nutzen und auch weiterentwickeln möchten, werden diese Initiativ-Form aber so abwandeln, daß den Mitarbeitern bei der Aufgabenerfüllung mehr Handlungsspielraum bleibt und sie ihre Kenntnisse und Fertigkeiten umfassender einsetzen können. Das kommt den Mitarbeitern zugute, die sich mit ihren dann anspruchsvolleren Aufgaben besser identifizieren können, es entlastet die Vorgesetzten, die ihre Mitarbeiter nicht mehr ständig betreuen müssen, und es ist auch geeignet, die Leistung der Organisationseinheit durch die effektivere Nutzung der vorhandenen und mögliche Entwicklung zusätzlicher Qualifikationen zu steigern.

Organisationen mit einem über längere Zeit feststehenden Leistungsprogramm institutionalisieren in der Regel die Kooperationsbeziehungen ihrer Mitglieder. Diese haben dann bestimmte, immer wiederkehrende Aufgaben im Rahmen eines weitgehend routinisierten Kooperationsprozesses wahrzunehmen. Führungskräfte müssen darauf achten, daß diese Prozesse nicht zu Selbstzwecken erstarren und fortlaufend an die Erfordernisse der sich wandelnden Organisations-Umwelt-Beziehungen angepaßt werden. Die Führungsfunktion „Initiieren" bedeutet in diesem Zusammenhang, dafür zu sorgen, daß die internen Prozesse der Organisation im Hinblick auf ihre Leistungsfähigkeit für das Gedeihen der Organisation fortwährend optimiert werden.

- Management by Objectives

Die Führung mittels Zielvorgaben beziehungsweise -vereinbarungen gewährleistet ein Höchstmaß an Handlungsfreiheit und Flexibilität bei der Zielverfolgung. Erfolgreiche Führung mit dieser Initiativ-Form setzt allerdings voraus, daß

- bei der Zielsetzung die oben angestellten Überlegungen berücksichtigt und brauchbare Ziele gesetzt werden;
- den Mitarbeitern die Spielregeln geläufig sind, die für die Zusammenarbeit in der Organisation gelten (Führungsgrundsätze, Kompetenzregelungen usw.);
- die Mitarbeiter für die relativ selbständige und eigenverantwortliche Erfüllung ihrer Aufgaben qualifiziert sind und über die dazu erforderlichen Sachmittel und Informationen verfügen können;
- den Mitarbeitern zugestanden wird, Aufgaben auf andere Weise zu lösen, als es ihr Vorgesetzter getan hätte, und auch Fehler zu machen.

Die Führung durch Zielvorgabe oder -vereinbarung entspricht den Forderungen des ökologischen Führungskonzepts nach Differenzierung der Organisation in relativ selbständig, aber nach integrierenden Spielregeln arbeitende Subsysteme. Nach dem Prinzip der Subsidiarität sind die Führungskräfte nur noch für die Aktivitäten zuständig, die von ihren Mitarbeitern im Rahmen ihrer – von der Führungskraft definierten – Zuständigkeit und Verantwortung nicht mehr ausgeführt werden können.

- Delegation

Bei der Delegation überträgt die Führungskraft ihren Mitarbeitern ganze Aufgabenbereiche aus ihrer Zuständigkeit zur selbständigen und eigenverantwortlichen Erledigung. Die Führung durch Zielvorgabe oder -vereinbarung wird dadurch auf die Spitze getrieben: Sie erfolgt nicht nur fallweise, sondern generell. Der Vorgesetzte hat seinen Mitarbeitern in ihre Delegationsbereiche nicht mehr hineinzuregieren, sie sind für ihn tabu. Das bedeutet natürlich nicht, daß er sich nicht mehr darum kümmert, was seine Mitarbeiter tun. Die Art seiner Anteilnahme an der Arbeit seiner Mitarbeiter wird im übernächsten Kapitel eingehend besprochen. Der entscheidende Punkt bei der Delegation ist aber die Selbständigkeit der Mitarbeiter hinsichtlich Kompetenz und Verantwortung für ihre Sachaufgabe.

Delegation verlangt die oben für das Management by Objectives genannten Voraussetzungen. Mehr als bei diesem erfordert die Delegation, daß der Delegierende in seinem ganzen Wesen und nicht nur laut Organisationsplan Führungskraft ist. Denn immer wieder werden drei gravierende Fehler gemacht, die auf einem falschen Verständnis der Führungsaufgabe beruhen:

Erstens: Führungskräfte verlangen von ihren Mitarbeitern Berichte über zu viele Details ihrer Aufgabenerfüllung. Das wirkt sich insbesondere dann schädlich aus, wenn es sich bei den Mitarbeitern ebenfalls um Führungskräfte handelt. Die unnötige Detailsucht der Vorgesetzten zwingt die Mitarbeiter, sich um Dinge zu kümmern, die unwichtig oder nicht ihre Sache sind. Damit vergeuden sie ihre eigene Zeit ebenso wie die ihrer nachgeordneten Mitarbeiter, die ihnen Informationen liefern müssen. Führungskräfte werden so von ihren Vorgesetzten in die Rolle des Super-Sachbearbeiters gedrängt (an die sich der Vorgesetzte infolge seiner Unsicherheit in der Führungsrolle ebenfalls klammert).

Zweitens: Führungskräfte verletzen den Delegationsbereich ihrer Mitarbeiter, indem sie zum Beispiel unnötigerweise mit zusätzlichen Anordnungen eingreifen, selbst Entscheidungen treffen, für die ihre Mitarbeiter zuständig wären, oder Entscheidungen ihrer Mitarbeiter revidieren. Abgesehen von dem Durcheinander, das Vorgesetzte durch solches Verhalten anrichten, demotivieren sie ihre Mitarbeiter und verhindern, daß diese selbständiges und eigenverantwortliches Arbeiten lernen. Daß Vorgesetzte, die den Delegationsbereich ihrer Mitarbeiter ständig verletzten, ebenso häufig klagen, sie seien überlastet, wie ihre Kollegen, die zu wenig delegieren, wundert nicht.

Drittens: Der Delegationsbereich wird nicht exakt definiert. Dann ist der Mitarbeiter im unklaren, was er selbständig bearbeiten und entscheiden darf und was sein Vorgesetzter sich vorbehält. Der Vorgesetzte hat natürlich immer recht, und der Mitarbeiter zieht ständig den kürzeren, wenn es Meinungsverschiedenheiten darüber gibt, ob der Mitarbeiter seiner Zuständigkeit entsprechend gehandelt hat oder nicht. Der Mitarbeiter wird in diesem Fall systematisch verunsichert und demotiviert, der Vorgesetzte ist ständig in die Aufgaben des Mitarbeiters involviert und darum überlastet.

Delegation klappt nur, wenn Vorgesetzte ihren Mitarbeitern zutrauen, daß sie ihre Aufgaben zufriedenstellend erledigen werden. Nur wenn dieses Vertrauen vorhanden ist, werden auch die Mitarbeiter das notwendige Selbstvertrauen in ihre Fähigkeiten entwickeln können. Aufgabe der Vorgesetzten ist es, sie dabei zu unterstützen. Rückdelegation von Aufgaben, denen sich die Mitarbeiter nicht gewachsen fühlen, dürfen sie grundsätzlich nicht zulassen. Statt sich von ihren Mitarbeitern für deren Arbeit einspannen zu lassen, sollten Vorgesetzte ihnen helfen, zu lernen. „Bringen Sie mir keine Fragen", pflegte in solchen Fällen der Prokurist eines Handelshauses immer zu seinen Abteilungsleitern zu sagen, „bringen Sie mir Antworten. Über die können wir dann sprechen."

Delegation mit allmählich wachsendem Kompetenz- und Verantwortungsumfang ist eine ausgezeichnete Schule für den Nachwuchs, der so allmählich in immer anspruchsvollere Aufgaben hineinwachsen kann. Delegation ist aber auch ein Prüfstein für Führungskräfte: Sie sind es erst dann, wenn ihre Organisation(seinheit) auch in ihrer Abwesenheit wie geschmiert läuft, weil alle Mitarbeiter ihre Aufgaben selbständig erledigen.

Durch Delegation entstehen – wenn sie richtig gehandhabt wird – kleine Subsysteme, die mit der Organisationseinheit, der sie angehören, in ähnlicher Beziehung stehen wie diese zu der ihr übergeordneten Organisationseinheit. Delegation fördert also die Organisationsdifferenzierung in relativ autonome Einheiten, die nach den Prinzipien der Subsidiarität und der Selbstorganisation geführt werden können. Der Unterschied zwischen einem Delegationsbereich und einer selbständigen Organisationseinheit besteht allein darin, daß der Vorgesetzte für die regelgemäße, qualitativ, quantitativ, zeitlich und von den Kosten her anforderungsgerechte Ausführung der delegierten Aufgaben gegenüber der übergeordneten Führungsebene weiterhin verantwortlich bleibt.

- Planen – die Wege zum Ziel festlegen

Ziele, die nur auf dem Papier stehen, sind wertlos. Deshalb muß auf die Zielfindung die Planung des Weges folgen, der zum Ziel hinführen soll. Bei naheliegenden und einfachen Zielen ist das kein Problem. Wenn wir unseren Hunger stillen möchten, plant sich der Weg zum Ziel so gut wie von selbst (es sei denn, wir befinden uns in einer Gegend, wo wir nicht einfach in die eigene Küche zum Kühlschrank gehen oder ein Restaurant aufsuchen können). Weiter entfernte oder komplexere Ziele sind oft ohne Planung gar nicht erreichbar. Denken wir zum Beispiel an den Bau eines Hauses oder die Erschließung eines neuen Marktes.

Ziele weisen den Weg, Pläne sind mehr oder weniger konkrete Wege zum Ziel. Ebenso wie Ziele nur geistige Gebilde sind, strukturieren Pläne den Weg vom Jetzt in die durch das Ziel markierte Zukunft. Planen ist Zielerreichen im Kopf. Es ist durchaus gerechtfertigt, Pläne als erweiterte Zielsetzungen anzusehen. Denn sie zeigen, welche Schritte zu unternehmen – welche Zwischen- oder Teilziele zu erreichen – sind, damit das Ziel verwirklicht werden kann. Ohne einen Plan für ihre Verwirklichung blieben viele Ziele bloße Wunschvorstellungen.

Ein Plan besteht aus einer zeitlich gegliederten Abfolge von Aktivitäten (die auch in Wechselbeziehung zueinander stehen, sich verzweigen oder parallel laufen können), von denen die Planer annehmen, daß sie – gemeinsam, zum richtigen Zeitpunkt und in der richtigen Reihenfolge durchgeführt – zum Ziel führen. In der Vorwärts-Planung werden die Aktionen nacheinander so zusammengefügt, daß am Ende das erwünschte Ergebnis herauskommt. Man denke zum Beispiel an die Planung eines Hausbaus. Bei der Rückwärts-Planung wird – beginnend beim Ergebnis – jeweils gefragt, welche Bedingungen gegeben sein müssen, um den erwünschten beziehungsweise erforderlichen Zustand zu erreichen, und wie sie hergestellt werden können. Ist man beim Ausgangszustand angelangt, hat man ebenfalls eine Folge von Aktivitäten, die – nacheinander durchgeführt – das angestrebte Ergebnis erbringen. Die Rückwärts-Planung ist angebracht, wenn die erforderlichen Zwischenziele beziehungsweise Teilergebnisse nicht bekannt sind. Gröbere Makro-Pläne für die Gesamtorganisation können durch feinere Mikro-Pläne für einzelne Organisationseinheiten ergänzt und damit detailliert werden, so daß einerseits der Gesamtüberblick gewahrt bleibt und andererseits die Mitarbeiter vor Ort hinreichend genaue Orientierungsgrößen haben. So gibt es zum Beispiel Kosten- und Erlösplanungen für das Unternehmen, für Unternehmensbereiche und für einzelne Abteilungen.

- Planung – Konstruktion von Wirklichkeit

Da Planung sich auf die Zukunft bezieht, ist sie reine Phantasie. Denn niemand kann in die Zukunft sehen; was wir als Zukunft bezeichnen, ist nichts als die Projektion unserer Vergangenheitserfahrung, vermischt mit Hoffnungen, Befürchtungen und Wünschen. Daß wir mit unseren Mitmenschen über unsere Pläne sprechen und von ihnen etwas über ihre Pläne erfahren und daß wir unsere Pläne teilweise miteinander abstimmen, gibt uns ein subjektives Gefühl, einiges über die Zukunft zu wissen. Wir können aber tatsächlich nichts wissen, sondern nur Vermutungen anstellen. Und diese Vermutungen fließen in unsere Pläne ein.

Wer plant, muß die Unsicherheit darüber ertragen können, ob die zukünftigen Verhältnisse den in der Planung zugrundegelegten Verhältnissen entsprechen werden. Je größer die objektive Unsicherheit ist, desto gröber muß die Planung ausfallen und desto wichtiger ist es, sie veränderten Voraussetzungen anpassen zu können. Vorbedachte Alternativen können diese Anpassungen erleichtern. Wer in Ungewißheitssituationen minutiös plant, gerät einerseits in Gefahr, sich in Einzelheiten zu verlieren, die für die Zielerreichung bedeutungslos sind, und beraubt sich andererseits durch die Festlegung zu vieler Details dringend benötigter Handlungsfreiheiten. Planung unter Ungewißheit ist deshalb aber nicht überflüssig. Denn sie schafft ein Gedankengebäude, das dem Denken und Handeln, wenn schon nicht Sicherheit, so doch eine klare Orientierung gibt. Dadurch kann auf kurzfristige Erfolge angelegter Aktionismus eingedämmt und eine längerfristige Perspektive vermittelt werden.

Planung ist der geistig vorweggenommene Prozeß der Einflußnahme auf die Austauschbeziehungen zwischen der Organisation und ihrer Umwelt sowie auf die ihnen zugrundeliegenden organisationsinternen Prozesse. Führungskräfte nutzen sie, um größere innovative oder einmalige Vorhaben zu verwirklichen. Der Plan dient dann all denen zur Orientierung, die Entscheidungen treffen und Handlungen ausführen müssen, damit seine Ziele erreicht werden.

Es dürfte sich von selbst verstehen, daß bei der Umsetzung von Plänen in Wirklichkeit Reibungsverluste vermieden werden, wenn die Betroffenen an der Planung beteiligt werden. Denn wer an der Planung mitwirkt, kann sich eher mit ihren Ergebnissen und den daraus für die Praxis zu ziehenden Folgerungen identifizieren und ist stärker motiviert, bei der Verwirklichung mitzuarbeiten, als einer, dem die fertige Planung vorgesetzt wird. Außerdem sind bei der Planung Kreativität und Phantasie gefragt, die durch die Beteiligung von Organisationsmitgliedern (oder sogar auch Außenstehenden Fachleuten) mit unterschiedlichen Ausbildungen, Aufgaben und Interessen am besten gefördert werden.

- Experten und technische Hilfsmittel

Pläne entstehen in den Köpfen einzelner Führungskräfte und Mitarbeiter oder durch kooperatives systematisches Denken mehrerer Organisationsmitglieder im Gespräch. Pläne, die größere Vorhaben betreffen, oder von denen die Organisation umfassend betroffen ist, werden fast immer von mehreren Personen erarbeitet. Das hat, wie gesagt, den Vorteil, daß ganz unterschiedliche Wissensbestände, Erfahrungen und Interessen in den Planungsprozeß einfließen und ihn dadurch bereichern.

Gefahr ist jedoch im Verzuge, wenn sich nur die Experten vom grünen Tisch zusammenfinden. Sie bringen zwar in der Regel exzellente Fachkenntnisse in den Planungsprozeß ein, legen aber meist zu wenig Wert darauf, die Gegebenheiten in den einzelnen von der Planung betroffenen Organisationseinheiten mit in ihre Überlegungen einzubeziehen. Zentralistische Expertenplanung führt deshalb in aller Regel dazu, daß die Selbstorganisationspotentiale der Organisationseinheiten blockiert werden, mit der Folge einer Effizienzminderung ihrer Arbeit. Die Harmonisierungsbestrebungen der EG-Bürokratie sind ein Beispiel dafür. Deshalb muß darauf geachtet werden, daß Planung die Vielfalt der organisatorischen Handlungs- und Entwicklungsmöglichkeiten nicht unnötigerweise einschränkt.

Aus der Tatsache, daß bei der Planung bestimmte Methoden und technische Hilfsmittel (Computer und entsprechende Software) angewendet werden, ergibt sich eine weitere Gefahr. Die liegt darin, daß nur das in die Überlegungen einbezogen wird, was mit der Planungsmethodik oder dem benutzten Hilfsmittel erfaßt werden kann. Alles andere – auch wenn es vielleicht sehr wichtig wäre – bleibt außer Betracht. Und schlimmer noch: es wird überhaupt nicht mehr gesehen, ist für die Planer nicht existent. Denn es gehört nicht zu der Wirklichkeit, wie sie sich – durch die Brille der Methoden und Hilfsmittel betrachtet – darstellt. So kommt es, daß Pläne in Organisationen meist Zahlenwerke sind, die alle nicht quantifizierbaren Aspekte vernachlässigen.

Es sollte sich lohnen, die Wirklichkeit in Plänen durch die Einbeziehung nicht quantifizierbarer Größen umfassender abzubilden. Einmal schon deshalb, weil Pläne dann auf einer vollständigeren Grundlage sicherer verwirklicht werden könnten. Zum anderen aber auch deshalb, weil Zahlen nur eine sehr beschränkte motivierende Kraft auf die Organisationsmitglieder ausüben.

5.3.3 Praxis-Tips

- Formulieren Sie wichtige Ziele klar, eingängig und schriftlich.
- Denken Sie daran, daß auch Ziele in Form von Zuständen nur über Prozesse erreichbar sind.
- Nehmen Sie die Zielfindung für die Organisation(seinheit) mit Ihren Mitarbeitern gemeinsam vor. So nutzen Sie die Motivierungs- und Integrationsfunktion der Ziele am besten.
- Achten Sie auf die Beziehungen zwischen verschiedenen Zielen in einem Zielbündel oder Zielsystem und berücksichtigen Sie mögliche Nebenwirkungen der Zielverfolgung und -erreichung.
- Sorgen Sie dafür, daß die wichtigen Ziele der Organisation(seinheit) den Mitarbeitern immer wieder vor Augen geführt werden.
- Achten Sie darauf, daß die in Ihrer Organisation(seinheit) gesetzten Ziele realistisch und gerecht sind.
- Überprüfen Sie Ihre Zielsetzungen von Zeit zu Zeit.
- Seien Sie sich darüber im klaren, daß Pläne auf Vermutungen aufbauen, und gestalten Sie sie deshalb so, daß sie unterschiedlichen Entwicklungen gerecht werden können.
- Nutzen Sie die Initiativ-Form der Delegation, um Ihre Mitarbeiter weiter zu ertüchtigen, um sie besser zu motivieren, und um sich selber zu entlasten.

5.4 Qualifizieren – Einweisen, Unterweisen, Trainieren

„Was haben Sie für die Sicherung der langfristigen Qualifikation Ihrer Mitarbeiter getan?" ist für Organisationen eine Frage von zunehmender Bedeutung. Von der Antwort, die die Führungskräfte darauf geben, hängen nämlich ihre Zukunftschancen ab.

Die Organisation der Zukunft muß sich in einer sehr wechselhaften Umwelt behaupten. Daraus ergeben sich rasche und häufige Veränderungen der Organisations-Umwelt-Beziehungen, auf die sich die Organisation in ihrem eigenen Interesse so schnell wie möglich – auch vorbeugend – einstellen muß. Das erfordert fortgesetzte Innovation und ständiges Lernen.

- Überraschungen der Umwelt meistern können

Da die zukünftige Entwicklung der Umwelt nur vermutet, aber nicht vorausgesehen werden kann, müssen Organisationen immer auf Überraschungen gefaßt sein und sich darauf vorbereiten, auf unvorhergesehene Herausforderungen erfolgreich antworten zu können. Nur Organisationen, die sich der staatlich vermittelten Überlebensgarantie des immer zahlungsbereiten Steuerzahlers erfreuen, brauchen sich darüber keine Gedanken zu machen und können munter in den Tag hineinleben. Die weniger bevorzugten Organisationen wappnen sich gegen die Fährnisse des Daseins am besten durch Vergrößerung ihrer Varietät.

Früher zählte vor allem langjährige Erfahrung der Mitarbeiter. Sie war ein Schatz, den es zu hüten galt, weil sie der Organisation im Daseinskampf eine große Hilfe waren. Heute ist Erfahrung weniger wert, weil sich die Verhältnisse so schnell ändern, daß ein großer Teil gesammelter Erfahrung obsolet ist, bevor er sich als nützlich erweisen könnte. Trotzdem sollte man Erfahrungen nicht gering schätzen. Soweit sie sich auf fachübergreifende Aufgaben und Zusammenhänge beziehen oder den Umgang mit Menschen zum Gegenstand haben, können sie zeitlos gültig sein. Dennoch: Der zunehmend raschere Wandel unserer Lebensbedingungen erlaubt es immer weniger, bei der Bewältigung der Arbeitsaufgaben auf eigene Erfahrungen zurückzugreifen. Deshalb müssen wir permanent von anderen lernen und – vor allem – auch lernen, wie man selber lernt. Als Führungskräfte gehört es zu unseren vorrangigen Aufgaben, unseren Mitarbeitern beim Lernen zu helfen, damit sie die Kenntnisse und Fertigkeiten parat haben, die sie benötigen, um ihren Beitrag zum organisatorischen Leistungsprozeß erbringen zu können.

Ein gewitzter Geschäftsmann, der im Laufe seiner langen erfolgreichen Karriere zahlreiche politische Regimes, Umstürze, Revolutionen und Kriege überstanden hat, pflegte häufig zu sagen: „Wer die meisten Tricks auf Lager hat, bleibt immer Sieger". Seine aus Erfahrung gewonnene Erkenntnis drückt genau das aus, was systemtheoretisch-kybernetisch mit „Varietät" gemeint ist, nämlich eine der Umwelt beziehungsweise ihren Subsystemen überlegene Vielfalt potentieller (Re-)Aktionen. Und genau das ist der Zweck der Qualifizierung: die Vergrößerung des Verhaltensrepertoires (man könnte auch sagen: der Problemlösungskapazität) der Organisation. Denn je größer das Repertoire möglicher Handlungen einer Organisation ist, desto erfolgreicher kann sie auf die aktuellen oder voraussichtlichen Herausforderungen der Umwelt antworten.

Die Führungskräfte der Organisation sind dafür verantwortlich, ihr ein für die Auseinandersetzung mit der Umwelt stets ausreichendes Verhaltensrepertoire zu schaffen und zu erhalten. Möglichkeiten dazu gibt es auf allen Führungsebenen und in sämtlichen Funktionsbereichen. Die Verantwortlichkeit der Führungskräfte besteht nicht nur hinsichtlich ihrer eigenen Organisationseinheit, sondern grundsätzlich gegenüber der Gesamtorganisation. Das zu betonen, ist äußerst wichtig. Die Führungskräfte genügen ihrer Verantwortung nicht schon dadurch, daß sie die Varietät in ihrem Zuständigkeitsbereich vergrößern, indem sie beispielsweise ihre Mitarbeiter weiterbilden oder neue Produkte und Arbeitsmethoden kreieren. So wichtig solche (indirekten) Beiträge für die Organisation sind, reichen sie doch nicht aus, um unter allen Umständen im koevolutionären Wechselspiel mit der Umwelt bestehen zu können. Die Führungskräfte müssen deshalb darüber hinaus direkte Beiträge zur Erhöhung der Varietät der Organisation leisten, von denen sie selbst (und ihre Organisationseinheit) nur indirekten Nutzen haben. Dabei kann es sich zum Beispiel um die Mitwirkung an übergreifenden Qualifizierungsprogrammen für Führungskräfte handeln, um eigene Beiträge zur Förderung der Qualifikation in anderen Teilen der Organisation, also um Verhaltensweisen, die die Flexibilität der Gesamtorganisation erhöhen.

Qualifizieren heißt Befähigen oder Ertüchtigen. Maßnahmen der Qualifizierung können sich erstens auf die Organisation beziehen (zum Beispiel durch Entwicklung neuer Leistungsangebote, Verbesserung von Arbeitsmethoden und -verfahren, Wandlung der Organisationsstruktur) und zweitens auf deren Mitglieder (zum Beispiel durch Aus- und Weiterbildung). Während wir im ersten Fall von Qualifizierungsmaßnahmen (und bei systematischer Durchführung von einem Qualifizierungsprozeß) sprechen, handelt es sich im zweiten Fall für uns um Bildungs- oder Personalentwicklungsmaßnahmen beziehungsweise um einen Bildungs- oder Personalentwicklungsprozeß. Im folgenden wird auf beide Aktionsfelder dieser Führungsfunktion eingegangen. Den Schwerpunkt legen wir auf das zweite Aktionsfeld, weil einerseits der Organisationsalltag hier die größten Defizite offenbart und andererseits in der permanenten Mitarbeiterqualifizierung die größten Chancen der Varietätserhöhung liegen.

5.4.1 Qualifizierung der Organisation

Eine Organisation ist dann ausreichend qualifiziert, wenn sie sich auf die Veränderungen in ihrer Umwelt stets so einstellen kann, daß ihre Existenz gesichert bleibt. Die Voraussetzungen dafür im einzelnen zu untersuchen, würde ein eigenes Buch füllen. Einige Schlaglichter sollen jedoch auf dieses Problem geworfen werden, um Anstöße zu geben, darüber nachzudenken, warum zum Beispiel die Kirche zwei Jahrtausende überlebt hat, Unternehmen aber nur sehr selten mehr als drei Generationen überdauern.

Die Ausgangsidee ist, daß gemeinsames Überleben eines beliebigen Systems und seiner Umwelt nur in einer koevolutionären Partnerschaft möglich ist, in der das System sich erhält, indem es seiner Umwelt hilft, sich zu erhalten und damit dem System die notwendigen Lebensbedingungen zur Verfügung zu stellen. Sowohl das System wie auch die Umwelt haben einen Verhaltensspielraum; der der Umwelt ist größer, weil sie viel komplexer ist als das System. Deshalb bleibt dem System meist nichts anderes übrig, als sich in den Prozeß „Umwelt" einzuordnen und sich entsprechend den geltenden – aber fortlaufenden Veränderungen unterworfenen – Spielregeln zu verhalten. Gelingt ihm das, ist seine Existenz bereits gesichert.

Die Evolution der Natur hat mit dem Menschen ein äußerst komplexes System hervorgebracht, das in der Lage ist, seinen Handlungsspielraum derart effektiv zu nutzen, daß es sich nicht mehr unbedingt den Spielregeln der Umwelt beugen muß, sondern sich darüber hinwegsetzen und eigene Spielregeln definieren kann. Auf die damit zusammenhängenden grundsätzlichen Probleme und Gefahren wurde an anderer Stelle schon hingewiesen. Für Organisationen sind die Existenzbedingungen durch die erweiterten Handlungsmöglichkeiten und die damit einhergehende Stärkung der Selbstbehauptungsfähigkeit gegenüber der Umwelt nicht einfacher geworden. Da nämlich alle Organisationen mit dem Vorteil erweiterter Handlungsmöglichkeiten gesegnet wurden, hat auch die Umwelt (der sie ja aus der Sicht einer Organisation alle angehören) wiederum an Komplexität und Veränderlichkeit zugenommen.

Die Sicherung ihrer langfristigen Existenz ist deshalb mit der Zeit für die Organisationen eine immer anspruchsvollere Aufgabe geworden. Das spüren Führungskräfte, wie zum Beispiel Herr S., mit einigem Unbehagen, und suchen nach Lösungen. Ihr größtes Problem dabei ist, daß sie für gefundene Lösungen kaum belohnt werden. Denn die Kosten einer entsprechenden Qualifizierung der Organisation entstehen in der Gegenwart, während die Erträge erst in Zukunft zu erwarten sind. Qualifizierung ist eine langfristige Investition. Führungskräfte, die sich dadurch nicht beirren lassen und trotzdem etwas zur Qualifizierung ihrer Organisation tun wollen, sollten sich bei ihren Entscheidungen im Interesse langfristiger Existenzsicherung von den drei folgenden Verhaltensmaximen leiten lassen.

- Wechselseitig nützliche Austauschbeziehungen schaffen und sichern

Eine Organisation braucht ihre Umwelt (zum Beispiel die Sicherheit ihrer Rechtsordnung, die Kaufkraft ihrer Konsumenten, ihre Rohstoffe, oder die Leistungsmoral ihrer Steuerzahler) und die Umwelt als das umfassendere System, das diese und andere Organisationen enthält, braucht Organisationen (zum Beispiel als konstituierende Elemente, als Träger existenzwichtiger Funktionen, oder als Erzeuger und Verteiler benötigter Leistungen) um ihre Existenz zu sichern. Für die Umwelt kommt es zwar selten auf die einzelne Organisation an (die Wirtschaft bricht zum Beispiel nicht zusammen, wenn ein paar Unternehmen Konkurs anmelden), aber eine Organisation kann kaum ihre Umwelt überleben (allenfalls einen Teil davon; Unternehmen zum Beispiel den

Zusammenbruch des Staates). Generell kann von einem gegenseitigen Aufeinanderangewiesensein von Organisation und Umwelt ausgegangen werden.

Durch Schaffung und Unterhaltung von Austauschbeziehungen, die beiden Seiten nützlich sind, erreichen die Führungskräfte einer Organisation eine gute Balance zwischen den selbstbehauptenden und den integrativen Tendenzen. Die Organisation versorgt die Umwelt mit Leistungen, die diese benötigt, und erhält dafür Gegenleistungen, die ihre Existenz sichern. Private Unternehmen sorgen zum Beispiel mit ihrer Leistung für eine optimale Versorgung der Bevölkerung mit materiellen Gütern und für hohe Steuereinnahmen des Staates. Damit liefern sie die wichtigsten Voraussetzungen für politische Stabilität und die Existenz des Staates. Dieser gewährt ihnen dafür den rechtlichen und politischen Freiraum zur eigenständigen Entwicklung, den sie brauchen, um ihre Leistungen erbringen zu können.

Ebenso auf Gegenseitigkeit angelegt sind die Beziehungen zwischen Einkäufer und Verkäufer, Kunde und Lieferant, Wähler und Politiker, Vorgesetztem und Mitarbeiter, Arbeitnehmer und Gewerkschaft, zwischen Eheleuten, Eltern und Kindern ... . Das Prinzip des „Do ut des", des wechselseitigen Nutzens ist in Leben allgegenwärtig. Der Lärm des sozialen Konkurrenzkampfes übertönt es nur zuweilen.

- Unabhängigkeit anstreben und bewahren

Völlige Unabhängigkeit gibt es wegen der koevolutionären Beziehungen von Organisation und Umwelt nicht. Dennoch haben Organisationen bei der Schaffung ihrer Austauschbeziehungen eine gewisse Wahlfreiheit, die sie im Hinblick auf die Verringerung ihrer Abhängigkeit von einzelnen Umweltbereichen nutzen sollten. So liegt es auf der Hand, daß beispielsweise ein Unternehmen, das mehrere Produkte auf verschiedenen Märkten absetzt, gegenüber konjunkturellen Schwankungen unanfälliger ist als ein anderes, das nur ein Produkt auf einen Markt und womöglich noch an einen einzigen Abnehmer liefert. Auch die Verringerung der Abhängigkeit auf der Lieferseite, hinsichtlich der Finanzierung, einzelner Mitarbeiter und der Regierungspolitik ist sinnvoll.

Führungskräfte machen die Organisation bezüglich der Einflüsse ihrer Umwelt unempfindlicher, indem sie ihre Abhängigkeiten in jeder möglichen Beziehung verringern. Das schließt Vorsorgemaßnahmen für den Fall ein, daß wichtige Austauschbeziehungen unterbrochen werden sollten. So sollte die Frage nach Ersatzlieferanten und Ersatzfinanziers ebenso beantwortet werden wie die nach dem Führungsnachwuchs.

Spezialisierung auf bestimmte Produkte, Verfahren oder Dienstleistungen ist hinsichtlich der Erhaltung der Unabhängigkeit so lange unbedenklich, als breitgefächerte Beziehungen auf den Beschaffungs- und Absatzmärkten unterhalten werden. Spezialisierung bezüglich der Märkte ist nur tolerabel, wenn die daraus erwachsende Abhängigkeit gegenseitig ist, also eine Symbiose besteht.

- Flexibilität schaffen und erhalten

Flexibilität entsteht durch multifunktional einsetzbare Mitarbeiter und Sachmittel, durch Verzicht auf Zuständigkeitsdenken und Bereichsegoismus, durch die Bereitschaft, neue und ungewohnte Aufgaben zu übernehmen, durch kreatives und innovatives Denken und Handeln. Es liegt auf der Hand, daß eine solcherart bewegliche Organisation eine Vielzahl von Antworten auf die Herausforderungen ihrer Umwelt geben kann. Und es ist auch wahrscheinlich, daß eine solche Organisation ihre Umwelt durch eigene Initiativen überraschen und herausfordern wird.

Flexibilität vergrößert das Verhaltensrepertoire der Organisation, steigert also ihre Varietät. Ist die Flexibilität mit einem hohen Kenntnis- und Fertigkeitenstand der Mitarbeiter und hohem technisch-methodischem Standard verbunden, verfügt die Organisation über eine beträchtliche Problemlösungskapazität, die ihr helfen wird, auch schwierigste Umweltbedingungen zu meistern. Um diesen Zustand zu erreichen, sind fortgesetzte technische und methodische Neuerungen erforderlich, muß ständig der Erstarrung der Kooperationsbeziehungen zwischen den Organisationseinheiten entgegengewirkt werden, und ist eine permanente Weiterbildung der Mitarbeiter unverzichtbar.

Flexibilisierung ist der Weg, den die Evolution mit dem Menschen gegangen ist. Statt ihn so auszurüsten, daß er als hochspezialisiertes Wesen in einer ökologischen Nische auf Gedeih und Verderb abhängig von seiner Umwelt ein ruhiges Leben hätte führen können, hat sie ihn so entspezialisiert, daß er unter den unterschiedlichsten Umweltzuständen überleben kann, dafür aber auch ständig lernen und umlernen muß. Flexible Organisationen sind für ihre Mitglieder genauso unbequem, aber sie haben dafür auch ebenso gute Überlebens- und Entwicklungschancen.

5.4.2 Qualifizierung der Führungskräfte und Mitarbeiter

Ein wesentlicher Gesichtspunkt bei der Sicherung der Existenzbedingungen der Organisation ist die Qualifizierung der Führungskräfte und Mitarbeiter. Und das keineswegs nur unter langfristiger Perspektive. Denn Qualifikationsdefizite wirken sich auch in der Gegenwart und sofort aus. Nur wird häufig darüber hinweggesehen; demjenigen, der nur die Leistungsergebnisse sieht und nicht den Prozeß des Zustandekommens der Leistung beobachtet hat, fällt die Ineffizienz ja nicht auf. Er ist allenfalls vom Ergebnis enttäuscht, ohne wissen zu können, wo die Ursachen dafür liegen.

Die Bedeutung der menschlichen Fähigkeiten für die Leistung von Organisationen nimmt ständig zu. Das gilt sowohl für die fachlichen Kenntnisse und Fertigkeiten als auch hinsichtlich der fachübergreifenden Qualifikationen. Denken wir nur an den wachsenden Umfang von Forschung und Entwicklung, an die Zunahme der Beratungstätigkeiten, an die steigende Bedeutung qualitätssichernder Maßnahmen, an die größer werdende Vielfalt der Ingenieurdienstleistungen, an zunehmend schwieriger werdende Aufgabenstellungen im Personalwesen, im Finanz- und Rechnungswesen, bei der Auftragsbearbeitung, oder auch an die anspruchsvoller gewordenen Führungsaufgaben. Über die ständige Weiterentwicklung ihrer fachlichen Kenntnisse und Fertigkeiten hinaus müssen die arbeitenden Menschen auch ihre Fähigkeiten zur Zusammenarbeit weiter verbessern, weil die komplexer werdenden Leistungen ihrer Organisationen in steigendem Maße nur noch gemeinschaftlich von Fachleuten unterschiedlicher Disziplinen erbracht werden können.

In der Organisation der Zukunft werden die Mitarbeiter mehr Verantwortung übernehmen müssen, weil komplexere Strukturen zwangsläufig größere Selbständigkeit der Subsysteme erfordern. Auch das verlangt bessere und ständig weiterentwickelte fachliche Qualifikationen. Da mehr Autonomie für die einzelnen Organisationseinheiten auch die Kommunikation aufwendiger und anspruchsvoller macht, steigen die Anforderungen an die diesbezüglichen Fähigkeiten der Mitarbeiter ebenfalls. Verständigung über Fachgrenzen und Interessensphären hinweg, produktive Konfliktbewältigung, gegenseitige Unterstützung bei der Aufgabenerfüllung, gemeinsames Vorantreiben von Innovationen, und unausgesetztes Miteinander-Lernen sind Notwendigkeiten der Zusammenarbeit in der Organisation der Zukunft.

- Praxisintegriertes Lernen

Mitarbeiter, die eine Aufgabe in einer Organisation übernehmen, bringen regelmäßig eine Grundlage von Kenntnissen und Fertigkeiten mit, die sie in der Schule, der Berufsausbildung, vielleicht in einer Fachschule oder einer Universität und durch eine vorangegangene Berufstätigkeit erworben haben. Auf dieser Grundlage baut die Qualifizierung innerhalb der Organisation auf. Erste Maßnahmen sind die Einweisung des neuen Organisationsmitglieds in seine Aufgaben innerhalb des organisatorischen Kooperationsgefüges und die Unterweisung in die zur Aufgabenerfüllung erforderlichen Tätigkeiten und Verrichtungen. Obwohl es unmittelbar einleuchten sollte, daß die Qualität der Ein- und Unterweisung maßgeblich darüber mitentscheidet, wie leistungsfähig das neue Organisationsmitglied ist und wie reibungslos es sich in den organisatorischen Kooperationszusammenhang einfügt, vernachlässigen nicht wenige Organisationen diesen ersten Qualifizierungsschritt.

Permanente Weiterqualifizierung der Führungskräfte und Mitarbeiter ist heute schon wichtig, wird morgen aber existenznotwendig sein. Im Gegensatz zur heute verbreiteten Übung wird die Qualifizierung in den Organisationen aber nicht Anhängsel des Personalressorts sein (zum Beispiel in Form einer Art organisationsinterner Volkshochschule, bei der die Mitarbeiter Kurse belegen), sondern integrierter Teil des organisatorischen Leistungsprozesses. Das heißt zwar nicht, daß Qualifizierung der Mitarbeiter nur noch innerhalb der Organisationen oder gar nur noch am Arbeitsplatz stattfindet, aber es bedeutet, daß sie sehr viel stärker an den Erfordernissen des organisatorischen Leistungsprozesses orientiert sein und daß sie als Teil dieses Leistungsprozesses durchgeführt wird.

Die Integration von Leistungs- und Bildungsprozeß in der Organisation durch ein praxisintegriertes Lernsystem (PILS) erhöht deren Lernfähigkeit. Qualifizierung ist in diesem System nicht mehr bloße Aus- und Weiterbildung, sondern Verbesserung der organisatorischen Problemlösungsfähigkeit. Das schließt die Weiterentwicklung des Führungs- und Arbeitsumfeldes mit ein, in dem die verbesserten Qualifikationen der Mitarbeiter zum Nutzen der Organisation wirksam werden sollen. Lernprozesse der Mitarbeiter gehen mit Lernprozessen der Organisation einher, so daß auch von einer integrierten Personal- und Organisationsentwicklung gesprochen werden kann. Abbildung 32 zeigt den Zusammenhang des praxisintegrierten Lernsystems.

Trotz der Ausrichtung an den Erfordernissen des organisatorischen Leistungsprozesses darf die Mitarbeiter-Qualifizierung keine Schmalspur-Weiterbildung sein. Lernen ist immer Transzendieren von Bestehendem, das Überschreiten der bisherigen persönlichen Grenzen, und man sollte es sowohl im Interesse der lernenden Mitarbeiter wie auch im Interesse der Organisation nicht zu eng auf die unmittelbare fachliche Weiterbildung begrenzen. Denn die Zusammenarbeit und die Flexibilität der Organisationsmitglieder werden zweifellos gefördert, wenn sie über den engen Horizont ihres Faches hinauszublicken vermögen. Andere wichtige Gründe für fachübergreifende Qualifizierungsmaßnahmen wurden bereits genannt.

In bezug auf Organisationen, die wirtschaftliche Leistungen erbringen oder nach wirtschaftlichen Grundsätzen geführt werden müssen, dürfte es unmittelbar einleuchten, daß betriebswirtschaftliche Grundkenntnisse den Mitarbeitern helfen, Führungsentscheidungen besser zu verstehen und die wirtschaftlichen Auswirkungen ihrer eigenen Entscheidungen und Tätigkeiten besser beurteilen zu können. Wer zum Beispiel weiß, was „Erlöse" von „Erträgen" unterscheidet, wer die Begriffe „Deckungsbeitrag", „Fixe Kosten" und „Variable Kosten", „Gemeinkosten" und „Produktive Kosten" kennt und wem auch die Zusammenhänge zwischen diesen Größen keine böhmischen Dörfer sind, verfolgt das organisatorische Geschehen sicherlich mit anderen Augen als der betriebswirtschaftliche Analphabet.

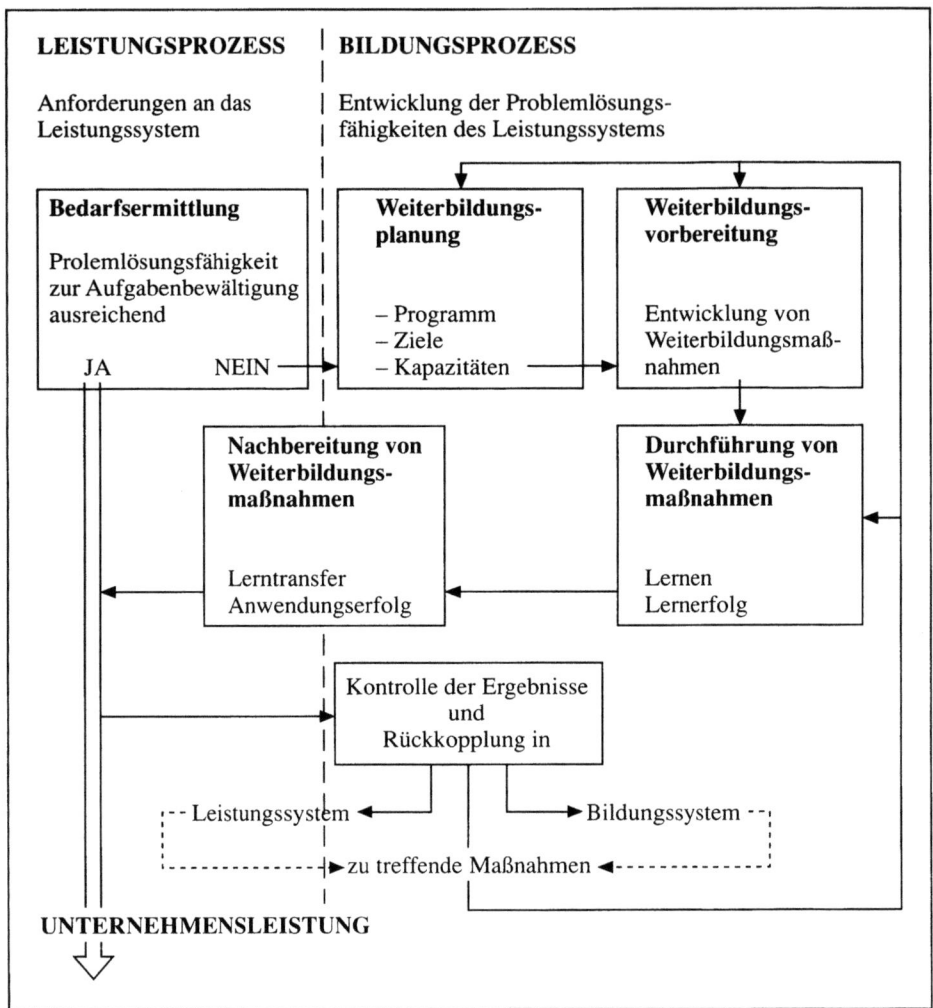

Abb. 32

Praxisintegriertes Lernen in dem hier gemeinten Sinne ist auch geeignet, die Motivation zur Qualifizierung zu steigern. Denn Lernprozesse in Gang zu setzen erfordert die Überwindung homöostatischer Trägheit – im Menschen wie auch in den organisatorischen Beziehungen. Die Überwindung festgefahrener und teilweise liebgewonnener Gewohnheiten gelingt leichter, wenn die Lernprozesse unmittelbar an den hautnah erlebten Problemen der täglichen Arbeitspraxis angeknüpft werden können. Denn dann ist der unmittelbare Nutzen für die Betroffenen deutlicher erlebbar. Außerdem ist es dann auch einfacher, die Führungs- und Arbeitsbedingungen mit in den Lernprozeß einzubeziehen, die erfahrungsgemäß entscheidenden Einfluß auf die durch Lernen zu erzielenden Veränderungen haben.

Ein weiterer wesentlicher Gesichtspunkt des praxisintegrierten Lernens ist die Einbeziehung der Vorgesetzten in den Lernprozeß. Die Vorgesetzten sind für die ausreichende Qualifikation ihrer Mitarbeiter verantwortlich. Dementsprechend sollen sie auch Qualifikationsdefizite ermitteln, Qualifizierungsmaßnahmen initiieren, gegebenenfalls bei ihrer Vorbereitung und Durchführung mitwirken, und – vor allem – die Einübung und Anwendung der zusätzlichen Kenntnisse und Fähigkeiten der Mitarbeiter unterstützen und fördern. Eine in der Organisation bestehende Aus- und Weiterbildungs- beziehungsweise Personalentwicklungsabteilung hat dabei beratende und unterstützende Funktion. Sie stellt das Know-how, die Organisation und die Technik, entwickelt Qualifizierungskonzepte, und engagiert gegebenenfalls externe Berater, Referenten und Trainer für die Vorbereitung und Durchführung der Qualifizierungsmaßnahmen.

Die Qualifizierungsmaßnahmen können „on the job" am Arbeitsplatz, in arbeitsbegleitenden Seminaren und Workshops, in Lehrgängen, Seminaren oder als Training stattfinden. Die Entscheidung, wie weit man sich örtlich vom Arbeitsplatz entfernt und ob man eine organisationsinterne oder -externe Maßnahme wählt, muß von den Zielen und Inhalten der Qualifizierungsmaßnahme, von der Zahl der Teilnehmer, von der Dauer und von der Verfügbarkeit geeigneter Lehrer beziehungsweise Trainer abhängig gemacht werden. Alle Qualifizierungsmaßnahmen sollten jedoch:

– hinsichtlich ihrer Ziele und Inhalte strikt an den Bedürfnissen der Teilnehmer orientiert sein,
– von den Vorgesetzten aus Überzeugung mitgetragen werden,
– die Mitarbeit der Teilnehmer fordern,
– mit einem persönlichen Aktionsplan der Teilnehmer enden,
– Lerntransfer-Unterstützung enthalten.

Letzteres ist besonders bei Qualifizierungsmaßnahmen erforderlich, die Verhaltensänderungen zum Ziel haben. Menschliches Verhalten wird überwiegend durch Gewohnheiten und durch die Umgebung gesteuert und geprägt. Ein Seminar von drei oder fünf Tagen reicht vielleicht zur Einleitung eines Veränderungsprozesses aus, es kann jedoch in der Regel die gewünschte Veränderung allein nicht endgültig bewirken. Dazu sind zusätzlich beharrliches Weiterlernen in der Praxis, Training und die Unterstützung der Kollegen und Vorgesetzten im beruflichen Alltag notwendig. Die kommt aber von selbst nur in Ausnahmefällen zustande, vor allem dann nicht, wenn der Vorgesetzte sie verweigert. Ein Bereichsleiter in einem großen Industriebetrieb, der von verhaltensorientierter Qualifizierung nichts hielt, ließ seine Hauptabteilungsleiter an einschlägigen Seminaren teilnehmen, weil er sich bei seinen Vorgesetzten nicht negativ exponieren wollte. Er konterkarierte aber durch sein Verhalten so ziemlich alles, was seine Mitarbeiter aus den Seminaren lernen konnten, so daß sich ihre Teilnahme als reine Zeit- und Geldverschwendung erwies.

- Führungskräfteentwicklung

Führungskräfte, besonders Spitzen-Führungskräfte, erkennen in der Regel die Notwendigkeit permanenter Weiterqualifizierung ihrer Mitarbeiter (wenn sie auch die Bedeutung fachübergreifender Weiterqualifizierung häufig unterschätzen), scheinen ihre eigene Qualifikation aber für weitgehend abgeschlossen zu halten. Dabei vergessen sie ihre Integration in den organisatorischen Prozeß und übersehen, daß sie als quasi statisches Element die Entwicklungsmöglichkeiten ihrer Umgebung begrenzen. Tatsächlich findet man, daß Führungskräfte, die nicht am fortwährenden Qualifizierungs- und Entwicklungsprozeß ihrer Organisation teilnehmen, ein homöostatisches Gleichgewicht um sich herum aufbauen und dadurch bewußt oder unbewußt Veränderungen blockieren.

Jeder erfahrene Weiterbildner weiß, daß die Vorgesetzten der Dreh- und Angelpunkt jeder effektiven Mitarbeiter-Qualifizierung sind. Qualifizierungsmaßnahmen, die in einer gemeinsamen Bedarfsanalyse von Vorgesetztem und Mitarbeiter – zum Beispiel anläßlich eines Beurteilungs- und Fördergesprächs – wurzeln und deren Ergebnisse anschließend von dem Mitarbeiter mit Unterstützung und Förderung durch seinen Vorgesetzten praktisch umgesetzt werden, rentieren sich in kürzester Zeit. Kümmern sich die Vorgesetzten nur insofern um die Weiterqualifizierung ihrer Mitarbeiter, als sie entscheiden, wer darf und wer nicht darf (damit der Etat nicht aus den Fugen gerät), dann ist der Wirkungsgrad der Maßnahmen schon um eine ganze Größenordnung geringer. Und wenn die Vorgesetzten sogar dagegen arbeiten (siehe oben), könnte man das Geld lieber gleich zum Fenster hinauswerfen, um wenigstens Arbeitszeit einzusparen und Frustrationen unter den Mitarbeitern zu vermeiden.

Die Führungskräfteentwicklung steht und fällt mit der faktischen Unterstützung durch die obersten Führungskräfte der Organisation. Das schließt ein, daß sie selbst am Entwicklungsprozeß teilnehmen, sich als integralen Teil des Entwicklungsprozesses begreifen, so daß die Qualifizierungsmaßnahmen in der Führungspraxis ihren Widerhall und ihre Entsprechung finden. Der zu erwartende Wirkungsgrad von Qualifizierungsmaßnahmen für Führungskräfte entspricht in etwa dem Verhältnis der von den Führungskräften praktizierten zu den in Führungsseminaren gelehrten Grundsätzen und Methoden der Führung. An den praktischen Ergebnissen gemessen kann man die bisherige Führungsausbildung kaum als erfolgreich einstufen. Voreilig wird daraus hie und da der Schluß gezogen, Führen könne man eben nicht lernen. Weitere Überlegungen werden entweder gar nicht oder von den falschen Leuten (d. h. von solchen, die zu weit von der Spitze der Hierarchie entfernt sind und deshalb zu wenig Einfluß haben) angestellt.

Unbestritten ist, daß es Persönlichkeitseigenschaften gibt, die die Ausübung von Führungstätigkeiten erschweren. Extrem Introvertierte, Unsichere oder an Menschen wenig Interessierte tun sich in Führungspositionen sicherlich schwer. Auch diejenigen, denen Führen keinen Spaß macht (weil sie sich zum Beispiel nicht ständig mit Menschen auseinandersetzen wollen), die aber dennoch Führungspositionen anstreben, weil sie nur so ihren Geltungstrieb befriedigen können, haben regelmäßig Probleme bei der Erfüllung ihrer Aufgaben. Die meisten Führungskräfte, die ihren Aufgaben nicht (voll) gerecht werden, leiden aber nur darunter, daß sie Führen nicht gelernt haben oder auch von ihren Vorgesetzten schlecht geführt werden.

Erfolgreiche Führung ist in einer sehr weiten Spanne individueller Verhaltensweisen denkbar, soweit dabei nur bestimmte Grundprinzipien berücksichtigt werden. Diese Grundprinzipien, die unter anderem auch in diesem Buch dargestellt, erläutert und in einen verbindenden Denkrahmen gestellt werden, sind ebenso wie die Methoden ihrer praktischen Umsetzung lehr- und lernbar. Gleiches gilt für ergänzende methodische Fertigkeiten, wie zum Beispiel Präsentation, Gesprächsführung, Konfliktbehandlung. Ein Schnellkurs reicht dazu allerdings nicht aus. Und ohne Förderung der Anwendung des Gelernten in der Führungspraxis durch die Vorgesetzten geht es auch nicht.

Das Konzept der SEMINARE FÜR KOMMUNIKATION UND FÜHRUNG für die (Weiter-)Qualifizierung von Führungskräften geht von vornherein davon aus, daß erwähnenswerte Erfolge nur bei Einbeziehung aller Führungskräfte einer Organisation in die Entwicklungsmaßnahmen zu erzielen sind. Demzufolge sieht das in Abbildung 33 schematisch abgebildete mehrphasige integrierte Programm vor:

Erstens: Vorstellung des Ökologischen Führungskonzepts, gemeinsame Problemanalyse durch Führungskräfte und Experten, Planung des weiteren Vorgehens;

Zweitens: Erarbeitung der Ziele und Inhalte durch die Führungskräfte der Organisation selbst (wobei sie von Experten fachlich beraten und unterstützt werden), Zusammenstellung von Führungsgrundsätzen;

Drittens: Vermittlung der Grundprinzipien und -methoden ökologisch-funktioneller Führung in Seminaren, Entwicklung individueller Aktionsprogramme der Teilnehmer;

Viertens: Umsetzung des Gelernten durch die Seminarteilnehmer in der Führungspraxis, wobei die Führungsgrundsätze und die individuellen Aktionsprogramme als Leitlinien und Maßstäbe gelten. Die praktische Umsetzung wird begleitet durch a) Experten als Supervisoren und Berater (diese Rolle sollen nach und nach die Führungskräfte selbst übernehmen) und b) problemorientierte Workshops, die von Experten und/oder Führungskräften geleitet werden;

Fünftens: Supervision und Workshops dienen der Förderung des Lerntransfers, der Selbstkontrolle der Lernenden, sowie der Analyse und Lösung aktueller individueller und allgemeiner Führungsprobleme. Sie sollen gegebenenfalls zu einer Ergänzung und Verfeinerung der individuellen Aktionsprogramme anregen;

Sechstens: Ergänzung und Erweiterung der Führungsfertigkeiten durch Methoden-Seminare, deren Lernergebnisse ebenfalls durch Supervision und Workshops im Führungsalltag verankert werden.

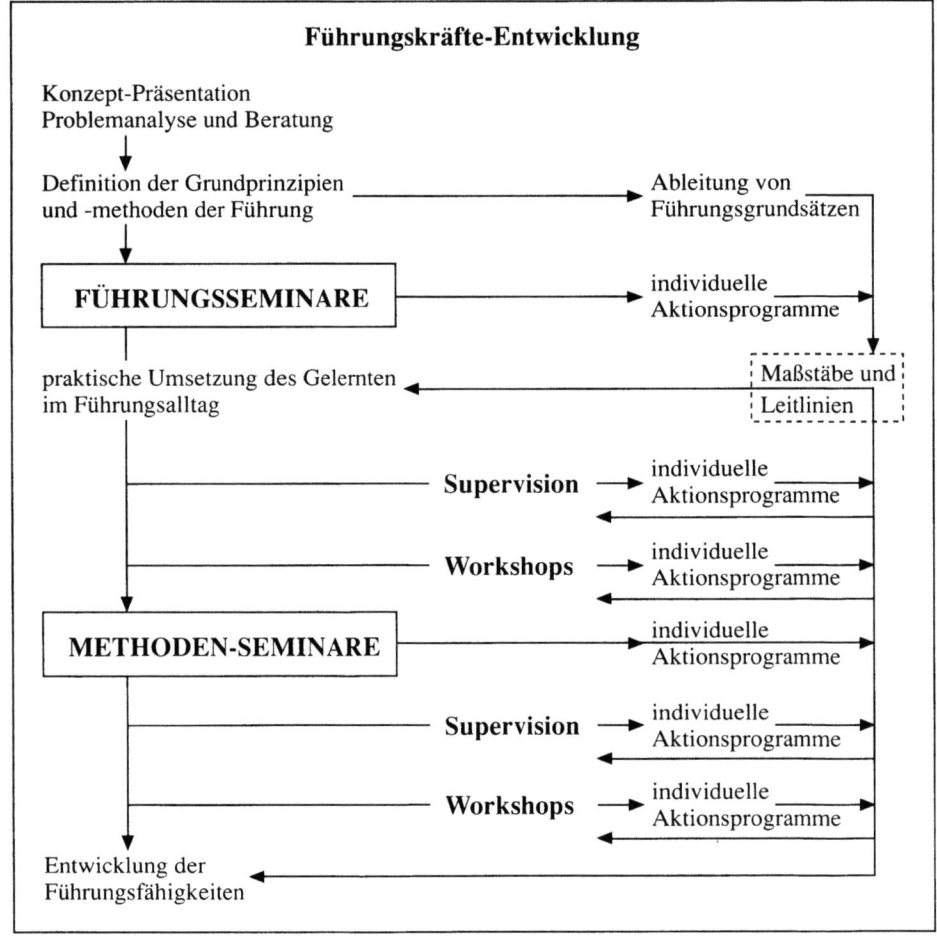

Abb. 32

Das Konzept läßt keinen Zweifel daran, daß Führungskräfteentwicklung eine langfristig und systematisch angelegte Qualifizierungsmaßnahme sein muß, die das uneingeschränkte Engagement der Organisationsleitung und die persönliche Mitwirkung aller Führungskräfte der Organisation benötigt, um erfolgreich zu sein. Weniger zu verlangen, würde den Realitäten nicht gerecht werden und die Enttäuschung bei Führungskräften wie auch Mitarbeitern geradezu programmieren.

- Wissen Sie, wer Ihr Nachfolger werden kann?

Welchen Namen könnten Sie Ihrem Chef guten Gewissens und ohne Wenn und Aber nennen, wenn dieser Ihnen mitteilte, Sie würden sofort befördert, wenn Sie einen Nachfolger benennen könnten, der in der Lage wäre, Ihre Aufgabe problemlos weiterzuführen? Wenn Sie die Antwort auf diese Frage schuldig bleiben müssen, befinden Sie sich auf seiten der Mehrheit aller Führungskräfte. Die wenigsten haben geeignete Nachfolger aufgebaut. Entweder rechnen sie gar nicht damit, eines Tages befördert oder versetzt zu werden, oder sie haben Angst, ein Nachfolger könnte dazu beitragen, daß dies allzu schnell und in die falsche Richtung geschieht. Wie dem auch sei: Viel zu viele Führungskräfte liefern ihre Organisation dem Risiko einer Führungslücke aus, und nicht viel weniger sehen dem als Vorgesetzte tatenlos zu.

Eine der vorrangigen Qualifizierungsaufgaben jeder Führungskraft ist es, mindestens einen geeigneten Nachfolger für sich heranzubilden, und zwar fachlich wie auch bezüglich der Führungsaufgaben. Ihre Vorgesetzten haben die Pflicht, sie dazu anzuhalten. Der Nachfolger soll aber keinesfalls Kronprinzenstatus erhalten, sondern lediglich befähigt sein, jederzeit die Stelle seines (oder eines vergleichbaren) Vorgesetzten vollverantwortlich zu übernehmen. Als Stellvertreter und rechte Hand seines Chefs kann er sich – unterstützt durch ausgewählte Weiterbildungsmaßnahmen – allmählich in Führungsaufgaben einarbeiten. Auf diese Weise erhält die Organisation ein Reservoir an Mitarbeitern, die auf Führungsaufgaben vorbereitet sind.

5.4.3 Praxis-Tips

- Vergrößern Sie die Handlungsmöglichkeiten der Organisation, indem Sie Ihre Mitarbeiter permanent und systematisch weiterqualifizieren.
- Betrachten Sie die permanente Weiterqualifizierung der Mitarbeiter als integrierten Teil des organisatorischen Leistungsprozesses.
- Lassen Sie jeden Ihrer Mitarbeiter sein persönliches Qualifizierungsprogramm entwickeln und unterstützen Sie ihn bei der Durchführung.

- Fachliche Qualifizierung der Mitarbeiter muß durch fachübergreifende Qualifizierung ergänzt werden.
- Fühlen Sie sich für die Qualifizierung Ihrer Mitarbeiter ebenso verantwortlich wie für Ihre eigene, motivieren Sie Ihre Mitarbeiter zur permanenten Qualifizierung und fördern Sie die Anwendung des Gelernten.
- Sorgen Sie dafür, daß Ihre Mitarbeiter, die selbst Führungskräfte sind, die Qualifizierung ihrer Mitarbeiter als wesentlichen Teil ihrer Führungsaufgabe behandeln.
- Seien Sie sich Ihrer Vorbildfunktion – insbesondere für Nachwuchs-Führungskräfte – bewußt und leben Sie Ihren Mitarbeitern das vor, was Sie unter guter Führung verstehen.
- Bilden Sie unter Ihren Mitarbeitern mindestens einen Nachfolger für sich heran.

5.5 Koordinieren und Kooperieren – Beraten, Strukturieren, Vermitteln, Begleiten, Problemlösen, Unterstützen

Eine Organisation ist ein komplexer sozio-technischer Kooperationsprozeß; Menschen arbeiten unter Benutzung von Sachmitteln und Methoden zusammen, um ihren gemeinsamen Nutzen zu mehren. Der gemeinsame Nutzen ist die Voraussetzung dafür, daß jeder einzelne auch seinen eigenen langfristigen Nutzen hat, denn die Organisation bietet ihm eine Umwelt mit den dafür notwendigen Voraussetzungen. Damit die Organisation überleben und wachsen kann, muß der Kooperationsprozeß ihrer Mitglieder sich in den größeren Kooperationsprozeß der Umwelt einordnen. Nur so können die Austauschbeziehungen geschaffen und unterhalten werden, die der Organisation beziehungsweise ihren Mitgliedern die benötigten oder erwünschten Existenzmittel sichern. Dieses Kooperationsverhältnis wurde bereits beschrieben, und wir wissen, daß es auf wechselseitiger Nützlichkeit aller Beteiligten füreinander aufbaut.

Im ökologischen Führungs-Konzept kommt den Führungskräften die Rolle von Prozeßkatalysatoren zu. Ihre Aufgabe ist es, diejenigen internen und nach außen gerichteten Aktivitäten zu initiieren, zu unterhalten und in die richtige Richtung zu lenken, die der Organisation die zum Überleben und Wachsen benötigten Austauschbeziehungen mit der Umwelt schaffen und erhalten. Bisher wurden die Führungsfunktionen dargestellt, die der Ingangsetzung und Aufrechterhaltung der organisatorischen Prozesse dienen. Die jetzt zu behandelnde Führungsfunktion „Koordinieren und Kooperieren" beinhaltet die Aufgaben und Tätigkeiten der Prozeßgestaltung und der Prozeßsteuerung.

5.5.1 Prozesse und Strukturen

Strukturen bedeuten uns Ordnung und Übersicht, geben uns Sicherheit. Wir wissen zum Beispiel auf Grund der Organisationsstruktur, welche Abteilung in welchen Bereich gehört, wer wem über- beziehungsweise untergeordnet ist und wer für welche Aufgaben zuständig ist. Ist uns aber bewußt, daß diese Strukturen nichts weiter als verfestigte Prozesse sind? Denken wir daran, daß sie – langfristig betrachtet – sogar nur Momentaufnahmen des organisatorischen Entwicklungsprozesses sind? Die Gefahr des Denkens in Strukturen und Zuständen liegt darin, die ihnen zugrundeliegenden permanenten Entwicklungsprozesse zu übersehen und diese durch Anklammerung an nur vorübergehend zweckmäßige Prozeßstadien zu blockieren.

Ein typisches Beispiel dafür ist der mittelständische Unternehmer, der seit der Gründung seines Betriebes jeden Morgen die Eingangspost durchsah und sie dann entweder selbst bearbeitete oder an zuständige Mitarbeiter zur Erledigung weitergab. Sämtliche Ausgangspost unterschrieb er selbst. Als der Geschäftsumfang zunahm, beanspruchte ihn das Post-Management immer mehr, bis es ihn zuletzt vier Stunden täglich kostete. Es war trotz seiner Überlastung nicht einfach, ihn davon zu überzeugen, daß die bisherige Regelung in dem gewachsenen Betrieb nicht mehr zweckmäßig war. Solches Festhalten an ehemals effektiven Strukturen, die aber infolge der Weiterentwicklung der Organisation inzwischen ineffektiv geworden sind, findet sich sehr häufig. So werden Strukturen von stützenden Korsetten zu einengenden Zwangsjacken.

Das ökologische Führungs-Konzept legt Denken in Prozessen statt in Strukturen nahe, weil nur Prozeßdenken der Dynamik aller natürlichen Erscheinungen gerecht werden kann. Daß es keine Zustände und Strukturen (das sind Beziehungsgeflechte von Zuständen) an sich gibt, sondern nur Zustände als vorübergehende, kürzer oder länger dauernde Erscheinungen von Prozessen, ist seit langem bekannt, und täglich erfahren wir es aufs neue. Trotzdem fällt es uns nicht immer leicht, die Prozeßwirklichkeit in Form des stetigen, mal langsameren, mal schnelleren Wandels unserer Umwelt zu akzeptieren. Denn die damit für uns verbundenen Veränderungen sind meist unbequem, manchmal ausgesprochen lästig und ab und zu sogar schmerzhaft.

Schöner wäre es wohl manches Mal, wenn wir Zustände (Gegebenheiten, Situationen, Momente, Beziehungen) festhalten könnten. Aber das wäre so, als wollten wir einzelne Moleküle eines fließenden Gewässers an einem Ort fixieren. Die Natur ist ein vieldimensionaler zirkulärer Prozeß, in dessen Verlauf wir – die Menschheit wie auch jeder einzelne von uns – entstanden sind und auch wieder vergehen werden. Was wir als Zustände bezeichnen, sind nichts weiter als von uns willkürlich abgeteilte Ausschnitte dieses Prozesses. Wir fotografieren beispielsweise aus wissenschaftlichem Interesse mit dazu geeignetem Gerät ein Wassermolekül, wenn es gerade am Scheitelpunkt eines bestimmten Bachkiesels vorbeiströmt. Die Aufnahme gibt für uns einen Zustand wieder und erfüllt als solche vollkommen unsere Bedürfnisse. Aber sie läßt uns allzu leicht vergessen, daß sie nur einen winzigen Ausschnitt aus einem unendlichen Prozeß darstellt.

Zustände wie auch Strukturen, sind zeitbezogene Abstraktionen des von uns wahrgenommenen Prozesses „Wirklichkeit". Diese Abstraktionen sind nicht etwa nur Reflexe der Umweltgegebenheiten, sondern es sind „Antworten" auf die Herausforderungen der Umwelt, „Problemlösungen", die wir aus einer Vielzahl von Möglichkeiten „auswählen" und die sich dann als quasi Entitäten so weit verfestigen, daß uns der zugrundeliegenden Prozeß gar nicht mehr bewußt ist. Sehr schön zu beobachten ist das in sozialen Interaktionen. Die Handlungen der Beteiligten verfestigen sich mit der Zeit zu „Charakteren"; sie sind füreinander das, was sie wechselseitig aus ihrem Verhalten abstrahiert haben. Die Abstraktion wiederum wirkt auf ihre Wahrnehmung und auf ihr Verhalten zurück, wobei es zur Selbstverstärkungen kommen kann, die mitunter sogar pathologische Züge annehmen können.

- Organisationsstrukturen

Mit Prozessen und Strukturen in Organisationen verhält es sich ähnlich. Organisationsstrukturen sind die relativ überdauernden Beziehungsmuster der organisatorischen Elemente und Subsysteme. Sie sind ein Produkt des Entwicklungsprozesses der Organisation unter den Bedingungen ihrer Umwelt und manifestieren sich in der Abgrenzung von Zuständigkeitsbereichen, in Organisationsplänen und Arbeitsabläufen. Organisationsstrukturen können aufgrund schöpferischer Akte der Organisationsmitglieder (dann sprechen wir von formellen Strukturen) oder aus Handlungsgewohnheiten heraus entstehen (dann sprechen wir von informellen Strukturen). In der Entstehungsphase der meisten Organisationen überwiegt letzteres, aber auch in alten etablierten Organisationen entstehen immer wieder Strukturen ohne bewußte Schöpfungsabsicht einfach durch die „normative Kraft des Faktischen". Organisationsstrukturen können deshalb als verfestigter Niederschlag der in Organisationen ablaufenden Prozesse verstanden werden, wobei der bewußten Schaffung formeller Strukturen Vorstellungen der Organisationsmitglieder über eine wünschenswerte Verfestigung organisatorischen Geschehens zugrunde liegen.

Die Struktur der Organisation wirkt auf ihren Prozeß zurück, lenkt ihn, kanalisiert ihn in bestimmte Richtung, fördert oder behindert ihn, und beeinflußt dadurch die Fähigkeit der Organisation, auf Umweltveränderungen angemessen zu reagieren. Da die Strukturierung der Organisation zwar auf die Vorgänge in ihrer Umwelt bezogen ist (und zwangsläufig auch sein muß, wenn sie Überlebenschancen sichern soll), aber dennoch relativ unabhängig von der Organisationsumwelt erfolgt, können Organisationen für ihr Überleben und ihr Wachstum günstigere oder ungünstigere Strukturen herausbilden. Die Führungskräfte können das beeinflussen, indem sie die Organisationsstrukturen als willkürliche, aber möglichst zweckmäßig zu wählende Abstraktionen der organisatorischen Prozesse betrachten und dementsprechend bei der Strukturierung des organisatorischen Geschehens auch von den laufenden oder erwünschten Prozessen ausgehen, statt ihre Entscheidungen an persönlichen oder ideologischen Erwägungen auszurichten. Strukturierung wird dann zur Prozeßgestaltung, Strukturen werden zum Hilfsmittel der Prozeßsteuerung.

5.5.2 Prozeßgestaltung

Damit eine Organisation in der Lage ist, die notwendigen und erwünschten Austauschbeziehungen mit ihrer Umwelt aufzunehmen und zu unterhalten, müssen bestimmte Aufgaben erfüllt und bestimmte Tätigkeiten verrichtet werden. Sache der Führungskräfte ist es, diese Aufgaben und Tätigkeiten zu definieren, sie Mitarbeitern zuzuweisen und dafür zu sorgen, daß die einzelnen Aktivitäten sich zu der gemeinsamen Leistung der Organisation ergänzen, die im Sinne der Austauschbeziehungen mit der Umwelt erforderlich ist.

- Aufgabenteilung und Koordination

Die innerorganisatorische Aufgabenteilung und Zusammenarbeit (interne Austauschbeziehungen) ergeben sich nicht wie die der Organismen quasi von selbst aus dem evolutionären Wechselspiel mit den Umweltanforderungen. Die interne Gestaltung der Organisation liegt ebenso wie die Austauschbeziehungen der Organisationen mit ihrer Umwelt in der Entscheidungsgewalt von Menschen. Innerhalb der weiten Grenzen, die ihnen von bestimmten Elementen der Umwelt gesetzt sind (zum Beispiel physikalischen Gesetzen, Rechtsnormen, ökonomischen Prinzipien), liegt es in der Hand der organisatorischen Führungskräfte und ihrer Mitarbeiter, wie sie die Aufgabenbewältigung und Arbeitsabläufe in der Organisation gestalten. Das ist eine sehr anspruchsvolle und nicht selten schwierige Aufgabe, weil die vielfältigen und in der Regel mehrdimensionalen Wechselbeziehungen zwischen den einzelnen Organisationseinheiten und deren Mitarbeitern mannigfaches sachliches und menschliches Konfliktpotential in sich bergen. Fehler, die bei der Prozeßgestaltung gemacht werden, bewirken Fehlsteuerungen und Fehlanpassungen. So können wir zum Beispiel häufig beobachten, daß infolge mangelhaften Informationsflusses Verrichtungen falsch, kostenungünstig, überflüssigerweise oder gar nicht vorgenommen werden, daß Führungskräfte nach ungeeigneten oder gar falschen Entscheidungskriterien handeln oder daß der einzelne Mitarbeiter an seinem Arbeitsplatz aus Unkenntnis der Zusammenhänge seine Mitverantwortung für den Erfolg der Organisation aus dem Blick verliert.

Zielgerecht funktionierende und effiziente interne Austauschbeziehungen zwischen den Organisationseinheiten sind die Voraussetzungen dafür, daß die Organisation als Gesamtheit in ihrer Umwelt überlebens- und handlungsfähig ist. Die internen Austauschbeziehungen dienen der Aufnahme, Erhaltung und Weiterentwicklung von lebenswichtigen und nützlichen externen Beziehungen mit der Umwelt und sind eigentlich nur Mittel zum Zweck. Beispiele aus Betrieben sind der Informationsfluß zwischen Außendienst und Fachabteilungen, der Material- und Informationsfluß zwischen Fertigungsabteilungen, Anwendung neuer Arbeitsmethoden und -techniken, Versetzung von Mitarbeitern, Weiterbildung, Umorganisationen oder der Informationsfluß zwischen Fachabteilungen und dem betrieblichen Rechnungswesen. Die Führungskräfte müssen die organisatorischen Funktionen so koordinieren, daß sie mit einem Minimum an Konflikten und Reibungsverlusten bei der für die Schaffung und Unterhaltung der Austauschbeziehungen mit der Umwelt erforderlichen Leistungserstellung zusammenwirken. Auf mögliche Konflikte wird später noch eingegangen.

Die Varietät oder (Re-)Aktionsvielfalt einer Organisation wird durch die Gestaltung ihrer internen Prozesse maßgeblich bestimmt. Je vielfältiger die Handlungsmöglichkeiten einer Organisation sind, in bezug auf ihre Umwelt zu agieren oder zu reagieren, desto größer ist ihre Chance, eigene Ziele auch unter den ungünstigsten Umweltbedingungen zu erreichen. Der Spielraum, der einer Organisation diesbezüglich zur Verfügung steht, ist um so größer, je rascher und vollkommener die internen Austauschbeziehungen in den Dienst erforderlicher externer Aktionen gestellt werden können. Dabei ist weniger entscheidend, daß eine Zentralinstanz die einzelnen Organisationseinheiten im Notfall „auf Vordermann" bringen kann, um die bedrohliche Situation zu meistern. Eine Organisation, die um ihr Überleben kämpfen muß, hat es meist versäumt, sich rechtzeitig auf absehbare Umweltveränderungen einzustellen. Die Gründe dafür liegen in den meisten Fällen u. a. in falschen – oft zu kurzfristigen – Erfolgsmaßstäben, zu geringer Selbständigkeit der Organisationseinheiten, die sich deshalb nicht verantwortlich fühlten, auf Fehlentwicklungen hinzuweisen und ihnen entgegenzuwirken, mangelnder Qualifizierung der Mitarbeiter, oder auch in unnötigen menschlichen Reibereien infolge unzweckmäßiger Kompetenzabgrenzung. Wenn solche Mängel rechtzeitig erkannt und beseitigt werden, sind Feuerwehraktionen nicht mehr notwendig.

Die überlebensnotwendige Varietät ist in stabilen und berechenbaren Umwelten geringer, in sehr veränderlichen und unberechenbaren Umwelten größer. Organisationen, die zum Beispiel auf den sich rasch wandelnden Märkten der Mode oder der Elektronik arbeiten oder die von immer unberechenbarer werdenden politischen Entscheidungen betroffen sind, benötigen eine höhere Varietät als solche, die beispielsweise für die Arbeitsvermittlung oder die Energieversorgung zuständig sind.

- Störfaktor innerorganisatorische Entropie

Leider wird die Varietät von Organisationen durch die unerwünschte, aber nicht vollständig zu vermeidende innerorganisatorische Entropie gemindert. Sie entsteht durch technische Pannen und organisatorische Schwächen, aber hauptsächlich durch die menschlichen Unzulänglichkeiten, wie zum Beispiel Bequemlichkeit, Vergeßlichkeit, mangelnde Sorgfalt, Gefallsucht, Liebedienerei, Mißverständnisse, Individual- und Gruppenkonflikte. Auch Konflikte zwischen persönlichen Bedürfnissen, Wert- und Zielvorstellungen der Mitarbeiter der Organisation und organisatorischen Anforderungen sind häufige Ursachen innerorganisatorischer Entropie. Die negativen Folgen sind Störungen interner Austauschbeziehungen, die der Organisation die erfolgreiche Auseinandersetzung mit ihrer Umwelt erschweren.

Man kann die Entropie als eine Folge der Störung der Balance von Selbstbehauptung und Integration im Verhältnis eines Mitarbeiters zu seiner Organisationseinheit oder im Verhältnis dieser zur Gesamtorganisation interpretieren. Hat die Integration gegenüber der Selbstbehauptung ein Übergewicht erlangt, werden zum Beispiel Probleme und Konflikte unter den Teppich gekehrt statt gelöst, und kommen Kreativität sowie Engagement für Neuerungen zu kurz. Überwiegt dagegen die Selbstbehauptung die Integration, arbeiten Mitarbeiter oder ganze Organisationseinheiten mehr für sich selber als im Interesse der Gesamtorganisation, die durch krassen Egoismus unter Umständen erheblich geschädigt wird. Das ist beispielsweise der Fall, wenn Abteilungen aus persönlichen Motiven des Leiters überdimensioniert werden, wenn aus ressortegoistischen Gründen Leistungen, die kostengünstiger fremdbezogen werden könnten, selbst erstellt werden, wenn mehr gegeneinander als miteinander gearbeitet wird, oder wenn an nicht mehr funktionalen beziehungsweise unrationellen Arbeitsweisen festgehalten wird. Infolge dieser unerwünschten Nutzung der organisatorischen Freiheitsgrade durch einzelne Mitglieder erhöht sich die innerorganisatorische Ungewißheit (Entropie) und verringert sich die Varietät der Organisation als Ganzes. Wichtige organisatorische Handlungen werden eventuell gestört oder verhindert, weil Subsysteme ihren Beitrag nicht (richtig) leisten, oder weil Mittel an falschen Stellen gebunden sind.

Deshalb sind viele wohlmeinenden Führungskräfte darauf aus, ungewollte innerorganisatorische Freiheitsgrade durch einschränkende Regelungen (zum Beispiel Beschneidung von Entscheidungsspielräumen, Festlegung von Handlungsprozeduren, Verlagerung der Entscheidungen möglichst weit nach oben in die Hierarchie) zu beseitigen. Bedauerlicherweise gelingt das in der Regel nur auf Kosten der organisatorischen Beweglichkeit und ihrer Fähigkeit zur Selbstorganisation und Selbsterneuerung. Die Varietät der Organisation, die doch geschützt werden sollte, wird also durch dirigistische und zentralistische Maßnahmen gerade vermindert. Der einzig erfolgversprechende Weg zur Begrenzung der innerorganisatorischen Entropie ist Einführung und Durchsetzung von Spielregeln (am besten in Form von Regelsystemen), die die Balance zwischen Selbstbehauptung und Integration der Mitarbeiter und Organisationseinheiten fördern. Der Leitgedanke dafür ist: Die für die Organisation nützlichen Entscheidungen und Verhaltensweisen müssen auch für das Organisationsmitglied selbst nützlich sein und umgekehrt. Unverzichtbar für die Durchsetzung dieses Leitgedankens ist es allerdings, daß die Führungskräfte auf allen Ebenen auch in diesem Sinne führen.

- Horizontale und vertikale Strukturierung

Die Aufgabe der Prozeßgestaltung besteht aus erstens der Stellendefinition und zweitens der Stellenkoordination. Für die Stellendefinition muß die Frage beantwortet werden, welche Aufgaben in welchem Umfang in der Organisation anfallen und wie die notwendigen Tätigkeiten zweckmäßig zu Aufgabengebieten zusammengefaßt werden sollen. Die Stellenkoordination beantwortet die Frage, wie die einzelnen Aufgabengebiete zu dem gewünschten gemeinsamen Leistungsprozeß zu integrieren sind. Das Ergebnis der Prozeßgestaltung ist ein hierarchisch gegliedertes System von Stellen, von denen gleichartige oder an einer gemeinsamen Aufgabe arbeitende jeweils zu Stellengesamtheiten (zum Beispiel Arbeitsgruppen, Abteilungen, Bereiche) unter einheitlicher Leitung zusammengefaßt werden.

Zweck und Nutzen der vertikalen (hierarchischen) Gliederung des organisatorischen Leistungsprozesses wurden an anderer Stelle bereits hinreichend verdeutlicht. Dabei wurde auch der Holon-Charakter der einzelnen Stellen und Stellengesamtheiten dargestellt, ihre Zwittergestalt als Ganzes für die sie konstituierenden Teile und als Teil des sie umgebenden Ganzen, die sie unentrinnbar zwischen die beiden gegenläufigen Tendenzen der Selbstbehauptung und der Integration einspannt. Ihre Funktionen für die Organisation können die einzelnen Organisationseinheiten am besten erfüllen, wenn ihnen größtmögliche Freiheit zur Selbstorganisation und zur eigenständigen kreativen Aufgabenerfüllung gewährt wird, zugleich aber auf eindeutige und verbindliche Zielvorgaben und Spielregeln geachtet wird, um sicherzustellen, daß die Leistungen der Mitarbeiter und Organisationseinheiten der Organisation als Ganzes zugute kommen. Besonders in sehr großen Organisationen funktioniert das aber erfahrungsgemäß aus zwei Gründen meistens eher schlecht als recht:

Erstens erschwert die Komplexität großer Organisationen die Definition konsistenter Ziele und Spielregeln für alle Organisationseinheiten, so daß diese ihre Aktivitäten mitunter an Maßstäben orientieren, die für die Gesamtorganisation unvorteilhaft sind. Statt aber daraus die Konsequenz zu ziehen, den Führungskräften vor Ort mehr Selbständigkeit zu gewähren und die Vorgaben auf das zur Integration der Organisationseinheiten in das Leistungsgefüge der Gesamtorganisation erforderliche Mindestmaß zu reduzieren, reagieren die zuständigen Zentralstellen mit noch mehr und verfeinerten

Vorgaben. Je mehr Dirigismus die Zentrale aber walten läßt, desto komplizierter wird es für die Organisationseinheiten, bis sie zuletzt mehr damit beschäftigt sind, Vorschriften zu interpretieren, Widersprüche zu lösen, sich für notwendige, aber von der Zentrale nicht voraussehbare Abweichungen von Vorgaben zu rechtfertigen und sich gegenüber ungerechtfertigten Beschuldigungen zur Wehr zu setzen, als ihren Leistungsbeitrag für die Organisation zu erbringen.

Zweitens macht es nicht selten Probleme, die Zuständigkeitsbereiche klar und zweckmäßig voneinander abzugrenzen. Klar heißt dabei, daß die Grenzen für alle Organisationsmitglieder ohne weiteres erkennbar sind, und zweckmäßig bedeutet, daß die Zuständigkeiten jeder Stelle entsprechend ihren eindeutig definierten für die Organisation zu erbringenden Leistungsbeiträgen aufgeteilt sind. Die Schnittstellen zwischen den Zuständigkeitsbereichen müssen so definiert werden, daß auf den einzelnen Stellen im Hinblick auf die zu erbringende Gesamtleistung optimal gearbeitet werden kann. Jede Führungskraft muß genau wissen, für welchen Leistungsbeitrag sie verantwortlich ist. Überschneidungen sollte es normalerweise nicht geben; sind sie aus Gründen des internen Wettbewerbs gewollt, muß sichergestellt sein, daß der Organisation unterm Strich daraus Nutzen, mindestens aber kein Nachteil entsteht. In der Führungspraxis werden durch unklare und unzweckmäßige Abgrenzungen von Zuständigkeiten häufig Konfliktursachen gelegt, die erhebliche Reibungsverluste zur Folge haben. Das gilt insbesondere auch für den Fall inkonsistenter Hierarchien, in denen Organisationseinheiten mehr als einer Führungsinstanz untergeordnet sind, die sich – um die Misere zu komplettieren – auch noch an unterschiedlichen Leistungsmaßstäben orientieren.

Unterschiedliche Leistungsmaßstäbe sind ebenso wie unterschiedliche Interessenlagen der Stelleninhaber Sprengsätze für jede Organisation. Wenn die gleichen Führungskräfte einmal – zum Beispiel als Mitglieder der Geschäftsleitung – übergeordnete Belange zu vertreten haben und ein andermal die spezifischen Belange einer operativen Organisationseinheit, sind die Konflikte von vornherein programmiert. Denn es entspricht der Lebenserfahrung, daß den Doppel-Führungskräften im Zweifel das Wohl ihrer jeweiligen Organisationseinheiten näher liegt als das Wohl der Gesamtorganisation. Ihre Selbstbehauptungstendenzen als Bereichs-„Fürsten" werden im Konfliktfall dominieren, weil es in der Organisation keine Gegenkräfte gibt, die die integrativen Tendenzen im Interesse des Ganzen fördern könnte. Eine solche Gegenkraft könnte nur eine oberste Führungsinstanz bilden, die ausschließlich Gesamtinteressen der Organisation zu vertreten hat und nur für die übergeordneten Rahmenbedingungen, Spielregeln und Zielsetzungen des organisatorischen Prozesses zuständig ist. Führungskräfte sollten deshalb immer nur einer einzigen Hierarchieebene angehören, damit sie nicht über die Spielregeln zu befinden haben, denen ihr eigenes Handeln gehorchen soll. In der obersten Führungsebene einer Organisation muß die Identifikation der Führungskräfte mit der Gesamtorganisation unbedingt – also auch und gerade für den Konfliktfall – gesichert sein.

Die Stellen sollten grundsätzlich aufgabenorientiert definiert werden und nicht personenorientiert. Letzteres findet man häufig in kleineren Organisationen, in denen Stellen entsprechend den Vorlieben, besonderen Fähigkeiten oder Machtansprüchen einzelner Organisationsmitglieder „gewachsen" sind. Flexibilität in der Aufgabenzuweisung ist zwar für die Organisation ein Vorteil. Das gilt aber nur, wenn dadurch nicht jedesmal persönliche Konflikte heraufbeschworen werden. Deshalb ist es besser, die Stellendefinition so vorzunehmen, daß sie den organisatorischen Anforderungen und den normalerweise bei Mitarbeitern anzutreffenden Kenntnis- und Fertigkeiten-Kombinationen Rechnung trägt. Flexibilität ist günstiger dadurch zu erreichen, daß die Stellenbeschreibungen nicht zu eng gefaßt werden, sowie durch Job-Rotation, überlappende Aufgabengebiete der Mitarbeiter und eine durchdachte Regelung der fachlichen Stellvertretung.

Die Stellen müssen so definiert werden, daß die Mitarbeiter in ihrer Tätigkeit Sinn finden können. Vielseitige und herausfordernde Aufgaben mit genügend Freiraum zur selbständigen und eigenverantwortlichen Gestaltung sollten sie zum vollen Einsatz ihrer Kenntnisse und Fähigkeiten animieren. Klare und eindeutige Spielregeln sollten ihnen die Kooperation erleichtern, und transparente sowie einsichtige Maßstäbe für ihre Leistung und ihr Verhalten sollten ihnen helfen, die gemeinsamen Ziele der Organisation flexibel anzusteuern.

- Stellenbeschreibungen

Stellen und Stellengesamtheiten sind Elemente der Organisationsstruktur, die bestimmte Funktionen im organisatorischen Leistungsprozeß zu erfüllen haben. Die Aufgabe der Prozeßgestaltung besteht darin, die Stellen und Stellengesamtheiten so in ein Netz von Regelsystemen einzubauen, daß sie ihre Funktionen im Hinblick auf die organisatorischen Ziele optimal wahrnehmen. Ziel muß es sein, ein System der Selbststeuerung zu schaffen, das die organisatorischen Ziele von sich aus anstrebt. Der bereits erwähnten noologischen Regelung ist dabei der Vorzug zu geben, weil sie Eigenständigkeit und Selbstorganisation der Organisationseinheiten fördert und die Führungskräfte entlastet. Allerdings stellt sie hohe Anforderungen an die Qualität der Information und der Planung sowie an die Qualifikation der Mitarbeiter.

Bei der Abfassung der Stellenbeschreibungen darf nicht vergessen werden, daß Prozeßausschnitte beschrieben werden und keine Zustände. Dementsprechend muß die Stellenbeschreibung vor allem Aufgaben und Schnittstellen enthalten. In einer dynamischen Organisation sind Stellenbeschreibungen zwangsläufig Momentaufnahmen, die immer wieder erneuert werden müssen. Diese Punkte sind wesentlich:

- Bezeichnung der Stelle
- Zweck der Stelle im organisatorischen Leistungsprozeß
- Unterstellung (wer ist hinsichtlich Aufgaben, Zielen, Spielregeln weisungsbefugt?)
- Überstellung (wem können hinsichtlich Aufgaben, Zielen, Spielregeln Weisungen erteilt werden?)
- Grobdefinition der Aufgaben und der Ziele sowie Darstellung des Verantwortungsbereichs; sie muß genügend Freiraum für kreative Selbstentfaltung lassen und auch die Möglichkeit von Veränderungen und Innovationen in Absprache mit dem Vorgesetzten zulassen
- Besondere Pflichten und Verantwortungen, wenn es für die Aufgabenerfüllung wichtig ist, sie detailliert zu benennen
- Zusammenarbeit (wer liefert welche Leistungen und wer ist mit welchen Leistungen zu beliefern); auch hier muß genügend Raum für eine von Zeit zu Zeit immer wieder vorzunehmende Neuabstimmung der Schnittstellen gelassen werden
- Wer berät? (Stabsstellen und Dienstleistungsabteilungen, die ohne Ergebnisverantwortung Hilfestellung bei der Aufgabenerfüllung geben können
- Erfolgsmaßstäbe der Aufgabenerfüllung (woran wird die Leistung des Stelleninhabers gemessen?)

Stellenbeschreibungen sollen klare Verhältnisse hinsichtlich dessen schaffen, was von einem Stelleninhaber erwartet wird, aber sie dürfen weder Zwangsjacken für die Leistungsentfaltung noch Alibi für einen „Dienst nach Vorschrift" werden. Deshalb müssen die jeweiligen unmittelbaren Vorgesetzten das Recht und die Pflicht haben, Stellenbeschreibungen nach Rücksprache mit dem Stelleninhaber zu verändern, wenn das im Interesse der Leistungsfähigkeit ihrer Organisationseinheit oder aus übergeordneten organisatorischen Gründen geboten ist. Das gilt allerdings nicht für enthaltene Regelungen, die über ihren Zuständigkeitsbereich hinausgehen.

Stabs- oder Dienstleistungs-Stellen haben insofern keine Ergebnisverantwortung, als sie keine Mittel von außerhalb der Organisation akquirieren müssen. Deshalb dürfen sie auch nur in Ausnahmesituationen fachlich weisungsbefugt sein, nämlich dann, wenn es beispielsweise um eine zweckmäßige Vereinheitlichung von Regeln und Verfahren, sowie um die Einhaltung gesetzlicher Vorschriften geht. Ihre Aufgabe sind die Versorgung der Ergebnisverantwortlichen mit notwendigen Informationen und deren Beratung auf Anforderung. Daß Stabsstellen den Ergebnisverantwortlichen in ihre ureigenen Belange hineinreden, ist ein konflikt- und kostenträchtiges Unding. Auch trägt es zur Verantwortungsdiffusion bei, die ein zutreffendes Urteil über die Leistungsbeiträge der einzelnen Stellen und Organisationseinheiten mit der Zeit unmöglich macht. In diesem Zusammenhang denke man an die wachsende Herrschaft der Controller in vielen Großorganisationen, die zunehmend kontraproduktiv wirkt, weil sie dazu tendiert, alle Maßnahmen am kurzfristigen und rechenbaren Erfolg zu messen, wodurch die langfristig wirksamen, zukunftsbezogenen und nicht genau kalkulierbaren Führungsaktivitäten vernachlässigt werden.

Die Frage, warum in einer dynamischen Organisation überhaupt Stellenbeschreibungen fixiert werden sollen, ist durchaus berechtigt. Die Antwort lautet: um eine klare und unmißverständliche Arbeitsgrundlage zu schaffen, die dem Mitarbeiter seine Position in der Organisation transparent macht, ihm die bestehenden Erwartungen ebenso verdeutlicht wie die gebotenen Handlungsfreiräume und ihm die Selbstkontrolle ermöglicht.

- Routinen und Standardverfahren institutionalisieren

Für häufig wiederkehrende oder in ihrer Durchführung abzusichernde Aufgaben und Tätigkeiten werden in der Regel Routinen und Standardverfahren eingeführt. Es handelt sich dabei zum Beispiel um bestimmte Arbeitsmethoden, Berichte, Regelungen und Anleitungen. Routinen und Standardverfahren dienen der Entlastung der Mitarbeiter, und sie sind geeignet, die Produktivität bei gleichbleibender Qualität der Arbeit zu steigern. Das gilt vor allem dann, wenn sie mit technischen Hilfsmitteln automatisiert ablaufen. Davon soll aber hier nicht die Rede sein, sondern nur von der Tatsache, daß Routinen und Standardverfahren Teil der Organisationsstruktur sind. Denn es handelt sich ebenso um verfestigte Prozeßbestandteile.

Damit sich nichts verfestigt, was der organisatorischen Leistung abträglich ist, müssen Routinen und Standardverfahren wohlerwogen eingeführt und von Zeit zu Zeit auf ihre Nützlichkeit und eventuelle Verbesserungsfähigkeit hin überprüft werden. Die regelmäßige kritische Überprüfung der Nützlichkeit kann schon einer der Gefahren von Routinen und Standardverfahren vorbeugen, nämlich der Blockierung von Kreativität und Eigeninitiative. Die zweite Gefahr, die der Bürokratisierung und Erschwerung der Arbeit, kann durch eine vorherige Wertanalyse in Grenzen gehalten werden. Vor Einführung einer Routine oder eines Standardverfahrens wird genau ermittelt, was damit gewonnen werden kann und was auf dem Spiel steht, wenn darauf verzichtet wird.

5.5.3 Kooperations-Prozesse steuern

Sich auszudenken, wie Kooperationsprozesse laufen müßten, damit am Ende das erwünschte Ergebnis dabei herauskommt, ist eine Sache. Einen Prozeß dann tatsächlich so zu steuern, daß die Gedanken wahr werden, ist eine andere Sache. Da sind Führungskräfte als ständige Mittäter gefordert, allerdings mit Führungsaufgaben und nicht mit Ausführungsaufgaben.

Leitgedanke der Kooperation sollte sein: Wie kann das einzelne Organisationsmitglied optimal dazu beitragen, daß die Organisation ihre Ziele erreicht? Oder anders formuliert: wie kann sich das einzelne Organisationsmitglied der Organisation optimal nützlich erweisen? Führungskräfte müssen diese Frage für sich und gemeinsam mit ihren Mitarbeitern auch für diese beantworten. Dabei stellt sich regelmäßig heraus, daß es um nichts anderes geht, als um das ständige Bemühen, ein ausgewogenes Verhältnis von selbstbehauptenden und integrativen Verhaltenstendenzen aller Organisationsmitglieder und ihrer Gruppierungen zu finden und aufrechtzuerhalten.

Die Steuerung der Kooperationsprozesse im engeren Sinne vollzieht sich mittels Entscheidungen, Anweisungen und Unterweisungen im Rahmen der gegebenen Strukturen. Das entspricht der klassischen Vorstellung von Führung. Wir wissen aber aus der Praxis, daß viele Steuerungsmaßnahmen an den bestehenden Strukturen scheitern und deshalb wirkungslos bleiben. Eine Führungskraft, die sozial überleben möchte, kann zum Beispiel unmöglich in die langfristige Zukunftssicherung ihrer Organisation(seinheit) investieren, wenn sie an der Höhe ihrer kurzfristigen Erträge gemessen wird. Da wir aber auch wissen, daß Strukturen nichts anderes als verfestigte Erscheinungsformen von Prozessen sind, würden wir in diesem Falle Steuerungsmaßnahmen auf der hierarchisch übergeordneten Führungs- beziehungsweise Prozeßebene empfehlen, um die Erfolgsmaßstäbe zu verändern.

So wie man keinen Bach durch Eingriffe bei den einzelnen Wassermolekülen in eine andere Richtung lenken kann, sondern nur durch Beeinflussung im ganzen, indem man ein neues Bachbett (sprich: neue Spielregeln und Rahmenbedingungen) gräbt, lassen sich auch Organisationen nicht durch Maßnahmen innerhalb der gegebenen Strukturen weiterentwickeln. Das gedankliche oder tatsächliche Festzurren von Prozessen in Strukturen engt stets den Denk- und Handlungsspielraum ein. Um eine Organisation voranzubringen, müssen wir sie als einen ganzheitlichen Prozeß betrachten, der je nach gewünschtem Umfang der Veränderungen, auch im ganzen durch Steuerungsmaßnahmen zu beeinflussen ist.

Die Steuerung von Kooperationsprozessen im weiteren Sinne bezieht sich auf die Gesamtorganisation. Sie gründet auf dem Prozeßcharakter der Organisation und setzt die Kooperation der Führungskräfte auf allen hierarchischen oder Handlungs- beziehungsweise Steuerungsebenen der Organisation voraus. Für die Praxis bedeutet das, daß zwischen den Führungskräften in vertikaler Richtung stets auch über die Spielregeln kommuniziert wird, denen die Steuerung im engeren Sinne unterliegt.

Aus Abbildung 34 geht hervor, wie sich die prozeßgestaltenden und prozeßsteuernden Aktivitäten über die Führungsebenen der Organisation verteilen. Normative Aktivitäten sind vor allem der obersten Führungsebene vorbehalten. Mit diesen Aktivitäten setzen die Spitzen-Führungskräfte Werte für die Organisation und verschaffen ihnen im Arbeitsalltag Geltung. Strategische Aktivitäten beziehen sich auf die Organisation als ganzes und auf die langfristigen koevolutionären Wechselbeziehungen mit der Umwelt. Sie setzen Rahmenbedingungen und Spielregeln für die operativen Aktivitäten, mit denen die aktuellen Austauschbeziehungen zwischen Organisation und Umwelt geschaffen, unterhalten und gemäß den strategischen Vorgaben weiterentwickelt werden. Strategische Aktivitäten sind immer Führungsaufgaben; ihr Anteil an den gesamten Führungsaufgaben nimmt mit steigender Führungsebene zu. Operative Aktivitäten liegen schwerpunktmäßig auf der Ausführungsebene.

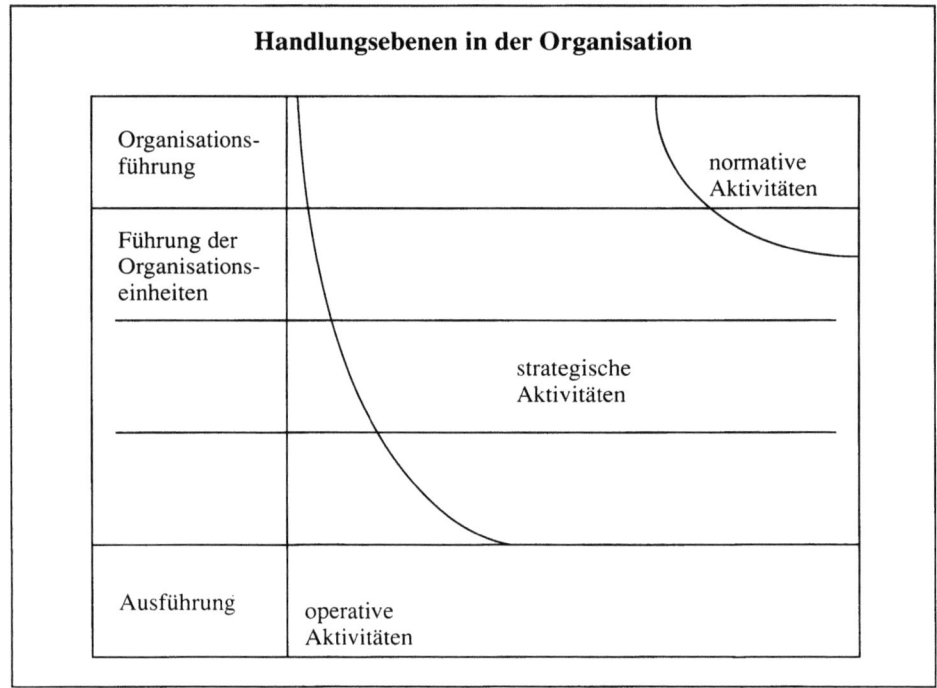

Abb. 34

Die ständige offene Kommunikation zwischen allen Handlungsebenen der Organisation und das Bewußtsein aller Organisationsmitglieder, verantwortlich an einem gemeinsamen Prozeß teilzuhaben, ist die Voraussetzung dafür, daß Prozeßsteuerung im weiteren Sinne erfolgreich vonstatten gehen kann. Damit erhält die Organisation dann auch die Flexibilität, die ihr eine gedeihliche Entwicklung auch unter sehr veränderlichen Umweltbedingungen ermöglicht.

- Kooperation

Kooperation ist erforderlich, weil die organisatorischen Leistungspotentiale auf alle Mitglieder und Sachmittel der Organisation verteilt sind und die Leistungsziele der Organisation nur unter Einsatz aller Potentiale erreicht werden können. Die Aufgabe der Führungskräfte besteht darin, die Kooperation ihrer Mitarbeiter untereinander und mit den Mitarbeitern anderer Organisationseinheiten zu ermöglichen, zu begleiten, zu unterstützen und zu fördern, sowie dabei selbst mit den Mitarbeitern und anderen Mitgliedern der Organisation zu kooperieren. Die Qualität der Kooperation entscheidet maßgeblich über die Effizienz des organisatorischen Leistungsprozesses.

Anders als die Koordination, bei der es um die sachliche und zeitliche Zuordnung von Aufgaben und Tätigkeiten zwecks Erzielung eines gemeinsamen Erfolges geht, beinhaltet die Kooperation auch noch einen affektiven Aspekt. In die Kooperation bringt der Mitarbeiter sein ganzes in ständiger Entwicklung begriffenes Menschsein ein mit allen seinen Bedürfnissen, Werthaltungen und Idiosynkrasien. In der Kooperation mit anderen werden außer dem Verstand immer auch Instinkte und Gefühle angesprochen, wie zum Beispiel Neugier, Dominanzstreben, Schutz- und Hilfsbereitschaft, Rivalität oder Neid. Daraus ergibt sich, daß Kooperationsbeziehungen sehr viel komplexer sind als die ihnen von der organisatorischen Aufgabenstellung und -verteilung her zugrundeliegenden sachlich-technischen Wirkungsbeziehungen. Sie werden von sozio-emotionellen und normativ-kulturellen Prozessen überlagert und von ihnen durchdrungen, so daß es in der Kooperation niemals nur „um die Sache", sondern immer gleichzeitig auch um menschliche Beziehungen, Gefühle, Werte und Sinn geht.

Kooperation ist also ein den ganzen Menschen einbeziehender Prozeß, in dem thematisch-materielle, sozio-emotionelle und normativ-kulturelle Aspekte miteinander wechselwirken. Für den Führungsprozeß ist das in Abbildung 20 dargestellt, es gilt aber allgemein für jede menschliche Kooperation. Aus der Komplexität des Kooperationsprozesses ergibt sich der weit über Leitungsaufgaben hinausgehende hohe menschliche Anspruch der Führungsaufgabe.

Kooperation funktioniert am besten, wenn die Selbstbehauptungstendenzen und die Integrationstendenzen der Beteiligten ausgeglichen und sie bereit sind, ihre Kenntnisse und Fertigkeiten verantwortungsbewußt in den Dienst der gemeinsamen Aufgabe zu stellen sowie ihre Aktivitäten optimal in die gemeinsam zu treffenden Maßnahmen zu integrieren. Kooperation wird durch positive gegenseitige Gefühle erleichtert, wenn die Beteiligten einander sympathisch sind, Vertrauen zueinander haben und die Kooperationsziele akzeptieren. Sie profitiert ferner von Solidarität, gegenseitiger Achtung und Rücksichtnahme.

Aber auch unter weniger günstigen Umständen ist erfolgreiche Kooperation möglich. Der Vorgesetzte muß in solchen Fällen dafür sorgen, daß die jeweils dominierenden

Verhaltenstendenzen Gegengewichte erhalten und vorhandene negative Gefühle abgebaut oder wenigstens in ihren Auswirkungen auf die Zusammenarbeit begrenzt werden. Übersteigerte Selbstbehauptung, die sich beispielsweise in unangemessenem Wettbewerbsdenken, Dominanzgebaren oder feindseligen Aggressionen äußert, kann zum Beispiel dadurch abgebaut werden, daß die Erfolgsmaßstäbe mehr in Richtung gemeinschaftlicher Leistungen verschoben werden. Dann können einzelne Mitarbeiter nicht mehr dadurch gewinnen, daß sie sich auf Kosten anderer oder der Gemeinschaftsleistung hervortun. Einer zu starken Integrationstendenz, die sich vielleicht in mangelnder Kritikbereitschaft äußert, könnte beispielsweise durch stärkere Herausforderung eigenständiger Entscheidungen entgegengewirkt werden.

Der Vorgesetzte wird je nach Persönlichkeit und Verhalten der betroffenen Mitarbeiter und je nach eigenem Führungsstil anders vorgehen müssen. Auf alle Fälle sollte er die Kooperation nicht einfach sich selbst überlassen, sondern sie als seine Aufgabe betrachten und nach Kräften fördern. Hilfestellung können dabei Seminare und Workshops zur Teamentwicklung geben. In ihnen lernen die Führungskräfte Kooperationsbeziehungen bewußter wahrzunehmen, positive und negative Entwicklungen zu erkennen und durch eigenes Verhalten steuernd einzugreifen. Praxisbegleitende Supervision ermöglicht ihnen darüber hinaus, ihr Führungsverhalten im Spiegel der Beobachtung durch einen Experten zu überprüfen und gegebenenfalls auch mit dessen Beratung und Unterstützung zu verändern.

- Teamarbeit

Die engste Form der Kooperation, bei der die beteiligten Mitarbeiter in institutionalisierter Form und meistens auch in räumlicher Nähe an gemeinsamen Aufgaben arbeiten, ist die Teamarbeit. Die Teamarbeit ermöglicht die weitgehende Partizipation aller Mitarbeiter am Führungs- und Leistungsprozeß der betreffenden Organisationseinheit und ist deshalb besonders geeignet, ihre Fähigkeiten und ihre Einsatzbereitschaft zum Nutzen der gemeinsamen Aufgabe zu mobilisieren. Da im Team infolge gegenseitiger Anregung Fachgrenzen überschreitendes Denken und Kreativität gefördert werden, besitzt es beträchtliches innovatives Potential.

Komplexere Aufgaben, die Zusammenarbeit mehrerer Spezialisten aus verschiedenen Fachdisziplinen verlangen, wachsende Mengen zu verarbeitender Informationen, notwendige Flexibilität bei der Aufgabenverteilung und -erledigung und der zunehmende Druck, innovativ zu sein, legen für die Zukunft mehr Teamarbeit nahe. Vielen überzeugten Einzelkämpfern bereitet das Unbehagen, weil sie das „Palaver" in der Gruppe fürchten. Doch erkennen sie alle mit der Zeit: Genies können komplexe Aufgaben vielleicht effektiver bearbeiten als Teams, diese sind jedoch trotz aller ihrer Schwächen dem guten Durchschnitts-Mitarbeiter überlegen. Und selbst Genies sind heute immer häufiger auf Zusammenarbeit angewiesen, mit der sie sich meist schwerer tun als ihre Durchschnitts-Kollegen.

Probleme können sich bei der Teamarbeit ergeben, wenn viele unterschiedliche Erfahrungen, Kenntnisse und Meinungen der Beteiligten aufeinander treffen und es schwermachen, zu gegenseitigem Verständnis oder gar einer gemeinsamen Problemsicht zu gelangen. Auch birgt Teamarbeit die Gefahr, daß sich einzelne Mitglieder von ihren Kollegen leistungsmäßig aushalten lassen, also sozusagen ihre mangelnde Befähigung und geringe Leistungsbereitschaft in der Gruppe „verstecken". Persönliche Animositäten oder Beziehungskonflikte können darüber hinaus die Teamarbeit erschweren. Diese möglichen Nachteile können jedoch durch gemeinsame Lernprozesse der Teammitglieder überwunden werden, so daß Teamarbeit für die Organisation nutzbringend und für die Mitarbeiter motivierend eingesetzt werden kann.

Wichtig zu betonen ist, daß Teamarbeit kein Selbstzweck ist. Unter dem Motto: „Wir sind ja alle so kooperativ" veranstalten nicht wenige Führungskräfte Pseudo-Teamarbeit, die ihren Mitarbeitern nur die Zeit stiehlt und sie selbst der Lächerlichkeit preisgibt. Grundsatz muß sein: Teamarbeit ist nur dann erforderlich, wenn die anstehende Aufgabe nicht genausogut in Einzelarbeit (eventuell mit zusätzlichen bilateralen Konsultationen) ausgeführt werden könnte.

- Einige wichtige Aspekte der Kooperation

Führung ist das Bewirken von Leistungen durch persönliche Einflußnahme auf Mitarbeiter. Der Platz der Führungskräfte ist deshalb an der Seite ihrer Mitarbeiter, die sie bei ihrer Aufgabenerfüllung begleiten, beraten und unterstützen sollen. Nicht genug betont werden kann aber, daß es dabei nicht um eine Mitarbeit der Führungskraft an den Aufgaben ihrer Mitarbeiter handelt, sondern darum, ihnen optimale Arbeits- und Leistungsbedingungen zu schaffen. Dazu gehört außer der technisch-organisatorischen Ermöglichung optimaler Leistungsbeiträge auch, daß Führungskräfte ihren Mitarbeitern helfen, zu erkennen, wie sie gleichzeitig der Organisation und sich selbst nützlich sein können. So helfen sie ihren Mitarbeitern, sich in ihrer Arbeit selbst zu verwirklichen, und der Organisation verhelfen sie zu effizienten Leistungsprozessen.

Führungskräfte müssen wissen, was getan werden muß, und es ihren Mitarbeitern vermitteln können. Sie müssen auch wissen, was ihre Mitarbeiter können, und dafür sorgen, daß dieses Können der Organisation nutzbar gemacht wird. Diskrepanzen zwischen Können und Anforderungen müssen (zumindest auf mittlere Sicht) entweder durch eine Erweiterung des Könnens oder durch andere, dem Können entsprechende Aufgaben beseitigt werden. Die Begleitung der Mitarbeiter stellt sicher, daß die Führungskraft stets darüber im Bilde ist, wie die Mitarbeiter mit ihren Aufgaben zurechtkommen, wie sie sich dabei fühlen und was getan werden sollte, um Leistung und

Arbeitszufriedenheit zu erhalten beziehungsweise zu steigern. Begleitung ermöglicht gleichzeitig die im nächsten Kapitel zu erörternde regelmäßige Kontrolle der Aufgabenerfüllung durch die Mitarbeiter.

Im Rahmen der Begleitung können unterstützende Maßnahmen der Führungskraft oder eine Beratung erforderlich sein. Unterstützung kommt hauptsächlich dann in Frage, wenn ein Mitarbeiter den Anforderungen einer Aufgabe (noch) nicht vollkommen gewachsen ist (zum Beispiel wenn er sich gerade in einer Phase der Weiterqualifizierung befindet oder eine Aufgabe erstmals übernimmt), oder wenn es zur weiteren Durchführung der Aufgabe der Führungskompetenz des Vorgesetzten bedarf (zum Beispiel wenn eine Entscheidung auf höherer Führungsebene herbeigeführt werden muß). Unterstützung durch die Führungskraft ist auch in den Fällen sinnvoll, wo ein Mitarbeiter eigene neue Ideen erstmals verwirklichen möchte und dazu auf die Kooperation von Kollegen angewiesen ist. Vorgesetzte können in solchen Fällen ermutigen, Hinweise und Tips zur Durchführung geben und die Kooperationsbereitschaft der Kollegen fördern.

Die Begleitung der Mitarbeiter gibt den Führungskräften auch Gelegenheit zu erkennen, inwieweit Routinen und Standardverfahren noch zweckmäßig sind oder ob sich im Arbeitsprozeß etwa Regelsysteme mit negativen Auswirkungen auf Leistung und Zufriedenheit „eingeschlichen" haben.

Ein Mitarbeiter, der von seinem Vorgesetzten immer bereitwillig zusätzliche oder Sonderaufgaben entgegengenommen hatte und für deren Erledigung auch schon öfter Überstunden gemacht hatte, machte plötzlich erhebliche Schwierigkeiten. Als die beiden darüber sprachen, stellte sich heraus, daß dem Mitarbeiter aufgefallen war, daß der Vorgesetzte seit Jahren immer nur zu ihm kam, wenn es mal „brannte", obwohl mindestens noch zwei andere Kollegen von ihrer Qualifikation ebenfalls für die Erledigung der Aufgaben in Frage gekommen wären. Dem Vorgesetzten wurde bewußt, daß er diesen Mitarbeiter seit langer Zeit nur deshalb als einzigen mit zusätzlichen Arbeiten belastet hatte, weil der sie bereitwillig entgegennahm und stets einwandfrei erledigte. Die anderen beiden hatten von vornherein widerständig reagiert. Diese Führungskraft war also den Weg des geringsten Widerstandes gegangen und mußte sich jetzt etwas Neues einfallen lassen. Das Beispiel zeigt, daß die Aufdeckung von negativen Regelsystemen verhältnismäßig leicht ist, wenn zwischen Führungskräften und ihren Mitarbeitern eine offene Kommunikation herrscht. Unter dieser Voraussetzung sind auch Lösungen einfacher zu finden, die alle Beteiligten zufriedenstellen.

Begleitung ist die alltägliche Form der Kooperation von Führungskräften und Mitarbeitern. Sie umfaßt neben informierenden, initiierenden, qualifizierenden und kontrollierenden Aktivitäten der Führungskräfte auch alle Aktivitäten, die der Feinsteuerung des Kooperationsprozesses dienen. So können Führungskräfte beispielsweise in ungezwungener Weise Lob, Anerkennung und Beanstandungen sach- und zeitgerecht anbringen, Mitarbeiter anregen und ermutigen, die bei der Lösung schwieriger Aufgaben nicht so recht vorankommen, oder auch helfen, aus Mißerfolgen die richtigen Folgerungen zu ziehen. Entscheidend ist, daß die Begleitung persönlichen Kontakt erfordert, der von den Führungskräften dazu genutzt werden sollte, die Mitarbeiter ihren menschlichen und fachlichen Wert erfahren zu lassen.

Führungskräfte, die die Begleitung ihrer Mitarbeiter vernachlässigen, verlieren schnell den Kontakt zu ihnen. Obwohl sie meist immer noch glauben, genau zu wissen, was in ihrer Organisations(einheit) vor sich geht, tappen sie in Wirklichkeit ziemlich im dunkeln. Das merken sie aber in der Regel erst dann, wenn es handfeste Probleme gibt, von denen sie sich überrascht fühlen, obwohl außer ihnen jeder sie hat kommen sehen. Als Grund für die Vernachlässigung der Begleitung wird in 99 Prozent der Fälle Zeitmangel genannt. Nicht erwähnt wird allerdings, wordurch dieser entsteht: nämlich dadurch, daß sich die betreffenden Führungskräfte als Super-Sachbearbeiter an Ausführungsaufgaben klammern, die sie besser an ihre Mitarbeiter delegieren sollten. Die dadurch zu gewinnende Zeit würde sowohl für die Begleitung ausreichen wie auch noch für alle anderen Führungsaufgaben, und sie brächte darüber hinaus noch kürzere Arbeitstage und freie Wochenenden.

Die wenigen anderen Gründe für die Vernachlässigung der Begleitung lassen sich unter dem Begriff Unsicherheit subsumieren. Führungskräfte erfassen nicht immer sämtliche Aspekte der Kooperation und sehen sich mit einigen auch überfordert. Das trifft zum Beispiel auf die Beratung der Mitarbeiter zu, insbesondere auf die persönliche Beratung.

- Beratung der Mitarbeiter durch die Führungskräfte

Beratung geht über die Unterstützung insoweit hinaus, als sie größere oder grundsätzliche Probleme zum Gegenstand hat. So zum Beispiel wenn ein Mitarbeiter offensichtlich von seiner Aufgabe überfordert wird, wenn die Beziehungen zu seinen Kollegen gespannt sind oder Familienprobleme seine Leistungsfähigkeit gefährden. Die Notwendigkeit der Beratung ergibt sich einmal daraus, daß Mitarbeiter (wie alle Menschen) infolge ihrer subjektiven Wahrnehmung oft nicht alle Aspekte einer Situation oder eines Problems und der damit verbundenen Handlungsalternativen und Handlungsfolgen sehen und deshalb zu keiner (optimalen) Entscheidung fähig sind. Zum anderen ist Beratung im Rahmen der Fürsorgepflicht des Vorgesetzten geboten.

Beratung kann erforderlich werden, wenn Mitarbeiter fachliche oder persönliche Probleme haben, wobei das eine das andere nicht ausschließt. Sofern der Mitarbeiter nicht selbst auf seinen Vorgesetzten zukommt, kann dieser aus bestimmten Anzeichen im Verhalten des Mitarbeiters (zum Beispiel nachlassende Einsatzbereitschaft, häufig schlechte Laune, wiederholtes Fernbleiben vom Arbeitsplatz, überkritische Haltung gegenüber Kollegen, Alkoholmißbrauch, Rückzugstendenzen) auf möglicherweise vorhandene Probleme schließen und ihn zu einem Beratungsgespräch bitten. Auch Fragen der weiteren beruflichen Laufbahn des Mitarbeiters, erhebliche Beanstandungen seiner Leistungen oder seines Verhaltens und bevorstehende außergewöhnliche Veränderungen (wie zum Beispiel organisatorische Umgliederungen, Versetzungen, Beförderungen) können Anlaß einer Beratung sein.

Beraten heißt nicht, dem Mitarbeiter zu sagen, was er tun soll, sondern ihm zu helfen, herauszufinden, was er tun muß. Führungskräfte ermöglichen als Berater dem Mitarbeiter, die Situation oder das Problem und die eigenen Einstellungen, Motive und Gefühle in neuem, objektiveren Licht zu sehen und bisher nicht bewußte Aspekte wahrzunehmen. Sie helfen ferner, Handlungsmöglichkeiten zu erkunden und erfolgversprechende Handlungsstrategien zu entwickeln. Schließlich kann Beratung dazu beitragen, falsche Selbsteinschätzung oder Vorurteile zu erkennen. Beratung ist also Hilfe zur Selbsthilfe.

Für Beratungsgespräche muß sich die Führungskraft genügend Zeit nehmen. Gute analytische Fähigkeiten, Einfühlungsvermögen, die Kunst des richtigen Fragens und Zuhörenkönnens sind ihr bei der Durchführung sehr hilfreich. Um der Gefahr vorzubeugen, dem Mitarbeiter vorschnelle Ratschläge zu erteilen (sein Problem für ihn so zu lösen, wie man es für sich selber lösen würde), muß sich die Führungskraft jedes eigenen Urteils enthalten. Sie ist Geburtshelfer der Lösung, aber sie gebärt nicht selbst. Am Ende jedes Beratungsgesprächs muß eine Vereinbarung hinsichtlich dessen stehen, was der Mitarbeiter anschließend unternehmen will und in welcher Weise er seinen Chef davon unterrichtet.

Als Experten müssen sich Führungskräfte auch gegenseitig beraten. Davon wird aus Gründen falscher Eitelkeit viel zu wenig Gebrauch gemacht. Kollegen um Rat zu fragen, bedeutet aber weder Verantwortung auf sie abschieben zu wollen, noch inkompetent für die eigene Aufgabe zu sein. Im Gegenteil: Wer fachlichen Rat in Anspruch nimmt, beweist damit, daß er den Sinn der Arbeitsteilung in Organisationen verstanden hat, bei der Lösung seiner Probleme effizient vorzugehen versteht, und seine Grenzen kennt und eingestehen kann.

Wer als Führungskraft (oder als Experte des Stabes) Rat erteilt, erbringt eine Dienstleistung. Es steht ihm weder zu, dem Ratsuchenden Vorschriften zu machen, noch trägt er die Verantwortung dafür, was auf seinen Rat hin geschieht. Er muß lediglich für die fachliche Qualität seiner Beratung einstehen.

5.5.4 Gemeinsam Herausforderungen meistern

Eine noch intensivere Kooperation zwischen Führungskraft und Mitarbeitern findet dann statt, wenn gemeinsame Probleme gelöst oder Konflikte bewältigt werden müssen. In diesen Fällen haben sich organisatorische Prozesse vom Zielpfad entfernt oder drohen, sich in Zukunft davon zu entfernen, und es besteht die Aufgabe, mögliche Nachteile für die Organisation zu verhindern. An der Aufgabe, die organisatorischen Prozesse zu optimieren, arbeiten die Führungskräfte mit ihren Mitarbeitern bis zum Erfolg (oder dem Abbruch der Bemühungen) gemeinsam. Die intensivere Einbindung der Führungskräfte in solche Aufgaben ändert jedoch nichts an ihrer Rolle: Sie bleiben weiterhin die Ermöglicher, Katalysatoren, Berater, während die Mitarbeiter die fachlichen Beiträge liefern.

- Probleme lösen

Soweit die organisatorischen Prozesse nicht nach Routinen und Standardverfahren sozusagen automatisiert ablaufen, gibt es immer Probleme zu lösen. Denn ein Problem ist in allgemeinster Definition jede Situation, die uns zur Entscheidung zwischen verschiedenen Verhaltensmöglichkeiten zwingt. Unsere Entscheidung können wir nach der natürlichen Methode „Versuch und Irrtum" treffen, bei der wir an den Ergebnissen unseres Handelns lernen, oder systematisch, indem wir vor dem Handeln analysieren, welche Maßnahmen in der gegebenen Situation mit größter Wahrscheinlichkeit zu dem erwünschten Ergebnis führen.

Wie wir ein Problem angehen, hängt von der Art des Problems, von unserer Information über die Problemsituation, unseren Vermutungen über die Auswirkungen unseres Handelns, und von unserem methodischen Wissen, sowie von unserem Temperament ab. Die Führungskräfte in Organisationen haben meist einen großen Spielraum, innerhalb dessen sie das ihnen angebracht erscheinende Lösungsverhalten frei wählen können. Von „Versuch und Irrtum" bis zur ausgefeiltesten Problemlösungs-Systematik ist alles drin – aber keineswegs alles gleich gut zur Problembewältigung geeignet. Die Güte einer Problemlösung ist nämlich zu einem erheblichen Teil auch das Resultat einer der Problemsituation angemessenen Methodik des Vorgehens.

Abbildung 35 gibt eine Übersicht über einige wichtige Merkmale von Problemsituationen und kann helfen, aktuelle Problemsituationen hinsichtlich ihrer Komplexität einzuordnen, um anhand der Einordnung die angemessene Vorgehensweise bei der Lösung zu finden.

	Methodisch und kooperativ angemessen vorgehen	
Situationselement	Einfache P-Situation	Komplexe P-Situation
Problemstruktur	vollständig bekannt wenige Elemente wenig vernetzt determinierte Abläufe quantifizierbar geringe interne Varietät optische Lösung bekannt konstruierbar vollständig beherrschbar	teilweise/nicht bekannt viele Elemente erheblich vernetzt nicht determinierte Abläufe teilweise/nicht quantifizierbar große interne Varietät optische Lösung unbekannt nicht konstruierbar beschränkt beeinflußbar
Angemessene Lösungsmethodik	Kausalanalytik messen, zählen, rechnen Algorithmen bestätigend einfache Ergebniskontrolle	organisches Denken erschauen, erfahren, gestalten Heuristiken innovativ schwierige Ergebniskontrolle
Angemessene Kooperationsweise	autoritätszentriert hohe Arbeitsteilung direktiv expertenorientiert kurzfristig eindeutig Rückmeldung	problemzentriert geringe Arbeitsteilung konsultativ funktionsorientiert langfristig mehrdeutig Rückmeldung

Abb. 35

Die aufgeführten Merkmale bedeuten kein Entweder-Oder, sondern sind jeweils die Pole eines Kontinuums. Je komplexer eine Problemsituation zum Beispiel ist, desto eher ist beispielsweise konsultatives, problemzentriertes anstelle von direktivem, autoritätszentriertem Lösungsverhalten angebracht (und umgekehrt bei einfachen Problemsituationen). Einfache Probleme können von Experten in der Regel allein gelöst werden, komplexe Probleme lassen sich in der Regel nur im Team mehrerer Experten aus unterschiedlichen Fachdisziplinen bewältigen. Während erstere zweckmäßigerweise von einem dafür qualifizierten Mitarbeiter oder – soweit sie unter ihre Führungsaufgaben fallen – von einer Führungskraft allein bearbeitet werden, also reine Ausführungstätigkeiten sind, ergibt sich aus letzteren eine Führungsaufgabe. Die Führungskraft muß nämlich in diesem Fall den Problemlösungsprozeß in bezug auf Effizienz und Effektivität optimal steuern. Dabei hat sie es mit dem Wirkungsgeflecht aus thematisch-materiellen, sozio-emotionellen und normativ-kulturellen Einflußfaktoren zu tun, das jede menschliche Kommunikation zu einem äußerst komplexen Geschehen macht.

Die psychologische Seite der organisatorischen Kooperation ist an anderer Stelle hinreichend beleuchtet worden. Im folgenden soll zur materiellen Prozeßgestaltung noch etwas gesagt werden.

Ein Problem ergibt sich aus der wahrgenommenen Diskrepanz zwischen dem Wollen (oder Sollen) und der Wirklichkeit. Es besteht aus zahlreichen geistigen und materiellen Einflußfaktoren, von denen die meisten in der Regel zunächst nicht (genau) bekannt sind. Der verbreiteten Neigung, sich zwecks schneller Problemlösung auf die ins Auge springenden Einflußgrößen zu „stürzen" und damit die Komplexität des Problems zu ignorieren, kann nur durch eine ganzheitlich-systemische Betrachtungsweise entgegengewirkt werden. Dieser organischen Problemanschauung entspricht das hier skizzierte Vorgehen.

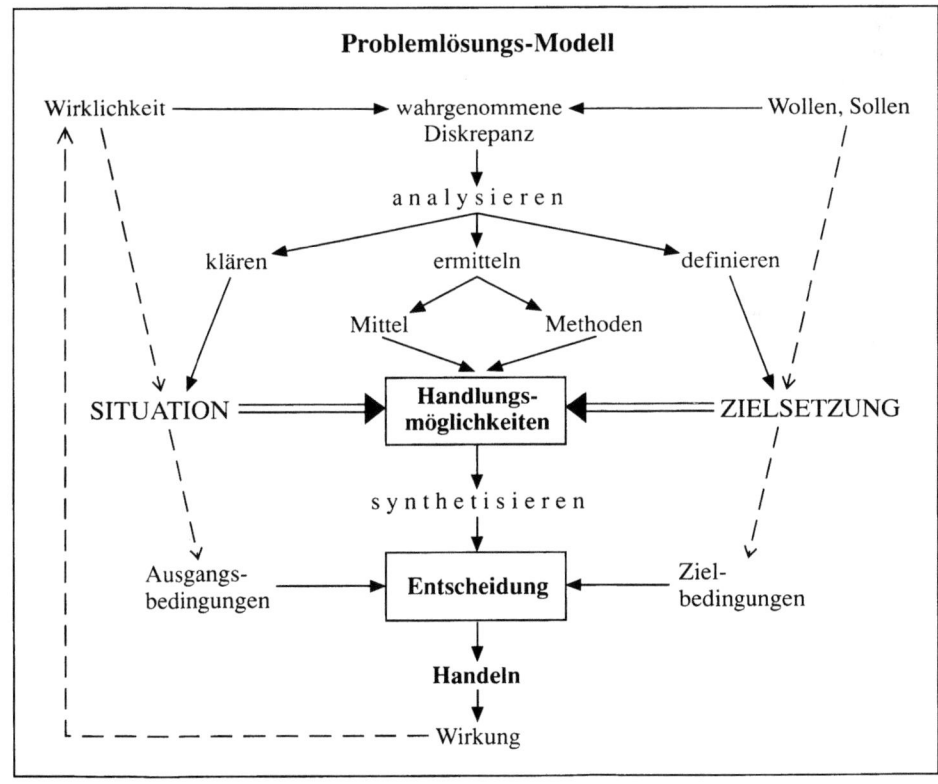

Abb. 36

Abbildung 36 zeigt ein Modell des Problemlösungsprozesses. Er setzt sich aus vier Phasen zusammen:

1. Wahrnehmen einer Diskrepanz zwischen Sollen und Sein,

2. Analysieren der Problemsituation,

3. Synthetisieren der Problemlösung und

4. Handeln.

Die Wahrnehmung einer störenden Diskrepanz zwischen dem, was gewollt ist oder sein soll, und der Wirklichkeit ist Auslöser für problemlösendes Verhalten. Die Motivation zur Problemlösung ist um so stärker, je unangenehmer die Diskrepanz erlebt wird. Bei den vielen kleinen Problemen des Alltags wird uns meist gar nicht bewußt, wie der Problemlösungsprozeß in uns vonstatten geht; in Sekundenschnelle erfolgt der weitgehend unbewußt gesteuerte Übergang vom Erleben der störenden Diskrepanz zwischen Sein und Sollen zum Problemlösungsverhalten. Unsere genetische Programmierung und die von Geburt an erworbene Erfahrung im Umgang mit der Welt ermöglichen fast vollautomatische Problemlösungen.

Anders sieht es bei erstmals auftauchenden oder komplexeren Problemen aus. Da müssen wir schon intensiv nachdenken, finden manchmal gar keine und häufig keine hundertprozentig befriedigende Lösung, oder müssen um den Beistand eines Experten bitten, um zu einem guten Ergebnis zu kommen. Die Probleme, die Organisationen haben, sind überwiegend von dieser Art. Ihre Lösung erfordert besondere Fachkenntnisse und -fertigkeiten und nicht selten die Zusammenarbeit mehrerer Organisationsmitglieder verschiedener Funktion und Qualifikation. Die Beteiligung ausreichenden Sachverstandes und genügender Entscheidungskompetenz am Problemlösungsprozeß ist eine Grundvoraussetzung erfolgversprechender Problemlösung.

Führungskräfte in Organisationen nehmen Diskrepanzen zwischen Sein und Sollen in Gestalt von Ziel- und Planabweichungen, Kennzahlen, die jenseits kritischer Grenzwerte liegen, Abweichungen von Normen, kritischen Umweltereignissen u.ä. wahr. Erzeugt die Wahrnehmung einen „Leidensdruck", der sie zum Handeln treibt, erfolgt in unserem Problemlösungsmodell der Übergang zur 2. Phase. Damit erweitert sich das Problem zu einer die ganze Komplexität und Vieldimensionalität der Wirklichkeit umfassenden Problem-Situation. Eine gute Lösung erfordert, daß

– die wechselwirkenden Zusammenhänge sämtlicher mit dem Problem in Beziehung stehender organisatorischen Prozesse,

– alle für das Problem relevanten Austauschbeziehungen zwischen der Organisation und ihrer Umwelt, und

– die berechtigten Bedürfnisse und Interessen der in das Problem involvierten oder von ihm betroffenen Organisationsmitglieder bei der Problemlösung berücksichtigt werden. Über die Definition der Ziele und die dabei möglichen Schwierigkeiten ist an anderer Stelle (Kapitel 5.3) ausführlich gehandelt worden. Hier soll es genügen, die Wichtigkeit klarer, allen Beteiligten einsichtiger und von allen akzeptierter Zielsetzungen für die Problemlösung zu betonen. Denn gemeinsame Ziele sind nicht nur Orientierungshilfe bei der Suche nach der optimalen Problemlösung, sie motivieren auch, die zur Verwirklichung der Problemlösung erforderlichen Entscheidungen zu treffen und Handlungen auszuführen. Die Definition der Zielbedingungen ist der erste Schritt der 2. Problemlösungsphase.

Der zweite Schritt ist die Untersuchung und Klärung der Problemsituation. Sie ist notwendig, um zu erfahren, wie die problematische Wirklichkeit im einzelnen beschaffen ist und von welchen Voraussetzungen die Maßnahmen zur Veränderung ausgehen müssen. Wichtig ist vor allem, zu wissen: Welche Elemente enthält die Situation? Wie wirken sie untereinander und in bezug auf das Problem? Welche Beeinflussungsmöglichkeiten bestehen? Und welche autonomen Veränderungen sind zu erwarten? Art, Ausmaß und Intensität der (wechselseitigen) Wirkungen zwischen den einzelnen Elementen der Problemsituation müssen analysiert und in ihrer Bedeutung für das Problem eingeschätzt werden. Um die Übersicht zu gewinnen, empfiehlt sich eine grafische Darstellung der Wirkungszusammenhänge, was sogar schon mit Hilfe der EDV möglich ist. Ergebnis des zweiten Schritts der 2. Problemlösungsphase sind die Ausgangsbedingungen der Problemlösung.

Die 2. Phase wird beendet mit der Ermittlung der Handlungsmöglichkeiten als drittem Schritt. Hier wird gefragt: welche Mittel und Methoden stehen zur Verfügung, um die Möglichkeiten der Problemsituation für die Zielerreichung nutzen zu können? Was kann getan werden? Wie kann es getan werden? Wer kann es tun? Mit wem? Alternative Aktivitäten, Maßnahmen oder Strategien können geplant, als entscheidungsreife Vorschläge entworfen und bezüglich ihrer Zielwirkung, möglichen Nebenwirkungen, dem Mittelaufwand u. a. miteinander verglichen werden. Mit zu bedenken sind mögliche autonome Veränderungen der Problemsituation während der Problemlösung. Wirtschaftliche Investitionen benötigen zum Beispiel häufig längere Zeit für ihre Durchführung. Durch zwischenzeitliche politische Entscheidungen werden aber nicht selten die der Entscheidung zugrundegelegten Ausgangsbedingungen verändert, so daß die Problemlösung einem Schießen auf bewegliche Ziele gleicht.

In der 3. Phase des Problemlösungsprozesses wird die endgültige Problemlösung synthetisiert. Das kann durch einfache Auswahl einer Handlungsalternative aus mehreren Vorschlägen geschehen oder durch Zusammensetzung (Synthese) einer Lösungsmaßnahme oder Lösungsstrategie aus Teilen mehrerer Lösungsvorschläge. Wenn zu befürchten ist, daß sich die Problemsituation während der Problemlösung verändert, müssen ergänzende oder korrigierende Maßnahmen eingeplant werden, die die Zielerreichung dennoch ermöglichen. Nicht ausgeschlossen ist aber auch, daß sich das Wollen oder Sollen im Laufe der Zeit ändert und deshalb auch die Ziele überdacht werden müssen.

Verwirklicht wird die Problemlösung in der 4. und letzten Phase. Entsprechend den Entscheidungen werden Aktivitäten und Maßnahmen zwecks Zielerreichung inganggesetzt. Ihre Wirkungen werden kontrolliert und an die für die Problemlösung verantwortlichen Führungskräfte und Mitarbeiter rückgekoppelt. Sie führen im Falle von Abweichungen von der vorgesehenen Entwicklung zu neuen Analysen (2. Phase des Problemlösungsprozesses) und in der Folge eventuell zu einer Korrektur der Problemlösungsentscheidung. Das gleiche können zwischenzeitliche Veränderungen der Ausgangs- oder der Zielbedingungen sowie Veränderungen der Handlungsmöglichkeiten (zum Beispiel infolge neu verfügbarer Mittel oder verbesserter Methoden) bewirken.

- Konflikte konstruktiv bewältigen

Konflikte haben keinen guten Ruf, dennoch sind sie unvermeidliche Bestandteile jedes höher entwickelten organischen oder sozialen Lebens. Für Morton Deutsch entstehen Konflikte, „wenn nicht zu vereinbarende Handlungstendenzen aufeinandertreffen". Das kann sowohl innerhalb einer Person der Fall sein (zum Beispiel wenn diese sich in einer gegebenen Situation nicht zwischen einander ausschließenden Handlungsmöglichkeiten entscheiden kann) – man spricht dann von intrapersonellem Konflikt – wie auch zwischen Personen und Gruppen (wenn zum Beispiel einander ausschließende Ziele angestrebt oder konträre Maßnahmen verfolgt werden) – dann wird von interpersonellem oder intergruppen Konflikt gesprochen.

Die Ursachen für Konflikte können in unterschiedlichen Weltbildern der Beteiligten und daraus folgend voneinander abweichenden Situationsinterpretationen, Bedürfnissen, Zielen, Werten und Urteilen liegen. In diesem Falle entstehen divergierende Handlungstendenzen aus nicht übereinstimmenden Anschauungen. Der eine meint beispielsweise zuviel Sonnenlicht wäre schädlich und möchte deshalb die Jalousien schließen, der andere hält Sonnenlicht für den Quell des Lebens und möchte die Strahlen deshalb bei geöffneten Jalousien genießen. Die infolge unterschiedlicher Anschauungen entgegengesetzten Handlungstendenzen erhalten zusätzliche Energie durch Triebimpulse und Gefühle. So kann der geschilderte Konflikt zum Beispiel durch die Rivalität oder durch Dominanzwünsche beider Beteiligter verschärft werden.

Entsprechend den Ebenen des Führungsprozesses (siehe Abb. 20) lassen sich bei Konflikten drei Dimensionen unterscheiden, die in enger Wechselbeziehung zueinander stehen. Jeder Konflikt ist deshalb stets auf allen drei Dimensionen in einer für ihn typischen Weise ausgeprägt. Im Führungsalltag steht meist die thematisch-intellektuelle Dimension der Konflikte im Vordergrund und verdeckt die Konfliktelemente der beiden anderen Dimensionen. So kommt es, daß Konflikte manchmal nicht lösbar sind, weil sie mit Blick auf nur eine Dimension mit ungeeigneten Mitteln angegangen werden.

Thematisch-materielle Dimension

Das ist die Dimension der Daten, Fakten und Sachverhalte. Konflikte entstehen auf dieser Dimension infolge unterschiedlichen Wissensstandes, verschiedener Erfahrungen, sowie voneinander abweichender Auswahl, Interpretation, Bewertung und Gewichtung der Elemente des Konfliktgegenstandes durch die Beteiligten. Die Konfliktbewältigung hinsichtlich der thematisch-materiellen Dimension erfordert gemeinsame Informationsbemühungen mit dem Ziel, die unterschiedlichen Anschauungen einander anzunähern, so daß kooperatives Handeln möglich wird. Bildlich läßt sich dieses Vorgehen anhand der Abbildung 29 darstellen: Angestrebt wird, die Anzahl der von den Beteiligten gleich gedeuteten Situationselemente zu vergrößern und die der verschieden gedeuteten zu erhöhen, so daß die interpersonelle Übereinstimmung der Anschauungen wächst. Das kann man auch – wie in Abschnitt 4.2.4 geschehen – als eine partielle Angleichung der Weltbilder der Konfliktpartner betrachten.

Sozio-emotionelle Dimension

Diese Konflikt-Dimension umfaßt die gegenseitigen Beziehungen der Beteiligten und ihre damit und mit dem Konfliktgegenstand verbundenen Gefühle. Konflikte entstehen, wenn unvereinbare Wünsche hinsichtlich der gegenseitigen Beziehungen bestehen (zum Beispiel erwartet einer mehr Anerkennung vom anderen als dieser zu geben bereit ist, oder er möchte mehr Selbstbestimmung als ihm der andere gewährt) oder Gefühle widerstreitende Handlungen ingangsetzen (zum Beispiel Neid führt zur Verweigerung der Kooperation oder Zuneigung verhindert, daß eigene Unzufriedenheit geäußert wird). Die sozio-emotionellen Konfliktanteile lassen sich ungleich schwieriger in den Griff bekommen als die thematisch-materiellen. Ohne offene und aufrichtige Auseinandersetzung zwischen den Beteiligten und ihre Bereitschaft, zu lernen und sich zu verändern, ist nicht viel zu machen.

Normativ-kulturelle Dimension

Hier geht es um die grundlegenden Werte, auf denen das Denken und Handeln des einzelnen und der Gemeinschaft aufbauen. Diese Werte (zum Beispiel die Achtung vor dem Leben) haben zum Teil eine lange Geschichte und wurzeln tief in der Kultur. Dem einzelnen werden sie eher beiläufig während seines Heranwachsens durch Eltern, Lehrer und Medien weitergegeben, so daß sie ihm häufig gar nicht bewußt sind. Die Gesellschaft vermittelt aber auch zeitlich gebundenere ethische und moralische Prinzipien, die ihren Mitgliedern eine Wertorientierung geben, wie zum Beispiel Vorrang des Individuums vor dem Kollektiv, Achtung von Mehrheitsentscheidungen). Konflikte entstehen, wenn die Beteiligten ihrem Denken und Handeln – unter Umständen unbewußt – unterschiedliche Normen und Werte zugrundelegen und deshalb zu divergierenden Ansichten, Urteilen und Strebungen kommen. Konfliktlösungen sind sehr schwierig; gegenseitiger Respekt und Toleranz können in den meisten Fällen tragfähige Basis einer friedlichen Koexistenz sein.

Führungskräfte sind dafür verantwortlich, daß Konflikte den kooperativen Leistungsprozeß in Organisationen nicht hemmen. Dazu müssen sie zuerst Konflikte (rechtzeitig) wahrnehmen können. Die Konfliktanzeichen, wie zum Beispiel Aneinander vorbeireden, Falschverstehen, ständiges Dazwischenreden, häufige Abwesenheit, Hinwegsetzen über Vereinbarungen, Verfälschen und Unterdrücken von Informationen, Schuldzuweisen und Anklagen, überdurchschnittliche Fluktuation, nehmen sie um so besser wahr, je positiver sie gegenüber Konflikten eingestellt sind. Führungskräfte, die Konflikte nur als unangenehme Begleiterscheinungen ihrer Arbeit fürchten, statt sie als Herausforderungen zu betrachten, tendieren dazu, Konfliktanzeichen zu übersehen.

Auf die Wahrnehmung der Konfliktanzeichen folgt die Analyse des Konflikts. Dabei sollte der Konflikt als Prozeß gesehen und zunächst versucht werden, die Elemente des Konflikts möglichst vollständig zu erfassen: Wer ist beteiligt? Um welchen Gegenstand geht es? Was geschieht genau auf den drei Konflikt-Dimensionen? Welche (zirkulären) Wirkungszusammenhänge sind erkennbar? Die Konfliktanalyse ist die gedankliche Durchdringung der Konfliktsituation, mit dem Ziel, ein genaues Bild vom Konfliktgeschehen zu erhalten und Ansatzpunkte für zielgerichtete Eingriffe zu finden. Es sollte sich von selbst verstehen, daß Führungskräfte die Konfliktbeteiligten zur Konfliktanalyse mit heranziehen, um ein möglichst umfassendes Bild des Konflikts zu erhalten. Eine sorgfältige Konflikt-Analyse schützt vor unbedachten Eingriffen mit möglicherweise fatalen Folgen.

Konflikte sind um so leichter lösbar,

– je ausgeprägter die Bereitschaft der Beteiligten ist, an einer konstruktiven Bewältigung mitzuarbeiten (was durch gegenseitige Akzeptanz und gegenseitiges Vertrauen gefördert wird),

– je besser es gelingt, einen gleichmäßig hohen Wissensstand und übereinstimmende Anschauungen der Beteiligten hinsichtlich des Konfliktgegenstandes herzustellen,

– je mehr sie in den Grundüberzeugungen (Normen und Werte) übereinstimmen (Wert-/Sinn-Konsens).

Der Prozeß der Konfliktlösung sollte sich deshalb an der Verwirklichung dieser drei Situationsmerkmale orientieren, was in Abbildung 37 bildlich dargestellt ist.

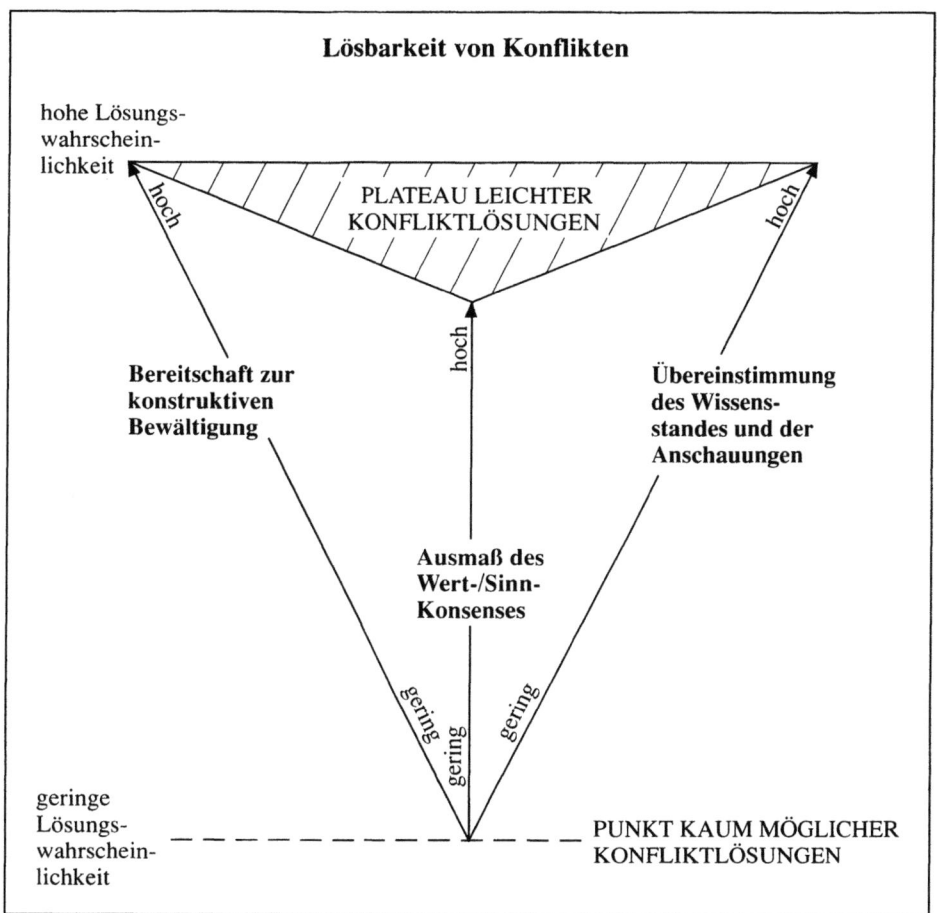

Abb. 37

Die notwendigen Voraussetzungen – offene, aufrichtige Kommunikation, Kreativität bei der Suche nach gemeinsamen Lösungen, Kompromißbereitschaft – sind natürlich leichter im Rahmen partnerschaftlicher Vorgesetzten-Mitarbeiter-Verhältnisse zu schaffen als in autoritären. Denn erstere ermöglichen es den Mitarbeitern, sich als wichtige und geachtete Teilhaber, als Zwecke des organisatorischen Prozesses zu erleben, während letztere sie zu bloßen Mitteln degradieren. Um einen günstigen Boden für die Konfliktbewältigung zu schaffen, muß den Führungskräften daran gelegen sein, stets auch den individuellen Nutzen der Kooperation bewußt zu halten, so daß die Organisationsmitglieder ihre Beiträge auch hinsichtlich ihrer personalen Bedürfnisse als sinnvoll erleben können. Darauf aufbauend müssen dann im Gespräch gemeinsam Wege zur Lösung der unvermeidlich immer wieder einmal auftauchenden Spannungen und Widersprüche in der Zusammenarbeit gesucht werden.

291

Ohne in diesem Zusammenhang auf die Feinheiten der Konfliktsteuerung eingehen zu können, sollen abschließend einige Grundregeln genannt werden:

- Konfliktsignale nicht verdrängen, je eher mit der Konfliktlösung begonnen wird, desto größer sind die Erfolgsaussichten
- Eine sorgfältige Analyse des Konflikts schützt vor unbedachten Eingriffen mit möglicherweise fatalen Folgen
- Alle Beteiligten an der Konfliktlösung mitwirken lassen
- Lösungen suchen, bei denen alle Beteiligten gewinnen können und niemand das Gesicht verliert
- Klare Vereinbarungen über die zwecks Konfliktlösung zu ergreifenden Maßnahmen und die von den Beteiligten zu erbringenden Beiträge treffen

5.5.5 Praxis-Tips

- Ihre Strukturierungsentscheidungen sind Entscheidungen zur Steuerung des Gesamtprozesses „Organisation"; da sie die Steuerungsmöglichkeiten in den untergeordneten Führungsebenen beeinflussen, müssen sie mit diesen im Zusammenhang gesehen werden.
- Sichern Sie den Leistungsprozeß durch ein Geflecht klar definierter und zweckmäßig koordinierter Stellen.
- Begrenzen Sie die innerorganisatorische Entropie durch Spielregeln, die den Nutzen der Organisation auch zum persönlichen Nutzen ihrer Mitglieder machen.
- Sorgen Sie dafür, daß jede Stelle und jede Organisationseinheit genau einer Führungsinstanz und eine Führungskraft immer nur einer Hierarchieebene zugeordnet ist.
- Betrachten Sie Stellenbeschreibungen als Prozeßausschnittsbeschreibungen und fassen Sie sie aufgabenorientiert ab; sie müssen mit Freiräumen für kreative Aufgabenerfüllung und zur Selbstorganisation versehen sein.
- Achten Sie darauf, daß Stabs- beziehungsweise Dienstleistungsstellen ohne Ergebnisverantwortung grundsätzlich nur informierend und beratend tätig sind.
- Richten Sie Routinen und Standardverfahren für häufig wiederkehrende und in ihrer Durchführung zu sichernde Aufgaben und Tätigkeiten ein, überprüfen Sie aber ständig deren Nützlichkeit.

- Betrachten Sie die Förderung der Kooperation der Organisationsmitglieder als eine Ihrer wichtigsten Aufgaben, damit beeinflussen Sie die Leistungseffizienz ihrer Organisation und die Zufriedenheit Ihrer Mitarbeiter gleichermaßen positiv.
- Nehmen Sie die Begleitung Ihrer Mitarbeiter als die alltägliche Form der Zusammenarbeit mit ihnen sowie als Gelegenheit zur Feinsteuerung des Kooperationsprozesses in Ihrer Organisation(seinheit) wahr.
- Helfen Sie Ihren Mitarbeitern zu erkennen, wie sie optimal zur Erreichung der Organisationsziele beitragen können, und welchen individuellen Nutzen ihnen die Kooperation stiftet.
- Geben Sie Ihren Mitarbeitern durch Beratung fachliche und persönliche Hilfe zur Selbsthilfe.
- Praktizieren Sie nur in den Fällen Teamarbeit, wo das zur Bewältigung der anstehenden Aufgaben erforderlich ist; dann muß die Lösung der Aufgaben aber auch eindeutig eine Gemeinschaftsleistung sein.
- Betrachten Sie Konflikte als Gelegenheit gemeinsamer Entwicklung und gemeinsamen Wachstums; analysieren und beseitigen Sie gemeinsam mit Ihren Mitarbeitern die Hemmnisse Ihrer Zusammenarbeit.

5.6 Kontrollieren – Überwachen, Beurteilen, Rückmelden

Der Begriff „Kontrollieren" hat den Beigeschmack von „Prüfen", „Schnüffeln", „Zügeln", „Gängeln", „In-Schach-Halten" oder „Begrenzen". Das macht Kontrolle nicht gerade beliebt. Dennoch ist Kontrolle in der Führung äußerst wichtig. Sie ist die summarische Bezeichnung für sämtliche Mittel und Methoden, die der Führungskraft helfen festzustellen, ob der organisatorische Leistungsprozeß in der geplanten Richtung und mit der vorgesehenen Geschwindigkeit vorankommt.

Kontrolle im hier gemeinten Sinne dient der Willenssicherung. Das heißt, sie besteht nicht nur aus der Prüfung, ob ein gesetztes Ziel schließlich erreicht oder verfehlt wurde, sondern umfaßt auch die Mittel und Methoden der Prozeßbeobachtung und der Prozeßkorrektur, wie Überwachen, Beurteilen, Rückmelden. Kontrolle greift also nicht erst, wenn das Kind schon im Brunnen liegt, sondern ist auch in der Lage, dafür zu sorgen, daß es gar nicht erst hineinfallen kann.

- Kontrolle in komplexen Situationen

In komplexen Situationen ist das Handeln dadurch erschwert, daß weder genau bekannt ist, welchen Einflüssen die einzelnen Situationselemente unterliegen, noch welche Wirkungszusammenhänge zwischen ihnen bestehen. Inwieweit ein Ziel mit einer bestimmten Maßnahme erreicht wird, kann deshalb nicht sicher vorausgesagt werden. Man kann – auf der Grundlage von Erfahrungen, persönlichen oder allgemein anerkannten Theorien – lediglich nach bestem Wissen und Gewissen probieren und dann gegebenenfalls die eingeleiteten Maßnahmen korrigieren. Dabei erweist es sich als günstig, wenn ein großer Handlungsspielraum für eventuell notwendige Korrekturen vorhanden ist.

Die potentielle Korrektur-Flexibilität kann aber nur zweckmäßig genutzt werden, wenn die Auswirkungen eingeleiteter Maßnahmen im Hinblick auf die Ziele und Pläne sorgfältig beobachtet und dann die gebotenen Folgerungen gezogen werden. Dazu ist permanente Kontrolle und die Rückkopplung der Kontrollergebnisse an die Handelnden erforderlich, für die sie jeweils wieder eine neue Ausgangssituation darstellen. Zielwirksames Handeln unter Ungewißheit ist also nur in einem durch die jeweiligen (Zwischen-) Ergebnisse ständig rückgekoppelten Prozeß einzelner Aktivitäten möglich. Das Handeln muß deshalb ständig durch gründliche Information und Analyse der jeweiligen Ausgangsdaten wie auch der Maßnahmenfolgen begleitet sein, damit Auswahl und Dosierung der Aktivitäten über den gesamten Handlungszeitraum hinweg allmählich optimiert werden können.

Die Rückkopplung von Maßnahmenfolgen zwecks Kontrolle und gegebenenfalls Korrektur eingeleiteter Maßnahmen, ist im Führungsalltag keineswegs selbstverständlich. Da werden massenhaft Entscheidungen getroffen und Aktivitäten eingeleitet, deren Folgen weder genau vorausbedacht noch hinterher beobachtet werden. Die Führungskräfte schießen ihre Maßnahmen wie Salven von Kanonenkugeln ab, statt sie wie Raketen ins Ziel zu steuern und wundern sich dann über die geringe Trefferquote. Dieses martialische, aber treffende Bild vom Führungshandeln (aber nicht nur diesem) zeichnet Dörner in Anlehnung an Grote. Oft scheint es so, als wollten die Entscheidungsträger durch den Verzicht auf Wirkungskontrolle ihre Überzeugung schützen, kompetent zu sein und die Situation im Griff zu haben.

In Streßsituationen kommt dieses „ballistische" Handeln noch signifikant häufiger vor. Wie Untersuchungen von Reither (erwähnt von Dörner) zeigen, werden die Aktivitäten mehr oder weniger blind in die Phantasievorstellung der Akteure von der Wirklichkeit hineingeballert. Weder die Ausgangssituation noch die Wirkung der eingesetzten Mittel hinsichtlich der Ziele werden hinreichend analysiert. Die Affekte scheinen das Handeln anzutreiben und den Verstand weitgehend außer Kraft zu setzen: Es muß um jeden Preis etwas geschehen. Die Hilflosigkeit der Entscheidungsträger schafft sich Luft in blindem Aktionismus. Dabei werden – wie Reither in seiner Untersuchung feststellt und es die Erfahrung bestätigt – sogar ethische Werte und moralische Standards aufgegeben. Der Zweck heiligt die (für notwendig gehaltenen, aber in ihrer tatsächlichen Zielwirkung meist unbekannten) Mittel.

- Kontrolle – Orientierungs- und Steuerungshilfe

Die Kontrolle ist wesentlicher Teil des Steuerungs- und Regelungssystems „Führung". In den Abschnitten 4.2.2 und 4.3.2 wurde das bereits ausgeführt. Richtig gehandhabt, wird Kontrolle von den Mitarbeitern als Orientierungs- und Selbststeuerungshilfe verstanden und verliert ihr negatives Image. Voraussetzung sind eindeutige und offenliegende Kontrollmaßstäbe und nachvollziehbare Kontrollmethoden. Die Mitarbeiter müssen (auch) selbst feststellen können, ob ihre Leistungen und ihr Verhalten den gegebenen Standards entsprechen, und sie sollten – das ist anzustreben – auch in der Lage sein, selbständig erforderliche Korrekturen durchzuführen. Ohne ausreichende Information und Qualifizierung der Mitarbeiter sind diese Ziele freilich nicht erreichbar.

Jede Kontrolle setzt geeignete Kontrollmaßstäbe voraus. Kontrollmaßstäbe sind bestimmte Zielvorstellungen bezüglich organisatorischer Prozesse und Zustände. Was sollen die Organisationseinheit XY oder der Mitarbeiter YZ leisten? Wann ist die Leistung einer Organisationseinheit, einer Führungskraft oder eines Mitarbeiters gut? Der Denkrahmen des ökologischen Führungskonzepts hilft, sinnvolle Antworten auf diese Fragen zu finden. Die jeweiligen besonderen Bedingungen, unter denen die verschiedenen Organisationen arbeiten, müssen jedoch darin auch ihren Niederschlag finden.

Als Führungsmittel geeignet sind Kontrollmaßstäbe dann, wenn

— sie sich auf Prozesse beziehen, die für das Überleben und das Wachstum der Organisation von wesentlicher Bedeutung sind,
— sie operational sind, d. h. wenn es eine Methode gibt festzustellen, inwieweit dem Maßstab im organisatorischen Alltag genüge getan wird.

Aufgabe der Führungskräfte ist es, solche Kontrollmaßstäbe (gemeinsam mit ihren Mitarbeitern) klar und eindeutig zu definieren und sie als Führungsgrößen in die organisatorischen Prozesse einzubringen. Dabei kann es Konflikte wegen unterschiedlicher Ziel- und Wertvorstellungen der Beteiligten geben, aber auch infolge der Unvereinbarkeit von Maßstäben. Die alle zufriedenstellende gemeinsame Lösung solcher Konflikte ist für die Identifikation der Beteiligten mit den schließlich gesetzten Maßstäben von größter Bedeutung.

5.6.1 Mittel und Methoden der Kontrolle

Mittels direkter oder indirekter Beobachtung stellen Führungskräfte fest, inwieweit die gesetzten Maßstäbe erfüllt, d. h. Ziele erreicht oder Pläne verwirklicht werden. Sie müssen sich entscheiden, wie sie die Kontrolle handhaben wollen, damit sie zugleich wirksam (d. h. rechtzeitig Abweichungen zwischen Soll und Ist offenbart) und auch ökonomisch ist (d. h. ihren Zweck mit möglichst geringem Aufwand erreicht). Schnell werden sie feststellen, daß sie nicht alles kontrollieren können und Prioritäten setzen müssen. Außerdem werden sie die Erfahrung machen, daß zu enge Kontrollen das Verantwortungsbewußtsein der Mitarbeiter untergraben. Vorgesetzte, die jeden Handgriff ihrer Mitarbeiter überwachen, erziehen diese dadurch zur Unselbständigkeit. „Warum soll ich mir den Kopf schwermachen, wenn mir der Alte doch immer auf den Hacken steht?" charakterisierte ein Monteur diesen Zusammenhang einmal treffend.

- Den optimalen Kontrollumfang finden

Soviel Kontrolle wie nötig, so wenig Kontrolle wie möglich, muß der Grundsatz lauten. Damit er praktiziert werden kann, müssen die Führungskräfte bestimmte Voraussetzungen schaffen:

– Die Kontrollen müssen sich auf die Aktivitäten und Prozesse beschränken, bei denen folgenschwere Fehler auftreten können;

– Mitarbeiter müssen gründlich in ihre Aufgaben und Verrichtungen eingewiesen werden; der Kontrollaufwand soll sich mit zunehmender Übung des Mitarbeiters verringern;

– im Falle der Weiterqualifizierung von Mitarbeitern wird die anfängliche Kontrolle mit erfolgreich vollzogenem Lerntransfer allmählich bis zum notwendigen Minimum abgebaut;

– Mitarbeiter sollen soweit wie möglich zur Selbstkontrolle herangezogen werden; dazu müssen sie den Sinn der Kontrolle einsehen und Kontrollmittel beziehungsweise -methoden handhaben können; die Kontrolle des Vorgesetzten beschränkt sich dann auf die Meta-Kontrolle, auf die weiter unten noch eingegangen wird;

– es müssen geeignete Verfahren gefunden werden, die dem Vorgesetzten einen schnellen und sicheren Überblick über den Stand der Aufgabenerfüllung in seinem Verantwortungsbereich ermöglichen;

– damit die Mitarbeiter schon das ihnen Mögliche tun können, um ihre Aufgabenerfüllung an den geltenden Erfolgsmaßstäben auszurichten, müssen ihnen diese bekannt und einsehbar sein.

Eine institutionalisierte Kontrolle in Form regelmäßiger Besprechungen, Inaugenscheinnahmen oder Berichte gewährleistet, daß die Führungskraft stets über alle wichtigen Kontrollinformationen verfügt. Sofern die Mitarbeiter dazu Informationen zu liefern haben, müssen Form, Inhalt und Zeitpunkt eindeutig bestimmt sein. Diese Anforderungen sollten mindestens erfüllt sein:

- einheitliche Darstellung der Informationen
- Kürze, auf das Wesentliche beschränkt
- Leichtverständlichkeit
- Aufzeigen der gegenwärtigen (innerhalb der Betrachtungsperiode kumulierten) Leistung
- Darstellung der positiven und negativen Abweichungen von den Zielgrößen
- Anregungen und Vorschläge für zu treffende Maßnahmen

Der letzte Punkt lenkt das Augenmerk wieder auf die Eigenverantwortlichkeit der Mitarbeiter. Kontrolle dient nicht nur dem Vorgesetzten, sondern auch ihnen selbst. Sie kommen nämlich dadurch einerseits auf die Spur von Schwachpunkten und werden angeregt, darüber nachzudenken, wie diese sich beseitigen lassen. Andererseits regt die Kontrolle sie auch an, sich Gedanken zu machen, welche nützlichen Folgerungen aus unerwartet guten Kontrollergebnissen gezogen werden könnten. Je stärker die Mitarbeiter in die Kontrolle einbezogen sind, desto größer ist ihre Motivation, die Kontrollergebnisse als Hinweise auf Handlungsmöglichkeiten zu verstehen.

Ob Mitarbeiter selbständig Folgerungen aus Kontrollergebnissen ziehen dürfen oder ihrem Vorgesetzten die Entscheidung überlassen müssen, hängt vom Umfang ihres Delegationsbereichs ab. Für den Teil des Leistungsprozesses, den die Mitarbeiter selbständig und eigenverantwortlich steuern, beschränken sich die Vorgesetzten auf die Meta-Kontrolle. Das heißt, sie kontrollieren, ob die Kontrollmittel und -methoden ihrer Mitarbeiter zweckmäßig sind und ob sie richtig und in genügendem Umfang angewendet werden. Kontrolle von Führungskräften durch ihre Vorgesetzten ist immer Meta-Kontrolle. Der Geschäftsführer kontrolliert beispielsweise nicht die Wirksamkeit der Arbeitsmethoden im Verkauf, aber er hat zu kontrollieren, ob der Verkaufsleiter diese Kontrolle ausübt.

Institutionalisierte Kontrollen – zum Beispiel in Form von Berichten – reichen in der Regel nicht aus, um ausreichende Informationen über die Effizienz des Leistungsprozesses zu erhalten. Führungskräfte müssen deshalb von Zeit zu Zeit mit ihren Mitarbeitern über die Arbeitsmethoden, die Zusammenarbeit innerhalb ihrer Organisationseinheit und mit anderen Organisationseinheiten, über Verbesserungsmöglichkeiten und Innovationschancen sprechen. Solche Gespräche finden in der Führungspraxis allzu selten statt, mit der Folge, daß zahlreiche Möglichkeiten der Leistungssteigerung und der Verbesserung der Arbeitsbedingungen ungenutzt bleiben.

Kontrolle hilft, aus Fehlern zu lernen, wenn die Fehler-Ursachen genau ermittelt und so dokumentiert werden, daß sie allen zugänglich sind, die mit gleichen (oder ähnlichen) Problemen zu tun haben. Das erfordert von allen Mitgliedern der Organisation einerseits die Bereitschaft, Fehler einzugestehen und ihre gründliche Analyse zu fördern (was vom Verzicht der Vorgesetzten und Kollegen auf die Suche nach einem

Sündenbock erleichtert wird), und setzt andererseits einen reibungslos funktionierenden Informationsfluß voraus.

- Warnung vor Kontrollmitteln, die wie Scheuklappen wirken

Gespräche mit den Mitarbeitern vor Ort sind wichtiger als die Zahlenfriedhöfe unzähliger Berichte. Was nützt es beispielsweise einem Abteilungsleiter, wenn er monatlich eine kiloschwere Liste mit den Telefonkosten seiner Abteilung erhält, aufgeschlüsselt nach Mitarbeitern, angewählten Telefonnummern und Gesprächszeiten, aber keine Ahnung davon hat, daß seine Mitarbeiter mit umständlichen Bearbeitungsverfahren Zeit und Geld verschwenden. Es scheint so, als ob sich immer mehr Papierberge zwischen Vorgesetzte und Mitarbeiter drängten, die weder dem einen zu mehr Übersicht noch den anderen zu besserer Anleitung und Unterstützung bei ihrer Arbeit verhelfen.

Kontrollmittel können die Wirkung von Scheuklappen haben, indem sie Führungskräften nur noch den Blick auf bestimmte, meist quantifizierte Kontrollergebnisse gestatten. Das hält sie davon ab, sich ein umfassenderes Bild vom Leistungsstand ihrer Organisationseinheit und möglichen Verbesserungen zu machen. Der Vieldimensionalität des Führungs- und Leistungsgeschehens in Organisationen muß durch die Mannigfaltigkeit der Kontrollmittel und -methoden Rechnung getragen werden. Geschieht das nicht, wird die Realität im Spiegel der Kontrollergebnisse verzerrt. Man darf sich dann nicht wundern, wenn auf dieser unrealistischen Grundlage Fehlentscheidungen getroffen werden.

Es wurde an anderer Stelle schon erwähnt, welche katastrophalen Folgen beispielsweise einseitig an Kosten orientierte Maßnahmen haben können. Kosten lassen sich verhältnismäßig leicht erfassen, und Kollege Computer hilft, sie zusammenzustellen, aufzuschlüsseln, umzuverteilen und Statistiken daraus anzufertigen. Ebenso leicht geht es zum Beispiel mit Umsätzen, Mitgliederzahlen, Arbeitsstunden, Stillstandszeiten, Durchlaufzeiten, Umschlagsgeschwindigkeiten und Fehlzeiten der Mitarbeiter. Aber das alles ist nur ein Ausschnitt aus der Wirklichkeit der Organisation. Zufriedenheit der Kunden oder Klienten, Zuverlässigkeit, Einsatzbereitschaft und Kreativität der Mitarbeiter, Effizienz der Arbeitsmethoden, ein gut funktionierendes und hilfreiches Informationssystem, Reibungslosigkeit der Zusammenarbeit und Innovationskraft sind andere, nicht weniger wichtige Facetten. Sie aus der Kontrolle auszuklammern, hieße langfristige Erfolgsfaktoren außer acht zu lassen.

Nicht die Verfügbarkeit über (einfache) Kontrollmittel und -methoden darf entscheidend dafür sein, was Führungskräfte kontrollieren, sondern allein das Bestreben, der Organisation langfristig gedeihliche Austauschbeziehungen mit der Umwelt zu sichern. Dazu benötigen sie einen unverstellten Blick auf alle Dimensionen des organisatorischen Geschehens.

5.6.2 Kontrolle als Führungsmittel

Kontrollergebnisse müssen in erster Linie dorthin rückgekoppelt werden, wo die Entscheidungen über die daraus zu ziehenden Folgerungen zu treffen sind. Darüber hinaus sind sie gegebenenfalls den verantwortlichen Führungskräften zuzuleiten, die eine Meta-Kontrolle auszuüben haben.

Zeigen Kontrollergebnisse, daß organisatorische Prozesse den gesetzten Maßstäben nicht entsprechen, müssen die jeweils Verantwortlichen entscheiden, was zu tun ist. Sind sie der Meinung, daß Korrekturmaßnahmen erforderlich sind, benötigen sie häufig zunächst ergänzende Informationen, um danach effektive Maßnahmen einleiten zu können. Das klingt selbstverständlich, ist es aber leider nicht. Analysen der Ursachen negativer Entwicklungen sind manchmal sehr mühsam und werden deshalb oft unterlassen. Man hat ja schließlich genug Erfahrung, um zu wissen, wo der Hund begraben liegt. Aber überlegen Sie bitte einmal, wie viele verschiedene Ursachen beispielsweise ein Leistungsrückgang in einer Abteilung des Vertriebs haben kann und wieviele unterschiedliche Maßnahmen – je nach Ursache – zu treffen wären, um Abhilfe zu schaffen?

Ohne genaue Informationen ist eine Beurteilung der Lage kaum möglich. Kontrollergebnisse müssen deshalb meist erst analysiert und interpretiert werden, bevor sinnvoll gehandelt werden kann. Es liegt nahe, dazu Spezialisten heranzuziehen, die sich mehr in den fachlichen Details auskennen, als es von einer Führungskraft erwartet werden kann. Besonders naheliegend ist es, zuerst auf die Mitarbeiter vor Ort zurückzugreifen, bevor eventuell „entferntere" Spezialisten hinzugezogen werden. Daß Mitarbeiter häufig Ausreden haben, wenn etwas nicht so klappt, wie es sollte, ist nicht zu leugnen. Davon braucht sich der Vorgesetzte aber nicht beeinflussen lassen. Er soll lediglich sein Bild von der Situation auch um die Perspektive seiner Mitarbeiter ergänzen. Bei richtiger Gesprächsführung bringt ihm das nämlich auch dann wertvolle Erkenntnisse, wenn die Mitarbeiter zum Selbstschutz einige Phantasieprodukte hineinmischen.

- Kontrolle und Beurteilung der Mitarbeiter

Wenn sich die Kontrolle auf die Leistungen und das Verhalten der Mitarbeiter selbst bezieht, ist es besonders wichtig, sie daran teilhaben zu lassen. Denn bei der personenbezogenen Kontrolle wird insofern ein neuralgischer Punkt berührt, als das Selbstwertgefühl der Mitarbeiter zur Debatte steht. Deshalb müssen Kontrolle und Beurteilung für die Mitarbeiter zweifelsfrei als persönliche Hilfen erkennbar sein. Sie davon zu überzeugen, wird einem Vorgesetzten um so leichter fallen, je partnerschaftlicher er im allgemeinen mit ihnen umgeht.

Für die Beziehungen zwischen Vorgesetztem und Mitarbeitern ist es sehr wichtig, daß beide Seiten wissen, welchen Einstellungen und Erwartungen sie sich gegenübersehen. Viele Kommunikationsprobleme entstehen nur dadurch, daß sich die Beteiligten mangels entsprechender verläßlicher Informationen falsche Vorstellungen davon machen, was von ihnen erwartet wird. Mißtrauen und mangelnde Offenheit in einem autoritären, von unterschwelligen Ängsten belasteten Klima verhinderten oft, daß sie ihre Vorstellungen korrigieren können. In Organisationen mit solchem Arbeitsklima sind alle verunsichert, die Vorgesetzten und die Mitarbeiter gleichermaßen. Trotzdem ist es sehr schwierig, eine Wandlung zu mehr Offenheit, Vertrauen und Aufrichtigkeit zu erreichen.

Die Kontrolle der Mitarbeiter, die Dienstaufsicht, durch den Vorgesetzten hat einen dreifachen Zweck:

Erstens liefert sie dem Mitarbeiter Informationen darüber, wie er hinsichtlich bestimmter klar definierter und offenliegender Maßstäbe in Bezug auf Leistung und Verhalten von seinem Vorgesetzten eingeschätzt wird. Das gibt ihm die Möglichkeit, seine Stärken und Schwächen zu erkennen und gegebenenfalls Maßnahmen zu seiner persönlichen und fachlichen Weiterentwicklung einzuleiten.

Zweitens informiert sie den Mitarbeiter darüber, wo er in bezug auf bestimmte, für seine gegenwärtigen oder zukünftigen Aufgaben wichtige Anforderungen steht. Damit gibt sie ihm Orientierungshilfen für seine Karriere- und Lebensplanung.

Drittens gibt sie ihm einerseits Anerkennung und Bestätigung, weist ihn andererseits aber auch auf Unzulänglichkeiten und Entwicklungsmöglichkeiten hin. Damit liefert sie – wenn das menschliche Umfeld stimmt – eine gute Motivationsgrundlage für die weitere Mitarbeit.

Kontrolle wie auch Beurteilung der Mitarbeiter sollten feste Bestandteile der Zusammenarbeit sein, aber eher beiläufig stattfinden und nicht in Form regelmäßiger Beurteilungs-Kampagnen, wie sie den Vorgesetzten in einigen Großorganisationen vorgeschrieben werden. Dienstaufsicht, also Kontrolle, ist sowieso eine ständige Aufgabe jedes Vorgesetzten, warum sollte er sie nicht gleichzeitig auch im Interesse seiner Mitarbeiter wahrnehmen? Für alle Beteiligten ist es vorteilhaft, wenn Kontrolle und Beurteilung im Zusammenhang und unter dem Gesichtspunkt der Förderung gesehen werden. Auf der Grundlage seiner Kontrollergebnisse sucht der Vorgesetzte das Gespräch mit seinen Mitarbeitern, um entweder zu bestätigen oder eine Korrektur zu bewirken. Im ersten Fall anerkennt er die Leistung des Mitarbeiters für die Organisation(seinheit), im zweiten Fall strebt er eine Verbesserung an. Damit der Mitarbeiter die Verbesserung vornehmen kann, muß ihm der Vorgesetzte entsprechende Hinweise und Ratschläge geben, ihn eventuell weiterqualifizieren. Insofern ist Förderung eine logische Folge von Kontrolle und Beurteilung.

Die Bedeutung von Lob und Anerkennung als positive Rückkopplung wird von vielen Führungskräften unterschätzt. „Was soll ich angesichts sowieso immer zu knapper Zeit lange reden, wenn alles in Ordnung ist?" Diese Haltung führt dazu, daß der Vorgesetzte fast nur noch aktiv wird, wenn es Schwierigkeiten gibt. Dadurch wird er im Bewußtsein seiner Mitarbeiter mit einem Negativ-Gefühl assoziiert und es ist kein Wunder, wenn sie ihn ablehnen.

Ein freundliches Lächeln, ein Kopfnicken, ein „Gut" oder „In Ordnung" reichen in den meisten Fällen als Bestätigung schon aus. Formelles Lob sollte ohnehin nur bei außergewöhnlichen Leistungen ausgesprochen werden. Die kleinen positiven Signale, die der Vorgesetzte jedesmal aussendet, wenn er mit der Arbeit seiner Mitarbeiter zufrieden ist, erzeugen aber jene positive Atmosphäre, in der dann auch Tadel leichter ertragen wird und notwendige Korrekturforderungen des Vorgesetzten aufgeschlossener entgegengenommen werden.

Führungskräfte werden durch ihre Vorgesetzten kontrolliert und beurteilt. Die Chance, auch eine Beurteilung aus der Perspektive ihrer Mitarbeiter zu erhalten, nutzen nur sehr wenige von ihnen. Gründe dafür mögen in zu gering ausgeprägter Selbstsicherheit liegen, in mangelnder Offenheit in den menschlichen Beziehungen der Organisation, oder auch in der Befürchtung der Mitarbeiter, ihr Vorgesetzter nehme ihnen ihre Beurteilung übel. Was im jeweiligen Fall auch immer die Hinderungsgründe sein mögen, es dürfte sich lohnen, sie auszuräumen, um durch mehr gegenseitige Aufgeschlossenheit und Offenheit zu einer echten partnerschaftlichen Beziehung zwischen Vorgesetzten und Mitarbeitern zu kommen.

5.6.3 Praxis-Tips

- Institutionalisieren Sie die regelmäßig vorzunehmenden Kontrollen.
- Hüten Sie sich davor, nur das zu kontrollieren, was sich quantifizieren läßt.
- Beziehen Sie Ihre Mitarbeiter in die Kontrolle mit ein, indem Sie zum Teil Selbstkontrollen veranlassen, zum Teil die Kontrollen gemeinsam ausüben.
- Sorgen Sie dafür, daß Kontrollergebnisse an die betroffenen Mitarbeiter rückgekoppelt werden und daß diese selbst die erforderlichen Konsequenzen ziehen können.
- Loben Sie gute Leistungen und beraten Sie bei schlechten Leistungen gemeinsam mit dem Mitarbeiter, was zu tun ist; vereinbaren Sie die zu treffenden Maßnahmen.

- Führen Sie von Zeit zu Zeit (aber nicht zu selten) mit Ihren Mitarbeitern Beurteilungs- und Fördergespräche und geben Sie dabei Hinweise auf nützliche Qualifikationsverbesserungen.

- Gewöhnen Sie sich an, Maßnahmen auf Grund von Kontrollergebnissen erst nach sorgfältiger Analyse unter Hinzuziehung des zuständigen beziehungsweise betroffenen Mitarbeiters einzuleiten.

Sechstes Kapitel

Schlußbemerkung

Einiges von dem, was in diesem Buch angeregt und vorgeschlagen wird, ist bereits begonnen. Delegation von Kompetenzen und Verantwortung, autonome Arbeitsgruppen, Qualitätszirkel, Partizipation, Soft-Selling und die Bemühungen um eine systematische Personal- und Organisationsentwicklung künden davon, daß in vielen Organisationen die Zeichen der Zeit erkannt worden sind. Dennoch bleibt das allermeiste auf dem Wege in die Organisation der Zukunft noch zu tun übrig.

Denn partielle Veränderungen reichen nicht aus, grundlegender Wandel ist erforderlich. Die koevolutionäre Balance zwischen Individuen und Organisationen ist derzeit erheblich gestört: im Verhältnis des einzelnen zur Gesellschaft, im Verhältnis der Bürger zum Staat, im Verhältnis des Menschen zur Arbeitswelt. Einerseits entmündigen die Organisationen den einzelnen und zwingen ihn in eine entfremdende, bevormundende und sinnlose Abhängigkeit, andererseits lehnt sich der einzelne in passiv-anspruchsvoller bis trotzig-aggressiver Selbstbehauptung gegen seine Instrumentalisierung für organisatorische Belange auf. Die daraus folgenden emotionalen und sozialen Spannungen belasten uns zunehmend – psychisch, aber auch materiell.

Die vergangenen 100 Jahre haben uns mit der Industrialisierung einen hohen materiellen Wohlstand und beispiellose soziale Sicherheit und Versorgung gebracht. Die gesellschaftlichen Nebenwirkungen werden aber – denen der Umweltzerstörung gleich – erst jetzt allmählich sicht- und spürbar: die Erosion sozialer Bindungen, die Schwierigkeit der Sinnfindung in einer oberflächlich-materiell orientierten Umwelt, die Anonymisierung der menschlichen Beziehungen, die zunehmend unverhohlen betriebene gegenseitige Ausbeutung egoistischer einzelner oder Gruppen, die wachsende Unfähigkeit zum gesellschaftlichen Minimalkonsens, die ausufernde Kriminalität. Die durch die Industrialisierung verursachten sekundären und tertiären Probleme haben inzwischen einen solchen Umfang erreicht, daß der Zeitpunkt absehbar ist, wo die aus der Lösung der primären Probleme gewonnenen Mittel zu ihrer Lösung nicht mehr ausreichen werden.

Unsere soziale Umwelt wird uns bald noch mehr Kopfzerbrechen bereiten als die physikalische, und die Lösung der Probleme wird sehr viel schwieriger sein. Voraussetzung für ihre Lösung ist, daß wir die Probleme richtig erkennen und eine positive Einstellung zu der großen Herausforderung gewinnen, die sie darstellen. Ohne Überschreitung bisheriger Erfahrungsgrenzen, ohne Einfallsreichtum und ohne Bereitschaft zur konsequenten Neuerung haben wir keine Chance. Wir wissen aber auch, wie schwer neues Denken fällt und welcher Anstrengung es bedarf, sich von den Fesseln überkommener Vorstellungen zu befreien.

Führungskräfte in Politik, Verwaltung und Wirtschaft tragen als Inhaber der organisatorischen Schlüsselpositionen die Verantwortung für die fällige Wandlung. Als Katalysatoren des Wandlungsprozesses taugen sie aber erst, wenn sich ihr eigenes Bewußtsein gewandelt hat. Wie schwierig das ist, zeigt sich beispielsweise daran, daß die meisten von ihnen immer noch in linear-kausalen Vorstellungen von der Führungswirklichkeit verharren, obwohl sie beinahe täglich erleben, daß die darauf basierenden kurzatmigen Knopfdruck-Aktivitäten einer rasch komplexer werdenden Führungsumwelt nicht mehr gerecht werden. Dennoch hat das Umdenken bereits begonnen. Es vollzieht sich angesichts der natürlichen (menschlichen) Schwierigkeiten nur sehr langsam, und vom gewandelten Denken zum veränderten Handeln ist bekanntlich auch noch ein weiter Weg. Aber immerhin, so tröstet uns Aristoteles, ist der Anfang schon die Hälfte des Ganzen.

Diejenigen, die sich die Weiterentwicklung der Arbeitswelt zu einem gleichzeitig materiell leistungsfähigen wie auch menschlich attraktiven und befriedigenden Tätigkeitsfeld zum Lebensinhalt gemacht haben, sehen noch einen langen Weg zum Ziel vor sich. Denn die Aufgabe, rigide Kontrollhierarchien in effiziente evolutionäre Kooperationssysteme zu verwandeln, die sie sich vorgenommen haben, ist gewaltig, weil sie die evolutionär entstandenen menschlichen Grundanlagen berührt. Diese können nicht einfach entsprechend den heutigen Erfordernissen „umgebogen" werden. Wandlung in die erwünschte Richtung ist nur mittels allmählicher Veränderung der Rahmenbedingungen und der Spielregeln der Führung und damit der Veränderung des Bewußtseins von Führungskräften und Mitarbeitern möglich.

Evolution ist ein langsamer Prozeß; evolutionäre Veränderungen benötigen Dutzende von Generationen. Der menschliche Geist ist jedoch in der Lage, die Evolution auf vielen Gebieten zu beschleunigen, was uns hinsichtlich der Führung zu einiger Hoffnung berechtigt. Aber auch wenn es gelingt, immer mehr Entscheidungsträger von der Notwendigkeit der zeitgemäßen Weiterentwicklung organisatorischer Führungssysteme zu überzeugen und sie zum entsprechenden Handeln zu bewegen, werden immer noch außerordentlich viel Geduld und Beharrlichkeit erforderlich sein, bis die hier skizzierten Gedanken den Alltag organisatorischen Führungshandelns bestimmen werden.

Dennoch ist klar, daß der Wandel unausweichlich ist. Deshalb arbeiten eine wachsende Zahl von Führungskräften, Beratern und Weiterbildnern an neuen Führungskonzepten. Das hier vorgestellte ökologische Führungskonzept soll ein Beitrag zur Weiterentwicklung der organisatorischen Führung sein, der auf breiter Wissensgrundlage Anregungen und Hilfen für die Weiterentwicklung der Führungspraxis gibt. Daß fertige Lösungen, der Führungspraxis zur gefälligen Bedienung überreicht, angesichts der Komplexität des Führungsgeschehens in Organisationen reines Wunschdenken sind, dürfte hinreichend klar geworden sein. Wenn es aber gelungen wäre, das Bewußtsein für die Möglichkeiten zu schärfen, die Führungskräfte zur Weiterentwicklung der organisatorischen Arbeits- und Führungsbedingungen haben, dann wäre damit ein Schritt weiter nach vorn auf die Organisation der Zukunft hin getan.

Wie die meisten Beiträge, die sich in Phasen des Wandels mit der Zukunft beschäftigen, ist auch das hier vorgestellte Gedankengebäude noch in mancher Hinsicht ergänzungs- und ausgestaltungsbedürftig. Ich hoffe aber, daß trotz der komplexen Materie die Ziele, die tragenden Elemente und die entscheidenden Merkmale des Konzepts deutlich geworden sind, so daß die Führungspraxis sich damit auseinandersetzen kann. In einer koevolutionären Beziehung könnten sich dann das ökologische Führungskonzept und seine praktische Anwendung in Zukunft gemeinsam weiterentwickeln.

Erfahrungsberichte und Anregungen für den weiteren Ausbau des ökologischen Führungskonzepts sind ebenso wie kritische Anmerkungen und Verbesserungsvorschläge immer willkommen. Bitte schreiben Sie an:

SEMINARE FÜR KOMMUNIKATION UND FÜHRUNG
Manfred R.A. Rüdenauer, Dipl.-Kfm.
Salomon-Heine-Weg 36 b
D-2000 Hamburg 20

Hamburg, im Juni 1990   M.R.A. Rüdenauer

Literaturverzeichnis

Ackoff, R. L.: The art of problem solving, New York 1978
Affemann, Rudolf: Führen durch Persönlichkeit, Landsberg 1983
Allerbeck, K./Hoag, W.: Jugend ohne Zukunft, München 1985
Argyle, M.: Soziale Interaktion, Köln 1972
Ashby, W. R.: Einführung in die Kybernetik, Frankfurt 1974
Barnard, Chester I.: The Funktions of the Executive, Cambridge, Mass., 1938
Bateson, Gregory: Ökologie des Geistes, 2. Aufl., Frankfurt/Main 1988
Bauer, Winfried M.: Die hilflosen Manager, Frankfurt/M. 1985
Bavelas, A.: Communication Patterns in Task-oriented Groups, in: Group Dynamics, Cartwright u. Zander (Hrsg.), Evanston 1962
Beer, Stafford: Kybernetik und Management, 3. Aufl., Frankfurt/Main 1967
Bidlingmaier, J.: Zielkonflikte und Zielkompromisse im unternehmerischen Entscheidungsprozeß, Wiesbaden 1968
Bieding, F./Scholz, K.: Personalführungssysteme, Köln 1971
Bihl, G.: Von der Mitbestimmung zur Selbstbestimmung, München 1973
Blake, R.R/Mouton, J.S.: Verhaltenspsychologie im Betrieb, Düsseldorf 1968
Blanchard, K./Johnson, S.: Der Minuten-Manager, Reinbek 1983
Bleicher, Knut: Die Entwicklung eines systemorientierten Organisations- und Führungsmodells der Unternehmung, in: K. Bleicher (Hrsg), Organisation, S. 235 ff.
Bleicher, Knut: Ein systemorientiertes Organisations- und Führungsmodell, in: Zeitschr. f. Organisation 1970 (39. Jg.), S. 166 ff.
Bleicher, Knut: Die Organisation der Unternehmung in Systemtheoretischer Sicht, in: Zeitschr. f. Organisation 1971 (40. Jg.), S. 171 ff.
Bleicher, Knut: Perspektiven für Organisation und Führung von Unternehmungen, Baden-Baden-Bad Homburg 1971
Bleicher, Knut: Führungsstile, in: Zeitschr. f. Organisation 1969 (38 Jg.), S. 31 ff.
Bleicher, Knut: Organisation als System, Wiesbaden 1972
Blohm, Hans: Die Gestaltung des betrieblichen Berichtswesens als Problem der Leitungsorganisation, Herne-Berlin 1970
Bochenski, J.M.: Zur Philosophie der industriellen Unternehmung, Vortragsmanuskript, Zürich 1985
Böckmann, Walter: Sinnorientierte Führung als Kunst der Motivation, Landsberg 1987
Bosetzky, H.: Grundzüge einer Soziologie der Industrieverwaltung, Stuttgart 1970
Busemann, Adolf: Weltanschauung in psychologischer Sicht, München-Basel 1967
Capra, Fritjof: Wendezeit, Bern-München 1988
Ciompi, Luc: Affektlogik, Stuttgart 1982
Chomsky, Noam: Sprache und Geist, Frankfurt/M. 1970
Cofer, C. N.: Motivation und Emotion, München 1975
Cube, Felix von: Fordern statt verwöhnen, 3. Aufl., Alshuth, Dietger München 1988
Delhees, Karl H.: Personelle und gruppendynamische Voraussetzungen der Teamarbeit, in: Zeitschrift Führung + Organisation 1983 (52. Jg.), S. 370 ff.
Deutsch, Karl W.: Politische Kybernetik, Freiburg 1970
Deutsch, Morton: Konfliktregelung, München-Basel 1976
Dörner, Dietrich: Die Logik des Mißlingens, Reinbek 1989
Dörner, Dietrich: Die kognitive Organisation beim Problemlösen, Bern 1974

Dörner, D./Reither, F.: Über das Problemlösen in sehr komplexen Realitätsbereichen, Ztschr. f. exp. u. angew. Psychol. 25. Jg. 4/78, S. 527 ff.
Drucker, Peter F.: Die Praxis des Management, Düsseldorf 1970
Drucker, Peter F.: Die ideale Führungskraft, Düsseldorf 1969
Eccles, John C.: Die Evolution des Gehirns, München 1989
Eibl-Eibesfeldt, I.: Liebe und Haß. Zur Naturgeschichte elementarer Verhaltensweisen, München 1970
Eibl-Eibesfeldt, I.: Der vorprogrammierte Mensch, München 1973
Eibl-Eibesfeldt, I.: Die Biologie des menschlichen Verhaltens, München 1984
Endres, A.: Umwelt- und Ressourcenökonomie, Darmstadt 1985
Eysenck, H. J.: Die Ungleichheit der Menschen, München 1975
Feyerabend, Paul: Erkenntnis für freie Menschen, Frankfurt 1979
Fiedler, F. E.: Das Kontingenzmodell: Eine Theorie der Führungseffektivität, in: M. Kunczik, Führung, Düsseldorf-Wien 1972
Fiedler, F. E.: Persönlichkeits- und situationsbedingte Determinanten der Führungseffizienz, in: E. Grochla (Hrsg), Organisationstheorie, Bd. 1, Stuttgart 1975
Fiedler, F.E. u. a.: Der Weg zum Führungserfolg, Stuttgart 1979
Fiedler-Winter, R.: Die Welt der Industrie lesen lernen, in: Zeitschr. für Organisation 1981 (50. Jg.), S. 37 ff.
Flik, H.: Kybernetische Ansätze zur Organisation des Führungsprozesses der Unternehmung, Berlin 1969
Foerster, Heinz v.: Das Konstruieren einer Wirklichkeit, in: Die erfundene Wirklichkeit, P. Watzlawick (Hrsg.), München-Zürich 1981
Forrester, Jay W.: Grundzüge einer Systemtheorie, Wiesbaden 1972
Frese, E.: Kontrolle und Unternehmungsführung, Wiesbaden 1968
Fromm, E.: Die Seele des Menschen, Stuttgart 1979
Fromm, E.: Anatomie der menschlichen Destruktivität, Stuttgart 1974
Fromm, E.: Haben oder sein, Stuttgart 1976
Galbraith, J. K.: Die moderne Industriegesellschaft, München 1967
Gebert, Diether: Organisationsentwicklung, Stuttgart 1974
Gebert, Diether: Motivation und Führung, in: Zeitschr. Führung + Organisation 1983 (52. Jg.), S. 12 ff
Glaser, Hermann: Jenseits von Parkinson, Köln 1972
Glaserfeld, E. v.: Konstruktion der Wirklichkeit und des Begriffs der Objektivität, in: Einführung in den Konstruktivismus, (Hrsg.) Siemens-Stiftung, München 1985
Goffman, Erving: Wir alle spielen Theater, München 1969
Goldsmith, Edward: Planspiel zum Überleben – Ein Aktionsprogramm, Stuttgart 1972
Gordon, T.: Managerkonferenz, Hamburg 1979
Grote, H.: Bauen mit KOPF, Berlin 1988
Hacker, Friedrich: Aggression, Wien-München-Zürich 1971
Häusler, Joachim: Grundfragen der Betriebsführung, Wiesbaden 1966
Hartmann, H.: Funktionale Autorität, Stuttgart 1964
Hassenstein, B.: Instinkt, Lernen, Spielen, Einsicht, München 1980
Hassenstein, B.: Biologische Kybernetik, Heidelberg 1965
Hayek, F. v.: Mißbrauch und Verfall der Vernunft. Ein Fragment, Salzburg, 2. Aufl. 1979
Heckhausen, H: Hoffnung und Furcht in der Leistungsmotivation, Meisenheim a. Glan 1963
Heckhausen, H: Leistungsmotivation, in: H. Thomae (Hrsg.) Handbuch der Psychologie Bd. 2, Motivation, Göttingen 1965
Heinen, Edmund: Das Zielsystem der Unternehmung, Wiesbaden 1966
Heisenberg, Werner: Der Teil und das Ganze, München 1969

Heisenberg, Werner: Physik und Philosophie, Stuttgart 1959
Höhn, R./Böhme, G.: Führungsbrevier der Wirtschaft, 8. Aufl., Bad Harzburg 1974
Höhn, R./Böhme, G.: Der Weg zur Delegation von Verantwortung – Ein Stufenplan, Bad Harzburg 1969
Holst, D. v.: Zur Verhaltensphysiologie bei Tier und Mensch, München-Zürich 1969
Huber, P.: Arbeitsorganisation im Umbruch? in: Industrielle Organisation, 1973, S. 352 ff.
Irle, Martin: Macht und Entscheidungen in Organisationen, Frankfurt-Weinheim-Basel 1982
Irle, Martin: Soziale Systeme, in: Handwörterbuch der Organisation, Stuttgart 1969, S. 1505 ff.
Jantsch, Erich: Die Selbstorganisation des Universums, München, 4. Aufl. 1988
Jaspers, Karl: Was ist Erziehung? 2. Aufl., München 1982
Jonas, D. F. u. A. D.: Signale der Urzeit, Stuttgart 1977
Jonas, D./Daniels, A.: Was Alltagsgespräche verraten, Wien 1987
Jugendwerk Dt. Shell: Jugend '81, Bd. 1–3, Hamburg 1981
Junckerstorff, Kurt/Gast, Walter F.: Grundzüge des Management, Wiesbaden 1960
Kern, H./Schumann, M.: Das Ende der Arbeitsteilung?, München 1984
Kirsch, Werner: Die Unternehmungsziele in organisations-theoretischer Sicht, in: K. Hax (Hrsg.), Zeitschr. f. betriebswirtsch. Forschung, 1969 (21. Jg.), S. 673 ff.
Kirsch, Werner: Entscheidungsprozesse, Bd. 1–3, Wiesbaden 1971
Kirsch, Werner: Die Idee der fortschrittsfähigen Organisation, in: Humane Personal- und Organisationsentwicklung, R. Wunderer (Hrsg.), Berlin 1979
Kirsch, Werner: Evolutionäres Management und okzidentaler Rationalismus, in: Integriertes Management Probst/Siegwart (Hrsg.), Bern 1985
Klaus, Georg: Kybernetik und Erkenntnistheorie, Ostberlin 1972
Klaus, Georg: Moderne Logik, Ostberlin 1972
Klis, M.: Überzeugung und Manipulation – Grundlagen einer Theorie betriebswirtschaftlicher Führungsstile, Wiesbaden 1970
Klis, M.: Machttheoretische Grundlagen moderner Führungsstile, in: Zeitschr. f. Organisation 1971 (40. Jg.), S. 5 ff.
Koestler, Arthur: Die Nachtwandler, Wiesbaden 1963
Koestler, Arthur: Der Mensch – Irrläufer der Evolution, Bern-München-Wien 1981
Kosiol, Erich: Die Unternehmung als wirtschaftliches Aktionszentrum, Hamburg 1966
Kreikebaum, H.: Strategische Unternehmensplanung, Stuttgart 1981
Krelle, Wilhelm: Entwicklung als Suchprozeß, in: Systeme und Methoden in den Wirtschafts- und Sozialwissenschaften, Kloten, Krelle, Müller, Neumark (Hrsg), Tübingen 1964
Külp, Bernhard: Von Rationalität kann nicht die Rede sein, in: Wirtschaftswoche 38/1970, S. 50 ff.
Kuhn, Thomas S.: Die Struktur wissenschaftlicher Revolutionen, 5. Aufl., Frankfurt/M. 1981
Kunczik, Michael (Hrg.): Führung – Theorien und Ergebnisse, Düsseldorf 1972
Lattmann, Charles: Führung durch Zielsetzung, Bern 1977
Lawrence, P. R./Lorsch, J. W.: Developing Organizations: Diagnostics and Action, Reading, Mass. 1969
Lawrence, P. R./Lorsch, J. W.: Organization and Environment, Homewood, Ill. 1969
Le Bon: Psychologie der Massen, Stuttgart 1964
Likert, R.: Neue Ansätze der Unternehmungsführung, Bern 1972
Lindemann, P.: Unternehmensführung und Wirtschaftskybernetik, Neuwied-Berlin 1970
Loisum, Micha: Kompetenz und Verantwortlichkeit, in: Zeitschr. Führung + Organisation 1983 (52. Jg.), S. 433 ff.
Lorenz, Konrad: Das sogenannte Böse, München 1974
Lorenz, Konrad: Die Rückseite des Spiegels, München 1977
Lorenz, Konrad: Der Abbau des menschlichen, München 1983

Luhmann, Niklas: Zweckbegriff und Systemrationaliät, Tübingen 1968
Luhmann, Niklas: Autopoesis, Handlung und kommunikative Verständigung, in: Zeitschrift für Soziologie, 11. Jg. 4/1982
Luhmann, Niklas: Soziale Systeme. Grundriß einer allgemeinen Theorie, Frankfurt 1984
Macharzina, K.: Führungswandel in Unternehmung und Verwaltung, Wiesbaden 1974
Malik, Fredmund: Strategie des Managements komplexer Systeme, St. Gallen 1984
March, J. G./Simon, H. A.: Organizations, New-York-London-Sydney 1958
Marr, Rainer: Innovation und Kreativität, Wiesbaden 1973
Maslow, A. H.: Motivation and Personality, New York-Evanston-London, 2. Aufl. 1970
Maturana, Humberto: Erkennen: Die Organisation und Verkörperung von Wirklichkeit, Braunschweig-Wiesbaden, 2. Aufl. 1985
Maturana, Humberto: Biologie der Kognition, Paderborn 1975
Mayer, A. (Hrsg.): Organisationspsychologie, Stuttgart 1978
McClelland, D. C.: Die Leistungsgesellschaft, Stuttgart 1966
McGregor, D.: Der Mensch im Unternehmen, Düsseldorf 1970
Menaker, F. u. W.: Ich-Psychologie und Evolutionstheorie, Stuttgart-Berlin-Köln-Mainz 1971
Mager, R. F./Pipe, P.: Verhalten, Lernen, Umwelt, Weinheim 1972
Miller, E. J./Rice, A. K.: Systems of Organization, London 1967
Mirow, Heinz M.: Kybernetik – Grundlage einer allgemeinen Theorie der Organisation, Wiesbaden 1969
Monod, J.: Zufall und Notwendigkeit, München 1971
Müller-Golchert, W.: Mitarbeiter-Motivation: ein brennendes Problem für das Management, in: Zeitschr. Führung + Organisation 1983 (52. Jg.), S. 399 ff.
Neuberger, O.: Organisation und Führung, Stuttgart 1977
Neuberger, O.: Führungsverhalten und Führungserfolg, Berlin 1976
Oesterreich, Rainer: Handlungsregulation und Kontrolle, München 1981
Oldendorff, Antoine: Sozialpsychologie im Industriebetrieb, Köln 1970
Opaschowski, K.: Arbeit, Freizeit, Lebenssinn, Opladen 1983
Piaget, Jean: Das Verhalten: Triebkraft der Evolution, Salzburg 1980
Piaget, Jean: Die Psychologie des Kindes, Frankfurt 1977
Piaget, Jean: Biologie und Erkenntnis, Frankfurt/M. 1974
Piaget, Jean: Die Psychologie der Intelligenz, Olten-Freiburg i.Br. 1972
Pietschmann, H.: Das Ende des Naturwissenschaftlichen Zeitalters, Wien-Hamburg 1980
Popper, Karl R.: Objektive Erkenntnis, Hamburg 1973
Popper, Karl R./Eccles, C.: Das Ich und sein Gehirn, München 1982
Postman, Neil: Wir amüsieren uns zu Tode, Frankfurt/Main 1985
Prigogine, Ilya: Vom Sein zum Werden, München 1979
Prigogine/Stengers: Dialog mit der Natur, München-Zürich, 5. Aufl. 1986
Probst, G.: Selbstorganisation, Berlin-Hamburg 1987
Reddin, W. J.: Das 3-D-Programm zur Leistungssteigerung des Managements, München 1977
Reimann, H.: Kommunikationssysteme, Tübingen 1968
Reiß, Michael: Humanisierung in der Führungsforschung, in: Zeitschr. Führung + Organisation 1981 (50. Jg.), S. 276 ff.
Rice, A. K.: The Enterprise and its Environment, London 1963
Riedl, Rupert: Biologie der Erkenntnis, 3. Aufl., Berlin-Hamburg 1981
Riedl, Rupert: Die Ordnung des Lebendigen, Hamburg-Berlin 1980
Riedl, Rupert: Strategie der Genesis, München 1976
Rosenstiel, L. v.: Die motivationalen Grundlagen des Verhaltens in Organisationen, Berlin 1975

Roszak, Theodore: Mensch und Erde auf dem Weg zur Einheit, Soyen 1982
Roszak, Theodore: Der Verlust des Denkens, München 1986
Rüdenauer, M. R. A.: Versuch einer Typologie der Unternehmensentscheidungen, Manuskript, Hamburg 1970
Rüdenauer, M. R. A.: Sind Unternehmensziele frei wählbar? Manuskript, Hamburg 1971
Rüdenauer, M. R. A.: Durchsetzungsvermögen in Besprechungen und Konferenzen, 2. Aufl., Kissing 1980
Rüdenauer, M. R. A.: Mitarbeiterentwicklung muß beim Vorgesetzten beginnen, in: FAZ, Blick d.d. Wirtschaft, Nr. 238 v. 10.12.82, S. 3
Rüdenauer, M. R. A.: Kritisieren heißt anerkennen und beanstanden, in: FAZ, Blick d.d. Wirtschaft, Nr. 96 v. 17.05.84, S. 3
Rüdenauer, M. R. A.: 12 bewährte Regeln für die Verbesserung der betrieblichen Information, in: Der Industriemeister, 10/85, S. 218 ff.
Rüdenauer, M. R. A.: Einbeziehung des Meisters in den Entscheidungsprozeß, in: FAZ, Blick d.d. Wirtsch., Nr. 119 v. 26.06.86, S. 3
Rüdenauer, M. R. A.: Zeit nehmen für persönliche Gespräche, in: FAZ Blick d.d. Wirtschaft Nr. 152 v. 12.08.87, S. 7
Rüdenauer, M. R. A.: Eine andere Arbeitswelt schaffen, in: Gablers Magazin 10/87, S. 29 f.
Rüdenauer, M. R. A.: Betriebliche Weiterbildung als logistische Aufgabe, in: Weiterbildung in Wirtschaft und Technik, 3/88, S. 16 ff.
Rüdenauer, M. R. A.: Wilde Führung bewährt sich nur scheinbar, in: Gablers's Magazin 8/88, S. 46 ff.
Rüdenauer, M. R. A.: Das praxisintegrierte Lernsystem (PILS)in: Weiterbildung für Ingenieure – Investition in die Zukunft, 1. Europäisches Forum für Ingenieur-Weiterbildung, Hrsg. W. J. Bartz, Stuttgart 1988, Vol. II, 13.4–1 ff.
Rüdenauer, M. R. A.: Mitarbeiterführung, in: Praxishandbuch für den Betriebsleiter, Loseblattwerk, NF, Grp 13/2, Kissing 1989
Rüdenauer, M. R. A.: Sind wir mit der Motivation am Ende? in: Gabler's Magazin 6/89, S. 42 ff.
Russell, Bertrand: Hat der Mensch noch eine Zukunft? München-Zürich 1963
Ryibalski: Kybernetische Systeme im Bauwesen, Berlin 1967
Sahm, August: Humanisierung der Arbeitswelt, Freiburg 1976
Schmidt, G.: Bestimmungsfaktoren organisatorischer Lösungen, in: Zeitschr. f. Organisation 1970 (39. Jg.), S. 335 ff.
Schmidt, F.: Grundlagen der kybernetischen Evolution, Krefeld 1985
Skinner, B. F.: Jenseits von Freiheit und Würde, Reinbek 1973
Sperber, Manès: Individuum und Gemeinschaft, Stuttgart 1978
Staehle, W. H.: Organisation und Führung soziotechnischer Systeme, Stuttgart 1973
Staehle, W. H.: Über den Realitätsbezug organisationstheoretischer Modelle, in: Zeitschr. f. Organisation 1971 (40. Jg.), S. 19 ff. u. 80ff.
Steinle, Claus: Führung, Stuttgart 1978
Szasz, Thomas, S.: Geisteskrankheit – Ein moderner Mythos? Freiburg i.Br. 1937
Szasz, Thomas, S.: Die Fabrikation des Wahnsinns, Frankfurt 1976
Teilhard de Chardin, P.: Der Mensch im Kosmos, München 1959
Terry, G. R.: Principles of Management, 4. Aufl., Homewood, Ill. 1964
Trist, E. L./Bamforth, K. W.: Some Social and Psychological Consequences of the Long Wall Method of Coal-Getting, Human Relations 1951, S. 3 ff.
Ulrich, Hans: Die Unternehmung als produktives soziales System, 2. Aufl., Bern-Stuttgart 1970
Ulrich, Hans: Management, Bern 1984

Ulrich, H./Probst, G. J.: Anleitungen zum ganzheitlichen Denken und Handeln, Bern 1989
Vaillant, George E.: Werdgänge, Reinbek 1980
Vester, Frederic: Neuland des Denkens – Vom technokratischen zum kybernetischen Zeitalter, Stuttgart 1980
Vester, Frederic: Unsere Welt – ein vernetztes System, München 1983
Vester, Frederic: Leitmotiv vernetztes Denken, München 1988
Voelkner, J.: Zum Problem der Fortbildung von Führungskräften in der Wirtschaft, Gießen 1975
Watson, Thomas J.: IBM – Ein Unternehmen und seine Grundsätze, 3. Aufl., München 1966
Watzlawick, P.: Wie wirklich ist die Wirklichkeit? München-Zürich 1976
Watzlawick, P. (Hrsg.): Die erfundene Wirklichkeit, München, 4. Aufl. 1986
Watzlawick, P. u. a.: Lösungen – Zur Theorie und Praxis menschlichen Wandels, 3. Aufl., Bern-Stuttgart-Wien 1984
Watzlawick, P. u. a.: Menschliche Kommunikation, 6. Aufl., Bern-Stuttgart-Wien 1982
Watzlawick/Weakland (Hrg): Interaktion, Bern-Stuttgart-Wien 1980
Weber, Max: Wirtschaft und Gesellschaft, Tübingen 1956
Wegner, G.: Systemanalyse und Sachmitteleinsatz in der Betriebsorganisation, Wiesbaden 1969
Weinert, A. B.: Lehrbuch der Organisationspsychologie, München-Wien-Baltimore 1981
Weinhold-Stünzi, Heinz: Unternehmung und Markt, in: Strukturwandlungen der Unternehmung, H. Ulrich u. V. Ganz-Keppeler (Hrsg.), Bern-Stuttgart 1969, S. 11 ff.
Weizenbaum, Joseph: Die Macht der Computer und die Ohnmacht der Vernunft, Frankfurt 1977
Weizsäcker, C. v.: Die Einheit der Natur, München 1971
Weizsäcker E. v.: Erstmaligkeit und Bestätigung als Komponenten der pragmatischen Information, in: Offene Systeme, E. v. Weizsäcker (Hrsg.), Stuttgart 1974
Whitehead, T. N.: Führung in der freien Gesellschaft, Köln-Opladen 1955
Wickler, W./Seibt, U.: Das Prinzip Eigennutz, Hamburg 1977
Wiener, Norbert: Mensch und Menschmaschine, Frankfurt 1952
Wild, Jürgen: Management-Prozesse und Informationsverarbeitung, in: Datascope 4, 1971, S. 1 ff.
Wild, Jürgen: Grundlagen der Unternehmungsplanung, Reinbek 1974
Wild, Jürgen (Hrsg.): Unternehmungsführung, Berlin 1974
Zaleznik, Abraham: Das menschliche Dilemma der Führung, Wiesbaden 1975
Zand, Dale E.: Wissen, Führen, Überzeugen – Wie man Wissen in Führung umsetzt, Heidelberg 1983
Ziegler, H.: Strukturen und Prozesse der Autorität in der Unternehmung, Stuttgart 1970
Ziegler, R.: Kommunikationsstruktur und Leistung sozialer Systeme, Meisenheim am Glan 1968
Zorn, R.: Das Problem der Freiheit, München 1952

Stichwortverzeichnis

A

Aggression 132 ff.
Anweisung 118 ff., 243 f.
Attraktivität der Arbeitswelt 41 f., 44 ff., 147 f., 164 f.
Aufgabenteilung und Koordination 267 f.
Ausführungsaufgaben 120 f.
Austauschbeziehungen zur Umwelt 64 f., 95 f.
Autonomie 88 ff., 108 ff.
Autopoiese 72 f.

B

Bedürfnisse, menschliche 44 f.
Begleitung der Mitarbeiter durch die Führungskräfte 279 ff.
Bequemlichkeit 129 f.
Beratung der Mitarbeiter durch die Führungskräfte 281 f.
Betriebliche Weiterbildung 255 ff.
– Erfolgsvoraussetzungen 259
– Führungskräfteentwicklung 260 ff.
– Integration in den Leistungsprozeß 256 ff.

C

Computer-Wirklichkeit 27 f., 249

D

Delegation 118 ff., 245 ff.
Dienstaufsicht 279 ff., 293 ff.
Differenzierung 67 ff., 96 f.
Dynamik 63 f.

E

Entropie 174 ff., 269 f.
Ethik der Führung 187

F

Führung
– Agens der Kooperation 80 f.
– Begriff 113
– Dimensionen der Führungsaufgabe 185 ff.
– Ermöglichung von Selbstorganisation 153 ff.
– Führung und Evolution 12 ff.
– Funktionalität 114 f.
– Ganzheitlichkeit 12 ff.
– Koevolutionäre Systeme 87 ff.
– Kontrolle 293 ff.
– Modell 103
– aus ökologischer Sicht 205 ff.
– in der Organisation 113 ff.
– als organischer Prozeß 34 ff.
– Problematik in der Gegenwart 23 ff.
– als Regelungs- u. Steuerungssystem 118 ff., 182 f.
– Situation, eigene 52 ff.
– Situation, gegenwärtige 39 ff.
– Zukunftsanforderungen 49 ff.
– Zukunftsbezogenheit 188 f.
Führungsaufgabe 120 f.
– in der Organisation der Zukunft 151 ff., 194 ff.
– Dimensionalität 185 ff.
Führungsentwicklung
– gesellschaftliche Anforderungen 39 ff.
– Hindernisse 27 ff.
– individuelle Anforderungen 43 ff.

Führungsfunktionen 212 ff.
- Informieren 212 ff.
- Initiieren 232 ff.
- Kontrollieren 293 ff.
- Koordinieren und Kooperieren 264 ff.
- Qualifizieren 250 ff.

Führungskräfte der Zukunft 194 ff.
- Aufgaben im ökologischen Führungskonzept 204 ff.
- Rolle im ökologischen Führungskonzept 194 ff., 264

Führungskräfteentwicklung 260 ff.
- Programm 261 ff.
- Erfolgsvoraussetzungen 260 f.

Führungsprozeß 169 ff.
- Dimensionen 185 ff.
- Ebenen 178 f.
- Phasen 169 f.
- als Kommunikationssystem 172 ff.
- als Regelungs- u. Steuerungssystem 118 ff., 171 f.

Führungsstil 116 f.
Führungssysteme 168 ff.
- Veränderungen 27 ff., 179 f.

G

Ganzes und Teil 73 ff.
- in der Organisation 84 ff.

Ganzheitlichkeit 70 f., 150, 179 ff.
Gesellschaftliche Führungssituation 39 ff.

H

Hierarchie 68 f.
Holarchie 68 f.
Holon, Begriff 73

I

Information 161 f.
- Begriff 161
- Bedeutung für Lenkung und Integration 161 f., 215 f., 220 ff.
- Bedeutung für die Organisation 213 f.
- als Führungsmittel 216 ff.
- Mittel und Methoden 227 ff.
- Praxis-Tips zur Information 231
- zur Sinnvermittlung 221 f.
- Symbolische Wirklichkeit 214 f.
- Verarbeitung verbessern 193

Informationsmanagement 218 ff., 227 ff.
Informieren 212 ff.
Initiieren 232 ff.
- Anweisungen 118 ff., 243 f.
- Delegation 118 ff., 245 ff.
- Management by Objektives 244 f.
- Praxistips zur Initiative 250
- Ziele setzen 238 ff.

Innovation 81 ff., 158 ff.
- Förderung 183 f.

Integration 77 ff., 89 ff.
- durch Information 161 f., 215 f., 220 ff.

Integrierte Personal- und Organisationsentwicklung 256 ff.

K

Koevolution 73 ff.
Koevolutionäre Systeme 87 ff.
Kommunikation 115 ff.
- individuelle Weltbilder 144 ff.
- als Kooperationsvoraussetzung 148 f.
- sprachliche Problematik 224 ff.

Komplexität 61 ff.

Konfliktbewältigung 288 ff.
Kontrolle 293 ff.
– Begriff 293
– als Führungsmittel 299 ff.
– Mittel und Methoden 295 ff.
– Praxistips für die Kontrolle 301 f.
– Vorgang 293 ff.
– Zweck 295
Kooperation 73 ff.
Kooperieren 274 ff.
Koordinieren und Kooperieren 264 ff.
– Aufgabenteilung und Koordination 267 f., 276
– Begleitung der Mitarbeiter durch die Führungskräfte 279 ff.
– Beratung der Mitarbeiter durch die Führungskräfte 281 f.
– Konfliktbewältigung 288 ff.
– Praxistips für Koordination und Kooperation 292 f.
– Problemlösen 283 ff.
– Prozeßgestaltung 267 ff.
– Strukturierung 267 ff.
– Teamarbeit 278 f.
Kreativität fördern 158 ff.

L

Leitung 117 f.
Lernen 167 f.

M

Macht 104 ff.
Management by Objektives 244 f.
Mechanisches Weltbild 30 ff.
Mensch
– Evolutionsgeschichte 124 ff.
– Sonderstellung in der Evolution 125 ff.
– Trieb und Aktionspotentiale 128
Mensch in der Organisation 103 ff.
– „Doppelexistenz" 107 ff.
– Konfliktpotential 108 ff.
– Rolle 122 ff.
– Triebe und Aktionspotentiale 128 ff.
Menschliche Bedürfnisse 44 f.
Mitarbeiterbeurteilung 299 ff.
Motivation
– Auswirkungen des gesellschaftlichen Wandels 41 ff.
– neue Bedürfnisse 44 ff.
– Sinnvermittlung 121 ff., 177 ff., 221 ff.
– Wirkung von Zielen 242 f.

N

Nachricht 212 f., 224 ff.
Neugier 130 f.
Noologischer Regler 181 ff.

O

Offenheit 64 f., 95 f.
Organisation
– Begriff 17, 61
– als koevolutionäres System 81 ff.
– als Mittel zur Befriedigung menschlicher Bedürfnisse 235 ff.
– und Umwelt 73 ff.
Organisationsentwicklung 256 ff.
Organisationskultur 110 ff.
Organisationsstrukturen 266 f.
Organisch-ökologisches Weltbild 32 f.
Ökologie 15
Ökologische Führung 15 f., 204 ff.
– Anforderungen und Leitlinien 205 ff.
– Konzept 209 ff.

Ökologisches Führungskonzept 149 ff., 209 ff.
- Begriff 149 f.
- Führungsfunktionen 212 ff.
- Ganzheitlichkeit 150
- Handlungs- u. Verhaltensmaximen 205 ff.
- Konzept-Zusammenhang 208 ff.
- Selbstorganisation 150
Ökonomisches Prinzip 129 f., 165 ff.

P

„Parzellendenken" 25 f.
Personalentwicklung 255 ff.
Planung 247 ff.
- Begriff 247
- Konstruktion von Wirklichkeit 248 f.
Praxisintegriertes Lernen 256 ff.
Problemlösen 283 ff.
Prozeßdenken 34 ff., 73 ff., 81 ff., 265 ff.
Prozeßgestaltung 267 ff.

Q

Qualifizierung 250 ff.
- der Mitarbeiter 255 ff.
- Notwendigkeit permanenter Qualifizierung 251 f.
- der Organisation 252 ff.
- praxisintegriertes Lernen 256 ff.
- Praxistips zur Qualifizierung 263 f.

R

Redundanz 162 ff.
Regelung 118 ff.
Rivalität 136 ff.
Routinen und Standardverfahren 274

S

Selbstbehauptung 89 ff.
Selbstbehauptung vs Integration 91 ff.
Selbstorganisation 99 ff., 150
- Ermöglichung von S. 153 ff.
- Noologische Regelung 182 ff.
Selbstreferenz 72 f., 99 ff.
Sinnvermittlung 121 ff., 177 ff., 221 ff.
Sozial-kultureller Wandel 41 ff.
Stellenbeschreibungen 272 ff.
Steuerung 118 ff.
Strukturierung 267 ff.
Subsidiarität 67 ff., 157, 166
Symbiose 93 f.
System, Begriff 60
- Autopoiese 72 f.
- Differenzierung 67 ff.
- Dynamik 63 f.
- Ganzheitlichkeit 70 f.
- Hierarchie 68 f.
- Holarchie 68 f.
- Komplexität 61 ff.
- organisches System 61 ff.
- Offenheit 64 f.
- Regelung 118 ff., 182 f.
- Selbstreferenz 72 f.
- Steuerung 118 ff.
- Varietät 65 ff.
- Ziel-/Zwecksetzung 71 f.
Systematisches Denken 59 ff.

T

Tana-Land-Experiment 33
Teamarbeit 278 f.
Triebe und Aktionspotentiale 128 ff.

U

Unternehmerischer Aspekt der Führung 232 ff.
Überlebensziel 73

V

Varietät 65 ff., 104 ff.
Vorbildwirkung der Vorgesetzten 110 ff.
Vorgesetztenbeurteilung 301

W

Wachstumsziel 73, 240 f.
Weltbild
– Auswirkungen auf die Kommunikation 144 ff.
– Auswirkungen des Computers 249
– Evolutionsgeschichte 140 ff.
– Experten-„Wirklichkeit" 249
– Funktion 142 ff.
– individuelles 139 ff.
Wettbewerb
– kooperativer 79

Z

Ziel-/Zwecksetzung 71 f.
Ziele
– Ableitung aus menschlichen Bedürfnissen 233 ff.
– Begriff 233
– Bedeutung für die Organisation 71 f., 233 ff.
– Findung 238 ff.
– immanentes (Überlebens-)Ziel 71
– Integrationswirkung 242 f.
– Konflikte 237
– Motivationswirkung 242 f.
– Praxistips zur Zielsetzung 250
– setzen/vereinbaren 232 ff.
– transzendente Ziele 71

Wertvolle Ratgeber zum Thema „Unternehmensführung"

Heinz Benölken / Peter Greipel
Dienstleistungsmanagement
Service als strategische Erfolgsposition
1990, 243 Seiten, 68,– DM

Walter Böckmann
Vom Sinn zum Gewinn
Eine Denkschule für Manager
1990, 196 Seiten, 58,– DM

Peter Heintel / Ewald E. Krainz
Projektmanagement
Eine Antwort auf die Hierarchiekrise?
2. Aufl. 1990, X, 254 Seiten, 68,– DM

Jens-Martin Jacobi
**13 Leitbilder
des Managers von morgen**
Stärken, Potential, persönliche Ausstrahlung
1989, 140 Seiten, 38,– DM

Ingrid Keller
Das CI-Dilemma
Abschied von falschen Illusionen
1990, 146 Seiten, 64,– DM

Arthur D. Little International (Hrsg.)
**Management der
Hochleistungsorganisation**
1990, XXIII, 167 Seiten, 68,– DM

Rudolf Mann
Das visionäre Unternehmen
Der Weg zur Vision in zwölf Stufen
1990, 190 Seiten, 48,– DM

Adrian P. Menz
Menschen führen Menschen
Unterwegs zu einem humanen Management
1989, 232 Seiten, 68,– DM

Gilbert J. B. Probst / Peter Gomez
Vernetztes Denken
Unternehmen ganzheitlich führen
1989, X, 239 Seiten, 49,80 DM

Wolfgang Saaman
Effizient führen
Mitarbeiter erfolgreich machen
1990, 193 Seiten, 58,– DM

Christian Scholz / Wolfgang Hofbauer
Organisationskultur
Die vier Erfolgsprinzipien
1990, 229 Seiten, 68,– DM

Dieter Schulz / Wolfgang Fritz /
Dana Schuppert / Lothar J. Seiwert
Outplacement
Personalfreisetzung und Karrierestrategie
1989, 180 Seiten, 64,– DM

Gerhard Schwarz
Konfliktmanagement
Sechs Grundmodelle der Konfliktlösung
1990, 191 Seiten, 58,– DM

Jörn F. Voigt
Familienunternehmen
Im Spannungsfeld zwischen Eigentum
und Fremdmanagement
1990, 167 Seiten, 58,– DM

Zu beziehen über den Buchhandel
oder den Verlag.
Stand der Angaben und Preise: 1.11.1990
Änderungen vorbehalten.

GABLER

BETRIEBSWIRTSCHAFTLICHER VERLAG DR. TH. GABLER, TAUNUSSTRASSE 54, 6200 WIESBADEN

MIX
Papier aus verantwortungsvollen Quellen
Paper from responsible sources
FSC® C105338

If you have any concerns about our products,
you can contact us on
ProductSafety@springernature.com

In case Publisher is established outside the EU,
the EU authorized representative is:
**Springer Nature Customer Service Center GmbH
Europaplatz 3, 69115 Heidelberg, Germany**

Printed by Libri Plureos GmbH
in Hamburg, Germany